westermann

Autoren: Hans-Joachim Dörr, Helmut Müller, Dirk Overbeck, Dirk Thomas

Herausgeber: Helmut Müller, Dirk Overbeck

Betriebswirtschaftslehre für Berufliche Gymnasien

Abiturvorbereitung NRW 2022

15. Auflage

Bestellnummer 02024

service@westermann.de
www.westermann.de

Bildungsverlag EINS GmbH
Ettore-Bugatti-Straße 6-14, 51149 Köln

ISBN 978-3-427-**02024**-0

westermann GRUPPE

Vorwort

Liebe Schülerinnen und Schüler,

mit diesem Aufgabenbuch möchten wir Sie bei Ihrer Abiturvorbereitung für das **Zentralabitur 2022** im Fach **Betriebswirtschaftslehre** unterstützen.

Dieses Buch beschränkt sich auf die vorgegebenen Schwerpunktthemen. Somit sind Sie nicht von der Pflicht entbunden, Inhalte auch unabhängig von diesem Buch zu lernen.

Wir haben daher **gemäß den thematischen Schwerpunkten für das Zentralabitur 2022** Aufgaben mit den entsprechenden Lösungen erstellt, welche die vorgegebenen Merkmale der Prozess-, Entscheidungs- und Handlungsorientierung sowie der Mehrperspektivität und Zukunftsorientierung erfüllen. Darüber hinaus werden von uns stets aktuelle fachwissenschaftliche Entwicklungen und Gesetzesänderungen berücksichtigt.

Abituraufgaben müssen so gestellt sein, dass sie alle drei Anforderungsbereiche – Wiedergabe von Wissen, Anwendung von Kenntnissen sowie Problemlösung und Bewertung – erfüllen. Von der Art der Fragestellung hängt somit Ihr Bearbeitungsaufwand bzw. die Ausführlichkeit Ihrer Antworten ab. **Daher haben wir unser erstes Kapitel der richtigen Klausurtechnik gewidmet.**

Der weitere Aufbau des Buches ergibt sich aus der Reihenfolge, in der die Schwerpunktthemen Ihres Abiturs in Ihrem Unterricht vermittelt werden. **Vor allen Aufgaben finden Sie Glossare und kurze thematische Zusammenfassungen, die Ihnen noch einmal eine Wiederholung der einzelnen Inhalte ermöglichen.** Die Aufgaben zu den jeweiligen Themenschwerpunkten beginnen mit einer Ausgangssituation. Diese Ausgangssituationen enthalten Informationen, die zur Beantwortung der Aufgaben wichtig sind. Ein Fallbezug bei der Beantwortung der Fragen ist somit erforderlich. Zu den einzelnen Ausgangssituationen haben wir Aufgaben im Hinblick auf das jeweilige Anforderungsniveau formuliert. Es ist somit möglich, dass sich Aufgabenstellungen ähneln, sich jedoch in Bezug auf Ausführlichkeit und Umfang ihrer Beantwortung unterscheiden. **Zum Abschluss der jeweiligen Aufgaben eines Kurshalbjahres haben wir eine themenübergreifende Klausur mit Musterlösungen erstellt. Unser Aufgabenbuch endet mit vier Musterklausuren.**

Damit Sie einen möglichst großen Lernerfolg durch die Bearbeitung der Aufgaben erzielen, sollten Sie die Aufgaben schriftlich lösen, ohne einen Blick in die Lösungen zu werfen.
Dazu können Sie auch Ihre Aufzeichnungen aus dem Unterricht und/oder Ihr Lehrbuch verwenden. Erst wenn Sie mit der Beantwortung eines Aufgabenbereiches fertig sind, sollten Sie in die Musterlösung schauen und Ihr Ergebnis überprüfen.

Wir wünschen Ihnen viel Erfolg bei der Bearbeitung der Aufgaben und für Ihre Abiturprüfung 2022.

Das Autorenteam

Inhaltsverzeichnis

Die richtige Klausurtechnik – Fragestellung 7

Verbindliche Unterrichtsinhalte für das Zentralabitur 2022 11

Organisatorische Hinweise zum Zentralabitur 2022 13

Jahrgang 12.1

1	**Prozess der Leistungserstellung (Produktionswirtschaft)**	**15**
1.1	Themenübersicht	15
1.2	Ausgangssituation und Aufgaben	27
2	**Kosten- und Leistungsrechnung als Voll- und Teilkostenrechnung**	**30**
2.1	Themenübersicht	30
2.2	Ausgangssituation Vollkostenrechnung und Aufgaben	43
2.3	Ausgangssituation Teilkostenrechnung und Aufgaben	44
3	**Übungsklausuren 12.1**	**47**

Jahrgang 12.2

1	**Marktsituation**	**51**
1.1	Themenübersicht	51
2	**Preispolitik**	**57**
2.1	Themenübersicht	57
2.2	Ausgangssituation und Aufgaben	62
3	**Produktpolitik**	**65**
3.1	Themenübersicht	65
3.2	Ausgangssituation und Aufgaben	66
4	**Kommunikationspolitik**	**68**
4.1	Themenübersicht	68
4.2	Ausgangssituation und Aufgaben	71
5	**Investition**	**73**
5.1	Themenübersicht	73
5.2	Ausgangssituation und Aufgaben	82
6	**Übungsklausuren 12.2**	**84**

Jahrgang 13.1

1	**Innenfinanzierung: Selbstfinanzierung (offene und verdeckte)**	**89**
1.1	Themenübersicht	89
1.2	Ausgangssituation und Aufgaben	94
2	**Innenfinanzierung: Finanzierung aus Kapitalfreisetzung**	**95**
2.1	Themenübersicht	95
2.2	Ausgangssituation und Aufgaben	96

3	**Finanzcontrolling**	**98**
3.1	Themenübersicht	98
3.2	Ausgangssituation und Aufgaben	101
4	**Analyse und Kritik des Jahresabschlusses**	**102**
4.1	Themenübersicht	102
4.2	Ausgangssituation und Aufgaben	119
5	**Übungsklausur 13.1**	**124**

Jahrgang 13.2

1	**Ursachen und Phänomene des Wandels (Globalisierung, Konzentrationsprozesse, technologischer Fortschritt)**	**126**
1.1	Themenübersicht	126
1.2	Ausgangssituation und Aufgaben	133
2	**Übungsklausur 13.2**	**135**

Musterklausuren

1	**Musterklausur I**	**138**
2	**Musterklausur II**	**142**
3	**Musterklausur III**	**146**
4	**Musterklausur IV**	**149**

Lösungen

Jahrgang 12.1

1	**Prozess der Leistungserstellung**	**152**
1.1	Ausgangssituation	152
1.2	Lösungen	152
2	**Kosten- und Leistungsrechnung**	**155**
2.1	Ausgangssituation Vollkostenrechnung	155
2.2	Lösungen	155
2.3	Ausgangssituation Teilkostenrechnung und Lösungen	159
3	**Übungsklausuren 12.1**	**163**

Jahrgang 12.2

1	**Marktsituation**	**170**
2	**Preispolitik**	**170**
2.1	Ausgangssituation	170
2.2	Lösungen	170
3	**Produktpolitik**	**174**
3.1	Ausgangssituation	174
3.2	Lösungen	174

4	**Kommunikationspolitik**	**177**
4.1	Ausgangssituation	177
4.2	Lösungen	177
5	**Investition**	**179**
5.1	Ausgangssituation	179
5.2	Lösungen	179
6	**Übungsklausuren 12.2**	**184**

Jahrgang 13.1

1	**Innenfinanzierung: Selbstfinanzierung (offene und verdeckte)**	**189**
1.1	Ausgangssituation	189
1.2	Lösungen	189
2	**Innenfinanzierung: Finanzierung aus Kapitalfreisetzung**	**191**
2.1	Ausgangssituation	191
2.2	Lösungen	191
3	**Finanzcontrolling**	**193**
3.1	Ausgangssituation	193
3.2	Lösungen	193
4	**Analyse und Kritik des Jahresabschlusses**	**195**
4.1	Ausgangssituation	195
4.2	Lösungen	195
5	**Übungsklausuren 13.1**	**206**

Jahrgang 13.2

1	**Ursachen und Phänomene des Wandels (Globalisierung, Konzentrationsprozesse, technologischer Fortschritt)**	**208**
1.1	Ausgangssituation	208
1.2	Lösungen	208
2	**Übungsklausur 13.2**	**210**

Musterklausuren

1	**Musterklausur I**	**211**
2	**Musterklausur II**	**216**
3	**Musterklausur III**	**220**
4	**Musterklausur IV**	**222**
	Sachwortverzeichnis	226
	Bildquellenverzeichnis	227

Die richtige Klausurtechnik — Fragestellung

Jeder Profisportler bereitet sich langfristig auf einen sportlichen Höhepunkt wie z.B. die Olympischen Spiele vor. Zu seiner optimalen Vorbereitung gehört eine langfristige Planung von intensiven oder weniger intensiven Trainingseinheiten, um im Wettkampf die entsprechende Ausdauer und Muskelkraft zu besitzen. Das alleine reicht jedoch nicht aus, um im entscheidenden Moment auf dem Siegertreppchen zu stehen.

Was wäre das jahrelange Training ohne die entsprechende Wettkampftechnik?

Oder, um es auf Ihre Situation zu übertragen: Was nutzt Ihnen Ihre monatelange Abi-Vorbereitung und der damit verbundene Lern-aufwand, wenn Sie die in der Abiturklausur gestellten Fragen nicht in dem Umfang und der Ausführlichkeit beantworten, wie es von Ihnen verlangt wird?

Damit Sie gezielt die gestellten Fragen beant-worten und Aufgaben richtig bearbeiten kön-nen, möchten wir Sie mit den verschiedenen Arten der Fragestellung in einer Klausur ver-traut machen.

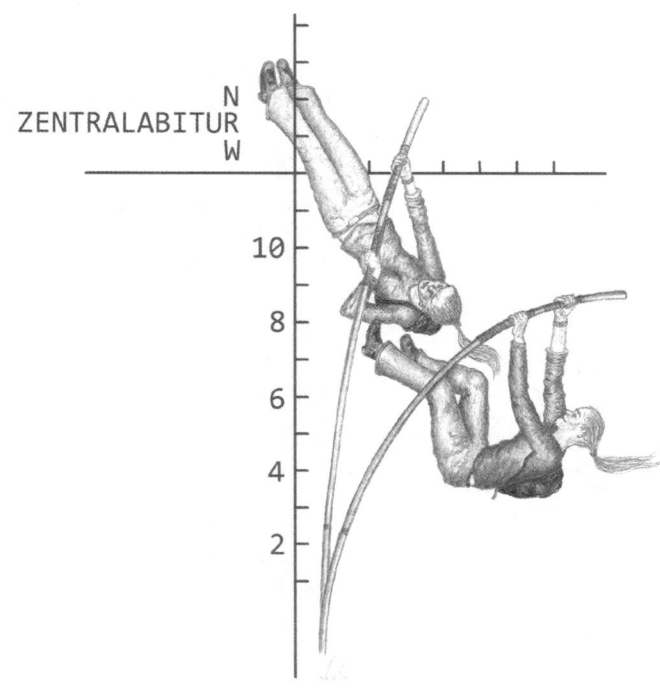

Dazu muss man wissen, dass die Aufgaben, die im Rahmen einer Abiturklausur gestellt werden, drei Anforderungsbereiche abdecken müssen (Anforderungsbereich I = Wiedergabe von Wissen; Anforde-rungsbereich II = Anwenden von Kenntnissen; Anforderungsbereich III = Problemlösung und Wertung).

Auf die Anforderungsbereiche weisen sogenannte Operatoren hin, die in den unten stehenden Übersichten über die Anforderungsbereiche im Bereich der exemplarischen Arbeitsaufträge fett gedruckt sind.

Operator	AFB	Definition	Beispiel
beschreiben, darstellen, skizzieren	I	wesentliche Aspekte eines Sachverhal-tes werden im logischen Zusammen-hang unter Verwendung der Fachsprache wiedergegeben; die Antwort kann in Textform (beschreiben) oder in Form eines Schaubildes (darstellen, skizzie-ren) wiedergegeben werden	Beschreiben Sie den Abschreibungs-kreislauf. Stellen Sie den Abschrei-bungskreislauf dar. Skizzieren Sie den Abschreibungskreislauf in Form eines Schaubildes.
definieren	I	einen (Fach-)Begriff umschreiben	Definieren Sie den Begriff „Selbstfi-nanzierung".
nennen	I	Kenntnisse (Fachbegriffe, Daten, Fakten, Modelle) und Aussagen in komprimierter Form (z.B. aufzählend) unkommentiert wiedergeben	Nennen Sie die Stufen der Kosten- und Leistungsrechnung.
zusammen-fassen	I	Kenntnisse (Fachbegriffe, Daten, Fakten, Modelle) und Aussagen in komprimierter Form unkommentiert darstellen	*Grundlage dieser Aufgabe ist ein Zeitungsartikel über die Entwicklung des Immobilienmarktes in Nordrhein-Westfalen.* Fassen Sie die zentralen Aussagen des Zeitungsartikels zusammen.

Operator	AFB	Definition	Beispiel
ermitteln, berechnen	I, II	Aufgaben anhand vorgegebener Daten und Sachverhalte mit bekannten Operationen lösen	Ermitteln Sie unter Angabe des Lösungsweges den Gewinn.
anwenden, überprüfen	II	grundlegende Arbeitsweisen und Modelle auf unbekannte Sachverhalte bzw. Zusammenhänge übertragen	Überprüfen Sie den gegebenen Verkaufspreis unter Anwendung eines Ihnen bekannten Kalkulationsverfahrens.
auswerten	II	Daten oder Einzelergebnisse zu einer abschließenden Gesamtaussage zusammenführen	Werten Sie die errechneten Kennziffern der Jahresabschlussanalyse aus und fassen Sie Ihre Ergebnisse in einem Bericht über die augenblickliche Situation der XY AG zusammen.
buchen	II	Geschäftsfälle korrekt im Grund- oder Hauptbuch erfassen	Buchen Sie die Auflösung der Rückstellungen.
erläutern, erklären	II	Sachverhalte durch Wissen und Einsichten in einen Zusammenhang (Theorie, Modell, Regel, Gesetz, Funktionszusammenhang) einordnen und deuten; ggf. durch zusätzliche Informationen und Beispiele verdeutlichen	Erläutern Sie das Produktionsprogramm der XY AG. Erklären Sie in diesem Zusammenhang den Begriff Fertigungstiefe.
erstellen	II	Sachverhalte inhaltlich und methodisch angemessen grafisch oder tabellarisch darstellen und mit fachsprachlichen Begriffen beschriften	Erstellen Sie einen Finanzplan.
herausarbeiten	II	aus Materialien bestimmte Sachverhalte herausfinden, die nicht explizit genannt werden, und Zusammenhänge zwischen ihnen herstellen	*Grundlage dieser Aufgabe ist der Lagebericht der XY AG (nach § 289 HGB).* Arbeiten Sie aus dem Lagebericht der XY AG die Aspekte heraus, die auf einen positiven Geschäftsverlauf schließen lassen.
nachweisen	II	eine Aussage oder einen Sachverhalt mit Berechnungen oder logischen Begründungen bestätigen	Weisen Sie rechnerisch nach, dass die Investitionsalternative I der Investitionsalternative II vorzuziehen ist.
vergleichen	II	Sachverhalte gegenüberstellen, um Gemeinsamkeiten, Ähnlichkeiten und Unterschiede herauszuarbeiten	Vergleichen Sie die errechneten Kennzahlen zur Jahresabschlussanalyse mit den Vorjahreszahlen und den entsprechenden Durchschnittswerten der Branche.
analysieren	II, III	wirtschaftliche Sachverhalte aus Materialien kriterien- bzw. aspektorientiert beschreiben und erklären bzw. deuten und werten	*Grundlage dieser Aufgabe ist ein Textauszug zum Shareholder Value Konzept.* Analysieren Sie den Textauszug aus der Homepage der XY AG im Hinblick auf die wirtschaftliche Stellung der einheimischen Tochtergesellschaften des Konzerns.
begründen	II, III	Die Begründung steht in einem engen Zusammenhang mit einer zuvor aufgestellten These, Vermutung oder Meinungsäußerung. Sie wird auf sachlicher Grundlage entwickelt und erfordert einen sicheren Umgang mit Fachbegriffen sowie die Fähigkeit, die Sachverhalte in ihrer Sachlogik zu erfassen und einzuordnen. Begründen setzt das Nennen und Erklären (Erläutern) von Ursachen voraus.	Begründen Sie die Aussage des Vorstandsvorsitzenden, dass die anstehende Investition der XY AG vorteilhaft ist.

Operator	AFB	Definition	Beispiel
beurteilen, bewerten	II, III	den Stellenwert von Sachverhalten und Prozessen in einem Zusammenhang bestimmen, um theorie- und kriterienorientiert zu einem begründeten Sachurteil zu gelangen	Beurteilen Sie das dargestellte Arbeitszeitmodell der XY AG aus der Sicht der betroffenen Arbeitnehmer und der Unternehmensleitung.
entscheiden	II, III	auf Grundlage vorhandener Informationen eine sich daraus ergebene unternehmerisch sinnvolle Entscheidung treffen	Treffen Sie für die XY AG eine begründete Investitionsentscheidung.
Stellung nehmen	II, III	ausgehend vom Sachurteil unter Einbeziehung individueller Wertmaßstäbe zu einem begründeten eigenen Werturteil kommen	Nehmen Sie zum Investitionsvorschlag der Unternehmensleitung kritisch Stellung.
Vorschlag entwickeln, Vorschlag unterbreiten, Bericht erstellen	II, III	zu einem Sachverhalt oder einer Problemstellung ein konkretes Lösungsmodell, eine Gegenposition, einen Verbesserungsvorschlag oder einen Regelungsentwurf begründet entfalten	Unterbreiten Sie der XY AG auf der Basis des Ihnen vorliegenden Datenmaterials einen Vorschlag zur Verbesserung der Liquidität des Unternehmens.
diskutieren	III	auf Grundlage einer kurzen Sachdarstellung zu einer ökonomischen Problemstellung eine Pro- und Contra-Argumentation entwickeln, die zu einer begründeten Bewertung führt	Diskutieren Sie das Ihnen vorliegende Personalabbaukonzept des Vorstandes der XY AG vor dem Hintergrund der wirtschaftlichen Situation des Unternehmens.
prüfen, überprüfen	III	Inhalte, Sachverhalte, Vermutungen oder Hypothesen auf der Grundlage eigener Kenntnisse oder mithilfe zusätzlicher Materialien auf ihre sachliche Richtigkeit bzw. auf ihre innere Logik hin untersuchen	Überprüfen Sie den Vorschlag der Geschäftsleitung.

Eine Klausuraufgabe besteht in der Regel aus mehreren Teilaufgaben. Diese wiederum können über den Ansatz verschiedener Operatoren weitere Unteraufgaben beinhalten. Und genau hier liegt der Teufel im Detail. Was im Prinzip als Hilfestellung für Sie gedacht ist, um eine Teilaufgabe möglichst umfassend zu beantworten – und dabei die unterschiedlichen Anforderungsbereiche abzudecken –, führt häufig dazu, dass nur der erste Operator beachtet wird oder dass Lösungen unstrukturiert dargestellt werden.

Unser Tipp: Markieren Sie die Operatoren in der Aufgabenstellung, gliedern Sie Ihren Lösungsvorschlag entsprechend. Erst wenn Sie alle Operatoren beachtet haben, sind Sie vollständig auf die Aufgabenstellung eingegangen. Ein kleines Beispiel soll dies verdeutlichen:

Aufgabe 1.1
Ermitteln Sie mithilfe des anliegenden Formulars das Betriebs- und Umsatzergebnis sowie die Kostenabweichungen pro Kostenstelle. **Beschreiben Sie** das Zustandekommen des Betriebs- und Umsatzergebnisses und **erklären Sie**, wie es zu den Kostenabweichungen kommen kann. **Erläutern** Sie grundsätzlich den Unterschied zwischen einer Ist- und Normalkostenrechnung.

Lösungsvorgehen

Über das Markieren mit anschließender Gliederung stellen Sie sicher, dass die Aufgabe vollständig bearbeitet wird, z. B. folgendermaßen:

1.1.1 **Ermittlung** (Berechnung) des Betriebs- und Umsatzergebnisses inklusive Kostenabweichungen (situationsbezogen)

1.1.2 **Beschreibung** des Zustandekommens der Ergebnisse (situationsbezogen)

1.1.3 **Erklärung,** wie es zu den hier vorliegenden Kostenabweichungen gekommen sein kann (situationsbezogen, auf Basis grundsätzlicher Überlegungen)

1.1.4 Grundsätzliche **Erläuterung** des Unterschieds zwischen Ist- und Normalkostenrechnung (grundsätzliche, d. h. von der Situation losgelöste Überlegungen)

Sie sehen, das Strukturieren der Aufgabenstellung verschafft Ihnen Klarheit und Vollständigkeit.

Denken Sie auch daran, dass **10 % der Punkte für Ihre Darstellungsleistung** vergeben werden. Dabei geht es darum, ob Sie schlüssig und klar argumentieren, fundiert begründen, Ihre Antworten klar strukturieren, die Fachsprache korrekt verwenden und Ihre Ausführungen formal ansprechend gestalten.

Aufgabenübergreifend werden im Rahmen der Darstellungsleistung folgende Aspekte bewertet:
1. Strukturierte Darstellung
2. Einhaltung formaler Regeln
3. Stilistische Qualität und Wortwahl
4. Verwendung von Fachsprache

Ein letzter **Hinweis:** Bei gravierenden sprachlichen Mängeln (Rechtschreibung, Grammatik) kann die Gesamtnote um bis zu zwei Notenpunkte herabgesetzt werden.

Verbindliche Unterrichtsinhalte für das Zentralabitur 2022[1]

Die Abiturklausuren der vergangenen Jahre können Sie mithilfe eines Passwortes, welches Sie bei Ihrer Schule erfragen können, unter folgender Internetadresse abrufen:

www.standardsicherung.schulministerium.nrw.de/cms/zentralabitur-berufliches-gymnasium/faecher/faecher.php?fach=2

Bedenken Sie aber, dass sich diese wegen abweichender thematischer Vorgaben nur bedingt zur Vorbereitung auf das Zentralabitur 2022 eignen.

Kurshalbjahr 12.1

Prozess der Leistungserstellung (Produktionswirtschaft)

1. Planung der Leistungserstellung
- Einordnung des Produktionsprozesses als Kernprozess eines Industrieunternehmens
- Planung des Produktionsprogramms (Fertigungsprogramm, Fertigungsbreite, Fertigungstiefe)
- Planung der fertigungstechnischen Rahmenbedingungen (Grad der Automatisierung, Häufigkeit der Prozesswiederholung, Anordnung der Betriebsmittel im Produktionsprozess)

2. Menschliche Arbeit im Produktionsprozess
- Bedeutung
- Arbeitsentgelt (Zeitlohn, Akkordlohn, Prämienlohn; Erfolgsbeteiligung)

3. Produktionscontrolling
- Quantitätskontrolle (optimale Losgröße), Qualitätskontrolle
- Kennziffern des operativen Produktionscontrolling (Produktivität, Wirtschaftlichkeit und Rentabilität)
- Personalcontrolling (Personalabbau inkl. Arten der Kündigung und Kündigungsschutz; Möglichkeiten der Vermeidung betriebsbedingter Kündigungen wie Überstundenabbau, Arbeitszeitverkürzung und -verlängerung, Arbeitszeitmodelle)

Kosten- und Leistungsrechnung

1. Industrielle Kosten- und Leistungsrechnung als Vollkostenrechnung
- Aufgaben und Gliederung

2. Kostenartenrechnung
- Definition und Abgrenzung wesentlicher Grundbegriffe: Auszahlung und Einzahlung, Ausgabe und Einnahme, Aufwand und Ertrag, Kosten und Leistung, Grundkosten und neutraler Aufwand, Leistungen und neutrale Erträge, interne und externe Kosten
- Ergebnistabelle als Instrument zur Ermittlung des Betriebsergebnisses
- Kostenrechnerische Korrekturen (kalkulatorische Abschreibungen, kalkulatorische Zinsen)
- Gliederung der Kosten nach ihrer Zurechenbarkeit zu Kostenträgern (Einzelkosten und Gemeinkosten)

3. Kostenstellenrechnung
- Einstufiger BAB
- Material-, Fertigungs-, Verwaltungs- und Vertriebsgemeinkosten
- Herstellkosten der Erzeugung versus Herstellkosten des Umsatzes

---

[1] Vgl. Vorgaben für das Zentralabitur 2022: https://www.standardsicherung.schulministerium.nrw.de/abitur-bk/fach.php?fach=2 [abgerufen am 04.01.2020] sowie Fachlehrplan Betriebswirtschaftslehre: http://www.berufsbildung.nrw.de/cms/upload/_lehrplaene/d/wirtschaft_und_verwaltung/teil3/lp_betriebswirtschaftslehre.pdf [abgerufen am 04.01.2020]

4. Kostenträgerrechnung
- Kostenträgerzeitrechnung (Kostenträgerblatt auf Istkosten- und Normalkostenbasis, Kostenüber- und -unterdeckung)
- Kostenträgerstückrechnung (Zuschlagskalkulation als Angebotskalkulation, Vor- und Nachkalkulation)

5. Kosten- und Leistungsrechnung als Teilkostenrechnung
- Vollkostenrechnung und Teilkostenrechnung als sich ergänzende Rechnungssysteme
- Teilkostenrechnung als betriebswirtschaftliche Entscheidungshilfe
- Bestimmung von Preisuntergrenzen; Entscheidung über Zusatzaufträge; Sortimentsbereinigungen; Engpassplanung; Eigenfertigung oder Fremdbezug

Kurshalbjahr 12.2

Prozess der Leistungsverwertung (Absatzwirtschaft)

1. Produktpolitik
- Produktlebenszyklus und Portfolioanalyse
- Markenpolitik
- Produktinnovation
- Produktdifferenzierung
- Produktdiversifikation
- Produktelimination

2. Preispolitik
- Kostenorientierte Preisbildung auf der Basis der Teilkostenrechnung (kurz- und langfristige Preisuntergrenze, liquiditätsorientierte Preisuntergrenze)
- Nachfrageorientierte Preisbildung (Preisdifferenzierung)
- Konkurrenzorientierte Preisbildung (Preispolitik auf oligopolistischen Märkten, Nutzung des monopolistischen Preisspielraumes auf polypolistischen Märkten)
- Preispolitische Strategien (Hochpreispolitik, Niedrigpreispolitik)

3. Kommunikationspolitik
- Produktwerbung
- Gesetzliche Beschränkungen der Produktwerbung (Gesetz gegen unlauteren Wettbewerb)

Investition

1. Ziele und Arten von Investitionen

2. Anregung und Vorbereitung der Investitionsentscheidung
- Qualitative und quantitative Bewertungskriterien
- Nachhaltiges Investment

3. Investitionsrechnung als Entscheidungsinstrument
- Statische Methoden (Kosten-, Gewinn-, Amortisations-, Rentabilitätsvergleichsrechnung)
- Dynamische Methoden (exemplarisch: Kapitalwertmethode, interne Zinssatzmethode)
- Beurteilung der Entscheidungsinstrumente

Kurshalbjahr 13.1

Finanzierung

1. Innenfinanzierung
- Selbstfinanzierung (offene und verdeckte Selbstfinanzierung)
- Finanzierung aus Kapitalfreisetzung (Abschreibungsrückflüsse; Rückstellungsgegenwerte)

2. Finanzcontrolling
- Aufrechterhaltung der Liquidität
- Leverage-Effekt

Jahresabschluss, Bilanzanalyse und Bilanzkritik

Analyse und Kritik des Jahresschlusse
- Aufbereitung der Bilanz
- Bilanzanalyse und -kritik (Kapitalstruktur: Eigenkapitalquote, Verschuldungsgrad; Vermögens-struktur: Anlagenintensität; Anlagendeckung: Deckungsgrad I und II; Liquidität: Liquiditätsgrad I bis III)
- Analyse und Kritik der Erfolgsrechnung (Ertrags- und Aufwandsstruktur: Anteil des Betriebsergeb-nisses am Unternehmensergebnis, Personalintensität, Materialintensität; Rentabilitäten; Cash-flow; Return on Investment; EBIT/EBITDA)
- Shareholder Value und Stakeholder Value als Unternehmensphilosophie
- Wesensmerkmale einer Ökobilanz

Kurshalbjahr 13.2

Veränderungsprozesse im Unternehmen

Ursachen und Phänomene des Wandels
- Globalisierung/Märkte im Wandel
- Konzentrationsprozesse
- Innovationsprozesse (technologischer Fortschritt)

Organisatorische Hinweise zum Zentralabitur 2022

Aufbau der Abiturklausur

1. Die Klausur besteht aus drei etwa gleich gewichteten Aufgaben, die in mehrere Teilaufgaben untergliedert sind.
2. Die Aufgaben bauen sachlogisch aufeinander auf, sind aber unabhängig voneinander zu lösen.
3. In jeder einzelnen dieser drei Aufgaben sind alle drei Anforderungsbereiche (vgl. Operatorenliste, S. 8 und 9) zu berücksichtigen, wobei das Schwergewicht der zu erbringenden Prüfungsleistungen im Anforderungsbereich II liegt und der Anforderungsbereich I stärker zu gewichten ist als der Anforderungsbereich III (AFB II > AFB I > AFB III).

Rahmenbedingungen der Abiturklausur

1. Die Bearbeitungszeit beträgt 270 Minuten.
2. Als Hilfsmittel erlaubt sind ein grafikfähiger Taschenrechner (GTR) oder ein Computeralgebrasystem (CAS) sowie ein Wörterbuch der deutschen Rechtschreibung und ein Fremdwörterbuch.
3. Die Gesamtpunktzahl beträgt häufig 200 Punkte. Davon entfallen 180 Punkte auf die inhaltliche Leistung und 20 Punkte auf die Darstellungsleistung.

Bewertung der aufgabenübergreifenden Darstellungsleistung

- Strukturierte Darstellung (4 Punkte):
  - Der/die Schüler/-in gliedert die Lösung sachlogisch („roter Faden").
  - Der/die Schüler/-in stellt den Lösungsweg nachvollziehbar dar.
- Einhaltung formaler Regeln (8 Punkte):
  - Der/die Schüler/-in stellt die Inhalte bzw. Ergebnisse übersichtlich und gut lesbar dar.
  - Der/die Schüler/-in berücksichtigt formale Darstellungsregeln in angemessener Weise.
- Stilistische Qualität und Wortwahl (4 Punkte):
  - Der/die Schüler/-in ist in der Wortwahl präzise und differenziert („Ausdruck").
  - Der/die Schüler/-in konstruiert Sachgefüge angemessen und argumentiert logisch.
- Verwendung von Fachsprache (4 Punkte):
  - Der/die Schüler/-in verwendet Fachbegriffe problemgerecht.
  - Der/die Schüler/-in setzt fachliche Symbole, Formeln und Maßeinheiten sachgerecht ein.

Notenfindung der Abiturklausur

Punkte	Note	Prozentzahl	Punktebereich
15 Punkte	sehr gut +	ab 95 % der Punkte	von 190 bis 200 Punkten
14 Punkte	sehr gut	ab 90 % der Punkte	von 170 bis 189 Punkten
13 Punkte	sehr gut –	ab 85 % der Punkte	von 160 bis 169 Punkten
12 Punkte	gut +	ab 80 % der Punkte	von 150 bis 159 Punkten
11 Punkte	gut	ab 75 % der Punkte	von 190 bis 200 Punkten
10 Punkte	gut –	ab 70 % der Punkte	von 140 bis 149 Punkten
9 Punkte	befriedigend +	ab 65 % der Punkte	von 130 bis 139 Punkten
8 Punkte	befriedigend	ab 60 % der Punkte	von 120 bis 129 Punkten
7 Punkte	befriedigend –	ab 55 % der Punkte	von 110 bis 119 Punkten
6 Punkte	ausreichend +	ab 50 % der Punkte	von 100 bis 109 Punkten
5 Punkte	ausreichend	ab 45 % der Punkte	von 90 bis 99 Punkten
4 Punkte	ausreichend –	ab 40 % der Punkte	von 80 bis 89 Punkten
3 Punkte	mangelhaft +	ab 33 % der Punkte	von 66 bis 79 Punkten
2 Punkte	mangelhaft	ab 27 % der Punkte	von 54 bis 65 Punkten
1 Punkt	mangelhaft –	ab 20 % der Punkte	von 40 bis 53 Punkten
0 Punkte	ungenügend	weniger als 20 % der Punkte	weniger als 39 Punkte

Jahrgang 12.1

1 Prozess der Leistungserstellung (Produktionswirtschaft)

1.1 Themenübersicht

Planung der Leistungserstellung

Planung des Produktionsprogramms

Einführung

Die Hauptaufgabe der Leistungserstellung (Produktion) ist es, die vom Absatzmarkt gewünschten Produkte in der benötigten Qualität und Menge zum Zeitpunkt des Bedarfs bereitzustellen. Dabei gilt es, die Kosten für den Einsatz der erforderlichen Betriebsmittel, Materialien und Arbeitskräfte zu minimieren sowie gleichzeitig die Produktivität der eingesetzten Leistungsfaktoren zu maximieren, um so eine möglichst hohe Wirtschaftlichkeit der Produktion zu gewährleisten und letztlich eine angemessene Rentabilität des eingesetzten Kapitals zu erreichen. Neben diesen rein ökonomischen Zielsetzungen sind aber auch ökologische und soziale Aspekte bei der Leistungserstellung in ausreichender Weise zu berücksichtigen.

Einordnung der Produktionswirtschaft innerhalb eines Industrieunternehmens

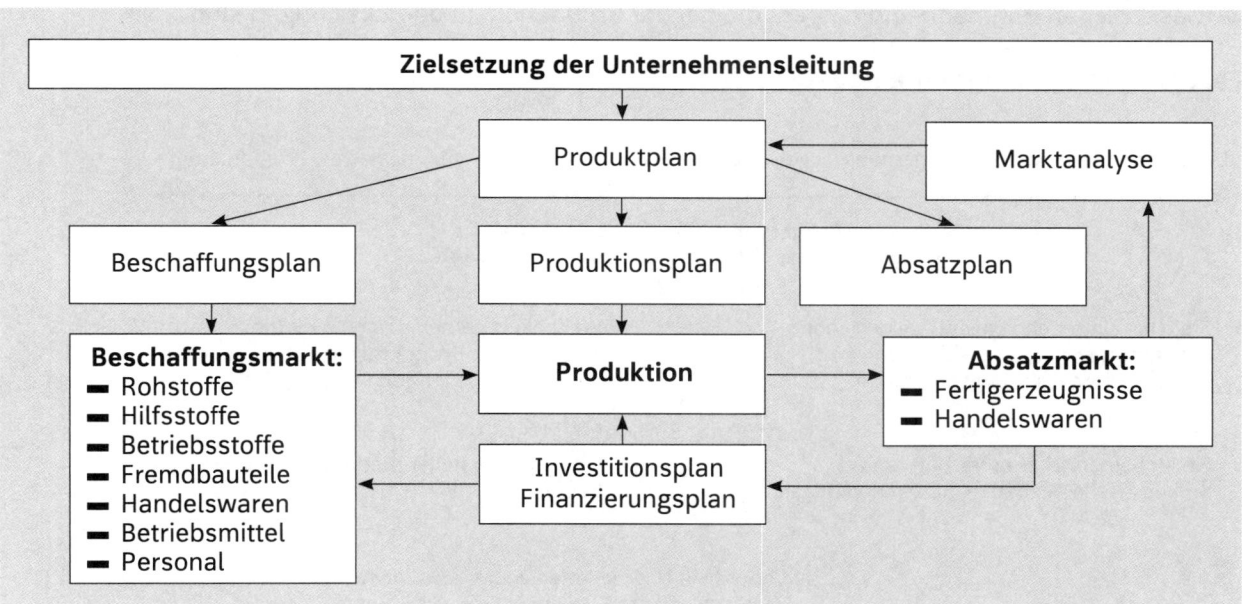

Unterscheidung zwischen Absatz- und Fertigungsprogramm eines Industrieunternehmens

Grundsätzlich unterscheidet man zwischen dem Fertigungsprogramm und dem Absatzprogramm eines Industriebetriebes, wobei man die für den Absatz gefertigten Erzeugnisse auch als Produktprogramm bezeichnet.

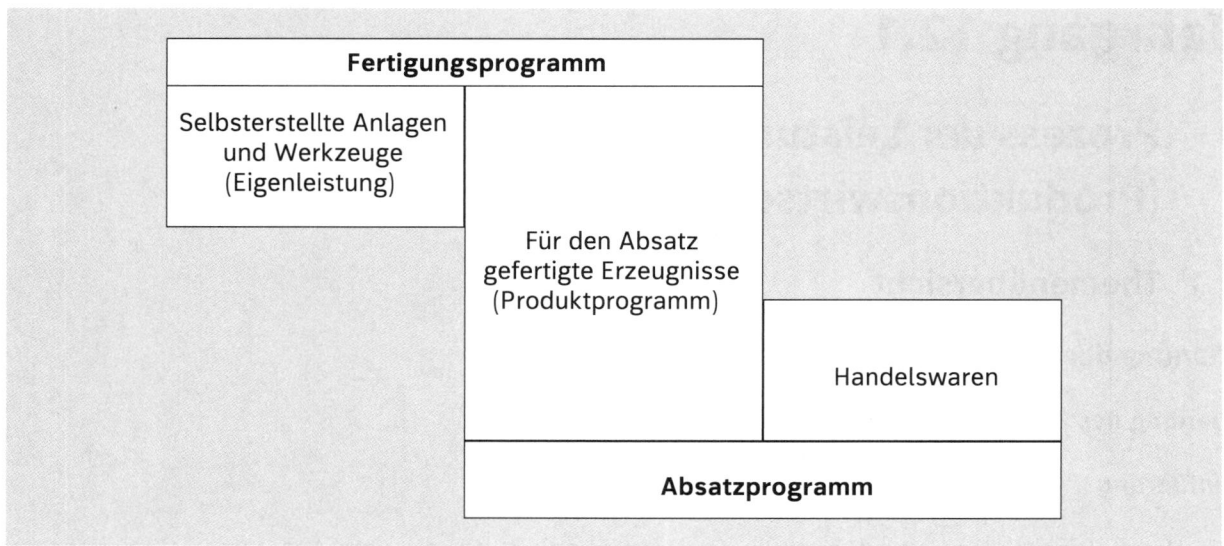

Bestimmungsgrößen des Fertigungsprogramms eines Industrieunternehmens

Das Fertigungsprogramm (genauer: das Produktprogramm) eines Industriebetriebes wird grundsätzlich bestimmt durch:
- Produktfelder (Branche) und das vorhandene Know-how in diesem Bereich
- Absatzchancen für die eigenen Produkte in den ausgewählten Produktfeldern
- Durch die Produktion entstehenden Kosten
- Finanzierungsmöglichkeiten
- Verfügbarkeit der benötigten Materialien
- Gesetzlichen Rahmenbedingungen, die bei der Produktion zu berücksichtigen sind

Fertigungsprogrammbreite und -tiefe

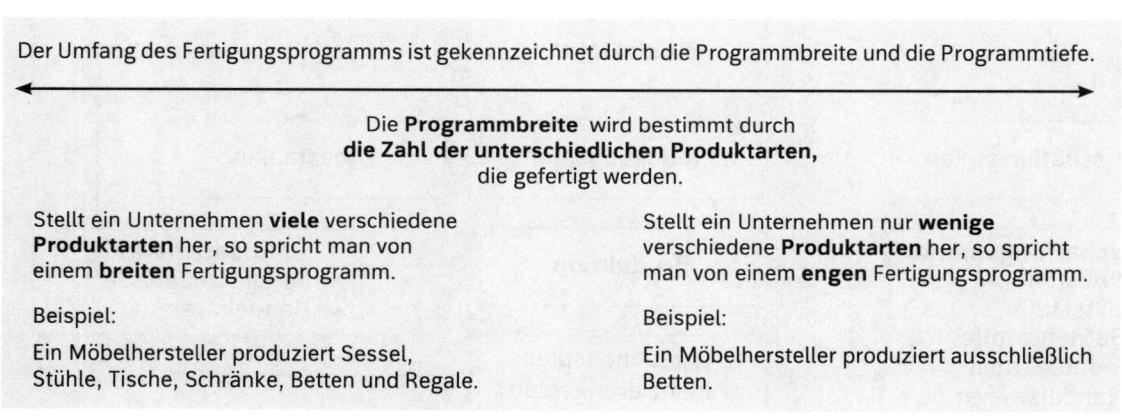

Ein **breites und/oder tiefes Fertigungsprogramm** bietet u. a. folgende **Vorteile:**

- Risikostreuung durch geringere Abhängigkeit von einzelnen Produkten
- Möglichkeit der Mischkalkulation bei der Festlegung der Verkaufspreise
- Größere Auswahl und dadurch Ansprechen einer größeren Zielgruppe
- Verwertung von Produktionsabfällen durch zwangsläufige Miterzeugung von Kuppelprodukten
- Möglichkeit, Komplementärgüter anzubieten (eher nachteilig: Substitutionsgüter)

Ein **enges und/oder flaches Fertigungsprogramm** bietet u. a. folgende **Vorteile:**

- Seltenere Umrüstung der Fertigungsanlagen
- Hoher Spezialisierungsgrad bei Mitarbeitern/Mitarbeiterinnen und Fertigungsanlagen (eher nachteilig bei schnellen Marktveränderungen)
- Tendenziell niedrigere Stückkosten durch größere Produktionsmengen (Gesetz der Massenproduktion)

Fertigungstiefe

Die **Fertigungstiefe** wird bestimmt durch die **Anzahl der Fertigungsstufen**, welche ein Produkt innerhalb des eigenen Unternehmens durchläuft.

Durchläuft ein Produkt **viele Be- und Verarbeitungsstufen**, so bezeichnet man die Fertigungstiefe als **tief**.

Beispiel:
Bei der Herstellung von Sesseln werden nur die Rohstoffe eingekauft. Alle erforderlichen Bearbeitungsschritte (Zuschneiden sowie Nähen der Stoffe und Polstermaterialien, Zuschneiden des Holzes, Lackieren, Endmontieren u. Ä.) werden vom Unternehmen selbst durchgeführt.

Durchläuft ein Produkt nur **wenige Be- und Verarbeitungsstufen**, so bezeichnet man die Fertigungstiefe als **flach**.

Beispiel:
Bei der Herstellung von Sesseln werden vornehmlich Fremdbauteile eingekauft. Im eigenen Unternehmen erfolgt nur die Endmontage.

Eine **tiefe Fertigungstiefe** bietet u. a. folgende **Vorteile:**

- Größere Unabhängigkeit von Lieferanten (Qualität, Kosten, Terminplanung)
- Bessere Kontrolle des Fertigungsprozesses (Qualität, Termineinhaltung)
- Erhalt des fertigungstechnischen Know-hows
- In der Regel kostengünstiger bei größeren Produktionsmengen

Eine **flache Fertigungstiefe** bietet u. a. folgende **Vorteile:**

- Geringerer Kapitalbedarf (Fertigungsanlagen)
- Größere Flexibilität bei Marktveränderungen (geringeres Risiko)
- Geringere Fixkosten (→ weniger Leerkosten)
- Nutzung des Know-hows der externen Lieferanten (Spezialisten)
- In der Regel kostengünstiger bei kleineren Produktionsmengen

Im Zusammenhang mit der Entscheidung über die Fertigungstiefe spricht man häufig auch von **„Make or Buy?"**.

Die Eigenfertigung („Make") setzt u. a. voraus, dass

- die Fertigungstechnik beherrscht wird,
- die erforderlichen Kapazitäten (technisch und personell) vorhanden sind,
- der Kapitalbedarf für die notwendigen Investitionen gedeckt werden kann (Finanzierbarkeit).

Der Fremdbezug („Buy") bietet sich in der Regel an, wenn

- komplette Einbauteile, bei denen sich der Produktionsprozess elementar von den üblicherweise angewandten Fertigungstechniken unterscheidet, benötigt werden,
- zusätzliche Produkte das eigene Sortiment abrunden sollen (Handelswaren).

Planung der fertigungstechnischen Rahmenbedingungen

Unterscheidung von Fertigungsverfahren nach dem Grad der Beteiligung menschlicher Arbeitskraft (Grad der Automatisierung)

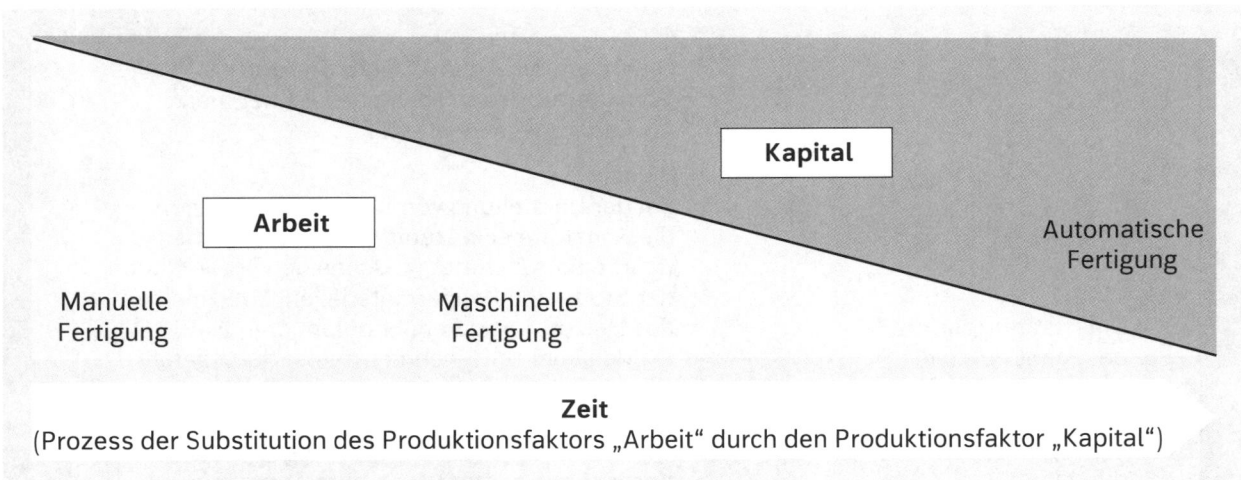

Zeit
(Prozess der Substitution des Produktionsfaktors „Arbeit" durch den Produktionsfaktor „Kapital")

Manuelle Fertigung

- Körperliche Arbeit und handwerkliche Tätigkeiten unter Einsatz von Werkzeugen (z. B. Säge, Hammer) und mithilfe arbeitskraftverstärkender Maschinen (z. B. Bohrmaschine).
- Mensch als Kraftquelle, die die Energie für die Durchführung der Tätigkeit liefert, die Arbeitsschritte steuert und kontrolliert.
- Manuelle Fertigung findet sich noch in Handwerksbetrieben sowie in der industriellen Fertigung bei Präzisionsarbeiten.

Maschinelle Fertigung

- Wesentliche Arbeitsgänge werden durch Maschinen erledigt, welche die notwendige Energie für die Durchführung der Tätigkeit liefern.
- Der Mensch steuert Arbeitsvorgänge sowie Maschinen und kontrolliert das Arbeitsergebnis.
- Maschinelle Fertigung findet sich noch bei Einzel-, Serien- und Sortenfertigung, wird aber auch hier durch eine zunehmende Automation ersetzt.

Automatische Fertigung

- Computergesteuerte Fertigungsanlagen und -straßen übernehmen neben der Durchführung des Arbeitsvorganges auch Steuerungs- und Kontrollfunktionen.
- Der Mensch überwacht lediglich den Fertigungsablauf und greift nur noch bei Störungen ein.
- Automatische Fertigung findet sich in nahezu allen Bereichen, vor allem aber bei der Massenfertigung (CAM: Computer Aided Manufacturing, CIM: Computer Integrated Manufacturing).

Unterscheidung von Fertigungsverfahren nach der Häufigkeit der Prozesswiederholung (Fertigungstypen)

Einzelfertigung

Jedes Erzeugnis wird nur einmal hergestellt. Die Fertigung erfolgt daher ausschließlich auftragsbezogen.

Simultane Einzelfertigung
Unterschiedliche Erzeugnisse werden parallel hergestellt.

Sukzessive Einzelfertigung
Unterschiedliche Erzeugnisse werden nacheinander hergestellt (nur ein Erzeugnis je Rechnungsperiode).

Beispiele: *Schiffsbau, Großmaschinenbau, Brückenbau, Gebäude*

Sortenfertigung

Herstellung unterschiedlicher Varianten (Sorten) eines Grunderzeugnisses, die sich lediglich hinsichtlich Form, Farbe, Größe usw. voneinander unterscheiden, sodass nur kleine Umrüstvorgänge erforderlich sind.

Beispiele: *Brauerei, Schokolade*

Sonderformen der Sortenfertigung

Partiefertigung
Eine ungewollte Sortenbildung entsteht durch nacheinander beschaffte Rohstoffe (unterschiedliche Partien), die abweichende Qualitätsmerkmale aufweisen, d. h., dass das Ausgangsmaterial also nicht fortlaufend von gleichbleibender Qualität ist. Dies ist häufig bei der Verarbeitung von naturnahen Rohstoffen der Fall.

Beispiele: *Wein, Tabak, Baumwolle*

Chargenfertigung
Eine ungewollte Sortenbildung entsteht, weil der Produktionsprozess nicht vollständig beherrschbar ist und somit nicht immer gleich abläuft.

Beispiele: *Kaffeeröstereien, Bäckereien, Ziegeleien*

Serienfertigung

Herstellung von Erzeugnissen, die sich, sowohl die Konstruktion als auch den Fertigungsablauf betreffend, verhältnismäßig stark voneinander unterscheiden. Im Vergleich zur Sortenfertigung sind also (vor allem bei der Kleinserienfertigung) umfangreiche Umrüstungen notwendig.

Bei der Kleinserienfertigung entstehen durch Bündelung einzelner Aufträge begrenzte Stückzahlen (Serien).

Beispiele: *Fertighäuser, Großtransformatoren, Flugzeugbau, Schiffsbau*

Im Rahmen der Großserienfertigung wird nicht nur auftragsbezogen, sondern auch „auf Lager" produziert.

Beispiele: *Autoindustrie, elektrische Haushaltsgeräte, Fernsehgeräte etc.*

Massenfertigung

Gleichartige Erzeugnisse werden ohne zeitliche oder mengenmäßige Begrenzung hergestellt.

Einfache Massenfertigung

Nur ein Produkt wird auf identischen Fertigungsanlagen produziert.

Mehrfache Massenfertigung

Verschiedene Produkte, die sich im Regelfall sehr ähnlich sind, werden parallel hergestellt.

Beispiele: *Elektrizitätswerk, Zuckerraffinerie*

Kuppelproduktion

Beim Produktionsprozess entsteht neben dem Hauptprodukt zwangsläufig ein weiteres (verkaufsfähiges) Nebenprodukt. Die Herstellung des Hauptproduktes kann einem der oben erläuterten Fertigungstypen zugeordnet werden, das Nebenprodukt bezeichnet man als Kuppelprodukt.

Beispiele: *Sägewerk = Holz + Sägemehl, Zuckerraffinerie = Zucker + Viehfutter*

Unterscheidung von Fertigungsverfahren nach der Anordnung der Betriebsmittel im Produktionsprozess (Fertigungsorganisation)

Werkstattfertigung

Merkmale:
- Verrichtungsprinzip: Zusammenfassung von Betriebsmitteln mit gleichartigen Funktionen an einem Ort
- Verwendung von Universalmaschinen
- Einsatz von Facharbeitern

Vorteile:
- Hohe Flexibilität
- Geringe Störanfälligkeit

Nachteile:
- Lange Transportwege
- Hohe Transportkosten
- Lange Durchlaufzeiten
- Kosten für Zwischenlagerung

Reihenfertigung

Merkmale:
- Flussprinzip bzw. Objektzentralisation: Anordnung der Betriebsmittel in der Reihenfolge des fertigungstechnischen Ablaufs
- Keine exakte zeitliche Abstimmung der einzelnen Arbeitsgänge
- Möglichkeit, einzelne Arbeitsgänge auszulassen bzw. zu überspringen, falls das Produkt dies erfordert

Vorteil:
- Geringere Durchlaufzeiten

Nachteil:
- Wartezeiten durch fehlende zeitliche Abstimmung

Fließfertigung

Merkmale:
- Flussprinzip bzw. Objektzentralisation: Anordnung der Betriebsmittel in der Reihenfolge des fertigungstechnischen Ablaufs
- Vorgabe von einheitlichen Taktzeiten für alle Arbeitsgänge
- Beim Einsatz von automatischen Fördersystemen (Regelfall) spricht man von Fließbandfertigung.

Vorteile:
- Minimierung der Durchlaufzeiten
- Erhöhung der Produktivität

Nachteile:
- Geringe Flexibilität
- Hohe Störanfälligkeit
- Hohe Arbeitsmonotonie

Gruppenfertigung

Merkmale:
- Kombination aus Verrichtungs- und Flussprinzip: Artgleiche Erzeugnisse bzw. Erzeugnisteile werden auf Fertigungsinseln von teilautonomen Arbeitsgruppen hergestellt.
- Anordnung der Betriebsmittel auf der Fertigungsinsel nach dem Flussprinzip

Vorteile:
- Höhere Arbeitszufriedenheit
- Höhere Motivation
- Höhere Identifikation
- Klare Verantwortlichkeit, da Arbeitsergebnisse eindeutig zugeordnet werden können
- Höhere Qualität der Erzeugnisse

Nachteil:
- Geringere Produktivität im Vergleich zur Fließfertigung

Baustellenfertigung

Das herzustellende Produkt ist ortsgebunden (z. B. Straßen, Brücken, Gebäude), daher werden Arbeitskräfte, Werkstoffe und Betriebsmittel zum Ort der Fertigung (der Baustelle) transportiert → Raumzentralisation.

Menschliche Arbeit im Produktionsprozess

Bedeutung des Produktionsfaktors Arbeit

Grundsätzlich unterscheidet man menschliche Arbeit in einem Industriebetrieb nach
- der Weisungsbefugnis in leitende (dispositive) und ausführende Tätigkeiten,
- den Anforderungen in körperliche oder geistige Tätigkeiten,
- der Ausbildung in ungelernte, angelernte, gelernte Tätigkeiten.

Neben den **individuellen Fähigkeiten** der Mitarbeiter/-innen hat auch die individuelle **Leistungs-bereitschaft** Einfluss auf die quantitativen und qualitativen Arbeitsergebnisse. Zusammengenommen **bestimmen** diese beiden Aspekte das **Leistungsvermögen** der Mitarbeiter, welches aus unternehmerischer Sicht möglichst voll ausgeschöpft werden sollte. Daher gewinnen neben **Maßnahmen zur Förderung der Leistungsfähigkeit** (Aus- und Weiterbildungsmaßnahmen: Training on the Job, Training near the Job, Training off the Job) auch **Möglichkeiten zur Steigerung der Arbeitsmotivation** (Job Rotation, Job Enrichment, Job Enlargement) und Formen der leistungsgerechten Entlohnung mehr und mehr an Bedeutung. Werden solche Maßnahmen von der Unternehmensleitung in enger Zusammenarbeit mit den jeweiligen Mitarbeitern geplant und an deren individuelle Bedürfnisse angepasst, so profitieren im Idealfall der Arbeitgeber (durch eine höhere Produktivität und qualitativ bessere Arbeitsergebnisse) und der Arbeitnehmer (durch abwechslungsreichere Tätigkeiten, eine höhere Qualifikation und eine bessere Entlohnung) gleichermaßen davon.

Arbeitsentgelt

Der Zeitlohn

Beim Zeitlohn wird der Arbeitnehmer ausschließlich nach der Dauer der abgeleisteten Arbeitszeit entlohnt. Ausgehend von einer bestimmten Normalleistung wird ein monatliches Gehalt bzw. ein Stundenlohn festgelegt, welche unabhängig davon, ob die Normalleistung vom Arbeitnehmer über- oder unterschritten wird, ausgezahlt werden. Der Arbeitnehmer kann also, sofern er die vereinbarte Arbeitszeit ableistet, von einem festen Einkommen ausgehen. Der Arbeitgeber kann seinerseits mit festen Gesamtlohnkosten kalkulieren, die allerdings je Stück veränderlich sind. Häufig wird die Höhe des Zeitlohns auch von sozialen Kriterien wie Dauer der Betriebszugehörigkeit oder Alter beeinflusst (Soziallohn).

Der Akkordlohn

Beim Akkordlohn erfolgt die Entlohnung in Abhängigkeit von der quantitativen Arbeitsleistung. Voraussetzungen für eine Akkordentlohnung sind:
- regelmäßige und gleichartige Arbeitsleistungen, die messbar sind (Akkordfähigkeit),
- optimal gestaltete Tätigkeiten, die für den Mitarbeiter vollständig beherrschbar sind (Akkordreife),
- die Beeinflussbarkeit des Arbeitstempos durch den Arbeitnehmer.

Der Akkordlohn setzt sich zusammen aus einem garantierten Mindest- oder Grundlohn und einem Akkordzuschlag. Beide zusammen ergeben den sogenannten Akkordrichtsatz, welcher dem Mitarbeiter/der Mitarbeiterin bei Normalleistung (= 100%) gezahlt wird. Der Mindestlohn, welcher sind an dem Zeitlohn für vergleichbare Tätigkeiten orientiert, wird unabhängig von der tatsächlichen Arbeitsleistung immer gezahlt.

Der Akkordlohn kann als Geldakkord oder als Zeitakkord ausgestaltet sein. Beim Geldakkord wird ein fester Geldsatz pro Stück (Stückgeld) festgelegt, beim Zeitakkord wird eine Vorgabezeit je Stück vorgegeben, die mit einem Preis je Minute (Minutenfaktor) vergütet wird.

Vorteile:
- fixe Lohnkosten je Stück → Minderleistungen führen nicht zu erhöhten Stückkosten
- Anreiz zur Leistungssteigerung/leistungsgerechte Entlohnung

Nachteile:
- Anreiz zu überhöhtem Arbeitstempo
  - erhöhter Verschleiß
  - verminderte Qualität
  - stärkere physische Belastung/höherer Krankenstand
- erhöhter Kontrollaufwand/komplexere Lohnabrechnung

Formeln zur Akkordlohnberechnung:

Allgemein

Mindestlohn   (entspricht dem Zeitlohn für eine vergleichbare Tätigkeit)

+ Akkordzuschlag   (prozentualer Zuschlag auf den Mindestlohn)

= Akkordrichtsatz

Zeitakkord

$$\text{Vorgabezeit/Stück:} \quad \frac{60 \text{ Minuten}}{\text{Normalleistung/Stunde}} \qquad \text{Minutenfaktor:} \quad \frac{\text{Akkordrichtsatz}}{60 \text{ Minuten}}$$

Arbeitsentgelt beim Zeitakkord: Istleistung $\cdot$ Minutenfaktor $\cdot$ Vorgabezeit/Stück

---

Geldakkord

$$\text{Stückgeld} = \frac{\text{Akkordrichtsatz}}{\text{Normalleistung/Stunde}}$$

Arbeitsentgelt beim Geldakkord: Istleistung $\cdot$ Stückgeld

---

Zusammenhang Zeitakkord – Stückakkord

Minutenfaktor $\cdot$ Vorgabezeit/Stück = Stückgeld

$$\frac{\text{Akkordrichtsatz}}{60 \text{ Minuten}} \cdot \frac{60 \text{ Minuten}}{\text{Normalleistung/Stunde}} = \text{Stückgeld}$$

Der Prämienlohn

Beim Prämienlohn wird ein Grundlohn gezahlt, der bei erhöhten Leistungen durch eine Prämie aufgestockt wird. In folgenden Fällen können Prämien gewährt werden:
- Unterschreitung von Vorgabezeiten (Quantitätsprämien)
- Unterschreitung von zulässigen Ausschussquoten (Qualitätsprämien)
- Senkung des Material- oder Energieverbrauchs (Ersparnisprämien)
- Verkürzung von Wartungs- oder Reparaturzeiten durch verantwortungsvollen Umgang mit den zur Verfügung gestellten Betriebsmitteln (Nutzungsprämien)

Im Gegensatz zum Akkordlohn, bei dem nur eine erhöhte mengenmäßige Leistung zu einer höheren Entlohnung führt, können mithilfe des Prämienlohns unterschiedlichste Leistungsanreize gesetzt werden. So kann z. B. durch Qualitäts- und Ersparnisprämien ein verantwortungsvoller Umgang mit den zur Verfügung stehenden Ressourcen gefördert werden, was zu einer Zielharmonie zwischen ökologischen und ökonomischen Zielen führt.

Die Erfolgsbeteiligung

1. Provision

Die Provision ist eine prozentuale Beteiligung des Mitarbeiters an dem Erfolg, der durch ihn bewirkt worden ist. Sie wird im Regelfall zusätzlich zu einem Grundgehalt gezahlt. So werden Mitarbeiter im Verkauf häufig prozentual am Umsatz beteiligt, den das Unternehmen durch sie erzielt hat. Durch Provisionen können, ähnlich wie beim Akkord- oder Prämienlohn, Leistungsanreize geschaffen und eine leistungsgerechte Entlohnung erreicht werden.

2. Gewinnbeteiligung

Immer mehr Unternehmen gehen dazu über, ihre Mitarbeiter am Gewinn des Unternehmens zu beteiligen. Während Löhne, Gehälter und auch Provisionen als Kosten die Gewinnerzielung negativ beeinflussen, handelt es sich bei Gewinnbeteiligungen um Überschussbestandteile, welche die Gewinnverteilung betreffen. Eine Gewinnbeteiligung kann als Barauszahlung an den Mitarbeiter erfolgen. Aktiengesellschaften können ihre Mitarbeiter aber durch die Ausgabe von sog. Belegschaftsaktien, die meist einer Sperrfrist unterliegen, am Eigenkapital der Unternehmung beteiligen. Die Unternehmen erreichen so eine höhere Identifikation der Mitarbeiter mit den Unternehmenszielen. Ein direkter Leistungsanreiz wird durch eine Gewinnbeteiligung aber nur dann geschaffen, wenn für den Mitarbeiter eine unmittelbare Auswirkung der eigenen Arbeitsleistung auf den Gewinn der Unternehmung nachvollziehbar ist.

Produktionscontrolling

Quantitätskontrolle

Die optimale Losgröße

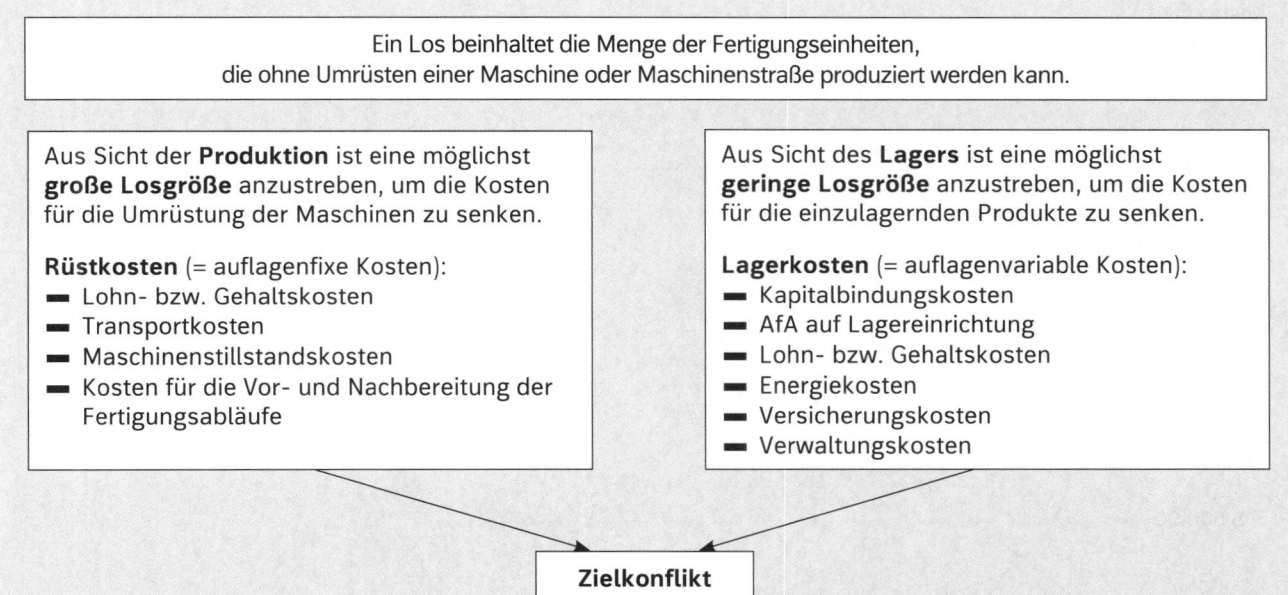

→ **Lösung:** Ermittlung der **optimalen Losgröße** (= Fertigungsmenge, bei der die Summe aus Rüst- und Lagerkosten in einem bestimmten Planungszeitraum ihr Minimum hat)

Beispiel: Die Overninger AG, ein mittelständischer Hersteller für Bürobedarf, plant im kommenden Geschäftsjahr auf einer Maschinenstraße u.a. 20 000 Whiteboards in den Abmessungen 3 Meter mal 1 Meter zu produzieren. Die Herstellkosten je Stück betragen 35,00 €, die Rüstkosten belaufen sich auf 525,00 € je Umrüstvorgang. Als Lagerkosten sind 6 % des durchschnittlichen Lagerwertes zu berücksichtigen.

Tabellarische Lösung:

Losgröße in Stück	Anzahl der Loswechsel pro Jahr	durchschn. Lager-menge	durchschn. Lagerwert	Rüstkosten	Lagerkos-ten	Gesamtkos-ten
1 000	20	500	17 500,00 €	10 500,00 €	1 050,00 €	11 550,00 €
2 000	10	1 000	35 000,00 €	5 250,00 €	2 100,00 €	7 350,00 €
4 000	5	2 000	70 000,00 €	2 625,00 €	4 200,00 €	6 825,00 €

Losgröße in Stück	Anzahl der Loswechsel pro Jahr	durchschn. Lager- menge	durchschn. Lagerwert	Rüstkosten	Lagerkos- ten	Gesamtkos- ten
5 000	4	2 500	87 500,00 €	2 100,00 €	5 250,00 €	7 350,00 €
10 000	2	5 000	175 000,00 €	1 050,00 €	10 500,00 €	11 550,00 €
20 000	1	10 000	350 000,00 €	525,00 €	21 000,00 €	21 525,00 €

Präziser lässt sich die optimale Losgröße mit der Andler'schen Formel berechnen:

$$\text{optimale Losgröße} \quad \sqrt{\frac{200 \cdot \text{Jahresbedarf} \cdot \text{auflagenfixe Kosten}}{\text{Herstellkosten pro Stück} \cdot \text{Lagerhaltungskostensatz}}}$$

$$\text{optimale Losgröße} \quad \sqrt{\frac{200 \cdot 20\,000 \cdot 525}{35 \cdot 6}} = 3\,162,00$$

Zeichnerische Lösung:

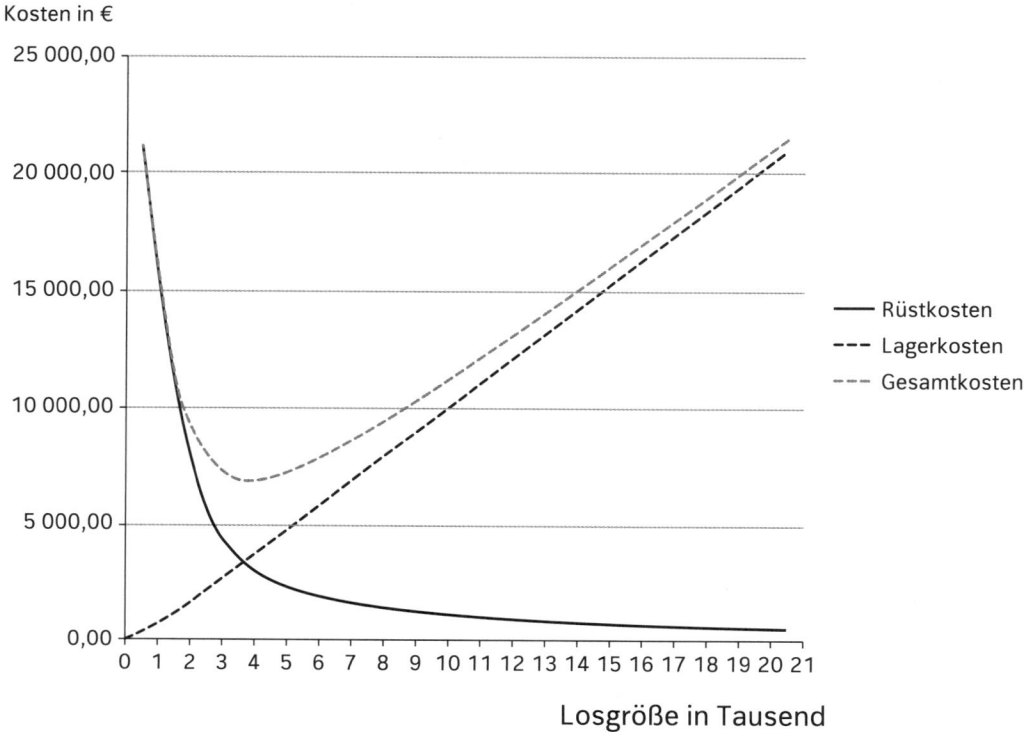

Kosten in €

Losgröße in Tausend

— Rüstkosten
--- Lagerkosten
--- Gesamtkosten

Modellannahmen für die Berechnung der optimalen Losgröße:
- Der Jahresbedarf lässt sich präzise prognostizieren
- Der Lagerabgang erfolgt kontinuierlich und gleichmäßig
- Die Lagerhaltungskosten verhalten sich proportional zur Lagermenge
- Es werden lediglich variable Lagerhaltungskosten berücksichtigt
- Die Herstellkosten sind von der Losgröße unabhängig und konstant

Gründe für ein Abweichen von der optimalen Losgröße:
- nicht genügend Lagerkapazität, um die Lose einzulagern
- Engpässe bei der Beschaffung der benötigten Materialien
- Wichtige Zusatzaufträge müssen vorgezogen werden
- Termingebundene Aufträge müssen bearbeitet werden
- Störungen im Produktionsablauf

Qualitätskontrolle

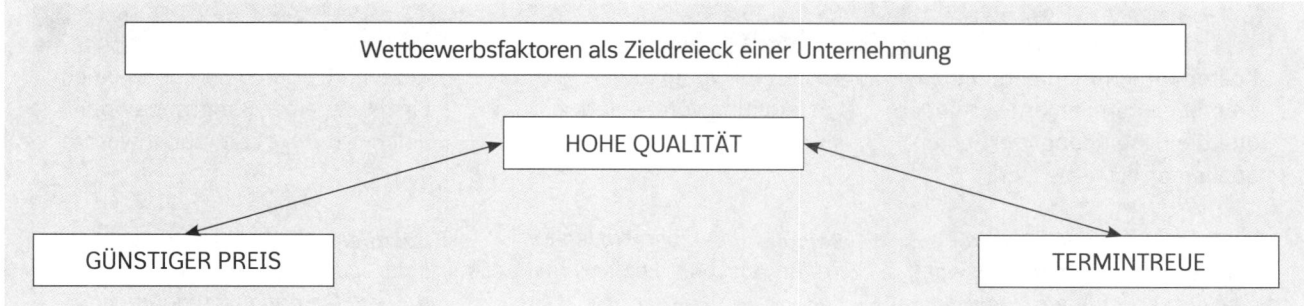

Definition von Qualität gem. DIN ISO 8402:

→ Gesamtheit von Eigenschaften und Merkmalen eines Produkts oder einer Tätigkeit, die sich auf deren Eignung zur Erfüllung gegebener Erfordernisse beziehen

= Übereinstimmung eines Produkts oder einer Dienstleistung mit den vom Kunden gestellten Anforderungen

Zeitpunkt der Kontrolle	Kontrollumfang	Kontrolltechnik	Kontrollort
Eingangskontrolle Prüfung der eingekauften Materialien Zwischenkontrolle Prüfung während der laufenden Fertigung (ggf. Nachbesserung oder Ausschuss) Endkontrolle Prüfung nach Fertigstellung der Produkte zur Vermeidung von Reklamationen (ggf. Nachbesserung oder Ausschuss)	■ Einmalige Kontrolle ■ Stichprobenartig ■ 100 %-Kontrolle Hängt ab vom Grad der Auswirkung möglicher Fehler, d. h. der Bedeutung der Endprodukte	■ Sichtkontrolle ■ Technisch- physikalische Verfahren ■ Chemische Verfahren Bestimmt durch Art der Endprodukte bzw. Normen und gesetzliche Vorschriften	Fremdkontrolle beim Lieferanten ■ Verlagerung der Kontrolle in den Bereich der Lieferer zunehmend erforderlich bei „Just In Time" und „Lean Production", Ziel: gemeinsame Entwicklung von Standards Eigenkontrolle ■ Durch zuständige Mitarbeiter

Qualitätssicherung

Qualitätsplanung	Qualitätssteuerung	Qualitätsförderung
■ Anforderungen an das Produkt festlegen ■ Qualitätsmerkmale und Toleranzen bestimmen ■ Mögliche Fehlerquellen bei Konstruktion, Material und Fertigung identifizieren ■ Maßnahmen zur Fehlervermeidung ■ Verantwortliche festlegen ■ Informationen über Qualitätssicherung bereitstellen	■ Permanente Überwachung des Arbeitsprozesses ■ Regelmäßige Fehleranalyse ■ Konsequente Beseitigung von Fehlerquellen	■ Motivation der Mitarbeiter durch ▭ Qualitätsschulung ▭ Qualitätsprämien ▭ Beteiligung an Zielen und Entscheidungen ▭ Teamarbeit

Qualitätskosten

Fehlerverhütungskosten	Prüfkosten	Fehlerkosten
Kosten für Maßnahmen, die das Entstehen von Fehlern verhindern und die Beseitigung von Fehlerquellen erreichen sollen	Kosten für Maßnahmen, die zur Feststellung von Fehlern führen sollen	Kosten, die durch Fehler an einem Einzelteil, einer Baugruppe oder einem Produkt verursacht werden
Beispiele: genaue Lieferanten- und Fertigungsmaterialauswahl, Qualitätsschulungen, Entwicklung von Prüfverfahren, Erstellung von Prüfvorschriften	*Beispiele: Personalkosten für Prüfer, Abschreibung und Instandhaltung von Prüfgeräten, durch Qualitätsprüfungen verursachte Verlängerung der Durchlaufzeiten (Produktionsunterbrechungen)*	*Beispiele: Nacharbeit, Ausschuss, Entsorgungskosten, Preisminderungen, Garantieleistungen und Konventionalstrafen bei Kundenreklamationen, Schadensersatz (Produkthaftungsgesetz)*

Zielkonflikt:

Prüfkosten/Fehlervermeidungskosten   **vs.**   **Fehlerkosten**

→ Hohe Prüfkosten = geringe Fehlerkosten   → Geringe Prüfkosten = hohe Fehlerkosten
    (zufriedene Kunden, wenig Reklamationen)   (unzufriedene Kunden, viele Reklamationen)

Kennziffern des operativen Produktionscontrollings

Produktivität
Die Produktivität gibt Auskunft über das mengenmäßige Produktionsergebnis im Verhältnis zum mengenmäßigen Einsatz der Produktionsfaktoren.
Die wichtigsten Produktivitätskennziffern sind:

$$\textbf{Arbeitsproduktivität} = \frac{\text{Ausbringungsmenge}}{\text{Arbeitsstunden}}$$

$$\textbf{Kapitalproduktivität} = \frac{\text{Ausbringungsmenge}}{\text{Arbeitsstunden}}$$

Wirtschaftlichkeit
Die Wirtschaftlichkeit gibt Auskunft über die erbrachten Leistungen im Verhältnis zu den angefallenen Kosten.

$$\textbf{Wirtschaftlichkeit} = \frac{\text{Leistungen}}{\text{Kosten}}$$

Ist das Ergebnis > 1, so hat das Unternehmen in der betrachteten Rechnungsperiode einen Gewinn erzielt. Bei einem Ergebnis < 1 hat das Unternehmen Verlust gemacht.

Rentabilität

Die Rentabilität gibt Auskunft über den erzielten Gewinn im Verhältnis zum durchschnittlich eingesetzten Kapital bzw. zum erzielten Umsatz.
Die wichtigsten Rentabilitätskennziffern sind:

$$\text{Eigenkapitalrentabilität} = \frac{\text{Gewinn}}{\text{durchschnittliches Eigenkapital}} \cdot 100$$

$$\text{Gesamtkapitalrentabilität} = \frac{(\text{Gewinn} + \text{Fremdkapitalzinsen})}{\text{durchschnittliches Gesamtkapital}} \cdot 100$$

$$\text{Umsatzrentabilität} = \frac{\text{Gewinn}}{\text{Umsatz}} \cdot 100$$

Personalcontrolling

Neben verhaltensbedingten oder personenbedingten Gründen können auch dringende betriebliche Gründe die Freisetzung von Mitarbeitern erforderlich machen. Vor allen Dingen, wenn es durch anhaltenden Auftragsmangel zu Produktionseinschränkungen oder gar zur Auflösung ganzer Abteilungen kommt, sind betriebsbedingte Kündigungen häufig die Regel. Auch erfolgreich durchgeführte Rationalisierungsmaßnahmen führen oft dazu, dass weniger Mitarbeiter in Produktion und/oder Verwaltung benötigt werden.

Um betriebsbedingte Kündigungen zu vermeiden, können Unternehmen versuchen, die Belegschaft durch folgende Maßnahmen zu reduzieren:
- Auflösung von Zeitarbeitsverträgen
- Nichtverlängerung befristeter Arbeitsverhältnisse
- Nichtersetzung von Mitarbeitern, die das Rentenalter erreicht haben
- Abschluss von Aufhebungsverträgen
- Umwandlung von Vollzeit- in Teilzeitstellen
- Abbau von Überstunden
- Einführung von Kurzarbeit (nur bei kurzfristigem Personalüberhang, anzumelden bei der Bundesagentur für Arbeit)

1.2 Ausgangssituation und Aufgaben

Die Grashoff GmbH ist ein mittelständischer Fahrradhersteller mit Sitz in Köln. Folgende Produkte bietet das Unternehmen zum Verkauf an:

Produktsparte Fahrrad			
Mountainbikes	Touring-Bikes	City-Räder	Rennräder
MB-100	TB-100	CR-100	Nur Sonderanfertigungen
MB-300	TB-300	CR-300	
MB-500	TB-500	CR-500	
MB-750	TB-750	CR-750	

Produktsparte Zubehör	
Satteltaschen	Fahrradschlösser
M-BAG	SeCure1
L-BAG	SeCure2
XL-BAG	SeCure3
XXL-BAG	SeCure4

Produktsparte Bekleidung	
Radlerhosen	**Radlertrikots**
Erik	Didi
Jan	Oscar
Lance	Jörg
Ivan	Roberto

Rennräder werden ausschließlich als Sonderanfertigungen für professionelle Radsportler angeboten, sodass hier noch die Werkstattfertigung vorherrscht. Mountainbikes, Touring-Bikes und City-Räder werden jeweils in vier Grundmodellen angeboten, welche wiederum in den Farben Schwarz, Blau, Grün, Rot und Gelb erhältlich sind. In diesem Produktionsbereich ist die Fertigung nach dem Prinzip der Fließfertigung organisiert. Satteltaschen, Fahrradschlösser, Radlerhosen und Radlertrikots werden von externen Lieferanten eingekauft und zur Abrundung des Sortiments als Handelswaren vertrieben.

Da die Grashoff GmbH in den vergangenen Jahren mit rückläufigen Absatzzahlen und steigenden Kosten zu kämpfen hatte, sollen nunmehr umfangreiche Umstrukturierungen innerhalb der Produktion durchgeführt werden.

1. Es ist geplant, die monatlich benötigten 1 000 Fahrradschlösser zukünftig nicht mehr fremd zu beziehen und als Handelsware zu vertreiben, sondern selber herzustellen. Der Listeneinkaufspreis beim günstigsten Lieferanten für ein Fahrradschloss des Typs SeCure4 beträgt zurzeit 39,90 €, wobei der Lieferant einen Rabatt in Höhe von 10 % auf den Listenpreis gewährt, aber auch Versandkosten in Höhe von 0,45 € je Schloss in Rechnung stellt. Würde die Grashoff GmbH diese Schlösser selbst herstellen, müsste eine neue Fertigungsanlage (Anschaffungskosten: 187 200,00 €, Nutzungsdauer: 12 Jahre, Abschreibungsmethode: linear) gekauft werden. Dazu würden zusätzliche Gehaltskosten in Höhe von 3 000,00 € monatlich sowie weitere sonstige fixe Kosten in Höhe von 1 150,00 € monatlich anfallen. Für jedes selbst produzierte Fahrradschloss würden Materialkosten in Höhe von 17,75 €/Stück und Lohnkosten in Höhe von 5,90 €/Stück anfallen.
2. Da es in den vergangenen Monaten verstärkt zu Qualitätsproblemen gekommen ist, soll die Fertigung der Mountainbikes zukünftig nach dem Prinzip der Gruppenfertigung organisiert werden. Bisher fielen in diesem Bereich der Produktion für die Fertigung von monatlich 750 Mountainbikes des Typs MB-500 Fixkosten in Höhe von 86 250,00 € je Monat an, die variablen Kosten betrugen insgesamt 375 000,00 € monatlich, der Verkaufspreis je Stück betrug 990,00 €. Nach Umstellung der Produktion auf Gruppenfertigung können nur noch 650 Mountainbikes des Typs MB-500 monatlich gefertigt werden, die fixen Kosten betragen dann 68 250,00 € je Monat und die variablen Kosten 390 000,00 €. Der Verkaufserlös je Stück könnte jedoch auf 1 150,00 € gesteigert werden. Sowohl vor als auch nach der Umstellung der Produktion würde an der Kapazitätsgrenze produziert und sämtliche produzierten Mountainbikes könnten auch abgesetzt werden. Die monatliche Arbeitszeit in diesem Bereich bliebe konstant bei 504 Arbeitsstunden.
3. Die bisherige Entlohnung der Mitarbeiter durch einen Zeitlohn soll durch leistungsgerechtere Lohnformen ersetzt werden. Bei der Fertigung der für die City-Räder benötigten Fahrradklingeln soll der bisherige Zeitlohn durch einen Akkordlohn ersetzt werden. Der Grundlohn läge dann bei 12,00 €/Stunde, der Akkordzuschlag würde 15 %, die Vorgabezeit je Stück 6 Minuten betragen.

1.2.1 Aufgaben Anforderungsbereich I

1. **Definieren Sie** die Begriffe „Fertigungsprogramm" und „Absatzprogramm" am Beispiel der Grashoff GmbH.
2. **Beschreiben Sie**, ob es sich beim Absatzprogramm der Grashoff GmbH eher um ein breites oder enges bzw. ein tiefes oder flaches Absatzprogramm handelt.
3. **Nennen Sie** die wesentlichen Vorteile, welche sich durch ein breites und tiefes Absatzprogramm für ein Unternehmen ergeben.
4. **Nennen Sie** die wesentlichen Nachteile, welche sich durch ein breites und tiefes Fertigungsprogramm für ein Unternehmen ergeben.
5. **Stellen Sie** die wesentlichen Unterschiede zwischen Einzel- und Massenfertigung dar.
6. **Fassen Sie** die wesentlichen Unterschiede zwischen Serien- und Sortenfertigung zusammen.

7. **Beschreiben Sie** die beiden Ihnen bekannten Sonderformen der Sortenfertigung.

8. **Berechnen Sie** den Akkordzuschlag, den Akkordrichtsatz und den Minutenfaktor (beim Zeitakkord) sowie die Normalleistung und das Stückgeld (beim Geldakkord) bei der Fertigung der Fahrradklingeln.

9. **Ermitteln Sie** das Arbeitsentgelt für die Mitarbeiter Wimmer und Kulik, die an einem Achtstundentag 85 bzw. 62 Fahrradklingeln hergestellt haben.

1.2.2 Aufgaben Anforderungsbereich II

1. **Erläutern Sie** die wesentlichen fertigungstechnischen Merkmale der Werkstättenfertigung.

2. **Arbeiten Sie** die wesentlichen fertigungstechnischen Merkmale und Unterschiede von Fließ- und Reihenfertigung heraus.

3. **Erklären Sie** die wesentlichen fertigungstechnischen Merkmale der Gruppenfertigung.

4. **Weisen Sie** rechnerisch **nach**, dass eine Eigenfertigung der Fahrradschlösser dem Fremdbezug vorzuziehen ist, indem Sie
   a) einen Kostenvergleich für die monatlich benötigte Menge durchführen,
   b) die monatliche Menge ermitteln, bei der die Kosten für Fremdbezug und Eigenfertigung gleich hoch sind.

5. **Überprüfen Sie** die Entscheidung für die Eigenfertigung, indem Sie Argumente herausarbeiten, die bei einer Entscheidung zwischen Eigenfertigung und Fremdbezug zu berücksichtigen sind.

1.2.3 Aufgaben Anforderungsbereich III

1. **Entscheiden Sie** auf Grundlage der vorliegenden Daten, ob eine Umstellung der Produktion der Mountainbikes auf Gruppenfertigung sinnvoll ist, indem Sie Folgendes vor und nach der Umstellung der Produktion von Fließ- auf Gruppenfertigung ermitteln:
   a) Variable Produktionskosten je Stück
   b) Fixe Produktionskosten je Stück
   c) Deckungsbeitrag je Stück
   d) Stückgewinn
   e) Gewinn für die geplante Produktionsmenge
   f) Gewinnschwelle

2. **Überprüfen Sie** Ihre Entscheidung, indem Sie
   a) Arbeitsproduktivität und
   b) Wirtschaftlichkeit
   vor und nach der Umstellung miteinander vergleichen.

3. **Diskutieren Sie** in diesem Zusammenhang grundsätzliche Vor- bzw. Nachteile der Gruppenfertigung im Vergleich zur Fließfertigung.

2 Kosten- und Leistungsrechnung als Voll- und Teilkostenrechnung

2.1 Themenübersicht

Finanzbuchführung und Kosten- und Leistungsrechnung

Externes und internes Rechnungswesen

Externes Rechnungswesen = Rechnungskreis I	Internes Rechnungswesen = Rechnungskreis II
Finanzbuchführung	**Betriebsbuchführung = Kosten- und Leistungsrechnung**

Aufgaben

- Erfassung aller Ströme finanzieller Art zwischen Industrieunternehmung und Außenwelt
  - aller Vermögens- und Kapitalveränderungen
  - aller Aufwendungen und Erträge
- Verdichtung der im Rechnungsjahr erfassten Informationen im Jahresabschluss zur Dokumentation der Vermögens-, Finanz- und Ertragslage
  - Bilanz
  - Gewinn- und Verlustrechnung (Gesamtergebnis der Unternehmung)
  - Anhang
- Grundlage der Steuerermittlung
- Information für alle am Jahresabschluss Interessierten:
  - Eigentümer/Geschäftsführung
  - Gläubiger/Geldgeber/Investoren
  - Arbeitnehmer/Öffentlichkeit

Unterliegt zahlreichen handels- und steuerrechtlichen Vorschriften

Aufgaben

- Abbildung der innerbetrieblichen Prozesse
  - der in Geldwerten ausgedrückte Verzehr an Produktionsfaktoren eines Geschäftsjahres im Industriebetrieb (Werkstoff-, Arbeits- und Betriebsmitteleinsatz) = Kosten
  - die in Geldwerten ausgedrückten Leistungen des Industriebetriebes im Geschäftsjahr (Umsatzerlöse für Erzeugnisse und Dienstleistungen)
- Gegenüberstellung der Kosten und Leistungen zur Ermittlung des Betriebsergebnisses
- Kontrolle der Wirtschaftlichkeit
- Grundlage für betriebliche Planungen und Entscheidungen
- Grundlage für die Bewertung der unfertigen und fertigen Erzeugnisse
- Kalkulation der Produkte und Leistungen
  - Herstellungskosten
  - Selbstkosten
  - Verkaufspreise/Listenpreise

Unterliegt keinen handels- und steuerrechtlichen Vorschriften

Informationsmängel der Gewinn- und Verlustrechnung

Die Gewinn- und Verlustrechnung liefert keine Informationen über
- die Wirtschaftlichkeit des Gesamtbetriebes, weil ein Teil der Aufwendungen der Finanzbuchhaltung **nicht durch das Sachziel** der Unternehmung (z.B. Verkauf von Erzeugnissen des Bürobedarfs) verursacht worden ist. Das Ergebnis enthält z.B. „Mieterträge", die nichts mit dem Sachziel der Unternehmung zu tun haben.
- die Produktivität einzelner Teilbereiche (Abteilungen, Arbeitsplätze), weil die Aufwendungen der gesamten Unternehmung in einer Summe ausgewiesen werden.
- die Wirtschaftlichkeit einzelner Produktgruppen oder einzelner Produkte, weil die Zurechnung der entsprechenden Aufwendungen zu den Produktgruppen oder Produkten in der Finanzbuchhaltung fehlt.

Um Schlüsse dieser Art ziehen zu können, ist es notwendig, zusätzlich zur Finanzbuchhaltung in der Unternehmung eine Kosten- und Leistungsrechnung (Betriebsbuchhaltung) einzurichten.

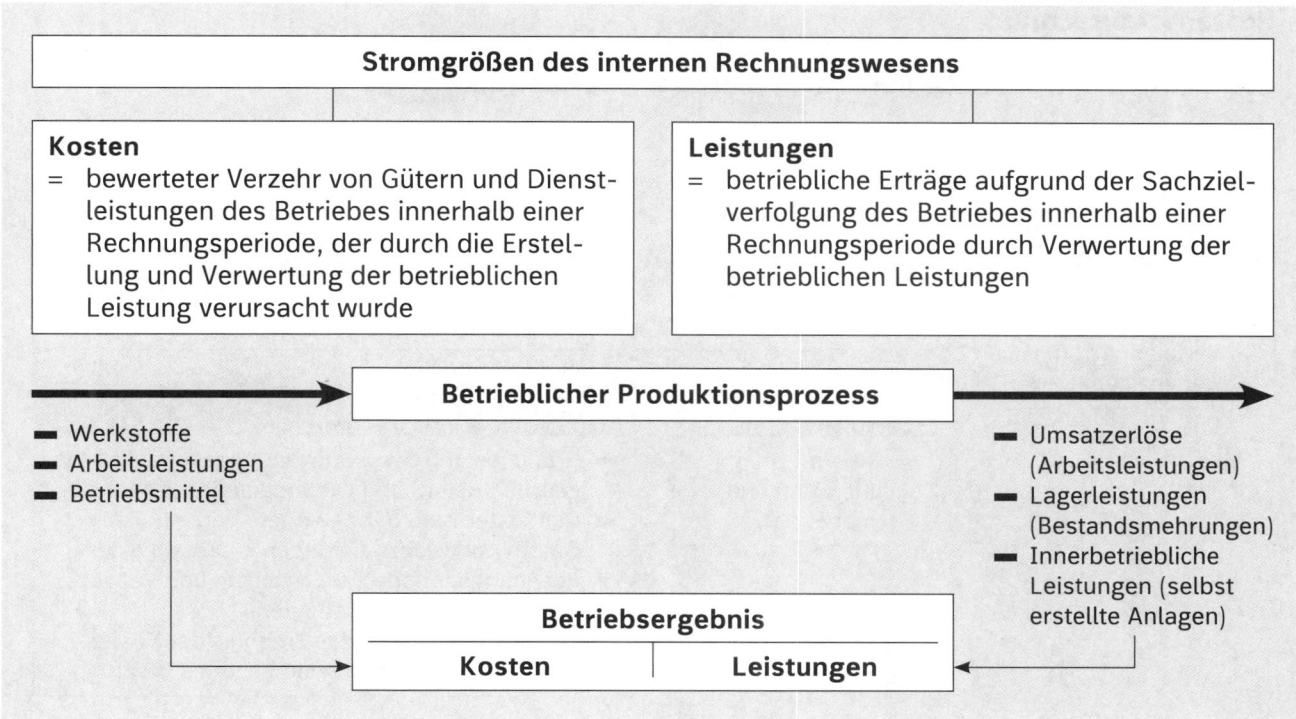

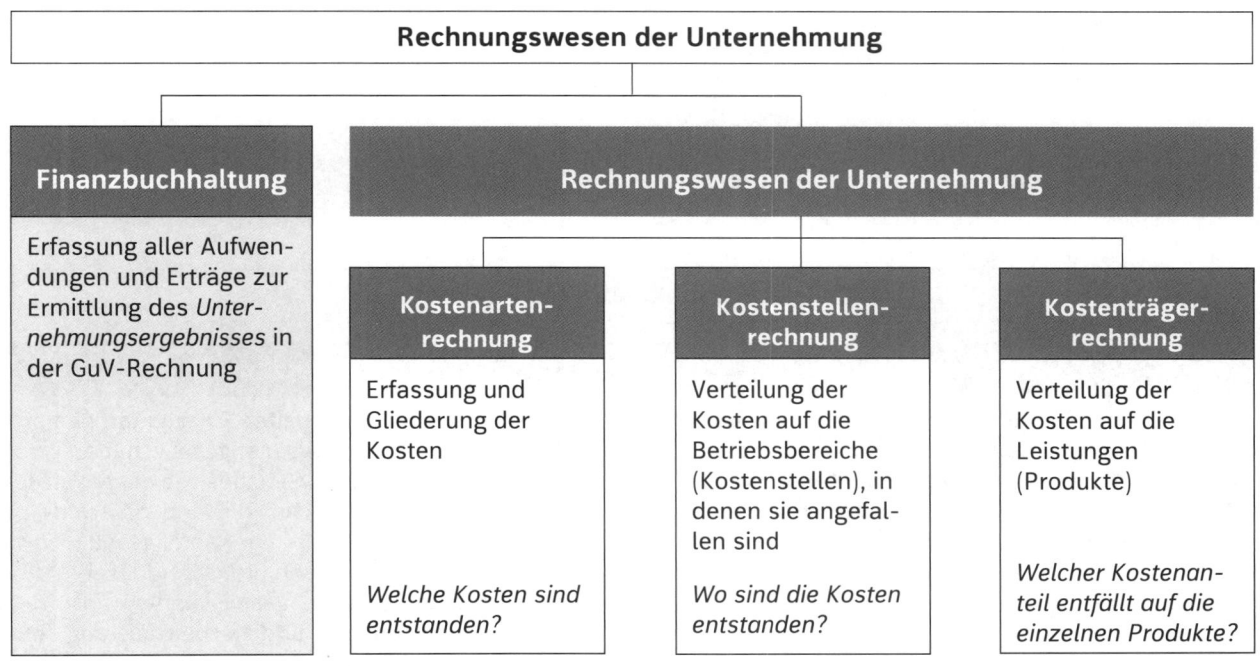

Kostenartenrechnung

Grundkosten und neutraler Aufwand, Leistungen und neutrale Erträge

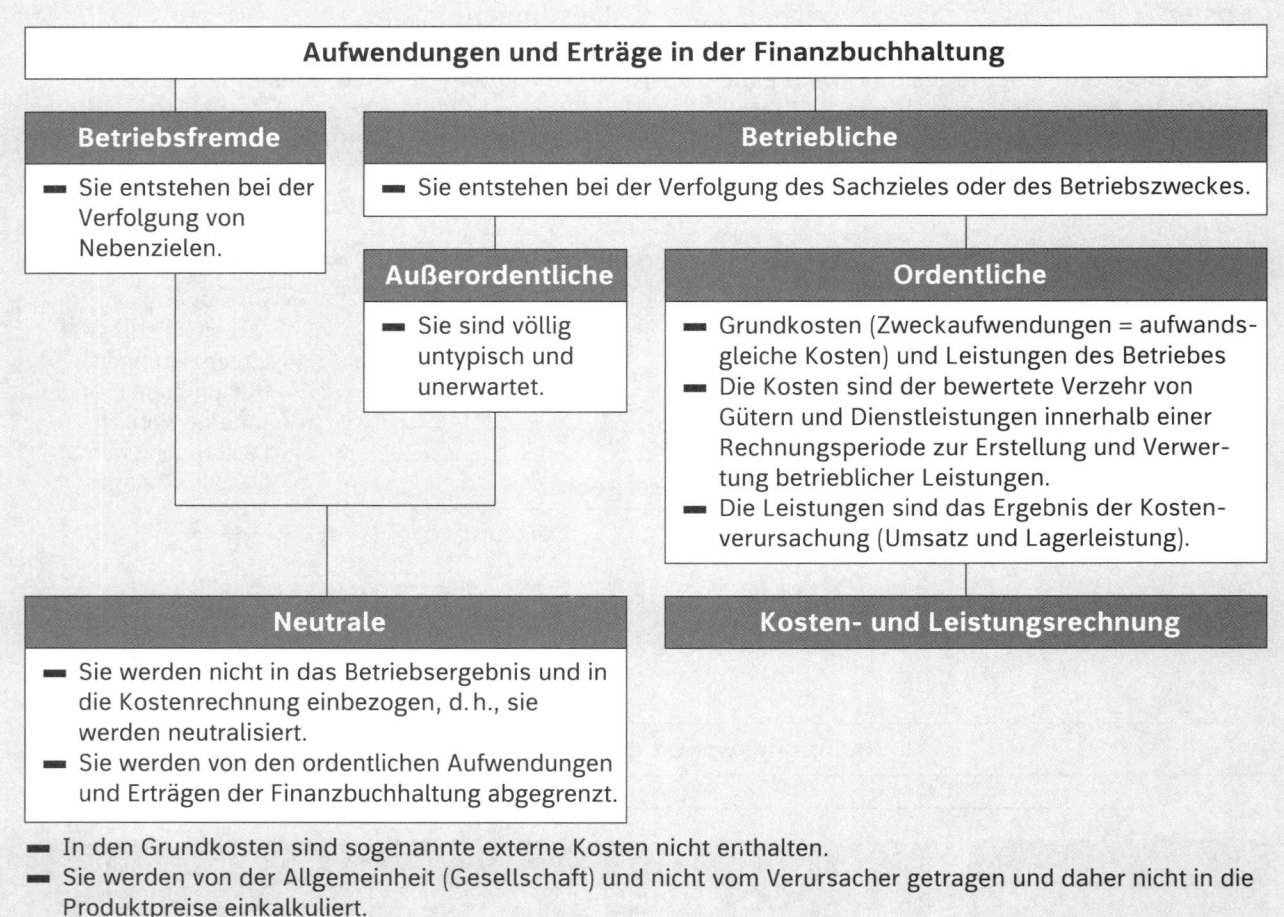

| **Aufwendungen und Erträge in der Finanzbuchhaltung** |

Betriebsfremde
- Sie entstehen bei der Verfolgung von Nebenzielen.

Betriebliche
- Sie entstehen bei der Verfolgung des Sachzieles oder des Betriebszweckes.

Außerordentliche
- Sie sind völlig untypisch und unerwartet.

Ordentliche
- Grundkosten (Zweckaufwendungen = aufwandsgleiche Kosten) und Leistungen des Betriebes
- Die Kosten sind der bewertete Verzehr von Gütern und Dienstleistungen innerhalb einer Rechnungsperiode zur Erstellung und Verwertung betrieblicher Leistungen.
- Die Leistungen sind das Ergebnis der Kostenverursachung (Umsatz und Lagerleistung).

Neutrale
- Sie werden nicht in das Betriebsergebnis und in die Kostenrechnung einbezogen, d. h., sie werden neutralisiert.
- Sie werden von den ordentlichen Aufwendungen und Erträgen der Finanzbuchhaltung abgegrenzt.

Kosten- und Leistungsrechnung

- In den Grundkosten sind sogenannte externe Kosten nicht enthalten.
- Sie werden von der Allgemeinheit (Gesellschaft) und nicht vom Verursacher getragen und daher nicht in die Produktpreise einkalkuliert.

| **Kalkulatorische Kosten (Zusatzkosten)** |

Anderskosten

Für bestimmte betrieblich außerordentliche Aufwendungen, die unregelmäßig und in unterschiedlicher Höhe anfallen, werden in der KLR Kosten in anderer Höhe verrechnet, damit Wirtschaftlichkeits- und Preisvergleiche nicht gestört werden.

- Kalkulatorische Abschreibungen
- Kalkulatorische Zinsen
- Kalkulatorische Wagnisse[1]
- Kalkulatorische Miete[1]

Echte Zusatzkosten

Für ihre Arbeitsleistung erhalten Einzelunternehmer und Gesellschafter von Personengesellschaften kein Entgelt in Form eines Gehaltes wie die gesetzlichen Vertreter – Vorstandsmitglieder der AG und Geschäftsführer der GmbH – der Kapitalgesellschaften. In der Finanzbuchführung der Einzelunternehmen und Personengesellschaften wird somit auch kein Aufwand für die Arbeitsleistung der Einzelunternehmer und Gesellschafter von Personengesellschaften gebucht.

Damit im Gewinn die Arbeitsleistung entgolten wird, muss sie als Kostenbestandteil einkalkuliert werden:

- Kalkulatorischer Unternehmerlohn[1]
  Es handelt sich um echte Zusatzkosten in der KLR, denen **keine** Aufwendungen in der Finanzbuchführung gegenüberstehen.

→ Erfassung des tatsächlichen Werteverzehrs
→ Glätten von zufälligen außerordentlichen Aufwendungen mit großen Schwankungen

---

[1] Nicht abiturrelevant.

Bilanzmäßige und kalkulatorische Abschreibungen

Abschreibungen: Erfassen und Verteilen des Werteverzehrs während der Nutzungsdauer oder Leistungsdauer

Bilanzmäßige Abschreibung auf Anlagen der Unternehmung	Kalkulatorische Abschreibung auf Betriebsmittel

Ziele
- Steuerersparnis
- Verhinderung von Ausschüttungen
- Erhaltung der Liquidität

Ziele
- Erfassen des tatsächlichen Werteverzehrs
- Substanzerhaltung
- Wettbewerbsfähigkeit

- Vom **Anschaffungswert**
- Durchschnittliche (betriebsgewöhnliche) Nutzungsdauer
- Abhängig von handels- und steuerrechtlichen Vorschriften
- Abhängig von bilanzpolitischen Überlegungen

- Vom **Wiederbeschaffungswert**
- Von individueller Nutzungsdauer
- Abhängig von Marketingstrategien, Wettbewerb und Marktsituation (z. B. Einführung)

Linear oder nach Maßgabe der Leistung

Berechnung der linearen Abschreibungsrate:

$$\frac{\text{Anschaffungswert} \cdot \text{AfA-Satz}}{100}$$

Berechnung der geom. degr. Abschr.[1]:

$$\frac{\text{Buchwert} \cdot \text{AfA-Satz}}{100}$$

Berechnung der Abschreibungsrate nach Leistungseinheiten:

$$\frac{\text{Anschaffungswert} \cdot \text{jährliche Ist-Leistung}}{\text{geschätzte Gesamtleistung}}$$

Meist linear
bei gleichbleibender Auslastung
oder
Leistungsabschreibung
bei schwankender Auslastung
- Gleichmäßig
- Vergleichbar

Berechnung der linearen Abschreibungsrate:

$$\frac{\text{Wiederbeschaffungswert} \cdot \text{AfA-Satz}}{100}$$

Berechnung der Abschreibungsrate nach Leistungseinheiten:

$$\frac{\text{Wiederbeschaffungswert} \cdot \text{jährliche Ist-Leistung}}{\text{geschätzte Gesamtleistung}}$$

Finanzierung durch Abschreibung

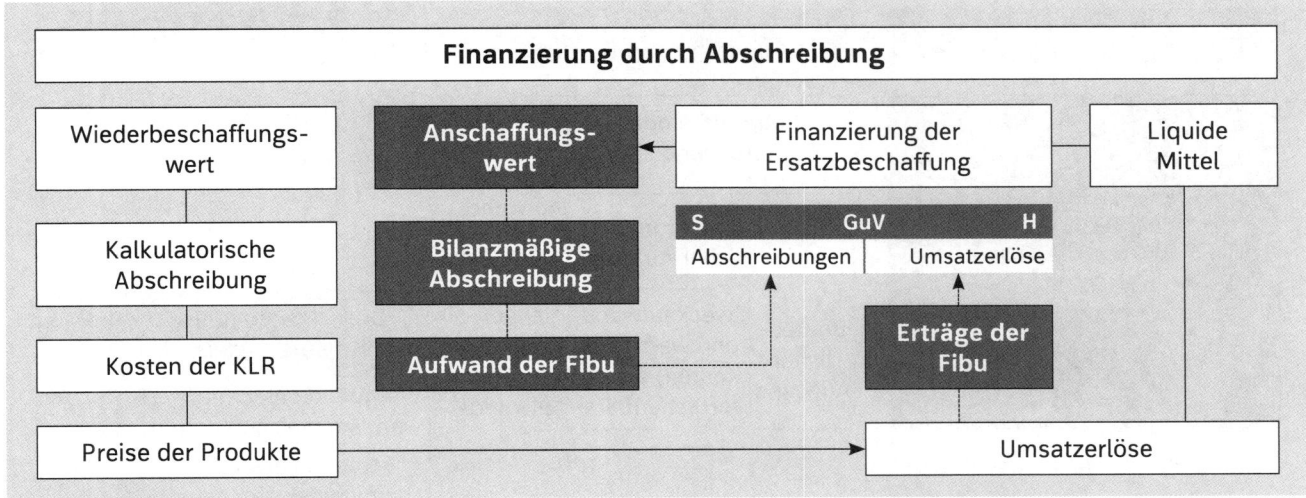

---

[1] Erlaubt nur für bewegliche Wirtschaftsgüter des Anlagevermögens, die zwischen dem 31.12.2008 und dem 01.01.2011 angeschafft wurden.

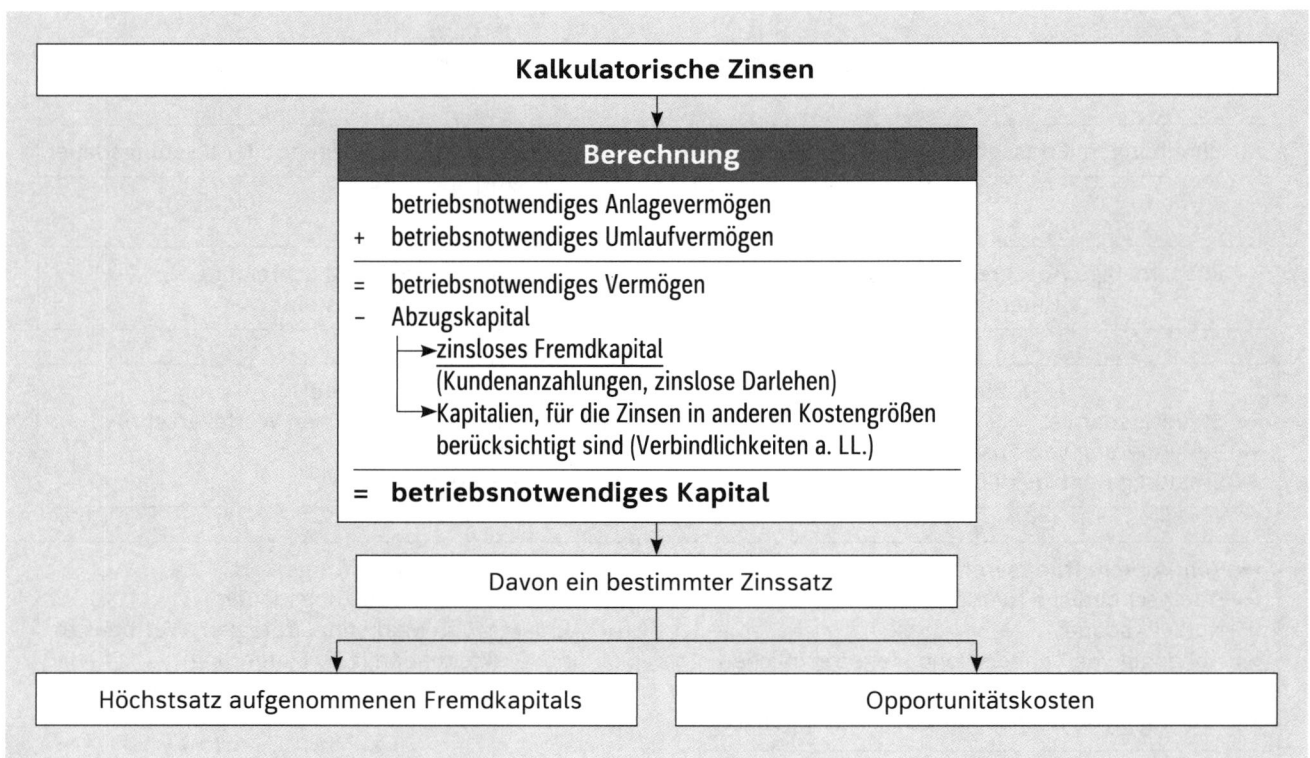

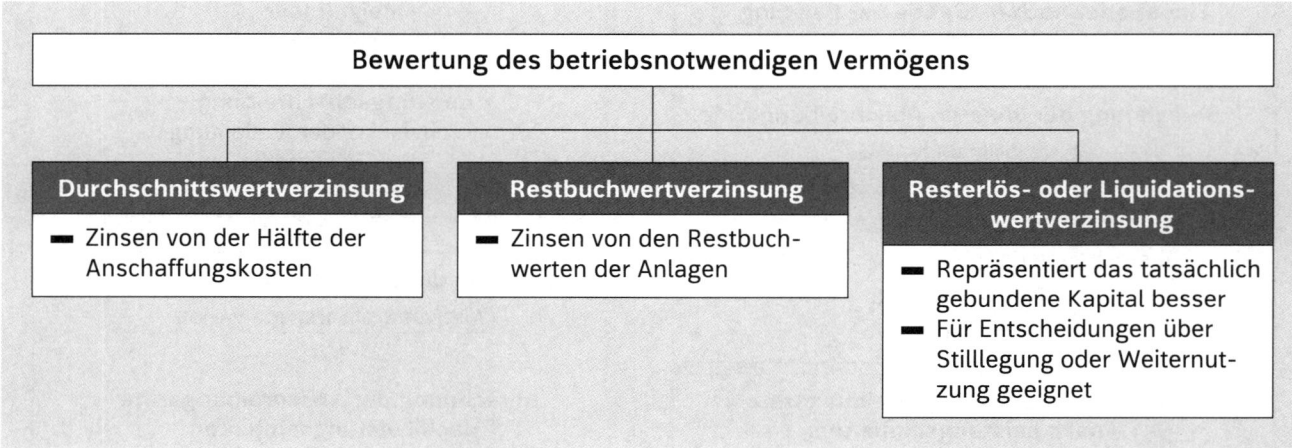

Übergang von der Finanzbuchhaltung zur Kosten- und Leistungsrechnung

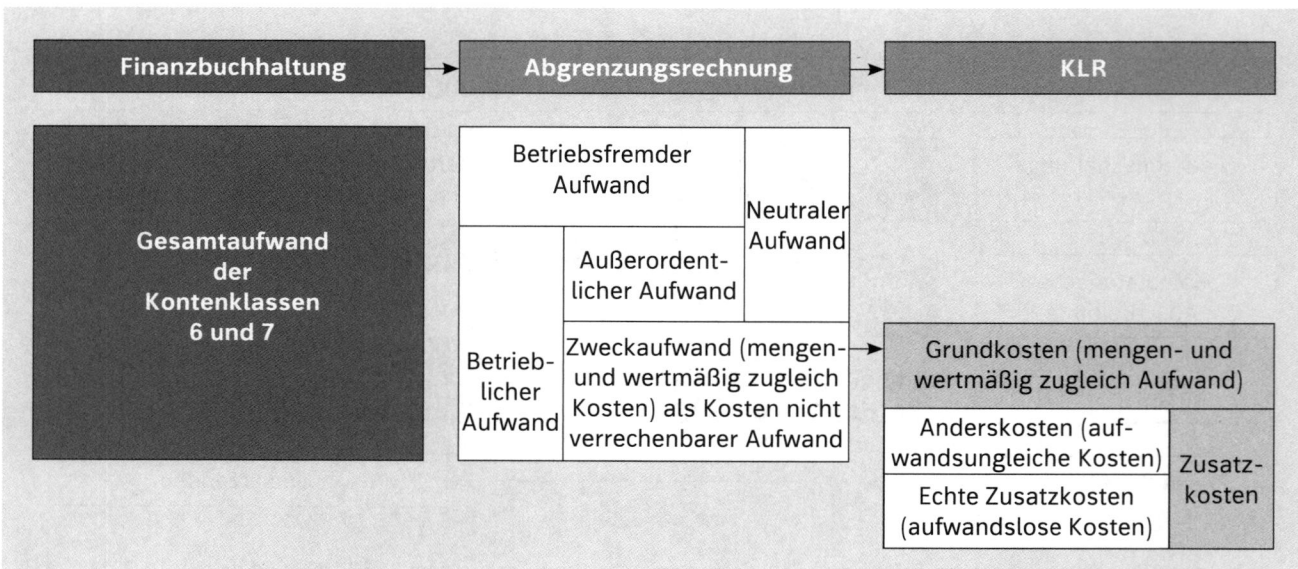

Abgrenzungsrechnung

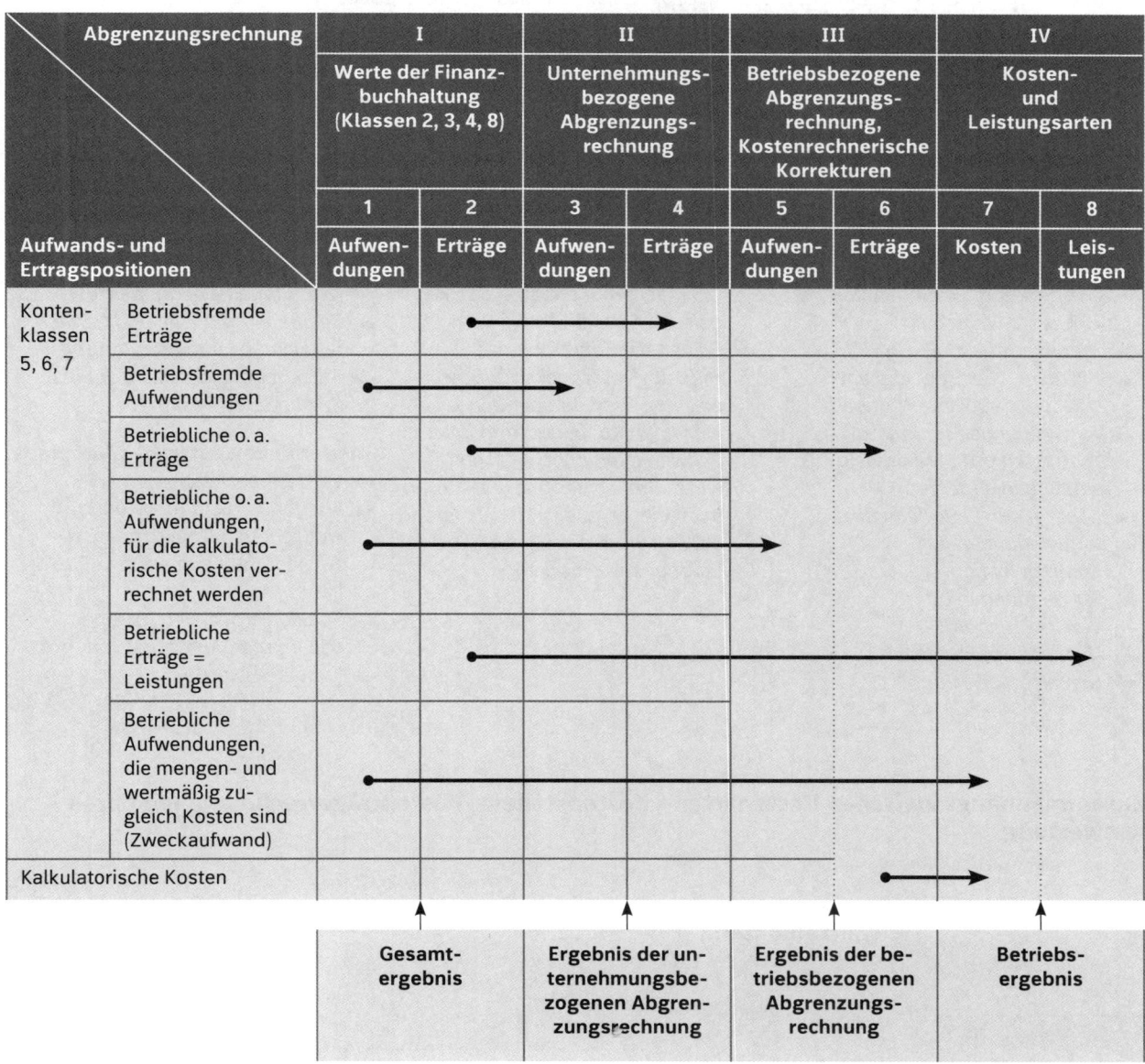

Abgrenzungsrechnung		I — Werte der Finanzbuchhaltung (Klassen 2, 3, 4, 8)		II — Unternehmungsbezogene Abgrenzungsrechnung		III — Betriebsbezogene Abgrenzungsrechnung, Kostenrechnerische Korrekturen		IV — Kosten- und Leistungsarten	
		1	2	3	4	5	6	7	8
Aufwands- und Ertragspositionen		Aufwendungen	Erträge	Aufwendungen	Erträge	Aufwendungen	Erträge	Kosten	Leistungen
Kontenklassen 5, 6, 7	Betriebsfremde Erträge								
	Betriebsfremde Aufwendungen								
	Betriebliche o. a. Erträge								
	Betriebliche o. a. Aufwendungen, für die kalkulatorische Kosten verrechnet werden								
	Betriebliche Erträge = Leistungen								
	Betriebliche Aufwendungen, die mengen- und wertmäßig zugleich Kosten sind (Zweckaufwand)								
Kalkulatorische Kosten									

Gesamtergebnis	Ergebnis der unternehmungsbezogenen Abgrenzungsrechnung	Ergebnis der betriebsbezogenen Abgrenzungsrechnung	Betriebsergebnis

Einzel- und Gemeinkosten

Soll die Wirtschaftlichkeit einzelner Produkte betrachtet werden, müssen den Umsatzerlösen des jeweiligen Produktes die entsprechenden Kosten gegenübergestellt werden.

Gemeinkosten	Einzelkosten	Sondereinzelkosten
Kosten, die durch **mehrere Produkte** oder **alle Leistungen** verursacht werden. **Sie können den einzelnen Produkten oder Aufträgen nur auf dem Weg besonderer Umlageverfahren zugerechnet werden.**	Kostenarten, die **einzelnen Produkten direkt** zugeordnet werden können	**Einzelkosten**, die aufgrund besonderer Produktions- und Lieferbedingungen **nur für einen bestimmten Auftrag** anfallen. Diese werden in Sondereinzelkosten der **Fertigung** und des **Vertriebs** gegliedert. ■ **Sondereinzelkosten der Fertigung** entstehen im Rahmen der Fertigung, insbesondere bei Sonderanfertigungen. ■ **Sondereinzelkosten des Vertriebs** entstehen im Rahmen des Vertriebs.

Gemeinkosten	Einzelkosten	Sondereinzelkosten
Beispiele	*Beispiele*	*Beispiele*
■ *Verbrauch von Hilfsstoffen wie Nägel, Schrauben, Unterlegscheiben, Leime, Lacke, Farben* ■ *Verbrauch von Verbrauchswerkzeugen und Betriebsstoffen wie Schmierstoffe, Schleifmaterial, Poliermittel* ■ *Kosten der Entsorgung (Verpackung, Lösungsmittel, Farbreste, Verschnitt)* ■ *Brennstoffe und Energie* ■ *Hilfslöhne, Gehälter und entsprechende soziale Abgaben* ■ *Aufwendungen für Fremdleistungen (z. B. Fremdinstandsetzungen, Frachten)* ■ *Lagermiete, Lagerreinigung* ■ *Aufwendungen für Kommunikation* ■ *Aufwendungen für Versicherungen* ■ *Kalkulatorische Kosten* ■ *Steuern, Gebühren*	■ *Verbrauch von Rohstoffen und bezogenen Fertigteilen (Holz- und Metallsockel, Scharniere, Schlösser lt. Stücklisten oder Materialentnahmescheinen für den Schreibtisch „Chef 2000")* ■ *Fertigungslöhne lt. Akkordzettel, Lohnlisten, Arbeitspläne (356 Elemente à 4,45 € Stückgeld = 1 628,70 €)* ■ *Soweit die Ermittlung des Hilfsstoffverbrauchs für das einzelne Produkt oder den einzelnen Kundenauftrag keine Schwierigkeiten bereitet und wirtschaftlich vertretbar ist, kann auch dieser zu den Einzelkosten gezählt werden (z. B. Nägel- und Schraubenverbrauch).*	**Sondereinzelkosten der Fertigung** ■ *Besondere Konstruktionspläne, Baupläne, Modelle, Vorrichtungen (z. B. für eine Empfangstheke für einen Zahnarzt)* ■ *Spezialwerkzeuge oder Sonderteile für einen bestimmten Auftrag lt. Eingangsrechnungen (z. B. Einbau-Thermoplatte)* ■ *Besondere Modelle und Formen für einen bestimmten Auftrag* ■ *Stückabhängige Lizenzgebühr (besonderes Design)* **Sondereinzelkosten des Vertriebs:** ■ *Vertreterprovision* ■ *Ausgangsfracht (der Kunde wünscht den Direkttransport zu einem Abnehmer nach Buxtehude)* ■ *Spezialverpackung für einen bestimmten Auftrag* ■ *Kundenskonto*

Zusammenhänge zwischen Kostenarten-, Kostenstellen-, Kostenträgerrechnung und deren Auswertung

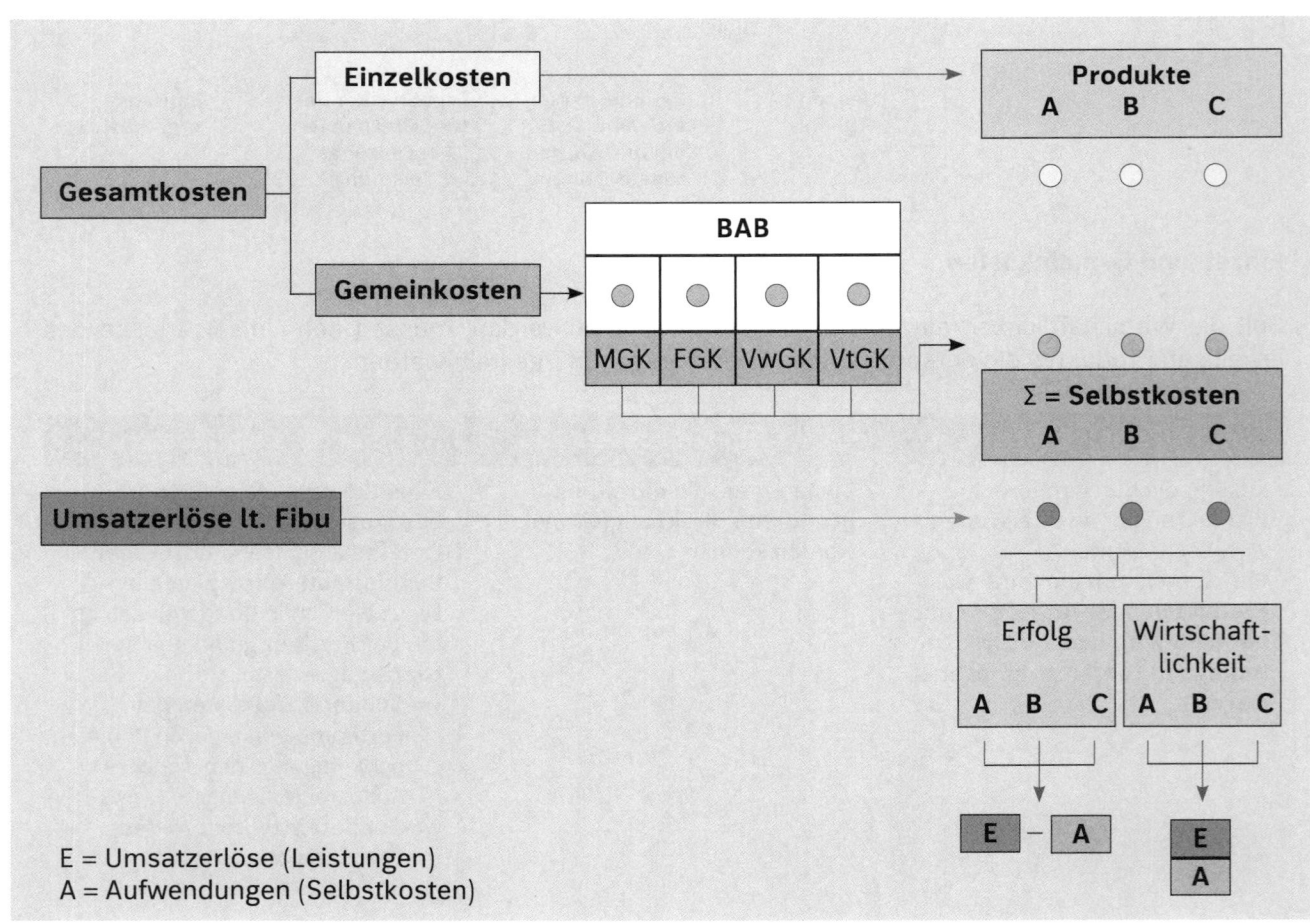

E = Umsatzerlöse (Leistungen)
A = Aufwendungen (Selbstkosten)

Kostenträgerrechnung

Kostenträger und ihre Gliederung

Kostenträger sind die **Leistungen** des Betriebes, deren Erstellung die Kosten verursacht hat.

Sie sind zu unterteilen in **Absatzleistungen** und **innerbetriebliche Leistungen**. Bei **Absatzleistungen** sind die Kosten entstanden, um einen **Kundenauftrag** zu erledigen oder um die Verkaufsbereitschaft zu erhalten (**Lagerauftrag**). **Innerbetriebliche Leistungen** sind selbst erstellte Anlagen und Maschinen.

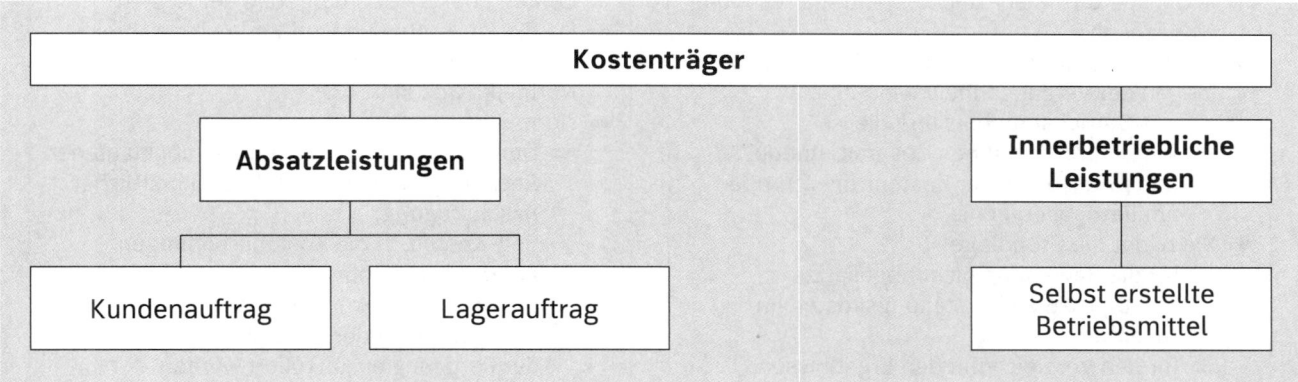

Es ist Aufgabe der Kostenträgerrechnung, die entstandenen Kosten auf die Kostenträger umzulegen. Nach der Zielsetzung sind **Kostenträgerstückrechnung** und **Kostenträgerzeitrechnung** zu unterscheiden.

Kostenträgerrechnung – Kostenträgerzeitrechnung und Kostenträgerstückrechnung

- **Kostenträger** sind die betrieblichen Leistungen (Güter, Dienstleistungen), die den **Verzehr von Produktionsfaktoren** ausgelöst haben und die demzufolge auch die Kosten tragen sollen.
- Die Kostenträgerrechnung kann als **stückbezogene** oder **zeitraumbezogene** Rechnung durchgeführt werden.

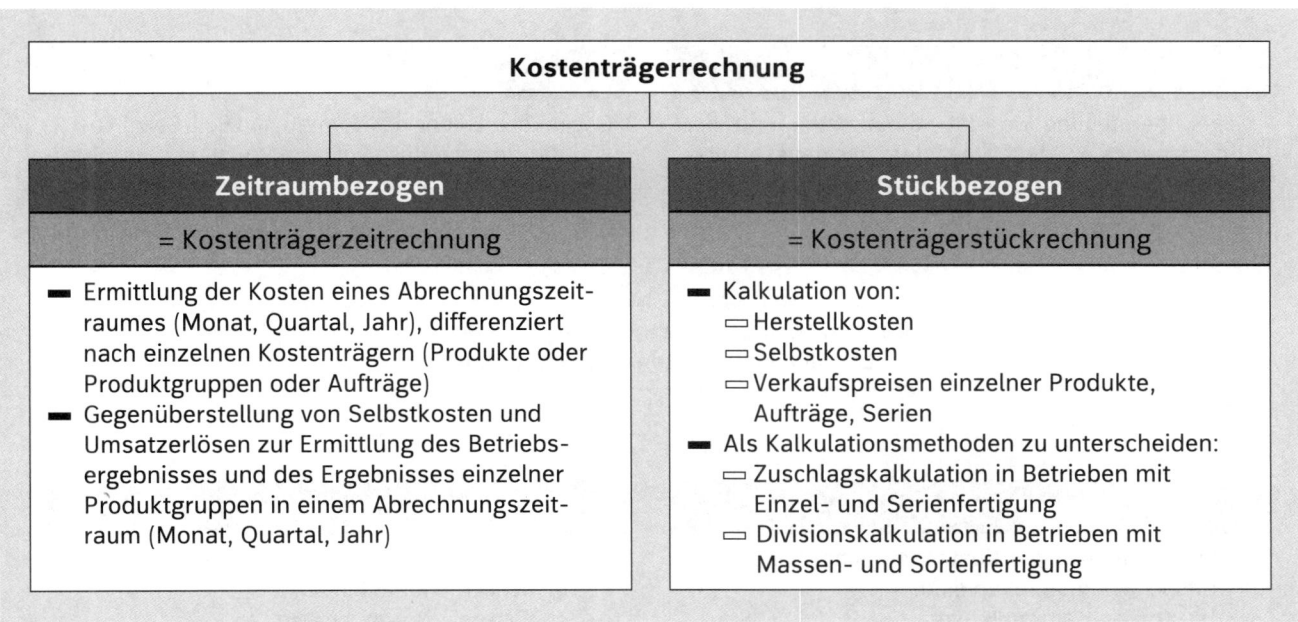

Kostenträgerzeitrechnung mit Ist- und Normalkosten

Kostenträgerzeitrechnung

Mit Ist-Kosten

- Die tatsächlich angefallenen Kosten (Ist-Kosten) einer abgelaufenen Rechnungsperiode werden in die Kostenstellen- und Kostenträgerrechnung einbezogen.
- Sie ermöglicht Rückschlüsse auf die Entwicklung in der Vergangenheit, wie z.B. auf
  - das Betriebsergebnis und die Wirtschaftlichkeit des Gesamtbetriebes,
  - den Anteil einzelner Kostenträgergruppen am Betriebsergebnis.
- Sie bildet die Grundlage
  - für die Bewertung nicht abgesetzter Erzeugnisse zu Herstellungskosten im Inventar,
  - für den Vergleich mit den Ergebnissen der Vorkalkulation (Soll-Ist-Vergleich),
  - für künftige Vorkalkulationen,
  - für produktionsprogrammbezogene Entscheidungen.

Mit Normalkosten

- Für zahlreiche Entscheidungen in der Zukunft, z.B. die Festlegung von Angebotspreisen, benötigt der Betrieb Vorgaben der Kosten.
- Da die Ist-Kosten erst am Ende eines Abrechnungszeitraumes bekannt sind, bezieht man Normalkosten ein.
- Normalkosten sind
  - Durchschnittskosten mehrerer abgelaufener Rechnungsperioden bei durchschnittlicher Beschäftigung,
  - Soll-Kosten, in die Kostenerhöhungen aufgrund von Lohn- und Preissteigerungen oder Kostensenkungen aufgrund von Änderungen in der Beschaffung und in der Fertigung einkalkuliert werden.
- In der Kostenträgerzeitrechnung werden den Umsatzerlösen die Normal-Selbstkosten gegenübergestellt. Die Differenz wird als „Umsatzergebnis" bezeichnet.

Die vergangenheitsbezogenen Ergebnisse sind nicht als Vorgabewerte für die Zukunft geeignet.

Die Normalkostenrechnung arbeitet mit zukunftsbezogenen Schätzwerten. Ihre Ergebnisse bedürfen daher einer regelmäßigen Kontrolle durch Vergleich mit den Ergebnissen der Ist-Kostenrechnung.

Gegenüberstellung im BAB und im Kostenträgerblatt

Ist-Kostenrechnung

Gegenüberstellung der Ist-Selbstkosten und der Umsatzerlöse auf dem Wege der Zuschlagskalkulation zur Ermittlung des **Betriebsergebnisses**

Normalkostenrechnung

Gegenüberstellung der Normal- und Soll-Selbstkosten und der Umsatzerlöse auf dem Wege der Zuschlagskalkulation zur Ermittlung des **Umsatzergebnisses**

Der Vergleich der Ergebnisse zeigt die Bereiche und Höhe der **Kostenabweichungen** an.

Kostenunterdeckung

- Es wurden weniger Kosten verrechnet, als tatsächlich angefallen sind.
- Ist-Kosten > Normalkosten

Kostenüberdeckung

- Es wurden mehr Kosten verrechnet, als tatsächlich angefallen sind.
- Ist-Kosten < Normalkosten

Kostenträgerzeit- und Kostenträgerstückrechnung als Zuschlagskalkulation

- In Betrieben mit **Einzel- und Serienfertigung** wird wegen der Verschiedenheit der Leistungen ein Kalkulationsverfahren benötigt, das der Kostenerfassung für die einzelnen Kostenträger mit unterschiedlichem Fertigungsablauf Rechnung trägt. Dies leistet die **Zuschlagskalkulation**.

- **Voraussetzungen der Zuschlagskalkulation:**
  - Erfassung der Einzelkosten aufgrund von Belegen: Fertigungsmaterial, Fertigungslöhne, Sondereinzelkosten der Fertigung und des Vertriebs
  - Kostenstellen- und eine Kostenträgerzeitrechnung zur **verursachungsgerechten Umlage der Gemeinkosten** mithilfe der Gemeinkostenzuschlagssätze

- Ihr Aufbau entspricht der Kostenträgerzeitrechnung. Jedoch können Bestandsveränderungen nicht auftreten, weil diese Rechnung sich auf eine Einheit (Auftrag, Stück, kg, Serie, Marge, Partie) bezieht und nicht auf eine Rechnungsperiode.

- Wie dort die Gemeinkosten des Gesamtbetriebes über Zuschlagssätze allen Erzeugnissen einer Erzeugnisart zugerechnet werden konnten, so können in der Kostenträgerstückrechnung die anteiligen Gemeinkosten einer Erzeugnisart der einzelnen Einheit dieser Erzeugnisart mit denselben Zuschlagssätzen zugerechnet werden.

Beispiel: *Auswertung der Kostenträgerzeitrechnung für die Kostenträgerstückrechnung der Bürodesign GmbH*

Einzelkosten je Stück einer Erzeugniseinheit	Regalsystem Wikinger	Bürotisch Xama 2000
Fertigungsmaterial	60,00 €	104,00 €
Fertigungslöhne	50,00 €	160,00 €

Kostenträgerzeitrechnung zur Ermittlung der Gemeinkostenzuschlagssätze	EUR	%	Kostenträgerstückrechnung zur Ermittlung der Selbstkosten je Einheit der Erzeugnisarten	Regalsystem Wikinger	Bürotisch Xama 2000
Fertigungsmaterial	11 859 656,00		FM lt. Stückliste	60,00	104,00
MGK lt. BAB	1 482 457,00	12,5	→ MGK	7,50	13,00
Materialkosten	13 342 113,00		Materialkosten	67,50	117,00
Fertigungslöhne	12 143 000,00		FL lt. Lohnbelegen	50,00	160,00
FGK lt. BAB	9 714 400,00	80,0	→ FGK	40,00	128,00
Sondereinzelkosten der Fertigung	–		–	–	–
Fertigungskosten	21 857 400,00		Fertigungskosten	90,00	288,00
Herstellkosten der RP – BVÄ der unfertigen Erzeugnisse	35 199 513,00 / 20 000,00		Herstellkosten –	157,50 / –	405,00 / –
Herstellkosten der Fertigung + BVÄ an fertigen Erzeugnissen	35 179 513,00 / 139 600,00		Herstellkosten –	157,50 / –	405,00 / –
Herstellkosten des Umsatzes	35 319 113,00			157,50	405,00
VwGK lt. BAB	5 297 867,00	15,0	→ VwGK	23,63	60,75
VtGK lt. BAB	2 469 535,00	7,0	→ VtGK	11,03	28,35
Sondereinzelkosten des Vertriebs	–		–	–	–
Selbstkosten des Umsatzes	43 086 515,00		Selbstkosten	192,16	494,10

Deckungsbeitragsrechnung

Gegenüberstellung von Vollkostenkalkulation und Deckungsbeitragsrechnung

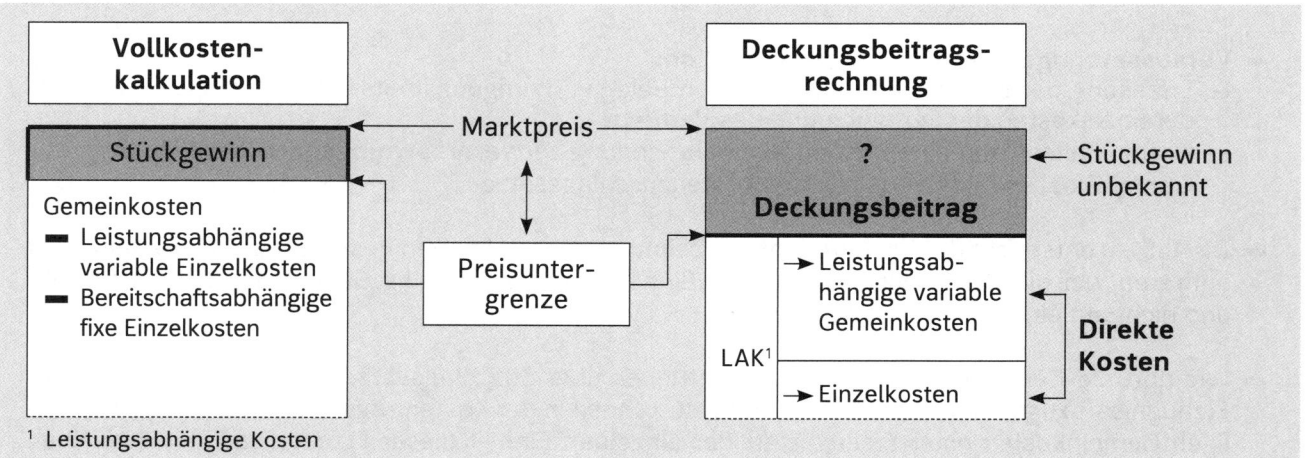

¹ Leistungsabhängige Kosten

Vollkosten- und Teilkostenrechnung als sich ergänzende Kostenrechnungssysteme

System der Teilkostenrechnung (TKR)

■ Dem einzelnen Kostenträger werden nur die variablen Kosten zugerechnet. Die Zurechnung der fixen Kosten auf die Kostenträger entfällt.

■ Vom Umsatzerlös je Einheit werden die variablen Kosten abgezogen. Differenz ist der **Deckungsbeitrag**.

■ **Kostenträgerstückrechnung**

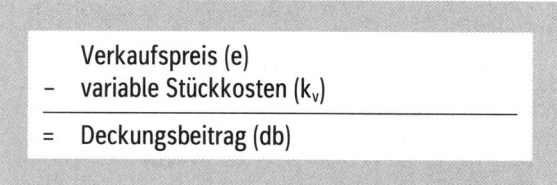

■ Von den Deckungsbeiträgen aller Erzeugnisse zusammen werden die Fixkosten des Abrechnungszeitraumes zur Ermittlung des Betriebserfolges abgezogen.

■ **Kostenträgerzeitrechnung**

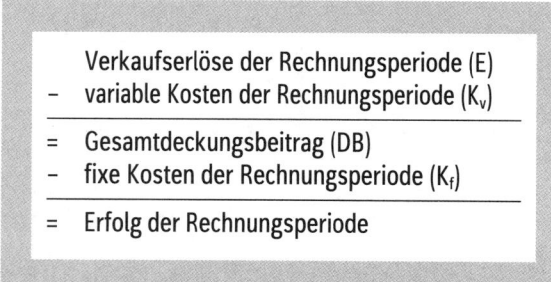

■ Für **absatzpolitische Entscheidungen** kann dadurch auf einfachem Wege ermittelt werden, welchen Kostenanteil ein Produkt bei gegebenen Konkurrenzpreisen tragen kann.

Teilkostenrechnung als Entscheidungsinstrument bei der Produktions- und Absatzplanung

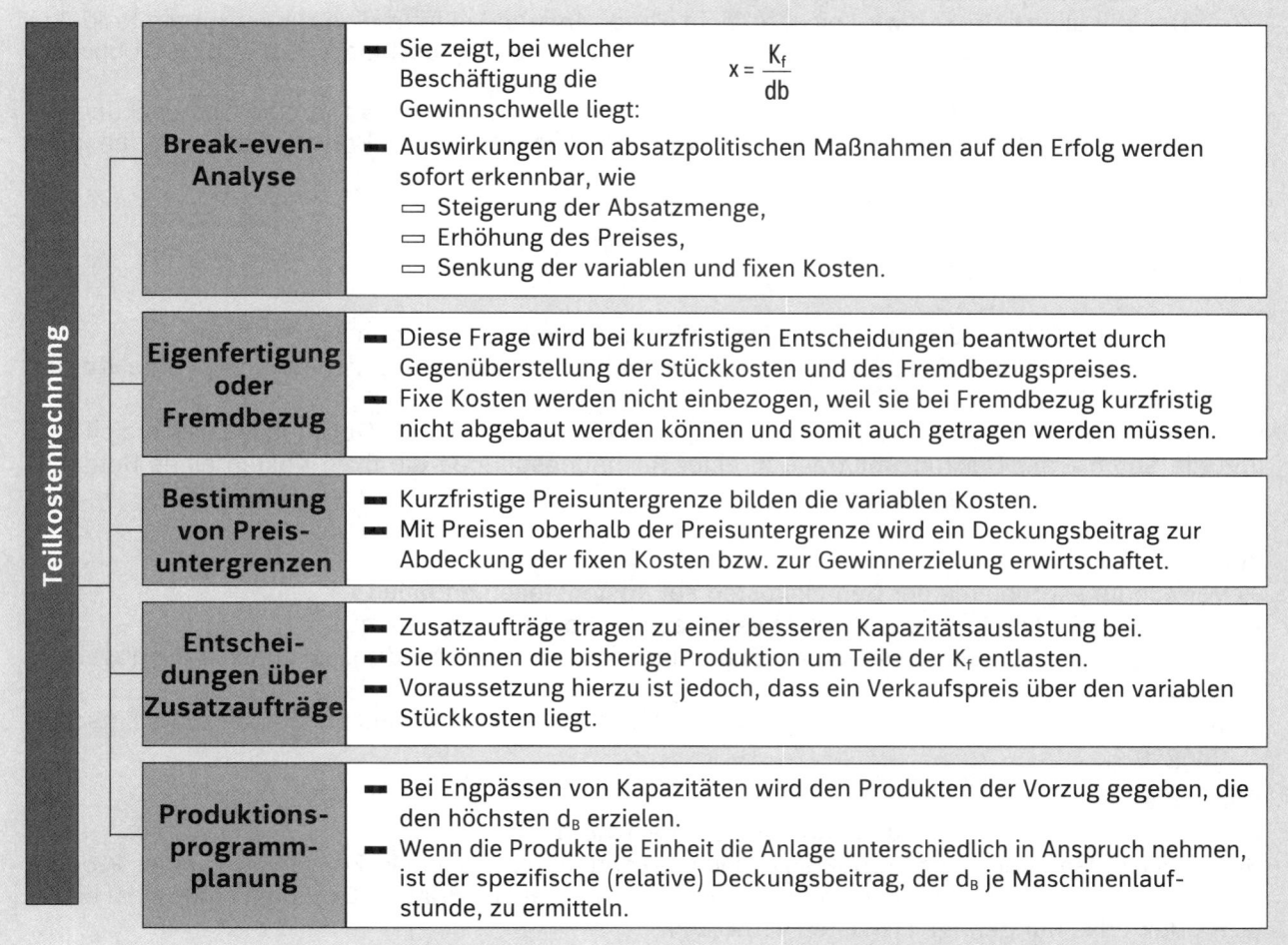

Die Tabelle zeigt (Teilkostenrechnung):

Break-even-Analyse
- Sie zeigt, bei welcher Beschäftigung die Gewinnschwelle liegt:
$$x = \frac{K_f}{db}$$
- Auswirkungen von absatzpolitischen Maßnahmen auf den Erfolg werden sofort erkennbar, wie
  - Steigerung der Absatzmenge,
  - Erhöhung des Preises,
  - Senkung der variablen und fixen Kosten.

Eigenfertigung oder Fremdbezug
- Diese Frage wird bei kurzfristigen Entscheidungen beantwortet durch Gegenüberstellung der Stückkosten und des Fremdbezugspreises.
- Fixe Kosten werden nicht einbezogen, weil sie bei Fremdbezug kurzfristig nicht abgebaut werden können und somit auch getragen werden müssen.

Bestimmung von Preisuntergrenzen
- Kurzfristige Preisuntergrenze bilden die variablen Kosten.
- Mit Preisen oberhalb der Preisuntergrenze wird ein Deckungsbeitrag zur Abdeckung der fixen Kosten bzw. zur Gewinnerzielung erwirtschaftet.

Entscheidungen über Zusatzaufträge
- Zusatzaufträge tragen zu einer besseren Kapazitätsauslastung bei.
- Sie können die bisherige Produktion um Teile der K_f entlasten.
- Voraussetzung hierzu ist jedoch, dass ein Verkaufspreis über den variablen Stückkosten liegt.

Produktionsprogrammplanung
- Bei Engpässen von Kapazitäten wird den Produkten der Vorzug gegeben, die den höchsten d_B erzielen.
- Wenn die Produkte je Einheit die Anlage unterschiedlich in Anspruch nehmen, ist der spezifische (relative) Deckungsbeitrag, der d_B je Maschinenlaufstunde, zu ermitteln.

Vollkosten- und Teilkostenrechnung im Vergleich

Vollkostenrechnung (VKR)

Im Rahmen der VKR werden alle Kosten – ohne Aufteilung in fixe und variable Kosten – auf die Kostenträger eines Betriebes verteilt.
Die Kosten werden in **Einzel**- und **Gemeinkosten** aufgeteilt.
Um den Kostenträgern die Gemeinkosten zurechnen zu können, werden Zuschlagssätze ermittelt, mit deren Hilfe
- die anteiligen Materialgemeinkosten dem Fertigungsmaterial,
- die anteiligen Fertigungsgemeinkosten dem Fertigungslohn,
- die anteiligen Verwaltungs- und Vertriebsgemeinkosten den Herstellkosten
jedes Erzeugnisses zugerechnet werden.

Damit unterstellt die VKR ein proportionales Verhältnis zwischen den Zuschlagsgrundlagen und den Gemeinkosten.

Kritik:
- Die in den Gemeinkosten enthaltenen zeitabhängigen Fixkosten werden wie leistungs- oder produktabhängige Kosten behandelt.
- Damit wird eine Kostenverursachung unterstellt, die überhaupt nicht besteht.

Beispiel:
Würden sich die Fertigungslöhne um 5 % erhöhen, so würden auch die Fertigungsgemeinkosten um 5 % steigen. Das ist unrealistisch, da die fixen Kosten innerhalb der Fertigungsgemeinkosten – bis zu einem bestimmten Grad – konstant sind und die Erhöhung der Fertigungsgemeinkosten damit geringer ausfällt.

41

- Dies führt bei schwankender Beschäftigung und Beibehaltung der Zuschlagssätze zu Fehleinschätzungen. Das heißt,
  - bei rückläufiger Beschäftigung steigen die Fixkosten pro Stück. Es tritt eine Unterdeckung ein. Der kalkulierte Gewinn wird nicht erreicht. Unter Umständen führt dies zur verfrühten Produktionseinstellung einzelner Produkte. (Würde der Betrieb die Zuschlagssätze anpassen und das Gewinnziel beibehalten, müsste er höhere Preise verlangen.)
  - bei zunehmender Beschäftigung sinken die Fixkosten pro Stück. Es tritt eine Überdeckung ein. Der kalkulierte Gewinn wird überschritten. (Möglichkeiten zur Preissenkung werden nicht genutzt.)

Teilkostenrechnung (TKR)

Im Rahmen der TKR werden **nur die variablen Kosten** den Kostenträgern zugerechnet.
Die Kosten werden in beschäftigungsabhängige **variable Kosten** und zeitabhängige **fixe Kosten** gegliedert.
Bei der Kalkulation ist darauf zu achten, dass grundsätzlich ein positiver Deckungsbeitrag erzielt wird und die Summe der Deckungsbeiträge in einer Rechnungsperiode die fixen Kosten eines Betriebes deckt und einen Gewinn garantiert.

Vorteile:
- Verrechnungsprobleme der Gemeinkosten auf Kostenstellen entfallen.
- Es werden nur die durch das Produkt verursachten Kosten zugerechnet.
- Es können sehr schnell Aussagen zur Bedeutung des Produktes für die Gewinnerzielung abgeleitet werden.
- Die TKR ist eine geeignete Grundlage für kurzfristige produktions- und absatzpolitische Entscheidungen.

Nachteile:
- Die Kosten müssen in fixe und variable aufgeteilt werden.
- Der Fixkostenanteil eines Produktes ist nicht erkennbar (ein hoher Deckungsbeitrag eines Produktes mit hohem Fixkostenanteil kann schlechter sein als ein niedrigerer Deckungsbeitrag bei einem Produkt, das nur geringe Fixkosten verursacht).
- Für Entscheidungen im Rahmen des Produktionsprogramms ist eine Aufteilung der fixen Kosten auf Erzeugnisse oder Kostenstellen notwendig.
- Bei der Bewertung der Lagerbestände (fertige und unfertige Erzeugnisse) sind laut Steuerrecht die Einzelkosten und die notwendigen Teile der Gemeinkosten zu berücksichtigen.
- Langfristig muss das Produktionsprogramm einen Gewinn erzielen, sodass langfristig immer die VKR beachtet werden muss.

Fazit

VKR und TKR sind zwei sich ergänzende Kostenrechnungssysteme.

Auf die VKR kann nicht verzichtet werden für
- **Zwecke der Bewertung,**
- **langfristige Produktionsentscheidungen.**

Die TKR ist geeignet für
- **kurzfristige marktorientierte Entscheidungen,**
- **kurzfristige produktionsorientierte Entscheidungen.**

2.2 Ausgangssituation Vollkostenrechnung und Aufgaben

Die R. Droste GmbH stellt Fahrräder her und hat sich in den letzten Jahren auf den Bau exklusiver Kinder-Mountainbikes spezialisiert. Zurzeit werden die Modelle „Safari", „Peak" und „Trail" produziert. Ein weiteres Modell ist in der Planung. Die Finanzbuchhaltung weist für den vergangenen Monat das folgende Ergebnis aus:

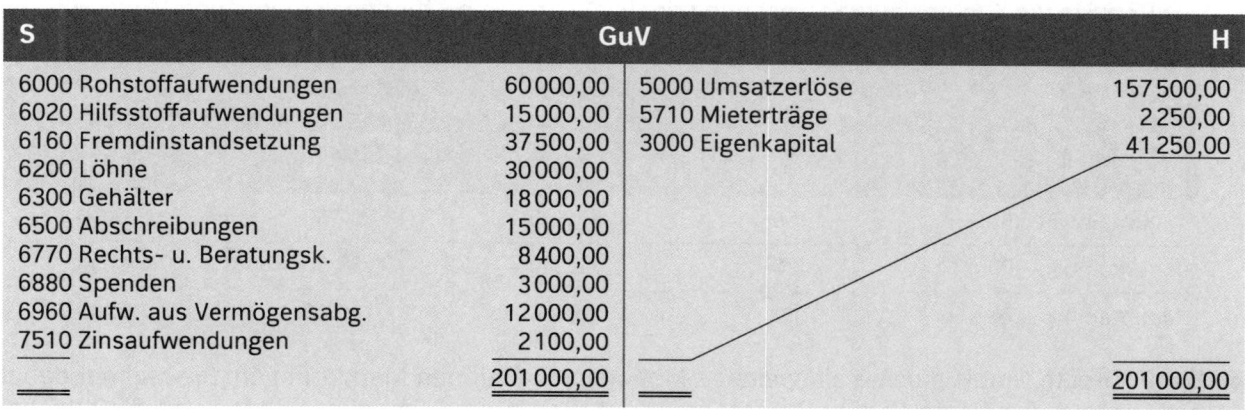

S	GuV		H
6000 Rohstoffaufwendungen	60 000,00	5000 Umsatzerlöse	157 500,00
6020 Hilfsstoffaufwendungen	15 000,00	5710 Mieterträge	2 250,00
6160 Fremdinstandsetzung	37 500,00	3000 Eigenkapital	41 250,00
6200 Löhne	30 000,00		
6300 Gehälter	18 000,00		
6500 Abschreibungen	15 000,00		
6770 Rechts- u. Beratungsk.	8 400,00		
6880 Spenden	3 000,00		
6960 Aufw. aus Vermögensabg.	12 000,00		
7510 Zinsaufwendungen	2 100,00		
	201 000,00		201 000,00

Konto	Anmerkungen	EUR
5710	Mietertrag für die vermietete Lagerhalle	2 250,00
6000	Durch eine Überschwemmung verrostete Stahlrohre (kein Versicherungsschutz)	22 500,00
6160	Dachreparatur an einer vermieteten Lagerhalle	37 500,00
6770	Kosten für Rechtsanwalt im Zusammenhang mit o. a. Überschwemmung	8 400,00
6880	Spende an „Brot für die Welt"	3 000,00
6960	Verlust aus dem Verkauf eines gebrauchten Pkw unter Buchwert	12 000,00
7510	Darlehenszinsen für die Finanzierung der zurzeit vermieteten Lagerhalle	300,00
	Zinsaufwendungen für betriebl. notwendiges Fremdkapital	1 800,00

Es werden kalkulatorische Abschreibungen angesetzt in Höhe von 17 250,00 € und kalkulatorische Zinsen in Höhe von 4 800,00 €.

Angaben zur Verteilung der Gemeinkosten auf die Kostenstellen im BAB				
	Material	Fertigung	Verwaltung	Vertrieb
6020 laut MES in €	1 500,00	12 000,00	300,00	1 200,00
6300 laut Gehaltslisten in €	300,00	1 800,00	15 300,00	600,00
Kalk. Abschreibung lt. Anlagenkartei in €	1 350,00	7 500,00	1 950,00	6 450,00
Kalk. Zinsen 5 : 3 : 2 : 2 in €				

2.2.1 Aufgaben Anforderungsbereich I

1. **Beschreiben Sie** den Unterschied zwischen Finanzbuchhaltung und KLR.
2. **Beschreiben Sie** die Aufgabe der Kostenartenrechnung.
3. **Unterscheiden Sie** Aufwendungen, betriebsfremde Aufwendungen, betriebliche außerordentliche Aufwendungen, Zweckaufwendungen, Grundkosten und Zusatzkosten.
4. **Beschreiben Sie** Anderskosten an einem Beispiel.
5. **Unterscheiden Sie** bilanzmäßige und kalkulatorische Abschreibungen.
6. **Beschreiben Sie** kalkulatorische Zinsen und die Berechnung des betriebsnotwendigen Kapitals.
7. **Beschreiben Sie** die Begriffe Einzelkosten und Gemeinkosten.
8. **Nennen Sie** Gesichtspunkte für die Kostenstellenbildung.
9. **Beschreiben Sie** die Aufgabe des BAB.
10. **Definieren Sie,** was man unter Gemeinkostenzuschlagssätzen versteht.
11. **Beschreiben Sie,** wie
    a) der Materialgemeinkostenzuschlagssatz,
    b) der Verwaltungsgemeinkostenzuschlagssatz berechnet wird.
12. **Beschreiben Sie** die Aufgabe der Kostenträgerstückrechnung.
13. **Unterscheiden Sie** Kostenträgerzeitrechnung und Kostenträgerstückrechnung.
14. **Beschreiben Sie** den Aufbau der Zuschlagskalkulation.

2.2.2 Aufgaben Anforderungsbereich II

1. **Führen Sie** die Abgrenzungsrechnung für die R. Droste GmbH durch und stimmen Sie die Ergebnisse miteinander ab.
2. **Stellen Sie** den BAB **auf** und **berechnen Sie** die Gemeinkostenzuschlagssätze.
3. **Stellen Sie** die Kostenträgerzeitrechnung der R. Droste GmbH für den vergangenen Monat **auf**. Es liegen die folgenden Angaben vor:

	Produktions- und Absatzmenge	Verkaufspreis in EUR	Rohstoffaufwand pro Mountainbike in EUR	Lohnkosten pro Mountainbike in EUR
Mountainbike „Safari"	150	400,00	100,00	47,00
Mountainbike „Peak"	90	700,00	158,00	140,00
Mountainbike „Trail"	69	500,00	120,00	150,00

4. Die R. Droste GmbH möchte ein weiteres Mountainbike auf den Markt bringen. Sie rechnet dabei pro Fahrrad mit einem Fertigungsmaterial von 110,00 € und Fertigungslöhnen von 85,00 € bei einem Gewinnzuschlag von 18 %. **Kalkulieren Sie** den Verkaufspreis.

2.2.3 Aufgaben Anforderungsbereich III

1. **Interpretieren Sie** die Ergebnisse der Abgrenzungsrechnung der R. Droste GmbH.
2. **Beurteilen Sie** die Ergebnisse der Kostenträgerzeitrechnung und **stellen Sie** mögliche Konsequenzen für die R. Droste GmbH **dar**.

2.3 Ausgangssituation Teilkostenrechnung und Aufgaben

Der Sportartikelhersteller BRAUSE GmbH hat sich in den letzten Jahren vor dem Hintergrund der Fitnesswelle neben Skischuhen vor allem auf hochwertige Laufschuhe sowie Trainingsanzüge und Jogginghosen spezialisiert. Einerseits sind die Marktprognosen in diesem Bereich recht günstig aufgrund der zunehmenden Bereitschaft der Bevölkerung zu sportlicher Betätigung. Jüngstes Beispiel dafür ist die steigende Zahl der „Walker". Andererseits ist der Wettbewerb immer härter geworden, da seit Jahren viele ausländische Anbieter auf den deutschen Markt drängen und sich Sportgeschäfte zunehmend zusammenschließen (z. B. BigPoint, Intersport), um mehr Marktmacht ausüben zu können. Daher ist es für BRAUSE heutzutage besonders wichtig, sich bei der Produkt- und Preisgestaltung am Markt zu orientieren. Eine hohe Flexibilität ermöglicht es BRAUSE dabei, auf Marktentwicklungen kurzfristig zu reagieren.

Joggingschuh „Atlas"
Die BRAUSE GmbH hat im Sommer den neuen Joggingschuh „Atlas" eingeführt, von dem monatlich maximal 2 600 Paar hergestellt werden können. Bisher liegen die folgenden Angaben vor:

	Juli	August
Absatz- und Produktionsmenge in Paar	2 215	2 120
Gesamtkosten in €	241 400,00	235 700,00
Gesamterlöse in €	270 230,00	258 640,00

Die variablen Gesamtkosten verlaufen proportional.

Herren-Trainingsanzug „Jörn"
Im Bereich Bekleidung ist der Trainingsanzug „Jörn" das neuste Modell. Für seine Herstellung gelten folgende Daten:

monatliche Kapazität:	120 000 Stück	variable Kosten/Stück:	29,00 €
derzeitige Kapazitätsauslastung:	68 %	Fixkosten pro Monat:	3 000 000,00 €
Verkaufspreis/Stück:	76,00 €		

Jogginghose „Sprint"

Derzeit werden monatlich 1600 Hosen des Modells „Sprint" hergestellt. Das entspricht einer Auslastung der Produktionskapazität von 80 %. Die dabei monatlich anfallenden Fixkosten belaufen sich auf 40 000,00 €. Außerdem entstehen variable Kosten in Höhe von 25,00 € je Stück. Die Hose wird zu einem Stückpreis von 60,00 € an den Facheinzelhandel verkauft.

Skischuhe

Vor zwei Jahren begann BRAUSE mit der Produktion von Skischuhen. Zurzeit werden vier verschiedene Modelle von Skischuhen hergestellt. Für das nächste Quartal liegen folgende Daten vor:

Produkt	Auftragsmenge	Verkaufspreis	variable Stückkosten
Modell 1	800	150,00 €	125,00 €
Modell 2	500	270,00 €	225,00 €
Modell 3	1 000	175,00 €	155,00 €
Modell 4	600	200,00 €	150,00 €

Die Fixkosten betragen 40 000,00 €.

Durch den Ausfall einer Maschine kommt es zu unvorhergesehenen Fertigungsengpässen.

Für die Herstellung der Skischuhe stehen auf einem der Fertigungsautomaten im kommenden Quartal lediglich 45 000 Fertigungsminuten zur Verfügung.

Die einzelnen Skischuhe benötigen folgende Maschinenfertigungszeiten auf diesem Automaten:

Produkt	Maschinenfertigungszeiten je Stück in Minuten
Modell 1	20
Modell 2	30
Modell 3	10
Modell 4	35

Jogginganzug „AIR"

Im kommenden Frühjahr soll der Anzug „AIR" auf dem Markt eingeführt werden. Er ist aus einem sehr leichten, atmungsaktiven Material und vor allem für warme Tage im Frühjahr, Sommer und Herbst gedacht. Aufgrund einer Vorkalkulation pro Stück liegen die folgenden Angaben vor:

Fertigungsmaterial	12,00 €
Fertigungslöhne	18,00 €
Normalkostenzuschlagssätze	MGK 15 %, FGK 120 %, VwGK 5 %, VtGK 25 %
variable Gemeinkosten	8,50 €

Nach eingehenden Marktanalysen darf der Einführungspreis 49,90 € nicht überschreiten.

2.3.1 Aufgaben Anforderungsbereich I

1. **Unterscheiden Sie** fixe und variable Kosten.
2. **Definieren Sie** den Begriff Deckungsbeitrag.
3. **Unterscheiden Sie** kurzfristige und langfristige Preisuntergrenze.
4. **Definieren Sie** den Begriff Break-even-Point.
5. **Definieren Sie** den relativen Deckungsbeitrag.
6. **Nennen Sie** die Vorteile der TKR gegenüber der VKR.
7. **Berechnen Sie** mithilfe der Deckungsbeitragsrechnung für den Trainingsanzug „Jörn"
   a) das derzeitige monatliche Betriebsergebnis,
   b) die Preisuntergrenzen.

8. **Ermitteln Sie** für die Jogginghose „Sprint"
   a) die Selbstkosten pro Hose,
   b) den Gewinn
   bei der derzeitigen Kapazitätsauslastung.
9. **Berechnen Sie** für die Skischuhe den geplanten Gewinn für das kommende Quartal.

2.3.2 Aufgaben Anforderungsbereich II

1. **Führen Sie** eine Break-even-Analyse für den Joggingschuh „Atlas" durch.
2. Ein Versandhaus bietet an, monatlich 400 Hosen des Modells „Sprint" abzunehmen, wenn der Preis nicht mehr als 42,50 € beträgt. **Treffen Sie** eine begründete Entscheidung, ob der Zusatzauftrag angenommen werden soll.
3. **Stellen Sie** für die Skischuhe das optimale Produktionsprogramm angesichts des Fertigungsengpasses **auf** und **ermitteln Sie** den Gewinn, der im Engpass erzielt werden kann.

2.3.3 Aufgaben Anforderungsbereich III

1. **Beurteilen Sie** die Realisierbarkeit der ermittelten Preisuntergrenzen für den Trainingsanzug „Jörn".
2. **Nehmen Sie** am Beispiel des Jogginganzugs „AIR" kritisch Stellung zu den Verfahren der VKR und TKR.

3 Übungsklausuren 12.1

Übungsklausur I
Ausgangssituation

Die Magnus KG, 77649 Offenburg, stellt Rasenmäher her. Die von hoch qualifizierten Mitarbeitern in Werkstattfertigung hergestellten Produkte zeichnen sich durch eine besondere Leistungsfähigkeit und Langlebigkeit aus. Im Produktionsprogramm der Magnus KG finden sich sowohl elektrisch betriebene Mäher als auch solche mit Benzinmotor wieder. Die benzinbetriebenen Rasenmäher werden darüber hinaus auch in einer Variante als Sitzmäher angeboten.

Im Bereich der Mittelklasse-Mäher bietet die Magnus KG zwei Modelle mit Benzinmotor an, den MB 2000 und den MB 2001. Im vergangenen Quartal wurden vom MB 2000 12 500 Stück und vom MB 2001 27 500 Stück produziert. Für diesen Zeitraum liegt folgende Kostenträgerzeitrechnung vor:

Kostenträgerzeitrechnung	Ist-Kosten			
	Insgesamt	GKZS	MB 2000	MB 2001
	EUR	%	EUR	EUR
Fertigungsmaterial	2 400 000,00		500 000,00	1 900 000,00
Materialgemeinkosten	1 620 000,00	67,5	337 500,00	1 282 500,00
Materialkosten	4 020 000,00		837 500,00	3 182 500,00
Fertigungslöhne	1 375 000,00		925 000,00	450 000,00
Fertigungsgemeinkosten	1 677 500,00	122,0	1 128 500,00	549 000,00
Sondereinzelkosten der Fertigung	0,00		0,00	0,00
Fertigungskosten	3 052 500,00		2 055 300,00	999 000,00
Herstellkosten der Rechnungsperiode	7 072 500,00		2 891 000,00	4 181 500,00
AB Unfertige Erzeugnisse	225 000,00		65 000,00	160 000,00
EB Unfertige Erzeugnisse	215 000,00		81 000,00	134 000,00
Herstellkosten der Produktion	7 082 500,00		2 875 000,00	4 207 500,00
AB Fertige Erzeugnisse	1 100 030,00		460 000,00	640 030,00
EB Fertige Erzeugnisse	1 250 000,00		649 750,00	600 250,00
Herstellkosten des Umsatzes	6 932 530,00		2 685 250,00	4 247 280,00
Verwaltungsgemeinkosten	554 602,40	8,0	214 820,00	339 782,40
Vertriebsgemeinkosten	831 903,60	12,0	322 230,00	509 673,60
Sondereinzelkosten des Vertriebs	0,00		0,00	0,00
Selbstkosten des Umsatzes	8 319 036,00		3 222 300,00	5 096 736,00
Umsatzerlöse	10 287 500,00		2 450 000,00	7 837 500,00
Betriebsergebnis	1 968 464,00		– 772 300,00	2 740 764,00

Die Kostenauflösung in fixe und variable Kosten hat für das vergangene Quartal folgendes Bild ergeben:

		MB 2000	MB 2001
Gemeinkosten (ohne Bestandsveränderungen fertige und unfertige Erz.) in €	Variabel	600 915,00	804 286,80
	Fix	3 278 804,20	
Kosten Bestandsverän- derungen (für fertige und unfertige Erzeugnisse zusammen) in €	Variabel	72 012,50	23 023,00
	Fix	133 737,50	42 757,00

Aufgaben

1. **Beschreiben Sie** die wesentlichen fertigungstechnischen Merkmale der Werkstattfertigung.
2. **Beurteilen Sie die** Situation der beiden MB-Modelle anhand der Kostenträgerzeitrechnung.
3. Stellen Sie dar, durch welche Maßnahmen das Betriebsergebnis für den MB 2000 verbessert werden könnte.
4. **Führen Sie** eine einfache Deckungsbeitragsrechnung für die beiden Modelle **durch** und **nehmen Sie** am Beispiel der beiden MB-Modelle kritisch **Stellung** zu den Verfahren der Vollkosten- und Teilkostenrechnung.
5. **Erläutern Sie**, durch welche Maßnahmen die Magnus KG ihr Produktionsprogramm verbreitern bzw. vertiefen könnte, und **nennen Sie Gründe**, die für ein solches Vorgehen sprechen.

Übungsklausur II
Ausgangssituation

Die Regener Rennrad GmbH ist ein mittelständischer Fahrradhersteller aus Bremen, der sich auf die Herstellung hochwertiger Renn- und Touring-Räder spezialisiert hat.

Für den Monat November 2019 werden aus der Controlling-Abteilung folgende Zahlen (Ist-Kosten) gemeldet:

Kosten und Leistungen	Insgesamt	Anteile der Produktgruppen	
		Produktgruppe A (Rennrad)	Produktgruppe B (Touring-Rad)
	EUR	EUR	EUR
Fertigungsmaterial	85 000,00	52 000,00	33 000,00
Fertigungslöhne	46 000,00	34 000,00	12 000,00
Materialgemeinkosten	9 640,00		
Fertigungsgemeinkosten	88 450,00		
Verwaltungsgemeinkosten	21 340,00		
Vertriebsgemeinkosten	8 480,00		
Unfertige Erzeugnisse:			
Anfangsbestand	10 000,00	6 000,00	4 000,00
Endbestand	14 000,00	9 000,00	5 000,00
Fertige Erzeugnisse:			
Anfangsbestand	16 000,00	10 000,00	6 000,00
Endbestand	22 000,00	15 000,00	7 000,00
Netto-Umsatzerlöse	289 600,00	188 400,00	101 200,00

Darüber hinaus erfahren Sie aus dem Controlling, dass im Monat November im Rahmen der Vorkalkulation (bei identischen Einzelkosten) mit folgenden Normalgemeinkostenzuschlagssätzen kalkuliert wurde:

Materialgemeinkosten	11 %	Verwaltungsgemeinkosten	10 %
Fertigungsgemeinkosten	200 %	Vertriebsgemeinkosten	6 %

Aufgaben

1. **Erstellen Sie** das Kostenträgerzeitblatt, indem Sie die Ist-Gemeinkostenzuschlagssätze berechnen und dann sowohl im Rahmen der Ist-Kostenrechnung als auch im Rahmen der Normalkostenrechnung die Selbstkosten des Umsatzes ermitteln.
2. **Ermitteln Sie** die entstandenen Kostenüber- bzw. Kostenunterdeckungen in den Kostenstellen Material, Fertigung, Verwaltung und Vertrieb sowohl für die Produktgruppen „Rennrad" und „Touring-Rad" als auch insgesamt.
3. **Ermitteln Sie** das Betriebsergebnis und das Umsatzergebnis der beiden Produktgruppen.
4. **Diskutieren Sie** mögliche Ursachen für die in den einzelnen Kostenstellen entstandenen Kostenabweichungen (vgl. Aufgabe 2).
5. **Vergleichen Sie** Betriebs- und Umsatzergebnis (vgl. Aufgabe 3) und erläutern Sie, aus welchem Grund diese unterschiedlich hoch ausfallen.

Übungsklausur III
Ausgangssituation

Die ALMARON GmbH ist ein mittelständisches Industrieunternehmen, das sich auf die Produktion von exklusiven Büromöbeln spezialisiert hat. Die Produktionsstätte sowie die Verwaltungs- und Büroräume der ALMARON GmbH befinden sich in Münster. Hier beschäftigt die ALMARON GmbH zurzeit 348 Mitarbeiter im gewerblichen Sektor und 72 Mitarbeiter im Verwaltungsbereich. Die Produktpalette der ALMARON GmbH umfasst hochwertige Regalsysteme, Schreib- und Konferenztische und Schrankwand-kombinationen. Hauptkunden der ALMARON GmbH sind Bürobedarfsgroß- und -einzelhändler in Deutschland und im benachbarten Ausland, vor allem in den Benelux-Staaten. Die ALMARON GmbH befindet sich im Moment trotz starker Konkurrenzsituation auf Expansionskurs. Dies führt auch in den Produktionsabteilungen der ALMARON GmbH zu einem erhöhten Arbeitsanfall. Herr Sörensen, der Leiter der Produktionsabteilung, hat deshalb einige grundsätzliche Entscheidungen zu treffen.

Aufgaben

1. Da es in den vergangenen Monaten bei den Konferenztischen verstärkt zu Qualitätsproblemen gekommen ist, soll die Fertigung der Konferenztische zukünftig nicht mehr in Fließfertigung, sondern nach dem Prinzip der Gruppenfertigung organisiert werden.

   Die Controlling-Abteilung der ALMARON GmbH hat für den vergangenen Monat folgende Zahlen bereitgestellt:

Fertigungslinie A (Konferenztische) bei Fließfertigung	
Maximalkapazität je Monat	750 Stück
Kapazitätsauslastung	100 %
Fixe Produktionskosten	49125,00 €
Variable Produktionskosten je Monat	300000,00 €
Verkaufspreis je Stück	1190,00 €

   Bei Umstellung der Produktion auf Gruppenfertigung werden folgende Zahlen prognostiziert:

Neu gestalteter Fertigungsbereich A (Konferenztische) bei Gruppenfertigung	
Maximalkapazität je Monat	650 Stück
Kapazitätsauslastung	100 %
Fixe Produktionskosten	37700,00 €
Variable Produktionskosten je Monat	312000,00 €
Verkaufspreis je Stück	1250,00 €

Sowohl vor als auch nach der Umstellung der Produktion würde an der Kapazitätsgrenze produziert und sämtliche produzierten Konferenztische könnten auch abgesetzt werden.

a) **Ermitteln Sie** bei Fließfertigung und bei Gruppenfertigung jeweils die fixen Produktionskosten je Stück, die variablen Produktionskosten je Stück und die gesamten Produktionskosten je Stück.

b) **Ermitteln Sie** den Stückgewinn und den Gesamtgewinn bei Fließfertigung und bei Gruppenfertigung.

c) **Ermitteln Sie** die Gewinnschwelle bei Fließfertigung und bei Gruppenfertigung.

d) **Ermitteln Sie** die Wirtschaftlichkeit vor und nach Umstellung der Produktion.

e) **Erläutern Sie** zwei grundsätzliche Vor- und zwei grundsätzliche Nachteile bei Umstellung auf Gruppenfertigung gegenüber der Fließfertigung für die ALMARON GmbH (Kostenaspekte sollen unberücksichtigt bleiben).

f) **Analysieren Sie** Ihre Ergebnisse der Aufgaben 1 bis 5 und treffen Sie eine begründete Entscheidung, ob die ALMARON GmbH die Produktion auf Gruppenfertigung umstellen sollte.

2. Bei der ALMARON GmbH soll für die Fertigung von Sitzkissen die optimale Losgröße ermittelt werden. Dazu liegen die nachfolgenden Angaben vor:

Jährliche Fertigungsmenge	30000 Stück
Herstellkosten:	19,00 € pro Stück
Rüstkosten:	175,00 € pro Rüstvorgang
Lagerkosten:	5 % des durchschnittlichen Lagerwertes

a) **Ermitteln Sie** die optimale Losgröße, indem Sie die nachfolgende Tabelle vervollständigen.

Losgröße in Stück	Anzahl der Loswechsel pro Jahr	Durchschn. Lagermenge in Stück	Durchschn. Lagerwert in €	Rüstkosten In €	Lagerkosten In €	Gesamt-kosten In €
1000						
2000						
3000						
5000						
6000						
10000						
15000						

b) **Überprüfen Sie** die ermittelte optimale Losgröße mithilfe der Andler'schen Losgrößenformel.

c) **Skizzieren Sie** den Verlauf der Rüstkosten, der Lagerkosten sowie der Gesamtkosten grafisch. Kennzeichnen Sie in Ihrer Grafik die optimale Losgröße.

d) **Beschreiben Sie** zwei Modellannahmen für die Berechnung der optimalen Losgröße.

e) **Erläutern Sie** zwei Gründe, warum die ALMARON GmbH von der optimalen Losgröße abweichen könnte.

Jahrgang 12.2

1 Marktsituation

1.1 Themenübersicht

Unternehmen stehen im Spannungsfeld zwischen Kunden und ihren Erwartungen bzw. Bedürfnissen sowie den Aktivitäten und Maßnahmen weiterer Wettbewerber.

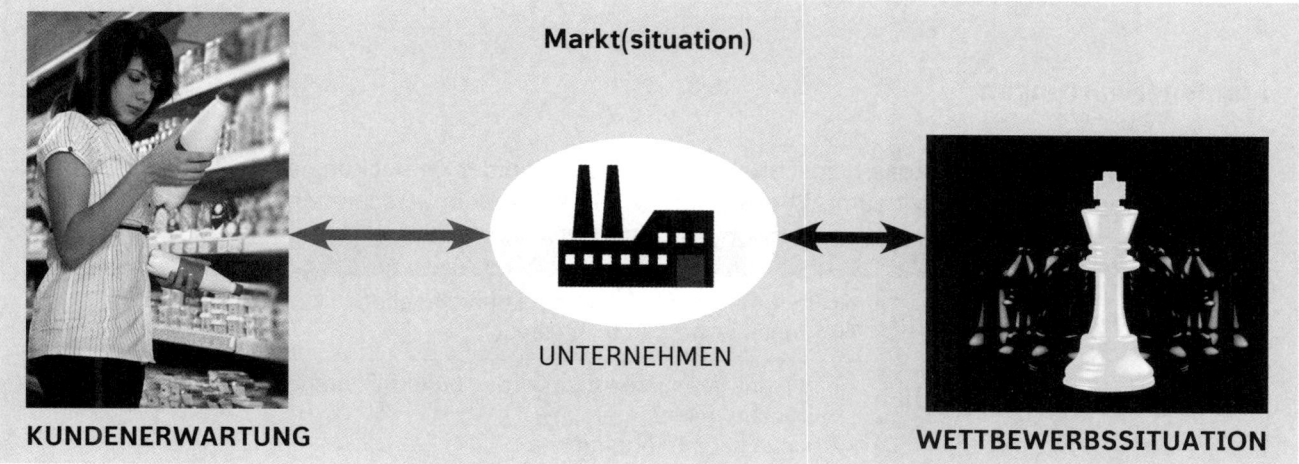

Marketing

„Der Grundgedanke des Marketings ist die konsequente Ausrichtung des gesamten Unternehmens an den Bedürfnissen des Marktes. Heutzutage ist es unumstritten, dass auf wettbewerbsintensiven Märkten die Bedürfnisse der Nachfrager im Zentrum der Unternehmensführung stehen müssen. Marketing stellt somit eine unternehmerische Denkhaltung dar. Darüber hinaus ist Marketing eine unternehmerische Aufgabe, zu deren wichtigsten Herausforderungen das Erkennen von Marktveränderungen und Bedürfnisverschiebungen gehört, um rechtzeitig Wettbewerbsvorteile aufzubauen."

Quelle: Kirchgeorg, Manfred: Marketing. In: Gabler Wirtschaftslexikon, veröff. am 28.07.2010 unter www.wirtschaftslexikon. gabler.de/definition/marketing-39435/version-147572 [01.03.2018]

Um in diesem Spannungsfeld erfolgreich bestehen zu können, müssen Unternehmen folgende Determinanten der Marktsituation analysieren:
- Markt und Marktformen
- Kundenerwartungen
- Wettbewerbssituation
- Marktanteil

Markt

Markt ist der Ort, an dem Angebot und Nachfrage aufeinandertreffen.	
Käufermarkt	**Verkäufermarkt**
Angebot > Nachfrage	Nachfrage > Angebot
Angebotsüberschuss	Nachfrageüberschuss
Käufer sind in der besseren Position. (Marktmacht der Käufer)	Verkäufer in der besseren Position (Marktmacht der Verkäufer)
Tendenziell niedrigere Preise für Produkte	Tendenziell höhere Preise für Produkte
Niedrigere Gewinnmargen für Unternehmen	Höhere Gewinnmargen für Unternehmen
Hoher Konkurrenzdruck für Unternehmen	Niedrigerer Konkurrenzdruck für Unternehmen
Marketing hat hohe Bedeutung.	Marketing hat tendenziell geringere Bedeutung.

---

[1] Die Inhalte der Themenübersicht „Marktsituation" werden in den Abiturvorgaben für 2022 nicht explizit genannt, sollten aber als Basiswissen wiederholt werden.

Marktformen

Anbieter / Nachfrager	Viele	Wenige	Einer
Viele	**Polypolitische** Konkurrenz	Angebots**oligopol**	Angebots**monopol**
Wenige	Nachfrage-**oligopol**	Bilaterales **Oligopol**	Beschränktes **Angebotsmonopol**
Einer	Nachfrage-**monopol**	Beschränktes **Nachfrageoligopol**	Bilaterales **Monopol**

Kundenerwartungen

Als **Kaufentscheidungsprozess** bezeichnet man den Weg von der Entdeckung eines Bedürfnisses bis hin zur Kaufentscheidung bzw. zum Akt des Kaufens selbst. Er ist in verschiedene Phasen aufgeteilt:

Phase	Kennzeichen
1. Bedürfniserkennung (Bedürfnis)	▪ Bedürfnisse werden geweckt und erkannt. ▪ Probleme werden festgestellt.
2. Information und Suche (Recherche)	▪ Wie und womit könnte man das Bedürfnis befriedigen bzw. das Problem lösen? ▪ Suche nach Informationen ▪ Suche nach entsprechenden Gegenständen
3. Bewertung	▪ Bestimmung von Alternativen zur Bedürfnisbefriedigung bzw. Problemlösung ▪ Bewertung der gefundenen Alternativen
4. Auswahl- und Entscheidung (Bedarf)	▪ Auswahl zwischen verschiedenen gefundenen Alternativen, die das Bedürfnis befriedigen bzw. das Anfangsproblem lösen ▪ Entscheidung
5. Kauf (Nachfrage)	▪ Kauf des Gegenstands
6. Nach dem Kauf	▪ Nutzung oder Verbrauch des Gegenstands ▪ Bewertung der Kaufentscheidung (Zufriedenheit)

Vgl. Weis, Hans Christian: Marketing, 17. Aufl., Herne, Kiehl, 2015, S. 86–93

Die beschriebenen Phasen des Kaufentscheidungsprozesses sind je nach Art der Kaufentscheidung unterschiedlich ausgeprägt. Folgende Arten der Kaufentscheidungen unterscheidet man:

Typen von Kaufentscheidungen	
Limitierte Kaufentscheidung	Es kommen nur wenige Produktalternativen infrage, zwischen denen sich ein Kunde entscheiden kann. Die Auswahl ist eingeschränkt, sodass die Phasen 2 bis 4 relativ kurz und wenig aufwendig sind.
Gewohnheitsmäßige (habituelle) Kaufentscheidung	Kunden treffen ihre Kaufentscheidung gewohnheitsmäßig und immer wieder gleich. Das betrifft insbesondere markenbewusste Käufer und Käufer von Verbrauchsgütern des alltäglichen Bedarfs (z. B. nur Jeans von Levis oder nur Shampoo von Wella etc.). Die Phasen 2 und 3 sind standardisiert und kurz.
Impulsive (spontane) Kaufentscheidung	Kunden treffen ihre Kaufentscheidung spontan und impulsiv. Dabei reagieren sie verstärkt auf Reize, z. B. in Form von Gerüchen, Farben, Verpackungen etc. Beispiel: Süßigkeiten an der Kasse. Die Phasen 2 und 3 entfallen.
Extensive Kaufentscheidung	Bei teuren Anschaffungen, die man nicht so häufig tätigt (Beispiel: Auto- oder Hauskauf), wenden Kunden viel Zeit und Mühe für ihre Kaufentscheidung auf. Die Phasen 1 bis 4 nehmen verhältnismäßig viel Zeit in Anspruch.

Customer Relationship Management (CRM) ist die konsequente Ausrichtung der Marketingstrategie eines Unternehmens auf die Bedürfnisse der Kunden. Diese Ausrichtung auf die Kundenbedürfnisse ist der Garant für das Bestehen im Markt.

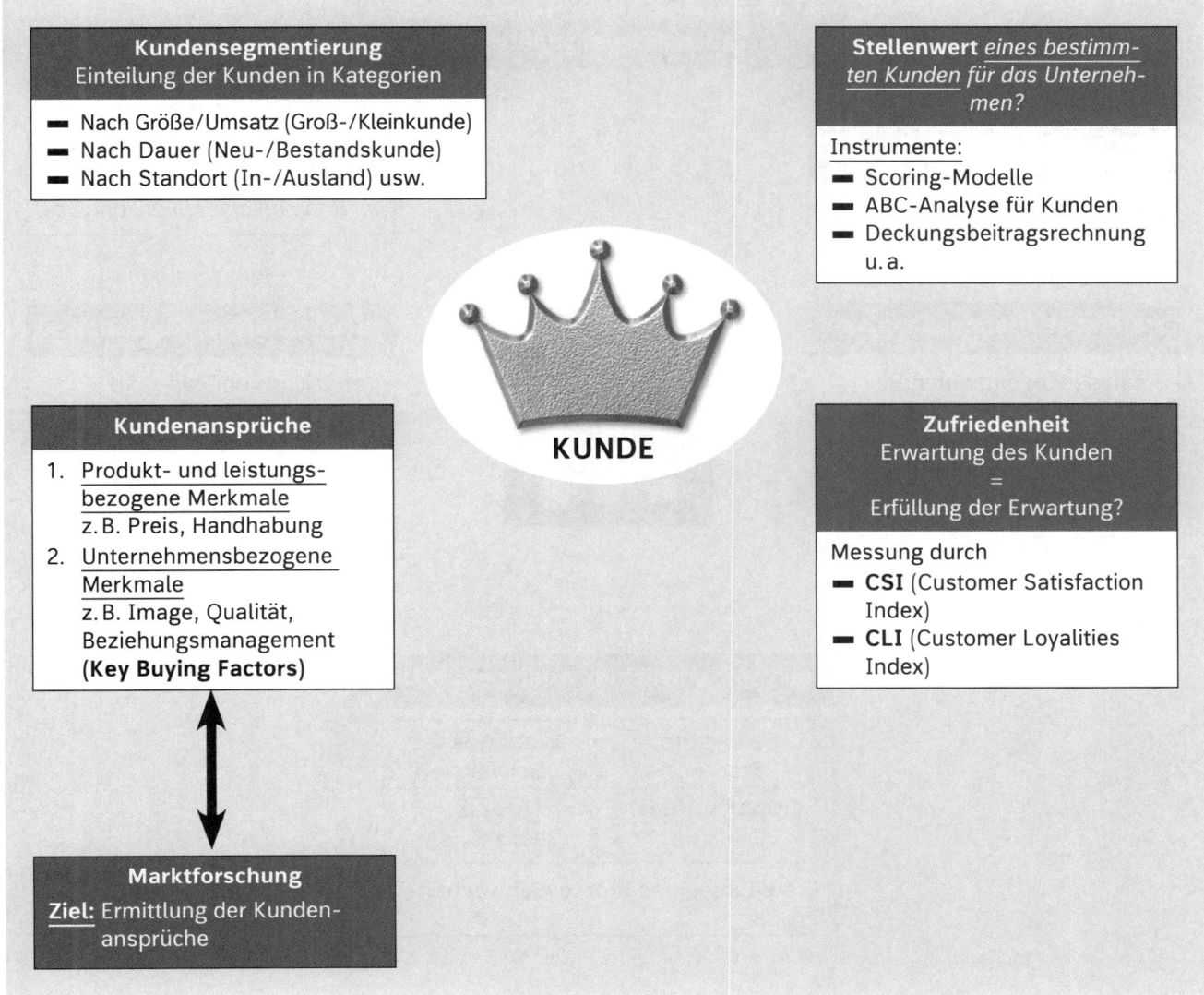

Kundensegmentierung
Einteilung der Kunden in Kategorien

- Nach Größe/Umsatz (Groß-/Kleinkunde)
- Nach Dauer (Neu-/Bestandskunde)
- Nach Standort (In-/Ausland) usw.

Stellenwert *eines bestimmten Kunden für das Unternehmen?*

Instrumente:
- Scoring-Modelle
- ABC-Analyse für Kunden
- Deckungsbeitragsrechnung u. a.

KUNDE

Kundenansprüche

1. Produkt- und leistungsbezogene Merkmale
   z. B. Preis, Handhabung
2. Unternehmensbezogene Merkmale
   z. B. Image, Qualität, Beziehungsmanagement
   (Key Buying Factors)

Zufriedenheit
Erwartung des Kunden
=
Erfüllung der Erwartung?

Messung durch
- **CSI** (Customer Satisfaction Index)
- **CLI** (Customer Loyalities Index)

Marktforschung
Ziel: Ermittlung der Kundenansprüche

Marktsegmentierung

Die Masse der Kunden ist heterogen. Einzelne Kunden unterscheiden sich stark in ihren Wünschen, Bedürfnissen, Gewohnheiten, ihrer Lebensumgebung usw. Darum ist es für ein Unternehmen von Vorteil, alle potenziellen Kunden (Markt) in homogene Segmente zusammenzufassen, um die einzelnen Marketinginstrumente (den Marketing-Mix) passgenau auf die einzelnen Segmente auszurichten.

Diese Segmentierung kann nach unterschiedlichen Kriterien erfolgen:

Segmentierungskriterien	
Geografische Kriterien (Wo oder in welcher Umgebung leben die Kunden, die das jeweilige Produkt kaufen sollen?)	Kunden leben in einer Groß- oder Kleinstadt; auf dem Land, in einer ländlichen Region; im Gebirge, am Meer; in einem bestimmten Bundesland, in einem bestimmten Land usw.
Sozioökonomische Kriterien (demografische Segmentierung)	Alter, Geschlecht, Religion, Familienstand, Beruf, Nationalität, Einkommen, Vermögensituation, Bildungsniveau usw.
Psychologische und verhaltensorientierte Kriterien	Lebensstil, Überzeugungen, Lebenseinstellungen, persönliche Prinzipien, Lebenserfahrungen, politische Einstellungen usw. (Beispiel: ökologische, nachhaltige Lebensweise)

Analyse der Wettbewerbssituation

**Instrumente der Unternehmensanalyse
auch: Betriebsanalyse**

Portfolioanalyse

(im Rahmen der Produktpolitik)

Kennzahlenanalyse

(im Rahmen einer Bilanzanalyse)

Potenzial-/Bereichsanalyse

Analyse von einzelnen Bereichen eines Unternehmens, z. B. Fertigungsabteilung, Entwicklungsabteilung u. a.

Lückenanalyse/Gap-Analyse

Vergleiche von Plan- und Ist-Daten und Analyse der Abweichungen. Warum konnten die vorgegebenen Planzahlen nicht erreicht werden?
(siehe Kap. Kosten- und Leistungsrechnung)

Stärken-Schwächen-Analyse (SWOT)

Strengths Stärken	**Weaknesses** Schwächen
Opportunities Chancen	**Threats** Bedrohungen

Erstellung eines Stärke-Schwächen-Profils

Der Marktanteil

Daten sind produktbezogen.	**Marktpotenzial** Theoretisch maximale Aufnahmemenge eines bestimmten Produktes X auf einem bestimmten Markt
	Marktvolumen Geplante oder bereits abgesetzte Mengen des Produktes X auf dem bestimmten Markt
Daten sind unternehmens- bezogen.	**Absatzpotenzial** Theoretisch maximale Verkaufsmenge des Produktes X, die ein *bestimmtes Unternehmen* zu erreichen glaubt
	Absatzvolumen Summe aller realisierten Verkäufe des Produktes X durch das *bestimmte Unternehmen*

$$\text{Marktanteil in \%} = \frac{\text{Absatzvolumen} \cdot 100}{\text{Marktvolumen}}$$

Marktforschung und Marktentwicklung

Die Analyse der jeweiligen Marktsituation kann mithilfe der folgenden Methoden erfolgen. Sie dienen dazu, unternehmerische Entscheidungen vorzubereiten.

Arten der Marktforschung

Qualitative Marktforschung	Quantitative Marktforschung
Ermittlung von Kundenerwartungen und Kaufmotiven, Kundenmeinungen	Ermittlung von Zahlen/Daten wie z. B. Einkommen, Marktanteile, Marktvolumen

Arten der Datenerhebung

Sekundärforschung	Primärforschung
Definition Datengewinnung durch Auswertung bereits vorhandener Informationen. Dabei können eigene oder fremde Quellen herangezogen werden.	**Definition** Gewinnung von ganz neuen Daten und Informationen
Instrumente – Auswertung von Statistiken	**Instrumente** – Befragungen – Beobachtungen
Vorteile + Kostengünstig + Daten sofort abrufbar + Große Datenmengen zur Auswahl + Unterstützung einer Primärerhebung, indem vorab schon viele Fragen geklärt werden können	**Vorteile** + Passgenaue und sichere Daten + Daten sind aktuell. + Daten sind auf die Bedürfnisse des Erhebers zugeschnitten. + Qualität der Daten besser beurteilbar + Daten stehen nicht den Mitbewerbern zur Verfügung (Exklusivität).
Nachteile – Fehlende Aktualität – Vorhandene Daten sind zu ungenau und zu allgemein. – Keine Exklusivität, da die Konkurrenz auch Zugriff darauf hat	**Nachteile** – Kosten- und arbeitsintensiv – Datenerhebung und -auswertung ist langwieriger Prozess.

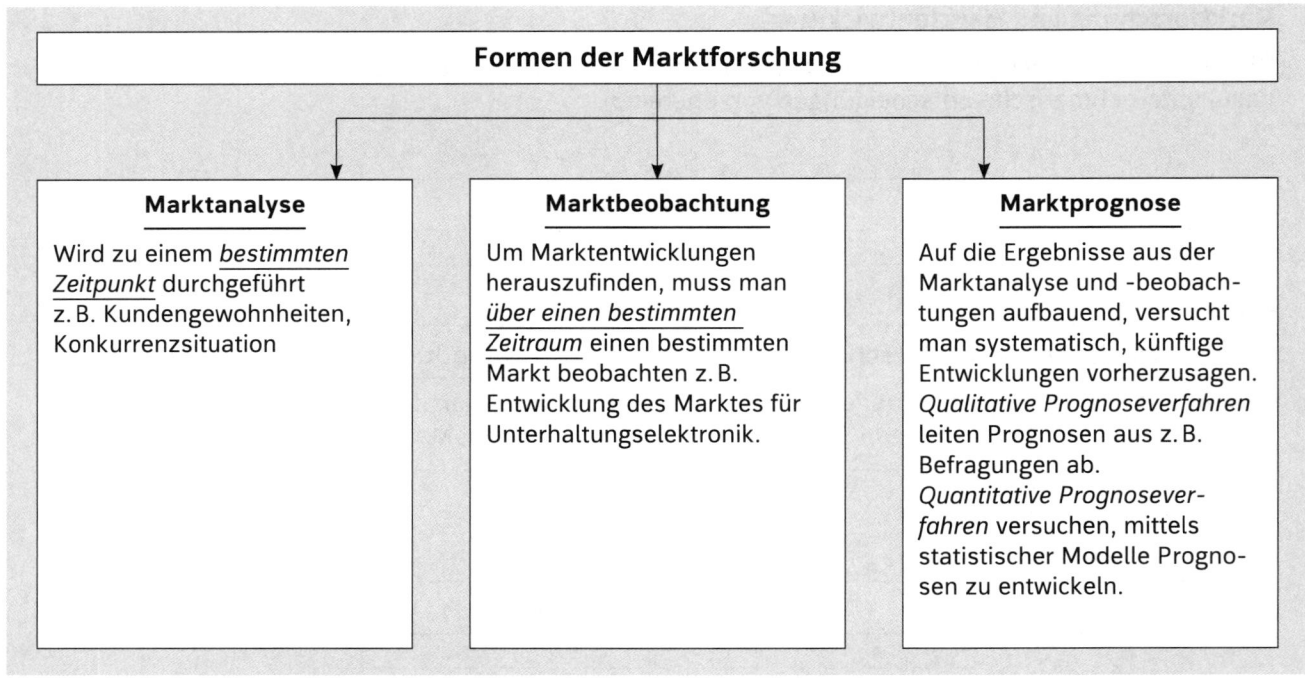

Formen der Marktforschung

Marktanalyse	Marktbeobachtung	Marktprognose
Wird zu einem *bestimmten Zeitpunkt* durchgeführt z. B. Kundengewohnheiten, Konkurrenzsituation	Um Marktentwicklungen herauszufinden, muss man *über einen bestimmten Zeitraum* einen bestimmten Markt beobachten z. B. Entwicklung des Marktes für Unterhaltungselektronik.	Auf die Ergebnisse aus der Marktanalyse und -beobachtungen aufbauend, versucht man systematisch, künftige Entwicklungen vorherzusagen. *Qualitative Prognoseverfahren* leiten Prognosen aus z. B. Befragungen ab. *Quantitative Prognoseverfahren* versuchen, mittels statistischer Modelle Prognosen zu entwickeln.

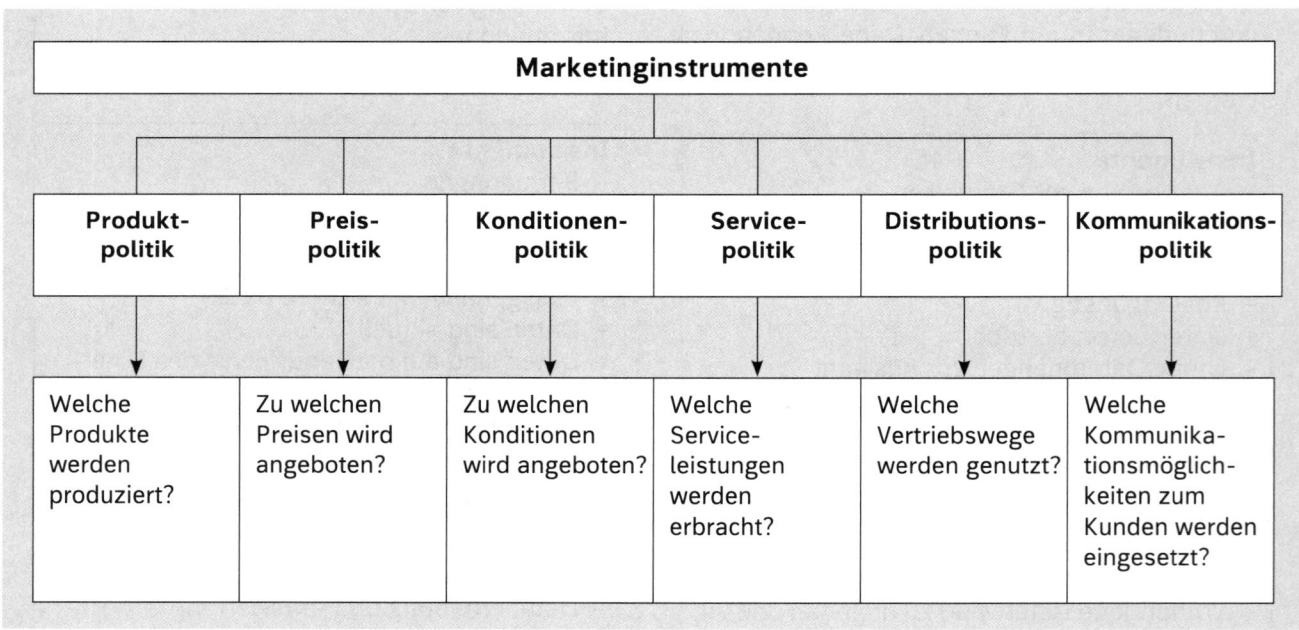

Marketinginstrumente

Produkt-politik	Preis-politik	Konditionen-politik	Service-politik	Distributions-politik	Kommunikations-politik
Welche Produkte werden produziert?	Zu welchen Preisen wird angeboten?	Zu welchen Konditionen wird angeboten?	Welche Service-leistungen werden erbracht?	Welche Vertriebswege werden genutzt?	Welche Kommunika-tionsmöglich-keiten zum Kunden werden eingesetzt?

2 Preispolitik

2.1 Themenübersicht

Bei der aktiven unternehmerischen Preispolitik sind folgende Faktoren wichtig: Zahl der Marktteilnehmer, Kosten, Nachfragesituation, Konkurrenz, gesetzliche Bedingungen, betriebliche Ziele.

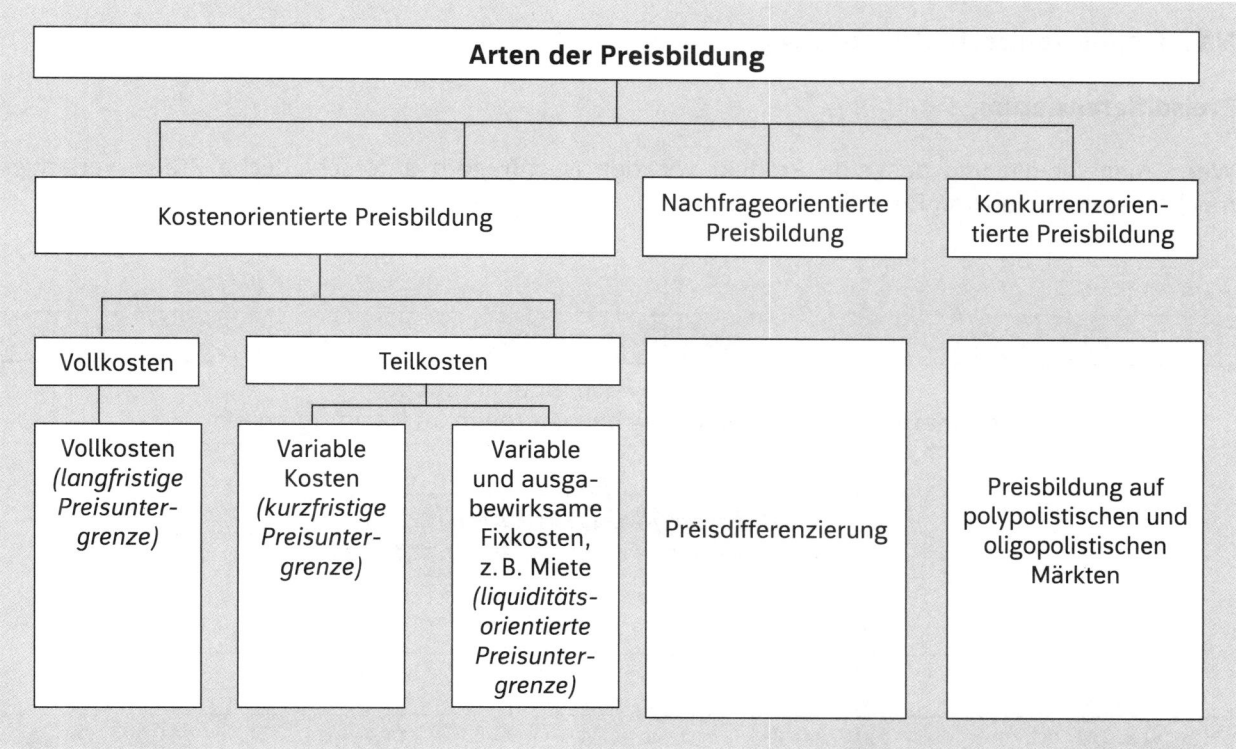

Kostenorientierte Preisbildung mit Vollkosten (langfristige Preisuntergrenze)

Die Preisberechnung kann mithilfe der Daten der Vollkostenrechnung erfolgen. Dabei kann das folgende **Kalkulationsschema** (Zuschlagskalkulation) angewendet werden (ohne Berücksichtigung von Bestandsveränderungen):

	Fertigungsmaterial	+	**Vertriebsgemeinkosten**	
+	Materialgemeinkosten	=	**Selbstkosten**	
=	**Materialkosten**	+	**Gewinn**	
	Fertigungslöhne	=	**Barverkaufspreis**	
+	Fertigungsgemeinkosten	+	**Kundenskonto***	
+	Sondereinzelkosten der Fertigung	=	**Zielverkaufspreis**	**Preiskalkulation,** ausgehend von den Selbstkosten
=	**Fertigungskosten**	+	**Kundenrabatt****	
=	**Herstellkosten** (Materialkosten + Fertigungskosten)	=	**Listenverkaufspreis (netto)**	
+	**Verwaltungsgemeinkosten**	+	**Umsatzsteuer**	
		=	**Listenverkaufspreis (brutto)**	

* Zur Ermittlung der Höhe des Kundenskontos in Euro, ausgehend von den Selbstkosten, gilt: **Zielverkaufspreis = 100 %.**
** Zur Ermittlung der Höhe des Kundenrabatts in Euro, ausgehend von den Selbstkosten, gilt: **Listenverkaufspreis netto = 100 %.**

Kostenorientierte Preisbildung mit Teilkosten

Die Summe der variablen Kosten für ein Erzeugnis wird zur Ermittlung der kurzfristigen Preisuntergrenze herangezogen. Zur Ermittlung der liquiditätsorientierten Preisuntergrenze werden zusätzlich zu den variablen Kosten die ausgabewirksamen Fixkosten hinzugerechnet. Zu den ausgabewirksamen Fixkosten zählt man beispielsweise Löhne und Gehälter, Mieten usw.

Nachfrageorientierte Preisbildung

Preisdifferenzierung

Wenn man für ein und dasselbe Produkt von den Nachfragern unterschiedliche Preise verlangen möchte, spricht man von Preisdifferenzierung.

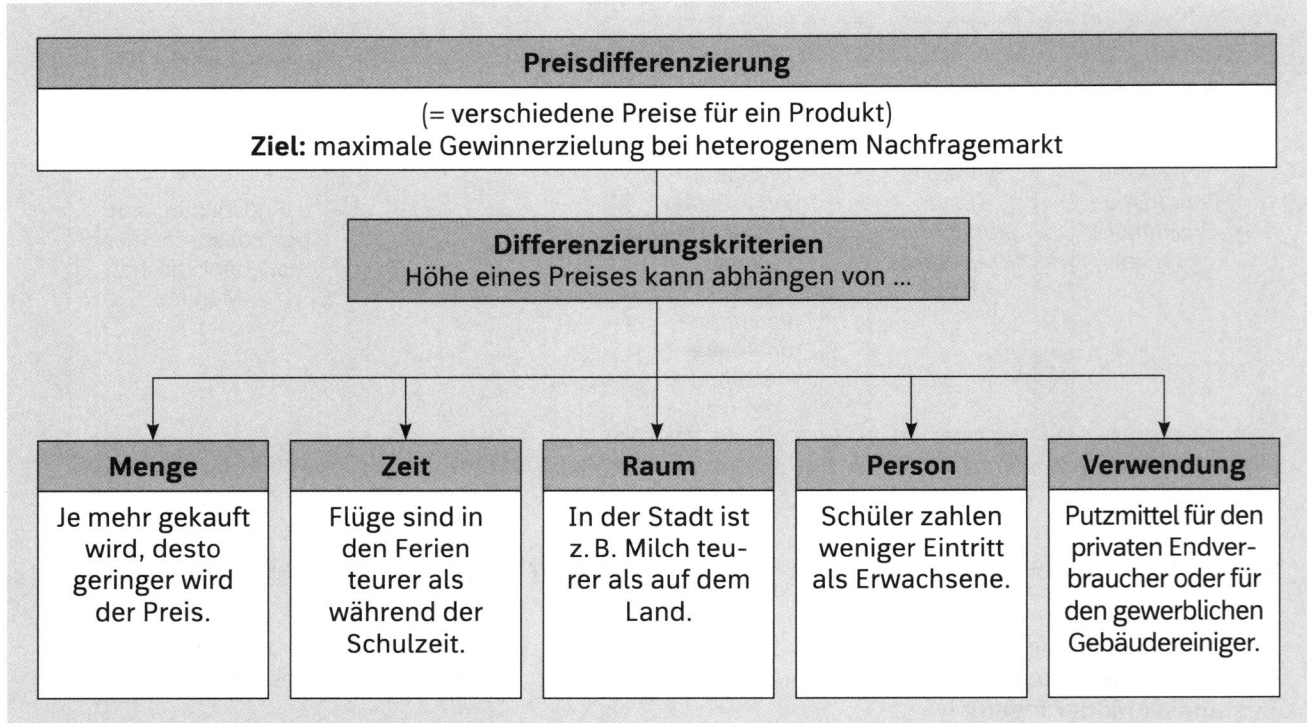

Konkurrenzorientierte Preisbildung

Preisbildung auf polypolistischen Märkten

Polypolistische Märkte sind geprägt durch eine große Anzahl von Nachfragern und Anbietern. Sie entsprechen der typischen Marktsituation in unserem Alltag. Auf einem solchen Markt besitzen Anbieter die Möglichkeit der Preisgestaltung, ohne mit nennenswerter Kundenabwanderung zu rechnen, die das Ziel der Gewinnmaximierung gefährden würde.

Beispiel: *Der Bäcker von nebenan bietet sein Brötchen für 35 Cent an. Bei diesem Preis setzt er die Menge x1 ab. Erhöht er den Preis für ein Brötchen auf 39 Cent, würde er nur wenige Kunden an seinen Konkurrenten ein paar Straßen weiter verlieren (Menge x2).*

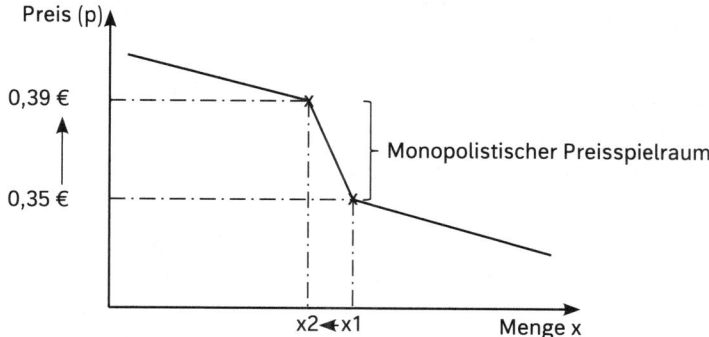

Die meisten Kunden zahlen lieber ein wenig mehr für ihre Brötchen, statt einen längeren Weg für ein preisgünstigeres Brötchen in Kauf zu nehmen. Somit hat der Anbieter einen Spielraum der Preisfestsetzung, ohne Auswirkungen auf seine Gewinnsituation befürchten zu müssen. Er kann also in bestimmten Grenzen wie ein Monopolist die Preise für seine Brötchen diktieren.

Steigt jedoch der Preis über 40 Cent je Brötchen, sind auf einmal viel mehr Kunden bereit, den längeren Weg zum Konkurrenten in Kauf zu nehmen. Die Absatzmenge fällt übermäßig stark.

Im anderen Fall könnte der Bäcker mit einem großen Ansturm an Neukunden rechnen, wenn er seine Brötchen für weniger als 35 Cent anbieten würde.

Als **monopolistischer Preisspielraum** wird der Preisbereich bezeichnet, innerhalb dessen ein Anbieter beliebig den Preis für sein Produkt diktieren kann, ohne mit gewinnbeeinflussender Kundenzu- oder -abwanderung rechnen zu müssen. Der monopolistische Preisspielraum eines Anbieters kann durch eine gute Kommunikationsstrategie (z. B. Werbung) vergrößert werden, wenn es ihm dadurch gelingt, die Kunden davon zu überzeugen, dass sein Produkt den höheren Preis wert ist.

Preisbildung auf oligopolistischen Märkten

Oligopolistische Märkte sind geprägt durch wenige Anbieter, denen eine hohe Anzahl von Nachfragern gegenübersteht.

Beispiel: *Für die Flugstrecke von Köln/Bonn nach London stehen einer hohen Anzahl von Nachfragern nur wenige Anbieter (z. B. Lufthansa, Eurowings und Ryanair) gegenüber. Alle drei Fluglinien wollen ihren Gewinn maximieren. Unterstellt sei, dass der einzige Weg zu einer Gewinnmaximierung eine Preisänderung ist. Welche Folgen ergeben sich daraus für die Preisgestaltung der jeweiligen Fluglinie?*

Preisänderung auf oligopolistischen Märkten

Unterstellt sind die folgenden Marktbedingungen:
- Homogenes Gut (nur Flug, kein Service, nur ein Handgepäck, alle Flüge gehen zur gleichen Zeit von Köln/Bonn ab und kommen in London-Heathrow an, gleiche Gebühren etc.)
- Keine Präferenzen der Kunden für eine spezielle Fluglinie
- Vollkommene Markttransparenz
- Unendlich schnelle Reaktionsgeschwindigkeit
- Marktteilnehmer handeln rational

Mögliche Verhaltensweisen der Anbieter:

1. Der Anbieter, der als Preisführer akzeptiert wird, senkt den Preis, die anderen akzeptieren die Preisänderung und passen sich an. Beispiel: Ryanair senkt den Flugpreis um 10%, Eurowings und Lufthansa nehmen ebenfalls Preisreduzierungen vor. Diese müssen nicht im gleichen prozentualen Umfang stattfinden (Strategie der Preisführerschaft).

2. Ein Anbieter senkt den Preis um 10%, die anderen Anbieter senken ebenfalls ihre Preise in gleichem Maß um 10%. Beispiel: Ryanair senkt den Flugpreis um 10%, Eurowings und Lufthansa ziehen nach und senken ebenfalls ihre Ticketpreise um 10%. Folge: Keine Änderung in der Kundenstruktur (Kooperationsstrategie).

3. Ein Anbieter senkt den Preis um 10%, ein anderer Anbieter unterbietet. Beispiel: Ryanair senkt den Flugpreis um 10%, Eurowings um 25%. Folge: Eurowings versucht im Rahmen einer ruinösen Konkurrenz die Mitbewerber auszuschalten. Dies kann nur dann gelingen, wenn die Kostenstruktur von Eurowings dieses Verhalten zulässt (Strategie der ruinösen Konkurrenz).

4. Die anderen Anbieter sprechen sich untereinander ab (unzulässiges Preiskartell!). Beispiel: Eurowings und Lufthansa vereinbaren mit Ryanair, dass die Preise nicht unter ein bestimmtes Niveau fallen sollen oder dass die Preissenkung ganz oder zum Teil wieder zurückgenommen wird (Strategie der Preisabsprache).

Fazit:

Preisänderungen mit dem Ziel der Gewinnmaximierung sind durch die Anpassungsfähigkeit der Konkurrenz aussichtslos.

Folge:

Preisänderungen mit dem Ziel der Gewinnmaximierung lassen sich auf oligopolistischen Märkten lediglich unter unvollkommenen Marktbedingungen verwirklichen, etwa durch Schaffung eines Angebotes, das die **persönlichen Präferenzen** der Kunden berücksichtigt, wie z. B. unterschiedliche Abflugzeiten, Bordservice, Gepäckbedingungen usw.

Preispolitische Strategien

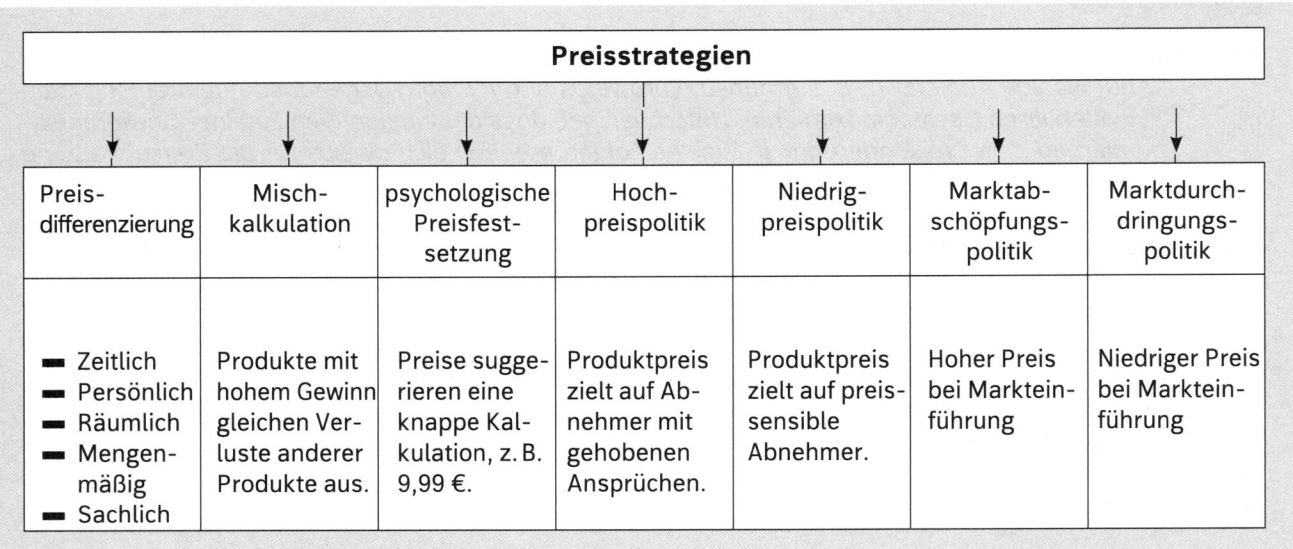

Preisstrategien						
Preis-differenzierung	Misch-kalkulation	psychologische Preisfest-setzung	Hoch-preispolitik	Niedrig-preispolitik	Marktab-schöpfungs-politik	Marktdurch-dringungs-politik
▬ Zeitlich ▬ Persönlich ▬ Räumlich ▬ Mengen-mäßig ▬ Sachlich	Produkte mit hohem Gewinn gleichen Verluste anderer Produkte aus.	Preise suggerieren eine knappe Kalkulation, z. B. 9,99 €.	Produktpreis zielt auf Abnehmer mit gehobenen Ansprüchen.	Produktpreis zielt auf preissensible Abnehmer.	Hoher Preis bei Markteinführung	Niedriger Preis bei Markteinführung

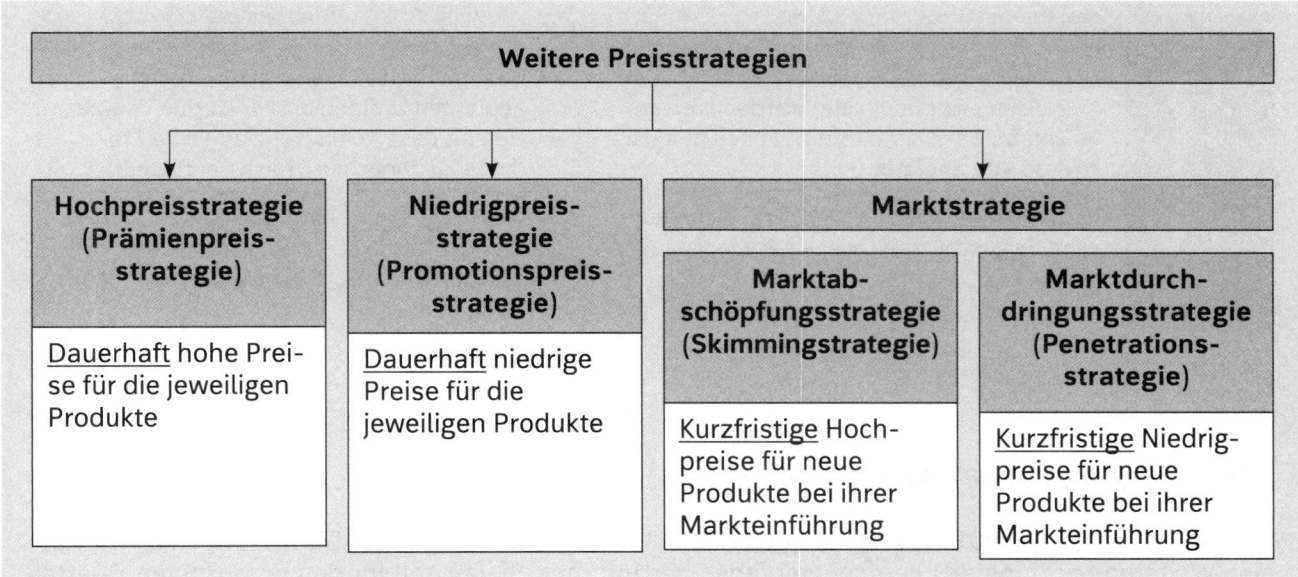

Gegenüberstellung von Hochpreis- und Niedrigpreisstrategie

	Hochpreisstrategie	Niedrigpreisstrategie
Ziel	Dauerhafte Positionierung von Produkten im Hochpreissegment und dadurch Schaffung eines Preisimages	Dauerhafte Positionierung von Produkten im Niedrigpreissegment; Gewinne sollen über die verkaufte Menge erzielt werden.
Beispiele	Porsche (Auto), Lufthansa (Luftfahrt), Apple (Computer)	Dacia (Auto), Ryanair (Luftfahrt), Medion (Computer)
Vorteile	▬ Gutes Produktimage (hoher Preis = hohe Qualität) ▬ Hohe Stückdeckungsbeiträge ▬ Treue Kundschaft	▬ Gewinne durch hohes Umsatzvolumen ▬ Verringerung der Konkurrenz, da das niedrige Preisniveau nicht von allen gehalten werden kann
Nachteile	▬ Geringe Verkaufszahlen ▬ Viele Nachahmer und erhöhte Konkurrenz ▬ Hohe Stückkosten	▬ Gefahr eines Negativimages (geringer Preis = schlechte Qualität) ▬ Geringer Spielraum für Preiserhöhungen aufgrund des Images ▬ Geringe Stückdeckungsbeiträge

Gegenüberstellung von Marktabschöpfungs- und Marktdurchdringungsstrategie

	Marktabschöpfungsstrategie	Marktdurchdringungsstrategie
Ziel	Durch hohe Preise bei Markteinführung eines neuen Produktes sollen schnell die entstandenen Kosten hereingeholt und kurzfristig *hohe Gewinne* generiert werden. Im weiteren Verlauf des Produktlebenszyklus werden die Preise gesenkt.	Durch niedrige Preise bei Markteinführung eines neuen Produktes soll schnell eine *hohe Absatzmenge* erzielt werden. Im weiteren Verlauf des Produktlebenszyklus werden die Preise angehoben.
Chance	▬ Produktentwicklungskosten können in kurzer Zeit verdient werden. ▬ Gewinnabschöpfung eines neuen Marktes, bevor die Konkurrenz den Markt für sich entdeckt ▬ Unterstützung des Produktimages (hoher Preis = hohe Qualität)	▬ Schnelle Gewinnung von Marktanteilen ▬ Hohe Absatzmengen führen dazu, dass Produktentwicklungskosten in kurzer Zeit verdient werden. ▬ Geringe Kosten für Werbung, da der geringe Preis für den Kauf spricht ▬ Aufbau eines Images

	Marktabschöpfungsstrategie	Marktdurchdringungsstrategie
Risiken	■ Gefahr, dass die Produkte mit den hohen Preisen nicht abgesetzt werden können ■ Gefahr, dass Konkurrenz schnell ähnliche Produkte anbietet	■ Spätere Preissteigerungen nicht im geplanten Umfang am Markt durchsetzbar ■ Gefahr, dass Konkurrenz ähnliche Produkte zu ähnlichen Preisen anbietet
Produkte	Besonders geeignet für Produkte, die patentrechtlich geschützt werden (z.B. Medikamente)	Besonders geeignet für unbekannte Produkte (No-Name-Produkte) oder Produkte des alltäglichen Bedarfs, z.B. neue Lebensmittel, Kleidung etc.

2.2 Ausgangssituation und Aufgaben

Die Leon AG stellt seit 2011 auch Fernsehgeräte mit Smart-Technologie her. Dabei handelt es sich um eine Weiterentwicklung des Fernsehempfangs per Internet. Hierzu soll für den im nächsten Quartal geplanten Verkaufsstart dieser Fernsehgeneration ein Einstiegspreis gefunden werden. Es wird mit einer Produktionsmenge von 15 000 Stück gerechnet.

Es liegen Ihnen aus den verschiedenen Abteilungen der Leon AG nachstehende Informationen vor:

Abteilung Rechnungswesen/Controlling:

Selbstkosten pro Stück:	958,60 €
Fixe Kosten pro Stück:	410,00 €
Gewinnzuschlagssatz:	40 %
Skonto:	2 %
Sofortrabatt (Einführungsrabatt):	10 %

Abteilung Marktforschung:
Derzeitige Marktanteile Fernseher 2018 in Prozent in Deutschland (fiktiv)

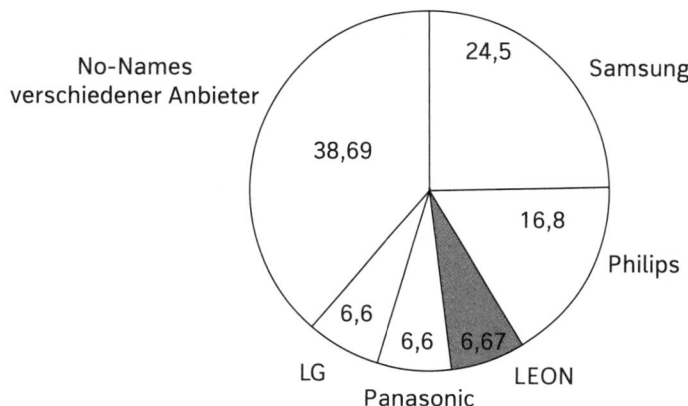

No-Names verschiedener Anbieter 38,69
Samsung 24,5
Philips 16,8
LEON 6,67
Panasonic 6,6
LG 6,6

Eine Primärerhebung über Monatsverdienste kam zu folgendem Ergebnis:

Löhne und Gehälter

Durchschnittliche Bruttomonatsverdienste nach Arbeitnehmergruppen[1]

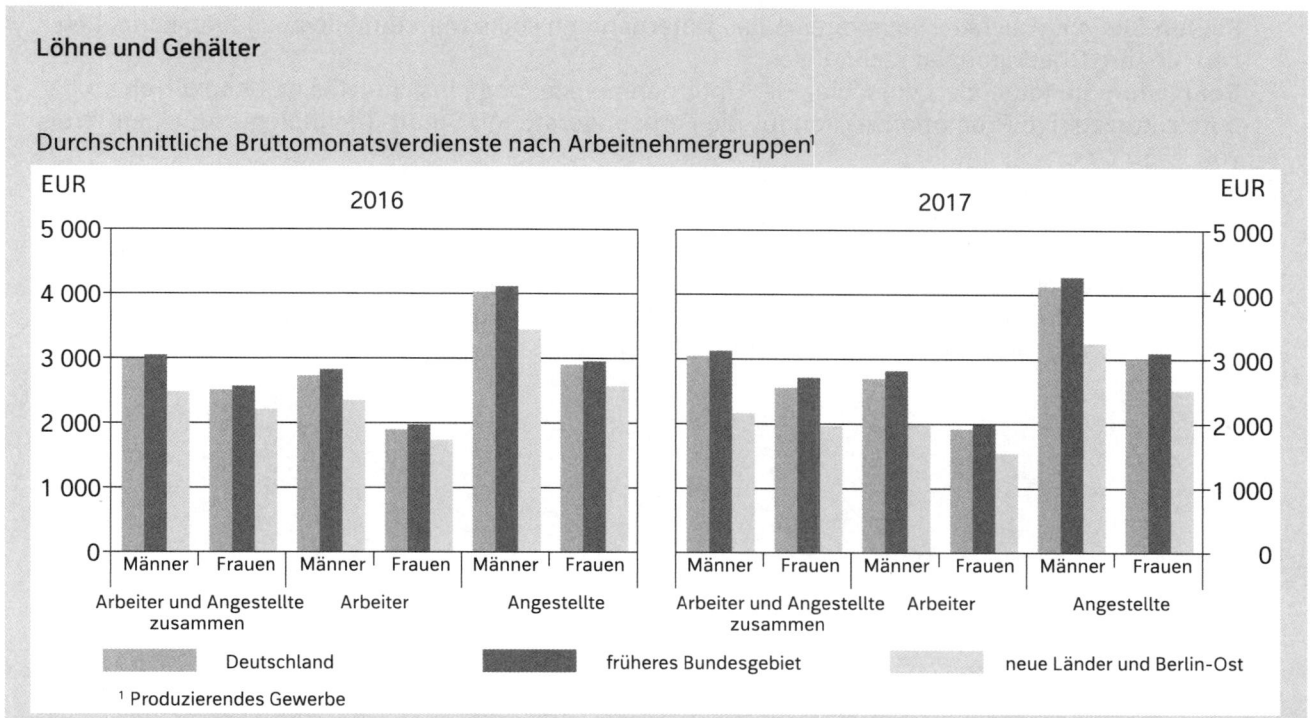

¹ Produzierendes Gewerbe

Eine weitere Analyse der grundsätzlichen Kaufgewohnheiten ergab, dass Arbeiter auch Güter des Luxusbedarfs bei sogenannten Discountern erwerben, während Angestellte einen besonderen Wert auf Beratung legen.
Zusätzlich ergab eine Analyse der Konkurrenzprodukte, dass diese zu einem durchschnittlichen Preis von 1 410,00 € angeboten werden.

2.2.1 Aufgaben Anforderungsbereich I

1. **Grenzen Sie** die Begriffe Marktpotenzial, Marktvolumen und Marktanteil voneinander **ab**.
2. **Nennen Sie** unterschiedliche Formen der Preisbildung.
3. **Nennen Sie** fünf Strategien der Preispolitik.
4. **Berechnen Sie** unter Berücksichtigung der Daten des Rechnungswesens den Listenverkaufspreis.
5. **Beschreiben Sie**, von welchen Faktoren die Preisbildung eines Produktes grundsätzlich abhängig ist.
6. **Nennen Sie** zwei Formen einer Markenstrategie.

2.2.2 Aufgaben Anforderungsbereich II

1. **Stellen Sie dar**, was unter dem Begriff der Kontrahierungspolitik verstanden wird.
2. **Erläutern Sie** den Aussagegehalt der Break-even-Analyse und ermitteln Sie den Break-even-Point unter Angabe des Rechenweges. Falls Sie in Aufgabe 1 zu keinem Ergebnis gekommen sind, rechnen Sie mit einem Listenverkaufspreis in Höhe von 1 520,00 €.
3. **Prüfen Sie**, inwieweit eine konkurrenzorientierte Preisbildung für die Leon AG sinnvoll ist.
4. **Erläutern Sie** grundsätzlich mögliche Preisdifferenzierungsstrategien der Leon AG.
5. **Erklären Sie** den Unterschied zwischen einer konkurrenzorientierten Preisbildung und dem Target Costing.

2.2.3 Aufgaben Anforderungsbereich III

1. **Prüfen Sie**, mit welcher Preisstrategie das Unternehmen seine Marktanteile ausbauen kann. Belegen Sie Ihre Überlegungen rechnerisch.
2. **Beurteilen Sie** folgenden Vorschlag der Unternehmensleitung hinsichtlich eines Konkurrenzangebotes: kurzzeitige Promotionsaktion für die Fernsehgeräte mit Smart-Technologie zu einem Preis von 1 350,00 €.
3. **Begründen Sie**, ob das Fernsehgerät gleichzeitig im Hoch- und Niedrigpreissektor platziert werden kann. Welche Voraussetzungen müssen bei einer bestehenden Möglichkeit beachtet werden?
4. Es stellt sich heraus, dass der Durchschnitt der Kundenzielgruppe lediglich einen Listenverkaufspreis in Höhe von 1 200,00 € akzeptiert. **Stellen Sie** rechnerisch **dar**, wie hoch bei den gegebenen Rabattsätzen der Gewinn ausfällt, und entwickeln Sie einen Vorschlag, wie der anfangs kalkulierte Gewinn auch bei diesem Listenverkaufspreis zu erzielen ist.

3 Produktpolitik

3.1 Themenübersicht

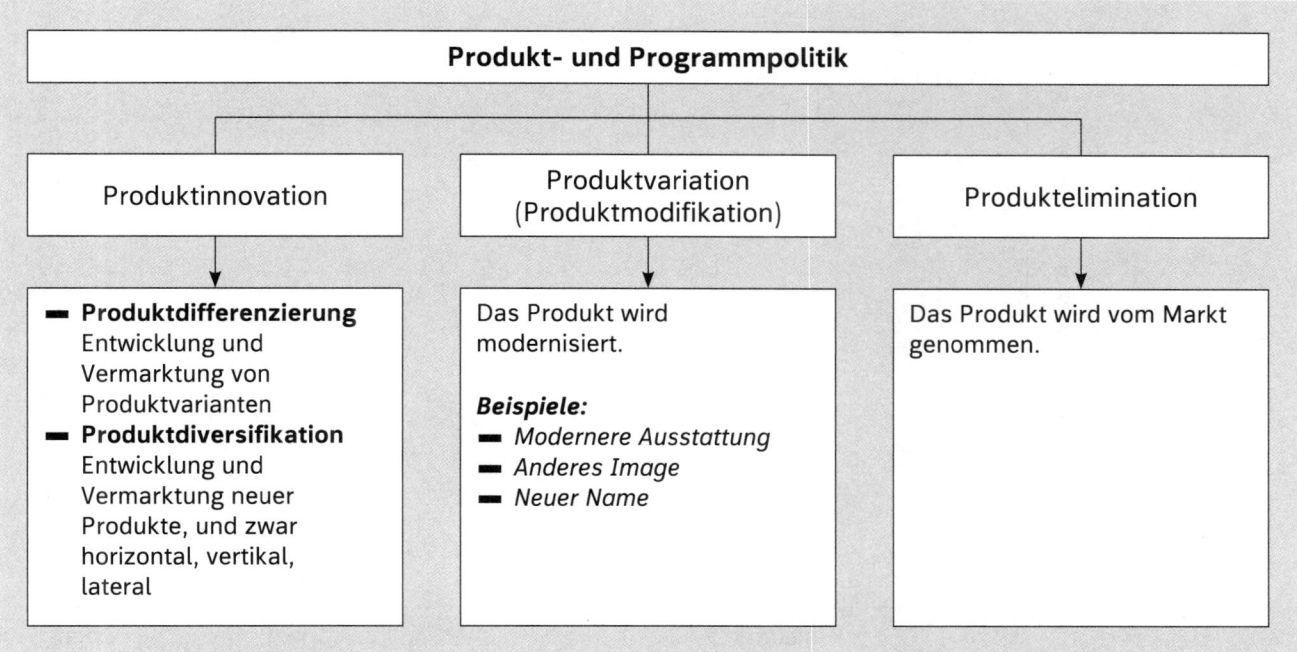

Instrumente zur Analyse des Produktes und seiner Marktposition

Produktlebenszyklus: Dieser umfasst die Dauer zwischen der Produkteinführung und der Produktelimination. Zumeist dient das Kriterium Umsatz der näheren Analyse. In den verschiedenen Lebensphasen **sind unterschiedliche preis- und produktpolitische Maßnahmen denkbar.**

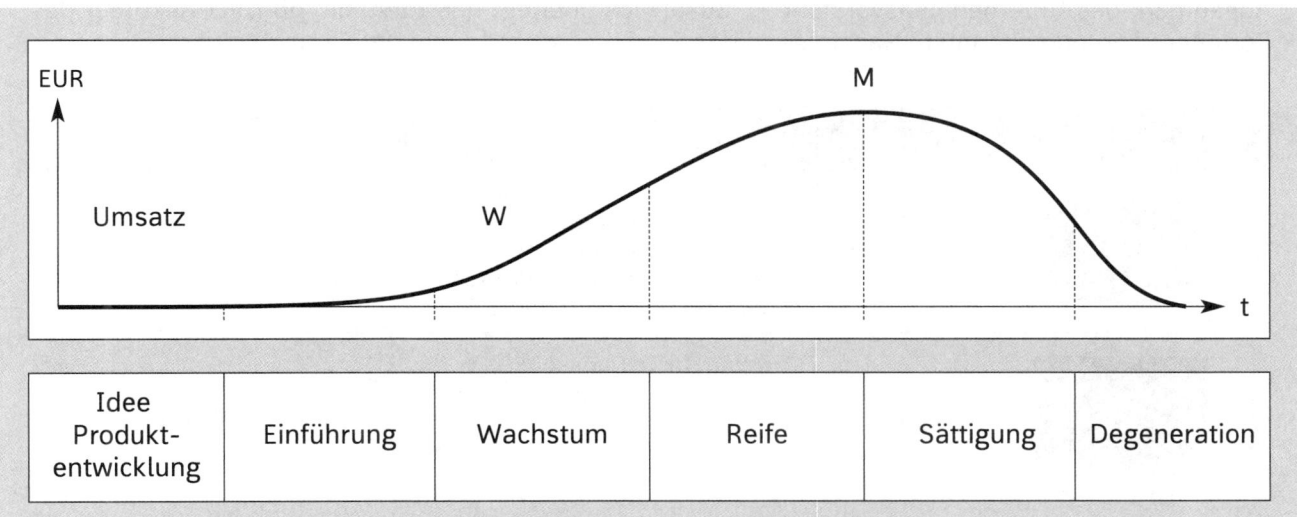

Portfolioanalyse: Die Position eines Produktes im Markt kann ermittelt werden. Das Marktwachstum wird dem relativen Marktanteil gegenübergestellt.

3.2 Ausgangssituation und Aufgaben

Die Leon AG ist ein alteingesessenes Unternehmen auf dem Elektroniksektor. Die Sparte Fernsehapparate stellt insgesamt den umsatzstärksten Bereich dar und unterliegt daher dem besonderen Augenmerk des Unternehmensvorstandes. Zusätzlich überlegt der Vorstand, ob DVD-Rekorder das Sortiment abrunden könnten. Nachfolgend das Produktionsprogramm der Fernsehapparate.

	Name	Eigenschaften	Preis
	Excelsior	OLED, 139 cm Bildschirmdiagonale, Curved, eingebaute Lautsprecher, Internet-TV, Bluetooth, automatische Abschaltung, Energieeffizienzklasse A++	2 500,00 €
	Xenia	Premium UHD, Curved LED, Triple-Tuner, 130 cm Bilddiagonale, Stereo	1 700,00 €
	Primos	4k Ultra HD, Smart TV, 138 cm Bilkdschirmdiagonale, Energieeffizienzklasse A	1 150,00 €
	Amado	Full HD, Smart TV, 80 cm Bildschirmdiagonale, Energieklasse B	750,00 €

Die vier Fernsehgeräte der Leon AG haben sich im vergangenen Geschäftsjahr wie folgt entwickelt:

Excelsior	Der Gewinn aus dem Verkauf des Fernsehers Excelsior aus dem vergangenen Jahr tendierte gegen 0 bei deutlich abnehmenden Verkaufszahlen. Verglichen mit der Konkurrenz, hat dieses Gerät einen Marktanteil von nur 0,5 %.
Xenia	Der Umsatz des letzten Jahres stagnierte auf hohem Niveau. Trotz dieser Entwicklung ist die Gewinnsituation als befriedigend zu bezeichnen.
Primos	Die Verkaufszahlen des Gerätes steigen im dritten Jahr in Folge um 12 %. Die Gewinnsituation ist konstant gut. Der Marktanteil des Gerätes in seiner Klasse betrug ca. 15 %.
Amado	Das Gerät wurde erst zu Beginn dieses Jahres eingeführt. Durch das gute Abschneiden im Testbericht der Stiftung Warentest war die Nachfrage in diesem Jahr sehr hoch.

3.2.1 Aufgaben Anforderungsbereich I

1. **Definieren Sie** den Begriff Absatzmarketing.
2. **Stellen Sie** den Marketing-Mix in seinen Grundzügen **dar**.
3. **Ordnen Sie** den Bereich der Produktpolitik in den Marketing-Mix ein.
4. **Nennen Sie** zwei Formen einer Marketingstrategie.
5. **Beschreiben Sie** das Modell des Produktlebenszyklus.
6. **Unterscheiden Sie** die Begriffe Produktinnovation und Produktvariation.
7. **Stellen Sie** die Aussagekraft der Portfolioanalyse **dar**.
8. **Skizzieren Sie** zwei Produktpositionen der Portfolioanalyse.
9. **Beschreiben Sie** die Bedeutung der Produktdifferenzierung für ein Unternehmen.

3.2.2 Aufgaben Anforderungsbereich II

1. **Erstellen Sie** für das Produktprogramm der Fernsehsparte eine Portfolioanalyse.
2. **Werten Sie** die gewonnenen Erkenntnisse hinsichtlich des Ziels „Umsatzmaximierung" aus.
3. **Vergleichen Sie** die beiden Produkte „Excelsior" und „Primos", indem Sie beide Produkte in den Produktlebenszyklus einordnen.
4. **Erklären Sie**, wie das Unternehmen die relevanten Daten hinsichtlich des Produktlebenszyklus gewinnt.
5. **Prüfen Sie**, mit welchen produktpolitischen Maßnahmen der Marktanteil des Produkts „Excelsior" wieder vergrößert werden kann.

3.2.3 Aufgaben Anforderungsbereich III

1. **Entwickeln Sie** eine Stellungnahme hinsichtlich einer kurzfristigen Marketingstrategie (Preis- und Produktpolitik) vor dem Hintergrund der durchgeführten Portfolioanalyse.
2. **Diskutieren Sie** die Folgen einer möglichen Produktelimination des „Poor Dogs" aus unternehmens- und gesellschaftspolitischer Sicht.
3. **Entwickeln Sie** – auch in Anlehnung an Ihre Ergebnisse zu den Aufgaben 1 und 2 – eine Pro- und Kontra-Diskussion zur möglichen Produktelimination des „Poor Dogs" und **erstellen Sie** anschließend einen begründeten Entscheidungsvorschlag.

4 Kommunikationspolitik

4.1 Themenübersicht

Grundsatz: Die Kommunikationspolitik umfasst jede bewusste und geplante Gestaltung der auf den Markt gerichteten Informationen eines Unternehmens. Damit sollen Meinungen, Einstellungen, Erwartungen und Verhaltensweisen der (potenziellen) Kunden hinsichtlich des Unternehmens und seiner Produkte beeinflusst werden.

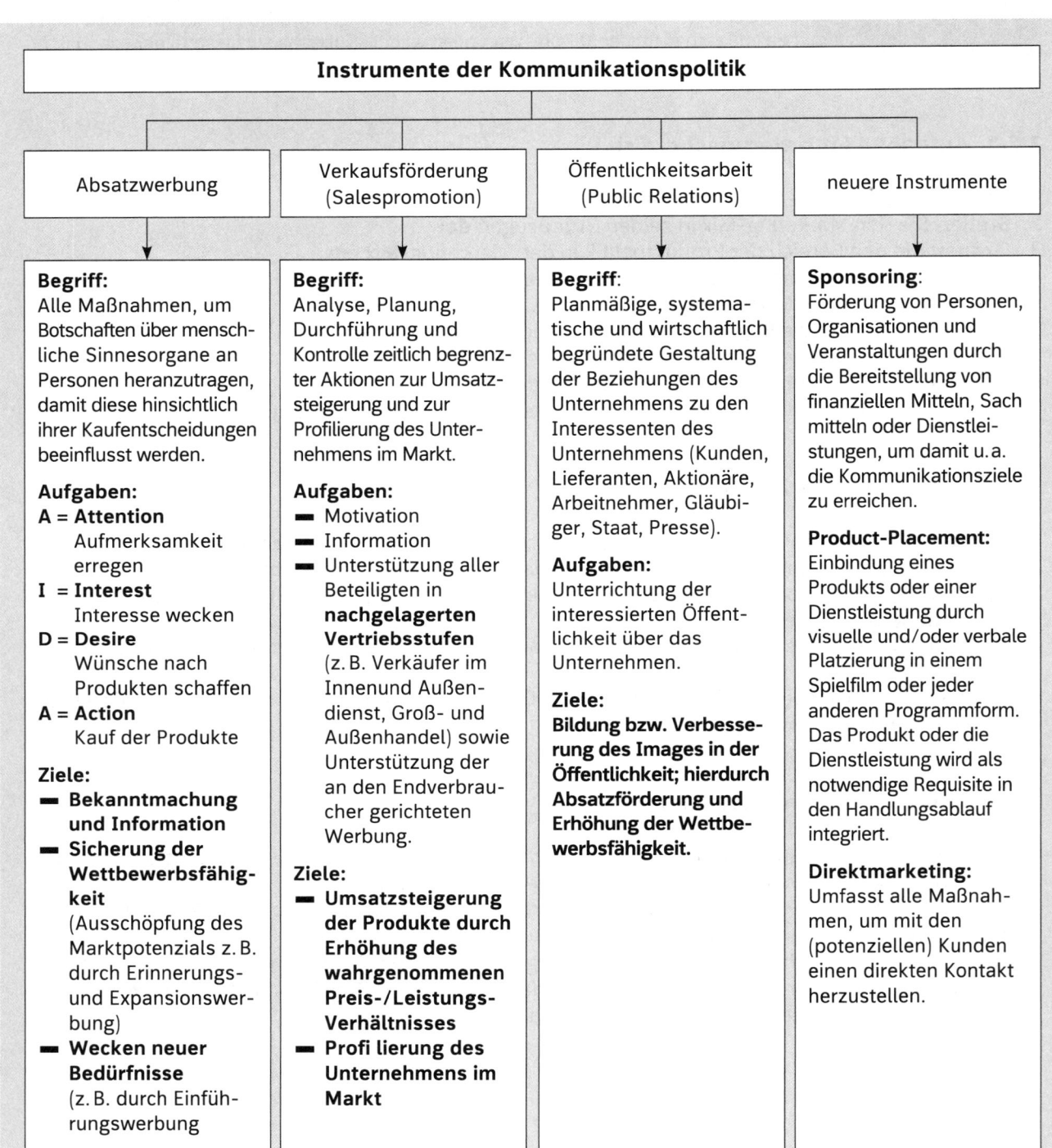

Instrumente der Kommunikationspolitik

Absatzwerbung

Begriff:
Alle Maßnahmen, um Botschaften über menschliche Sinnesorgane an Personen heranzutragen, damit diese hinsichtlich ihrer Kaufentscheidungen beeinflusst werden.

Aufgaben:
A = **Attention**
Aufmerksamkeit erregen
I = **Interest**
Interesse wecken
D = **Desire**
Wünsche nach Produkten schaffen
A = **Action**
Kauf der Produkte

Ziele:
- **Bekanntmachung und Information**
- **Sicherung der Wettbewerbsfähigkeit**
(Ausschöpfung des Marktpotenzials z. B. durch Erinnerungs- und Expansionswerbung)
- **Wecken neuer Bedürfnisse**
(z. B. durch Einführungswerbung

Verkaufsförderung (Salespromotion)

Begriff:
Analyse, Planung, Durchführung und Kontrolle zeitlich begrenzter Aktionen zur Umsatzsteigerung und zur Profilierung des Unternehmens im Markt.

Aufgaben:
- Motivation
- Information
- Unterstützung aller Beteiligten in **nachgelagerten Vertriebsstufen** (z. B. Verkäufer im Innen- und Außendienst, Groß- und Außenhandel) sowie Unterstützung der an den Endverbraucher gerichteten Werbung.

Ziele:
- **Umsatzsteigerung der Produkte durch Erhöhung des wahrgenommenen Preis-/Leistungs-Verhältnisses**
- **Profi lierung des Unternehmens im Markt**

Öffentlichkeitsarbeit (Public Relations)

Begriff:
Planmäßige, systematische und wirtschaftlich begründete Gestaltung der Beziehungen des Unternehmens zu den Interessenten des Unternehmens (Kunden, Lieferanten, Aktionäre, Arbeitnehmer, Gläubiger, Staat, Presse).

Aufgaben:
Unterrichtung der interessierten Öffentlichkeit über das Unternehmen.

Ziele:
Bildung bzw. Verbesserung des Images in der Öffentlichkeit; hierdurch Absatzförderung und Erhöhung der Wettbewerbsfähigkeit.

neuere Instrumente

Sponsoring:
Förderung von Personen, Organisationen und Veranstaltungen durch die Bereitstellung von finanziellen Mitteln, Sach mitteln oder Dienstleistungen, um damit u. a. die Kommunikationsziele zu erreichen.

Product-Placement:
Einbindung eines Produkts oder einer Dienstleistung durch visuelle und/oder verbale Platzierung in einem Spielfilm oder jeder anderen Programmform. Das Produkt oder die Dienstleistung wird als notwendige Requisite in den Handlungsablauf integriert.

Direktmarketing:
Umfasst alle Maßnahmen, um mit den (potenziellen) Kunden einen direkten Kontakt herzustellen.

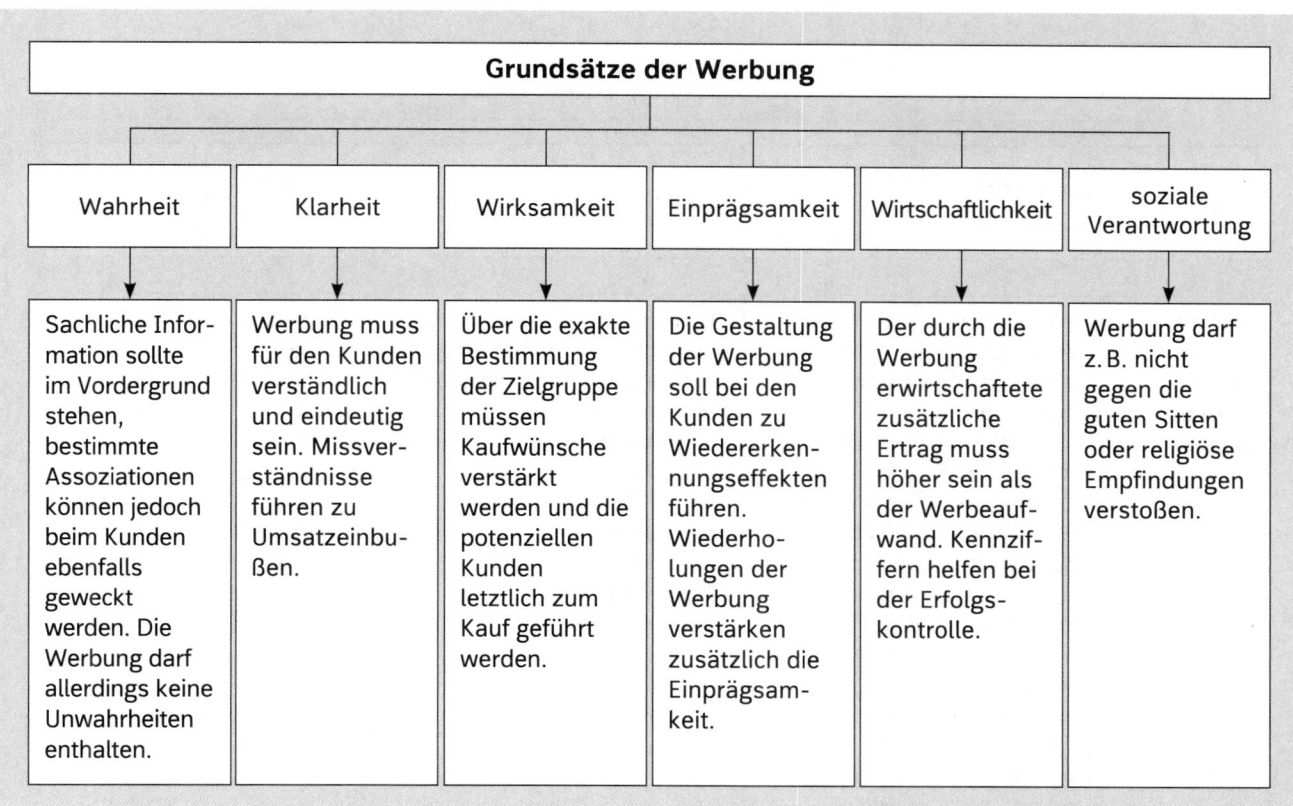

Grundsätze der Werbung

Wahrheit	Klarheit	Wirksamkeit	Einprägsamkeit	Wirtschaftlichkeit	soziale Verantwortung
Sachliche Information sollte im Vordergrund stehen, bestimmte Assoziationen können jedoch beim Kunden ebenfalls geweckt werden. Die Werbung darf allerdings keine Unwahrheiten enthalten.	Werbung muss für den Kunden verständlich und eindeutig sein. Missverständnisse führen zu Umsatzeinbußen.	Über die exakte Bestimmung der Zielgruppe müssen Kaufwünsche verstärkt werden und die potenziellen Kunden letztlich zum Kauf geführt werden.	Die Gestaltung der Werbung soll bei den Kunden zu Wiedererkennungseffekten führen. Wiederholungen der Werbung verstärken zusätzlich die Einprägsamkeit.	Der durch die Werbung erwirtschaftete zusätzliche Ertrag muss höher sein als der Werbeaufwand. Kennziffern helfen bei der Erfolgskontrolle.	Werbung darf z. B. nicht gegen die guten Sitten oder religiöse Empfindungen verstoßen.

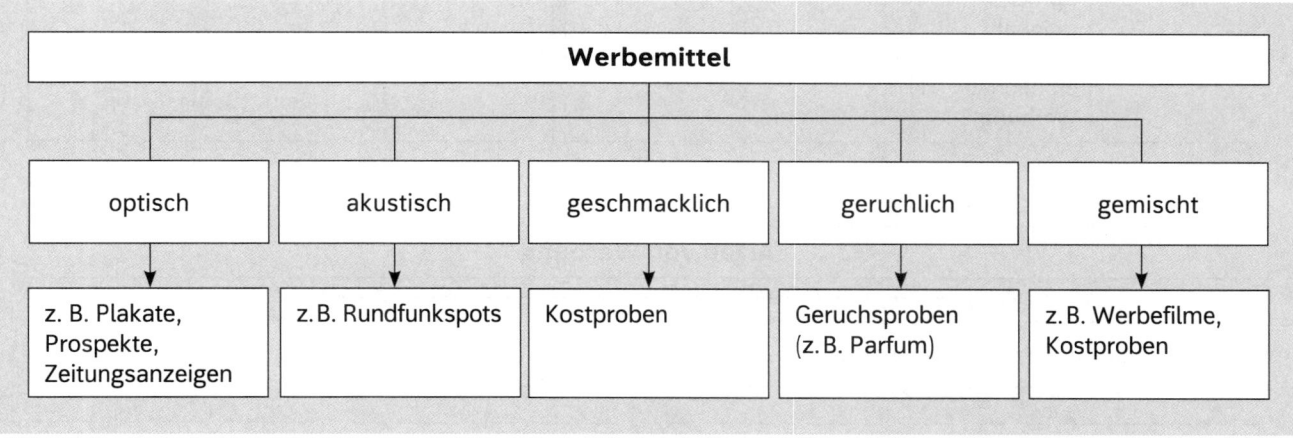

Werbemittel

optisch	akustisch	geschmacklich	geruchlich	gemischt
z. B. Plakate, Prospekte, Zeitungsanzeigen	z. B. Rundfunkspots	Kostproben	Geruchsproben (z. B. Parfum)	z. B. Werbefilme, Kostproben

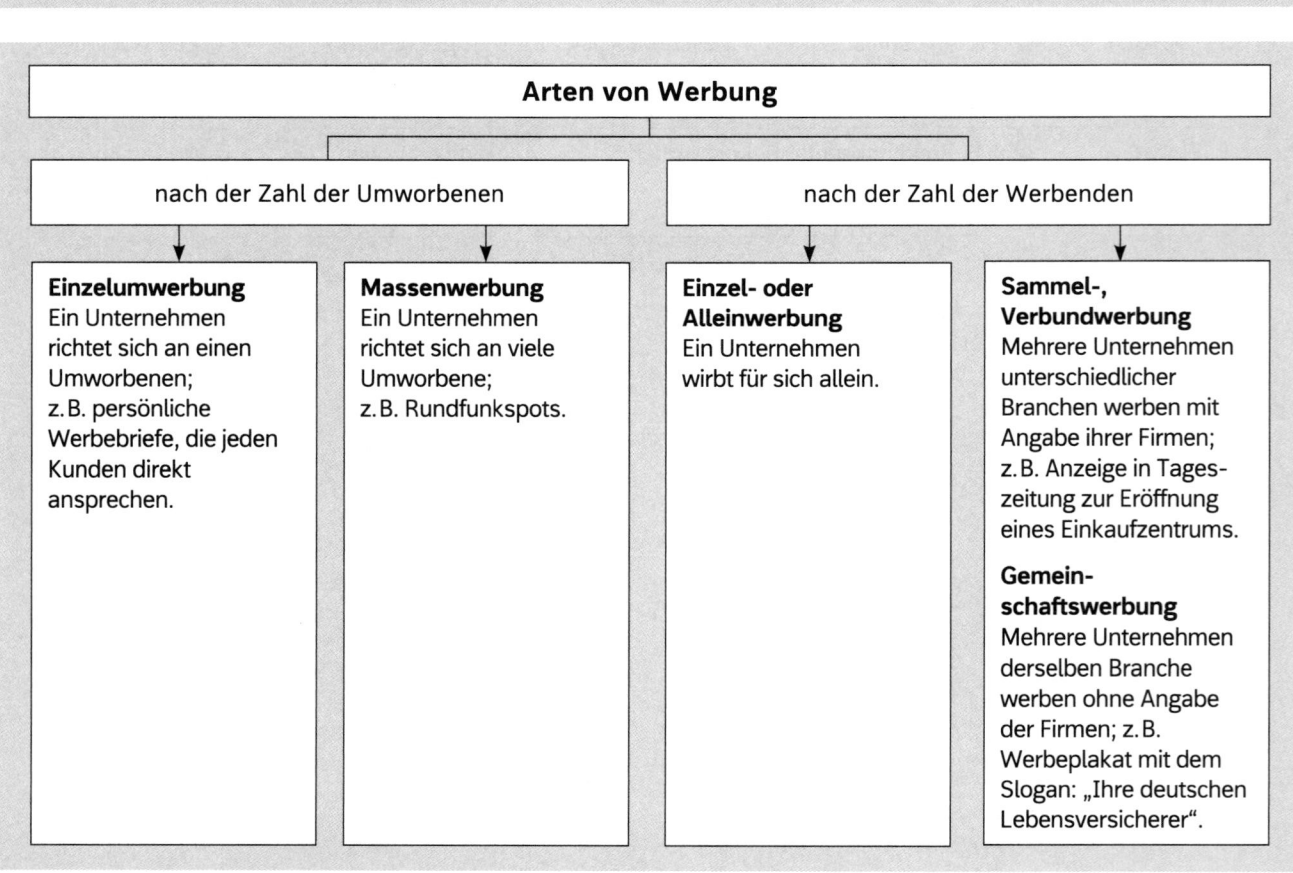

Werbeplan

Streukreis	Werbe-botschaft	Werbemittel und Werbeträger	Streuzeit	Streugebiet	Werbe-intensität	Werbe-budget
Welche Zielgruppen sollen erreicht werden?	Was soll der Zielgruppe durch die Werbung mitgeteilt werden? Wie kann der Grund- und Zusatznutzen des Produktes herausgestellt werden? Wie kann die Werbebotschaft übermittelt werden (z. B. geeignete Sprache, rationale oder emotionale Werbung)?	Welche Werbemittel transportieren die Werbebotschaft an die Kunden? Zu beachten sind z. B. die Reichweite der Werbemittel und die Kontaktfrequenz der Zielgruppe. Welche Werbeträger sind geeignet?	Wann beginnt die Werbeaktion und wie lange dauert sie? Wann beginnen die entsprechenden Planungsarbeiten?	Wo soll die Werbung stattfinden?	Wie häufig soll die Werbemaßnahme unter Berücksichtigung der Zielgruppe und des Streugebiets stattfinden?	Welche Geldmenge steht für die Werbemaßnahme zur Verfügung? Entscheidungskriterien: Größe des Unternehmens, Umsatz, Erfolg des Unternehmens, geplante Werbeträger, Konkurrenzverhalten.

Arten von Werbung

nach der Zahl der Umworbenen		nach der Zahl der Werbenden	
Einzelumwerbung Ein Unternehmen richtet sich an einen Umworbenen; z. B. persönliche Werbebriefe, die jeden Kunden direkt ansprechen.	**Massenwerbung** Ein Unternehmen richtet sich an viele Umworbene; z. B. Rundfunkspots.	**Einzel- oder Alleinwerbung** Ein Unternehmen wirbt für sich allein.	**Sammel-, Verbundwerbung** Mehrere Unternehmen unterschiedlicher Branchen werben mit Angabe ihrer Firmen; z. B. Anzeige in Tageszeitung zur Eröffnung eines Einkaufzentrums. **Gemeinschaftswerbung** Mehrere Unternehmen derselben Branche werben ohne Angabe der Firmen; z. B. Werbeplakat mit dem Slogan: „Ihre deutschen Lebensversicherer".

Rechtliche Grenzen der Werbung (Unlauteres Wettbewerbsgesetz UWG)	
Ziel ist der Schutz der Verbraucher und Mitwettbewerber vor unlauteren geschäftlichen Handlungen. Das Gesetz soll einen fairen Wettbewerb unter allen Marktteilnehmern sicherstellen. Vom Gesetz werden dabei unterschieden:	
unlautere Handlungen (in Bezug auf Werbung)	Unlautere geschäftliche Handlungen sind unzulässig, wenn sie geeignet sind, die Interessen von Mitbewerbern, Verbrauchern oder sonstigen Marktteilnehmern spürbar zu beeinträchtigen (§ 3, Abs. 1 UWG). Eine Beeinträchtigung stellen Handlungen dar, die die Fähigkeit des Verbrauchers, sich aufgrund von Informationen zu entscheiden, spürbar beeinträchtigen und ihn damit zu einer geschäftlichen Entscheidung zu veranlassen, die er andernfalls nicht getroffen hätte. Beispiel: ■ Irreführung durch unwahre Angaben oder sonstige zur Täuschung geeignete Angaben zu den wesentlichen Merkmalen (Beschaffenheit, Herkunft etc.) eines Produktes (§ 3 UWG) ■ Irreführung durch Unterlassen, wenn zum Beispiel wesentliche Informationen weggelassen werden (§ 5 UWG) ■ vergleichende Werbung, wenn sich zum Beispiel ein Vergleich nicht objektiv auf eine relevante, nachprüfbare Eigenschaft einer Ware bezieht (§ 6 UWG)
unzumutbare Belästigungen	Um unzumutbare Belästigung handelt es sich, wenn ein Verbraucher Werbung per Telefonanruf erhält, ohne dass vorher die ausdrückliche Einwilligung eingeholt wurde (§ 7 UWG).
Rechtsfolgen	Bei Verstoß gegen die gesetzlichen Bestimmungen stehen dem Geschädigten folgende Rechte zu: ■ Recht auf Beseitigung und Unterlassen (§ 8 UWG) ■ Schadensersatz (§ 9 UWG)

4.2 Ausgangssituation und Aufgaben

Die Leon AG ist ein alteingesessenes Unternehmen auf dem Elektroniksektor. Neben der Sparte Fernsehapparate ist sie auch ein Hersteller und Anbieter von MP3-Playern. Die Hauptkonkurrenten in einem oligopolistischen Markt (Angebotsoligopol) sind Samsung und Apple. Der MP3-Player der Leon AG lässt sich grundsätzlich als an der Schwelle zwischen Wachstums- und Reifephase befindlich charakterisieren. Als Zielgruppe werden zurzeit Jugendliche und junge Erwachsene angesprochen, die bereit sind, bis zu 80,00 EUR für einen MP3-Player auszugeben.

Eine Marktforschungsanalyse ergibt u. a. nachstehende Ergebnisse:

	Leon	Samsung	Apple
Bekanntheitsgrad des Anbieters	35 %	55 %	90 %
Sympathie für Anbieter	19 %	28 %	51 %
Produkt im Besitz	16 %	21 %	45 %

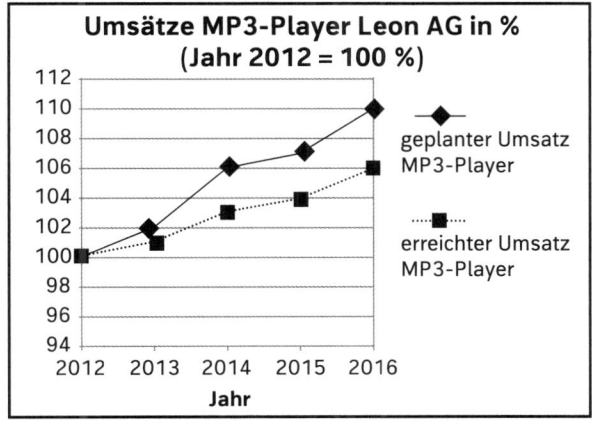

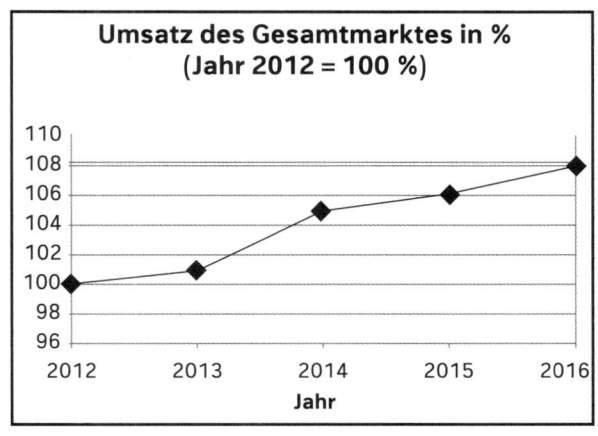

71

4.2.1 Aufgaben Anforderungsbereich I

1. **Beschreiben Sie** die Umsatzentwicklung des MP3-Players der Leon AG mithilfe der beiden Schaubilder.
2. **Nennen und beschreiben Sie** die Instrumente der Kommunikationspolitik.
3. **Stellen Sie** drei Grundsätze der Werbung **dar**.
4. **Beschreiben Sie** zwei unterschiedliche Werbemittel mithilfe geeigneter Beispiele.
5. **Zählen Sie** die Bestandteile eines Werbeplans **auf**.
6. **Nennen Sie** mögliche Ziele der Kommunikationspolitik.

4.2.2 Aufgaben Anforderungsbereich II

1. **Erläutern Sie** vor dem Hintergrund der Marktforschungsanalyse mögliche Zielsetzungen kommunikationspolitischer Maßnahmen.
2. **Erklären Sie** vor dem Hintergrund Ihrer in Aufgabe 1 gemachten Aussagen zwei geeignete kommunikationspolitische Maßnahmen.
3. Die Leon AG hatte bislang die Produktwerbung in den Vordergrund gestellt.
   a) **Überprüfen Sie**, welche Werbestrategie in der geschilderten Produktlebenszyklusphase sinnvoll ist.
   b) **Stellen Sie** den Unterschied zwischen einer Produkt- und Imagewerbung **heraus** und **unterbreiten Sie für** beide Arten je einen Vorschlag einer Werbebotschaft.

4.2.3 Aufgaben Anforderungsbereich III

1. **Entwickeln Sie** fallbezogen einen Werbeplan, der dazu geeignet ist, die angestrebten Ziele zu erreichen. **Gehen Sie** dabei auf die einzelnen Bestandteile eines Werbeplans ausführlich **ein**.
2. **Beurteilen Sie**, inwieweit der Grundsatz der Wirksamkeit mit einer Massenwerbung vereinbar ist. Gehen Sie bei Ihren Ausführungen kurz auf die Begrifflichkeiten ein.

5 Investition

5.1 Themenübersicht

Arten von Investitionen

Aus unternehmerischer Sicht ist der Kauf von Investitionsobjekten im Voraus so zu planen, dass die Objekte in Zukunft für das Unternehmen den höchstmöglichen Nutzen und die besten Gewinnchancen ermöglichen. Dabei unterscheidet man verschiedene Investitionsarten.

	Investition
Definition	Kauf von (Vermögens-)Gegenständen mittels Geld (= Auszahlung) mit dem Ziel, durch die so gekauften Gegenstände <u>zusätzliche</u> Gewinne (= Einzahlungen, Desinvestition) zu erwirtschaften. *Beispiel: Ein Unternehmen besitzt drei Maschinen. Es kauft eine vierte Maschine mit dem Ziel, durch diese neue Maschine zusätzliche Gewinne zu erwirtschaften.*
Arten	Investitionsarten *in Abhängigkeit der Investitions<u>objekte</u>:* ■ **Sachanlageinvestition:** Erwerb von Sachanlagevermögen (z. B. Maschinen, Gebäude) ■ **Finanzanlageinvestition:** Erwerb von Finanzanlagevermögen (z. B. Aktien, verzinsliche Wertpapiere oder auch die Gewährung von Krediten) ■ **Investition in immaterielle Güter:** Erwerb von Rechten, Patenten oder die Bezahlung von Aus- und Weiterbildungen für die Mitarbeiter mit dem Ziel, die Wettbewerbsfähigkeit des Unternehmens zu sichern
	Investitionsarten *in Abhängigkeit ihrer <u>Zielsetzung</u>:* ■ **Erweiterungsinvestition:** Erwerb von zusätzlichem Sachanlagevermögen zum Ausbau der Produktionskapazitäten ■ **Ersatzinvestition:** Erhalt und Sicherung der vorhandenen Produktionskapazitäten ■ **Rationalisierungsinvestitionen:** Erwerb von neuen Produktionsgütern mit dem Ziel, bei gleichem Aufwand mehr bzw. mit weniger Aufwand genauso viel zu produzieren

Investitionsziele

Durch eine Investition sollen zusätzliche Einnahmen (Desinvestitionen, Gewinne) erzielt werden. Neben dieser Zielsetzung können weitere Unterziele verfolgt werden:

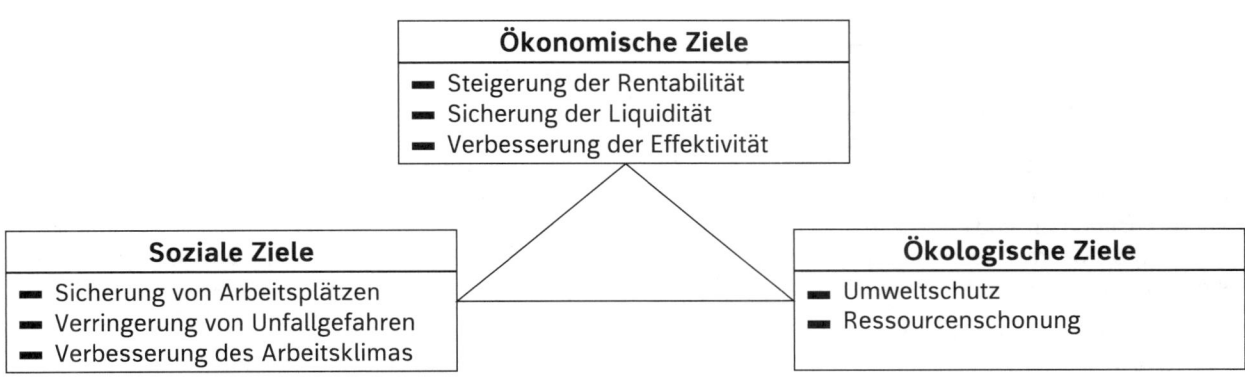

Die Investitionsentscheidung – In welchen Gegenstand soll investiert werden?

In welche Maschine soll ein Unternehmen investieren – Maschine A, Maschine B oder doch besser Maschine C?
Investitionsentscheidungen bedeuten immer, aus mehreren Alternativen die geeignetste auszuwählen. Aber woher kann ein Unternehmen wissen, welche Investitionsalternative die bessere ist?

Anhand von Vergleichsmerkmalen in Form von qualitativen und quantitativen Kriterien kann man eine gesicherte Auswahlentscheidung treffen.

Vergleichsmerkmale für eine Investitionsentscheidung	
Qualitative Merkmale **(nicht messbare Daten)**	**Quantitative Merkmale** **(in Zahlen ausdrückbar)**
■ Einfache Bedienbarkeit ■ Mitarbeiterfreundlichkeit ■ Ressourcenschonend usw.	■ Anschaffungspreis ■ Kapazität ■ Nutzungsdauer ■ Wirtschaftlichkeit (Kosten, Gewinn, Rentabilität, Amortisation)
Verfahren ■ Nutzwertanalyse ■ Scoring-Modelle	**Investitionsrechenverfahren** zum Vergleich von Investitionsalternativen hinsichtlich ihrer **Wirtschaftlichkeit** **Statische Verfahren** ■ Kostenvergleichsrechnung ■ Gewinnvergleichsrechnung ■ Rentabilitätsvergleichsrechnung ■ Amortisationsvergleichsrechnung **Dynamische Verfahren** ■ Kapitalwertmethode ■ Interne Zinsfußmethode

Investitionsrechnung als Entscheidungsinstrument

Man unterscheidet zwischen statischen und dynamischen Verfahren der Investitionsrechnung.

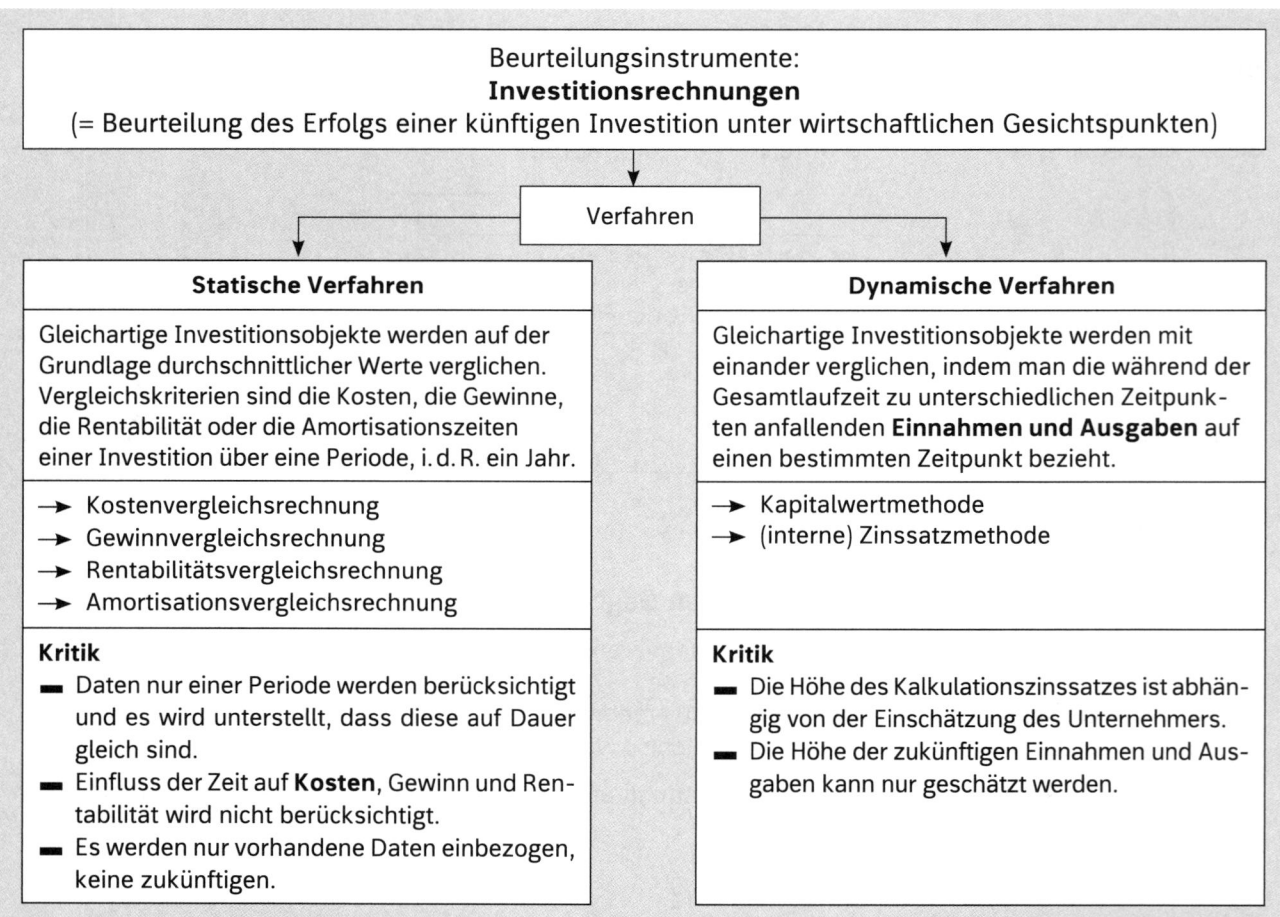

Beurteilungsinstrumente: **Investitionsrechnungen** (= Beurteilung des Erfolgs einer künftigen Investition unter wirtschaftlichen Gesichtspunkten)	
Verfahren	
Statische Verfahren	**Dynamische Verfahren**
Gleichartige Investitionsobjekte werden auf der Grundlage durchschnittlicher Werte verglichen. Vergleichskriterien sind die Kosten, die Gewinne, die Rentabilität oder die Amortisationszeiten einer Investition über eine Periode, i. d. R. ein Jahr.	Gleichartige Investitionsobjekte werden miteinander verglichen, indem man die während der Gesamtlaufzeit zu unterschiedlichen Zeitpunkten anfallenden **Einnahmen und Ausgaben** auf einen bestimmten Zeitpunkt bezieht.
→ Kostenvergleichsrechnung → Gewinnvergleichsrechnung → Rentabilitätsvergleichsrechnung → Amortisationsvergleichsrechnung	→ Kapitalwertmethode → (interne) Zinssatzmethode
Kritik ■ Daten nur einer Periode werden berücksichtigt und es wird unterstellt, dass diese auf Dauer gleich sind. ■ Einfluss der Zeit auf **Kosten**, Gewinn und Rentabilität wird nicht berücksichtigt. ■ Es werden nur vorhandene Daten einbezogen, keine zukünftigen.	**Kritik** ■ Die Höhe des Kalkulationszinssatzes ist abhängig von der Einschätzung des Unternehmers. ■ Die Höhe der zukünftigen Einnahmen und Ausgaben kann nur geschätzt werden.

Die Kostenbegriffe

Die Kostenvergleichsrechnung

= Vergleich zweier Investitionsalternativen mittels durchschnittlicher, jährlicher Kosten, die jeweils für die Investitionsobjekte anfallen.

Folgende Kosten werden miteinander verglichen:

Kapitalkosten

Kalkulatorische Abschreibung

– ohne Restwert:

$$\frac{Anschaffungskosten}{n\ (Jahre)}$$

– mit Restwert:

$$\frac{Anschaffungskosten - Restwert}{n\ (Jahre)}$$

Kalkulatorische Zinsen auf die **durchschnittliche Kapitalbindung:**

durchschnittliche Kapitalbindung **ohne** Restwert:

$$\frac{Anschaffungskosten}{2}$$

Kalkulatorische Zinsen

$$\frac{Anschaffungskosten}{2} \times i$$

Durchschnittliche Kapitalbindung **mit** Restwert:[1]

$$\frac{Anschaffungskosten + Restwert}{2}$$

Kalkulatorische Zinsen:

$$\frac{Anschaffungskosten + Restwert}{2} \times i$$

Achten Sie auf die unterschiedlichen Vorzeichen bei den beiden Formeln mit Restwerten!

Betriebskosten

➤ Personalkosten
➤ Materialkosten
➤ Instandhaltungskosten
➤ Energiekosten

---

[1] Die durchschnittliche Kapitalbindung mit Restwerten bei den kalkulatorischen Zinsen kommt durch Umformung wie folgt zustande: $\left(\dfrac{Anschaffungskosten - Restwert}{2} + Restwert\right) = \dfrac{Anschaffungskosten - Restwert}{2} - \dfrac{Restwert}{2} +$

$Restwert = \dfrac{Anschaffungskosten + Restwert}{2}$

Statische Verfahren der Investitionsrechnung im Überblick

1. Kostenvergleichsrechnung

Die Kostenvergleichsrechnung (hier ohne Restwerte)	
Vergleich zweier Investitionsalternativen mittels durchschnittlicher jährlicher **Kosten**, die jeweils für die Investitionsobjekte anfallen	
Kosten	**Fixe Kosten** = Kosten, deren Höhe unabhängig von der Ausbringungs- bzw. Produktionsmenge gleichbleibt, z.B. Miete, Versicherungsbeiträge, Kfz-Steuern, Gehälter sowie kalkulatorische Abschreibungen ($= \dfrac{\text{Anschaffungskosten}}{\text{n Jahre}}$) und kalkulatorische Zinsen ($= \dfrac{\text{Anschaffungskosten}}{2} \cdot i$) *(Anm.: i = Zinssatz pro Jahr)*
	Variable Kosten = Kosten, deren Höhe unmittelbar von der Ausbringungs- bzw. Produktionsmenge abhängt, z.B. Materialkosten, Akkordlöhne, Fertigungskosten, Energiekosten

Arten der Kostenvergleichsrechnung	
Vergleich der **Gesamtkosten** je Periode	■ Periode, z.B. ein Jahr ■ Voraussetzung: Die Nutzung bzw. <u>Leistung</u> der alternativen Investitionsobjekte ist identisch. *Beispiel: Maschine 1 verursacht bei einer max. Ausbringungsmenge von 10000 Stück pro Jahr fixe Kosten in Höhe von 100000,00 € und variable Kosten in Höhe von 50000,00 €.* *Maschine 2 verursacht bei gleicher Ausbringungsmenge fixe Kosten in Höhe von 110000,00 € und variable Kosten in Höhe von 55000,00 €.*

	Maschine 1	Maschine 2
Fixe Kosten	100000,00 €	110000,00 €
Variable Kosten	50000,00 €	55000,00 €
Gesamtkosten	150000,00 €	165000,00 €

Maschine 1 verursacht pro Periode die geringsten Gesamtkosten (150000,00 €) und ist daher vorzuziehen.

Vergleich der **Stückkosten** je Periode	Häufig kommt es vor, dass alternative Investitionsobjekte <u>unterschiedliche Kapazitäten</u> haben. In solchen Fällen werden die Stückkosten miteinander verglichen. *Beispiel: Maschine 1 verursacht Gesamtkosten von 150000,00 € bei einer Ausbringungsmenge von 10000 Stück. Maschine 2 verursacht Gesamtkosten von 170000,00 € bei einer Ausbringungsmenge von 12500 Stück.*

	Maschine 1	Maschine 2
Stückkosten	$\dfrac{150000,00\ €}{10000\ \text{St.}} = 15,00\ €/\text{St.}$	$\dfrac{170000,00\ €}{12500\ \text{St.}} = 13,60\ €/\text{St.}$

Maschine 2 verursacht die geringsten Stückkosten und ist somit vorzuziehen (Kostenvorteil in Höhe von 1,40 €/Stück).

Ermittlung der **kritischen Menge**	Wenn vor der Investition noch ungewiss ist, wie viel produziert werden soll bzw. abgesetzt werden kann, sollte die kritische Menge bestimmt werden. Sie gibt an, ab welcher Menge Maschine 1 günstiger/teurer produziert als Maschine 2. *Beispiel: Maschine 1 (Kapazität = 12000 Stück) hat variable Stückkosten in Höhe von 12,50 € und verursacht Fixkosten in Höhe von 80000,00 €. Maschine 2 (Kapazität = 13000 Stück) hat variable Stückkosten in Höhe von 10,50 € und verursacht Fixkosten in Höhe von 100000,00 €.*

Arten der Kostenvergleichsrechnung	
Ermittlung der **kritischen Menge**	**Kosten Maschine 1 = Kosten Maschine 2**
	$80\,000{,}00\,€ + 12{,}50x = 100\,000{,}00\,€ + 10{,}50x$
	$(12{,}50x - 10{,}50x) = 100\,000{,}00\,€ - 80\,000{,}00\,€$
	$2x = 20\,000{,}00\,€$
	$x = \underline{10\,000\text{ Stück}}$
	Bei 10 000 Stück sind die Gesamtkosten der beiden Maschinen gleich. Werden mehr als 10 000 Stück produziert, ist Maschine 2 aufgrund der geringeren variablen Kosten günstiger als Maschine 1. Werden weniger als 10 000 Stück produziert, ist Maschine 1 günstiger.

Vor- und Nachteile der Kostenvergleichsrechnung

Vorteile

- Einfacher und schneller Einsatz, dadurch auch kostengünstig
- Investitionsobjekte mit unterschiedlichen Auslastungen oder Kapazitäten sind vergleichbar.

Nachteile

- Erlöse, die die Investitionsobjekte erwirtschaften, werden in der Berechnung nicht berücksichtigt.
- Geschätzte Kosten nur einer Periode werden berücksichtigt; Kostenänderungen werden ausgeklammert.

2. Gewinnvergleichsrechnung

Die Gewinnvergleichsrechnung

= Vergleich zweier Investitionsalternativen durch die **Gegenüberstellung von Kosten und Erlösen (= Gewinn) einer Periode**

> Erlöse (Preis · verkaufte Menge)
> – Kosten (Gesamtkosten)
> = Gewinn

Aufbauend auf die Kostenvergleichsrechnung werden den dort ermittelten Kosten die angenommenen, zukünftigen Erlöse gegenübergestellt. Man erhält somit den erwarteten Gewinn einer Investition.

Vorteile

- Einfacher und schneller Einsatz, dadurch auch kostengünstig
- Erträge werden berücksichtigt.

Vorteile

- Geschätzte Kosten und Erlöse beziehen sich nur auf eine Periode.
- Erträge und deren Höhe können je nach dem Investitionsobjekt nur schwer geschätzt werden, z. B. Maschinen, auf denen Zwischenprodukte hergestellt werden.

3. Rentabilitätsvergleichsrechnung

Rentabilitätsvergleichsrechnung

Baut auf der **Kritik** an der Kosten- und Gewinnvergleichsrechnung auf, indem hierbei der benötigte Kapitaleinsatz mit in den Vergleich einbezogen wird.

Ziel: Ermittlung der durchschnittlichen Verzinsung des eingesetzten Kapitals einer
ERWEITERUNGSINVESTITION

Gewinn:
Dabei handelt es sich um den **zusätzlichen** Gewinn, der durch die Investition erwirtschaftet wird (Erlöse – Kosten).
Achtung: *Anders als in der Gewinnvergleichsrechnung enthält der Gewinn in der Rentabilitätsvergleichsrechnung auch immer die kalkulatorischen Zinsen.*
Bei der Rentabilität handelt es sich nach mehrheitlicher Auffassung um eine Bruttorendite des Kapitaleinsatzes.

Formel:

$$Rentabilität = \frac{Gewinn \cdot 100}{durchschnittlicher\ Kapitaleinsatz}$$

Durchschnittlicher Kapitaleinsatz:
Eine Maschine erwirtschaftet im Zeitablauf ihre Anschaffungskosten (Kapitaleinsatz) durch die Erlöse, die mit ihr erzielt werden.
Der Kapitaleinsatz ist über die Nutzungsdauer der Maschine nicht gleichbleibend hoch, sondern nimmt stetig ab. Um dies zu berücksichtigen, wird vom durchschnittlichen Kapitaleinsatz ausgegangen.

$$Durchschnittlicher\ Kapitaleinsatz = \frac{Kapitaleinsatz}{2}$$

Voraussetzungen für den Einsatz der Rentabilitätsvergleichsrechnung zum Vergleich zweier Investitionsalternativen:

- Die Anschaffungskosten müssen ähnlich hoch sein.
- Die Nutzungsdauer der Investitionen muss ähnlich lang sein.

Ansonsten ist eine **Differenzinvestition** notwendig.
(Differenzinvestition: Dabei werden die Unterschiede entweder in der Laufzeit bzw. in der Anschaffungshöhe mit in die Renditeberechnung einbezogen.)

4. Amortisationsvergleichsrechnung

Amortisationsvergleichsrechnung
auch: Pay-off-Methode, Kapitalrückflussmethode, Pay-back-Methode

Es handelt sich dabei um den Zeitraum, in dem der Investitionsbetrag in Form von Gewinnen und Abschreibungen dem Unternehmen wieder zufließt. Somit wird die Wiedergewinnungs- oder auch Kapitalrückflusszeit berechnet.
Je geringer die Tilgungsdauer ist, umso günstiger ist die Investitionsalternative.

Hier: für eine Erweiterungsinvestition
Zielgröße = Amortisationszeit einer Investition in Jahren

→ Formel **ohne** Berücksichtigung eines **Restwertes** des Investitionsobjektes:

$$\frac{Anschaffungskosten}{\text{Ø-}Kapitalrückfluss}$$

→ Formel **mit** Berücksichtigung eines **Restwertes** des Investitionsobjektes:

$$\frac{Anschaffungskosten - Restwert\ (z.\,B.\ Verkaufserlös)}{\text{Ø-}Kapitalrückfluss}$$

Hinweise/Anmerkungen:
Ø-Kapitalrückfluss = jährliche Abschreibung (AfA) + Ø-jährlicher Gewinn
- Bei der Abschreibung handelt es sich um die kalkulatorische Abschreibung.
- Wird bei der Berechnung der Amortisationszeit ein Restwert berücksichtigt, so wirkt sich dieser auch auf die Höhe der Abschreibung aus:
Abschreibung (ohne Restwert) = Anschaffungskosten : Nutzungsdauer
Abschreibung (mit Restwert) = (Anschaffungskosten – Restwert) : Nutzungsdauer
- Sollen kalkulatorische Zinsen für die Tilgung der Anschaffungskosten berücksichtigt werden, so sind sie zu den Abschreibungen und dem durchschnittlichen jährlichen Gewinn hinzuzurechnen.

Vorteile	Nachteile
- Einfacher und schneller Einsatz, dadurch auch kostengünstig - Dauer der Kreditaufnahme kann berechnet werden. - Durch Amortisationszeit lässt sich auch das Risiko der Investition insgesamt besser einschätzen.	- Rentabilität der Investition wird nicht mitberücksichtigt; daher ist zur um fassenden Beurteilung einer Investitionsentscheidung neben der Amortisations vergleichsrechnung auch die Rentabilitätsvergleichsrechnung zu berücksichtigen. - Nur Daten einer Periode werden berücksichtigt; Veränderungen im Zeitablauf werden ausgeklammert.

(Anm.: Auf die **Differenzinvestition** wird in diesen Beispielen und Aufgaben nicht eingegangen.)

Die Amortisationsrechnung kann auch für den Fall einer **Ersatzinvestition** ermittelt werden. Statt des durchschnittlichen jährlichen Gewinns wird die durchschnittliche jährlich erzielbare Kostenersparnis verwendet.

Die Formel lautet: Amortisationszeit $= \dfrac{\text{Anschaffungskosten des neuen Investitionsobjektes}}{\text{Abschreibungen + ersparte Kosten}}$

Zusammenfassung zu den statischen Investitionsrechenverfahren

Die Kostenvergleichs-, die Gewinnvergleichs- und die Rentabilitätsvergleichsrechnung können aufeinander aufbauen.

Vergleichsverfahren	Gemeinsamkeiten (und die kalkulatorischen Zinsen)
Kostenvergleichsrechnung	**Kosten (inkl. kalkulatorische Zinsen)**
Gewinnvergleichsrechnung	↓ Erlöse – Kosten = Gewinn
Rentabilitätsvergleichsrechnung	↓ $= \dfrac{\text{Gewinn (zzgl. kalkulatorische Zinsen!)}}{\text{ø Kapitalbindung}}$

Dynamische Verfahren der Investitionsrechnung im Überblick

1. Kapitalwertmethode

Kapitalwertmethode

Hierbei werden zukünftige Einnahmen und Ausgaben auf den Tag der Investition (Zeitpunkt = t_0) abgezinst. Man erhält die Barwerte aus den Einnahmen und Ausgaben.
Der Kapitalwert wird ermittelt, indem man vom Barwert der Einnahmen den Barwert der Ausgaben abzieht. Vergleicht man die Kapitalwerte alternativer Investitionsobjekte, so ist die Investition mit dem größeren Kapitalwert die lohnendere.

↓

Formel zur Berechnung des Barwertes von Einnahmen und Ausgaben

p = Zinssatz in %, z. B. 8 %
i = Zinssatz in Dezimalschreibweise $\dfrac{P}{100}$, z. B. p = 8 %; i = 0,08
n = Anzahl der Jahre
K_n = Kapital nach n Jahren = $K_0 \cdot (1 + i)^n$
K_0 = Barwert/Kapitalwert/Gegenwartswert = $K_n \cdot \dfrac{1}{(1 + i)^n}$

Abzinsungsfaktor = $\dfrac{1}{(1 + i)^n}$, kann in Tabellen nachgeschlagen werden.

Kapitalwert einer Investition:

Barwert der Einnahmen
– Barwert der Ausgaben
= Kapitalwert der Investition

Kapitalwert > 0 ⟶ Investition ist lohnend.

2. Interne Zinsfußmethode

Die **interne Zinsfußmethode** wird auch interne Zinssatzmethode genannt. Sie hat folgende Merkmale:
- Verfahren der dynamischen Investitionsrechnung (es werden Ein- und Auszahlungsströme aus der Zukunft berücksichtigt)
- Der interne Zinsfuß einer Investition ist derjenige, bei dem der Kapitalwert der abgezinsten Ein- und Auszahlungen = 0 beträgt.
- Entscheidungskriterium kann die Höhe der vom Unternehmen selbst festgelegten und vorgegebenen Mindestverzinsung einer Investition sein.
- Ist der interne Zinsfuß einer Investition höher als die vorgegebene Verzinsung, dann ist die Investition vorteilhaft.

Ermittlung des internen Zinsfußes

Beispiel: *Die Müller AG möchte eine kleine Solaranlage erwerben – der Anschaffungspreis beträgt 25 000,00 €. Der Vorstand möchte allerdings nur dann investieren, wenn die Anlage über die Dauer von drei Jahren insgesamt eine Mindestverzinsung von 8 % erwirtschaftet. Es wird damit gerechnet, dass die Anlage in den Jahren 1–3 folgende Einnahmen erwirtschaftet bzw. Ausgaben verursacht:*

Jahr	Einnahmen	Ausgaben
1	23 000,00 €	21 000,00 €
2	26 000,00 €	12 000,00 €
3	27 000,00 €	13 000,00 €

Vorarbeit: Ermittlung des Kapitalwertes der Ein- und Ausgaben. Als Kalkulationszinsen können zwei beliebige Werte bestimmt werden (hier: 6 % und 12 %).

Jahr	Überschuss	Kalkulationszins = 6 %		Kalkulationszins = 12 %	
		Faktor	Barwert	Faktor	Barwert
1	2 000,00 €	0,943396	1 886,79 €	0,892857	1 785,71 €
2	14 000,00 €	0,889996	12 459,94 €	0,797193	11 160,70 €
3	14 000,00 €	0,839619	11 754,67 €	0,711780	9 964,92 €
	Summe der Barwerte		26 101,40 €		22 911,33 €
	– Anschaffungswert		–25 000,00 €		–25 000,00 €
	= Kapitalwert		**1 101,40 €**		**–2 088,67 €**

Rechnerische Ermittlung des internen Zinsfußes unter Einsatz der Formel:

$$r = i_1 - C_{01} \frac{i_2 - i_1}{C_{02} - C_{01}}$$

r = interner Zinsfuß

i = Versuchszinssatz 1 und 2

C_0 = Kapitalwerte bei i_1 bzw. i_2

$i_1 = 6\,\%$, $C_{01} = 1\,101,40\,€$ und $i_2 = 12\,\%$, $C_{02} = -\,2\,088,67\,€$

$$r = 6 - 1\,101,40\,€ \cdot \frac{12 - 6}{-\,2\,088,67\,€ - 1\,101,40\,€}$$
$$= 8,07\,\%$$

Grafische Ermittlung des internen Zinsfußes:
- Die ausgerechneten Kapitalwerte C_{01} und C_{02} sind auf der X-Achse und die willkürlich gewählten Zinssätze i_1 und i_2 auf der Y-Achse abzutragen.
- Beide eingezeichneten Punkte werden mittels einer Geraden verbunden.
- Der interne Zinsfuß kann jetzt abgelesen werden.

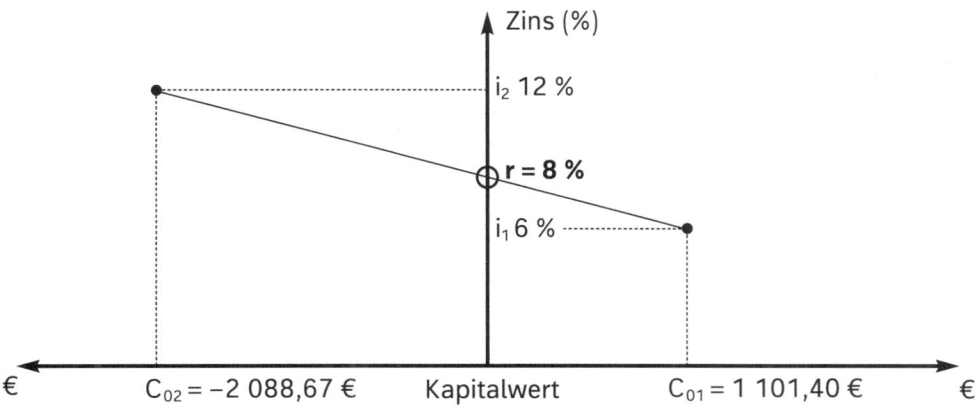

3. Vor- und Nachteile dynamischer Verfahren

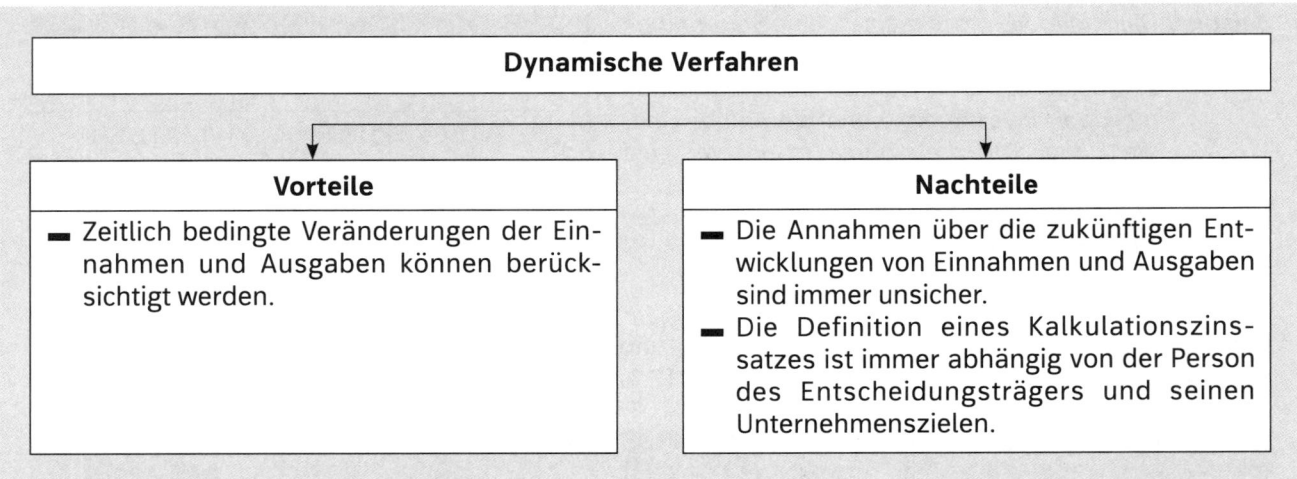

Dynamische Verfahren	
Vorteile	**Nachteile**
■ Zeitlich bedingte Veränderungen der Einnahmen und Ausgaben können berücksichtigt werden.	■ Die Annahmen über die zukünftigen Entwicklungen von Einnahmen und Ausgaben sind immer unsicher. ■ Die Definition eines Kalkulationszinssatzes ist immer abhängig von der Person des Entscheidungsträgers und seinen Unternehmenszielen.

5.2 Ausgangssituation und Aufgaben

Der Paketdienst Spurt plant eine Investition in neue Lieferwagen. Zur Auswahl stehen folgende Modelle:

Mercedes Sprinter

Kaufpreis:	52 600,00 €
Nutzungsdauer:	4 Jahre
Kilometerleistung pro Jahr:	100 000 km
Restwert nach 4 Jahren:	9 000,00 €
Kalkulationszinssatz:	7,5 %
Sonstige fixe Kosten (inkl. Gehälter)	6 100,00 €
Variable Kosten:	
Wartung	7,6 Cent/km
Ersatzteile	8,4 Cent/km
Sonstige variable Kosten	2 Cent/km

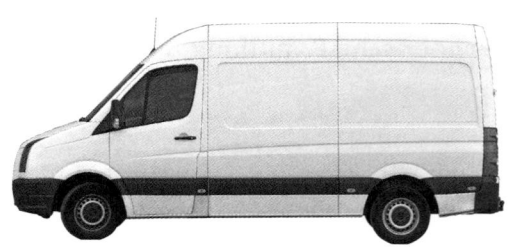

Volkswagen Crafter

Kaufpreis:	48 800,00 €
Nutzungsdauer:	4 Jahre
Kilometerleistung pro Jahr:	100 000 km
Restwert nach 4 Jahren:	3 000,00 €
Kalkulationszinssatz:	7,5 %
Sonstige fixe Kosten (inkl. Gehälter)	5 850,00 €
Variable Kosten:	
Wartung	6,8 Cent/km
Ersatzteile	7,7 Cent/km
Sonstige variable Kosten	3,65 Cent/km

5.2.1 Aufgaben Anforderungsbereich I

1. **Nennen und unterscheiden Sie** die Kostenarten im Rahmen der Kostenvergleichsrechnung.
2. **Nennen Sie** die Voraussetzungen für die Anwendbarkeit der Kostenvergleichsrechnung.
3. **Ermitteln Sie** die Gesamtkosten pro Kilometer für den VW Crafter.
4. **Stellen Sie** den Unterschied zwischen der Kosten- und der Gewinnvergleichsrechnung dar.
5. **Beschreiben Sie** die Vor- und Nachteile der statischen Investitionsrechnung.
6. **Nennen Sie** zwei Methoden der dynamischen Investitionsrechnung.

5.2.2 Aufgaben Anforderungsbereich II

1. **Erläutern Sie** die Risiken einer Investitionsentscheidung.
2. **Erläutern Sie** den Unterschied zwischen der Gewinnvergleichs- und der Rentabilitätsvergleichsrechnung.
3. **Erklären Sie** die Aussagekraft der Amortisationsvergleichsrechnung und stellen Sie dar, warum ähnliche Investitionsobjekte unterschiedliche Amortisationszeiten haben können.
4. **Erläutern Sie** den Zusammenhang zwischen Kalkulationszinssatz und Kapitalwert bei der Kapitalwertmethode.
5. Der Vorstand der Spurt hat von der internen Zinssatzmethode gehört und bittet Sie um eine **Erklärung**.
6. In der Vorstandsetage überlegt man sich, ob man nicht auf eine Investitionsrechnung verzichten kann. **Erläutern Sie** die Funktionen der Investitionsrechnung.

5.2.3 Aufgaben Anforderungsbereich III

1. **Entscheiden Sie** mithilfe der Kostenvergleichsrechnung, welches der beiden Fahrzeuge der Paketdienst Spurt anschaffen soll, und stellen Sie fest, welche Auswirkung eine Berücksichtigung der Restwerte im Rahmen der Kostenvergleichsrechnung auf Ihre Entscheidung hat.
2. **Diskutieren Sie** die Vor- und Nachteile der Kostenvergleichsrechnung zur Beurteilung von alternativen Investitionsvorhaben.
3. **Spurt kalkuliert die** Erlöse aufgrund der unterschiedlichen Laderaumgrößen der beiden Fahrzeuge mit folgenden Pauschalen: Mercedes Sprinter 47 Cent pro Kilometer und VW Crafter 45,5 Cent pro Kilometer. Die Kosten sind gemäß Aufgabe 1 (ohne Berücksichtigung des Restwertes) anzusetzen. Be urteilen Sie unter Gewinn- bzw. Rentabilitätsgesichtspunkten die jeweiligen Fahrzeuge und treffen Sie eine begründete Entscheidung.
4. **Beurteilen Sie** die jeweiligen Investitionsobjekte nach ihrer Kapitalrückflusszeit und unterbreiten Sie dem Vorstand der Spurt einen entsprechenden Vorschlag. Dabei ist mit folgenden durchschnittlichen Jahresgewinnen zu rechnen:

	Mercedes Sprinter	VW Crafter
Durchschnittlicher Gewinn	7 777,50 €	7 470,00 €
Kalkulatorische Zinsen	1 972,50 €	1 830,00 €
Abschreibung linear über 9 Jahre gemäß AfA-Tabelle	5 844,44 €	5 422,22 €

5. Der Vorstand der Spurt möchte von Ihnen abschließend eine Entscheidung, für welchen der Transporter er sich nun entscheiden soll. Treffen Sie eine Kaufentscheidung und begründen Sie diese gegenüber dem Vorstand. Beziehen Sie in Ihre Überlegungen alle ermittelten Ergebnisse der statischen Investi tionsrechenverfahren ein.
6. Der Vorstand ist der Meinung, dass sich Investitionen nur dann lohnen, wenn die Einnahmen einer Investition mindestens genauso hoch sind wie die Ausgaben. Daher sollten für eine Investitionsentscheidung Verfahren gewählt werden, die die unterschiedlichen Zeitpunkte von Einnahmen und Aus gaben berücksichtigen. Der Vorstand bittet Sie, mithilfe eines entsprechenden Verfahrens eine neue Finanzierungsentscheidung zu treffen. Es soll mit einem Kalkulationszinssatz von 12 % gerechnet werden. Folgende Ausgangsdaten sind gegeben:

	Mercedes Sprinter	VW Crafter
Anschaffungspreis	52 600,00 €	48 800,00 €
Kilometerleistung	100 000 km	100 000 km
Nutzungsdauer	4 Jahre	4 Jahre
Auslastung	100 %	100 %
Einnahmen	47 Cent/km im ersten Jahr, dann konstante Steigerung um 15 % in den folgenden Jahren	45,5 Cent/km im ersten Jahr, dann konstante Steigerung um 15 % in den folgenden Jahren
Ausgaben	39 Cent/km im ersten Jahr, danach 2,5 % jährliche Steigerung	38 Cent/km im ersten Jahr, danach 2,5 % jährliche Steigerung

6 Übungsklausuren 12.2

Übungsklausur I
Ausgangssituation

Die Communication AG ist ein fiktiver Hersteller für Handys. Das Unternehmen existiert erst seit dem Jahr 2008 und erzielte in der Vergangenheit mit seinem Handy „Connection Plus" – einem Modell der exklusiven Preisklasse – einen großen Erfolg.

Sie erhalten einen Entwurf für einen Teil des Geschäftsberichts zum Thema „Ausblick auf künftige Entwicklungen". Als Mitarbeiter/-in der Stabsstelle „Absatzmarketing" werden Sie gebeten, diesen Auszug auf seine Richtigkeit hin zu prüfen. Hierzu wurden Ihnen von Ihrem Vorgesetzten unterschiedliche Informationsmaterialien zur Verfügung gestellt. Mit deren Hilfe sollen die Arbeitsaufträge des Abteilungsleiters bearbeitet werden.

Entwurf für den Abschnitt „Ausblick auf künftige Entwicklungen" (Geschäftsbericht für das Wirtschaftsjahr 2020):

Ausblick auf künftige Entwicklungen

Für das Kalenderjahr 2020 wird nach den Folgen der Finanzmarktkrise ein Wachstum des Bruttoinlandprodukts von 1,6 % erwartet. Die konjunkturelle Erholung wird ihren Beitrag zur privaten und gewerblichen Konsumgüternachfrage leisten. Allerdings werden die steigenden Energiepreise den privaten Konsum nicht ungebremst wachsen lassen.

Die Beschäftigung wird in leichtem Maße zunehmen. Insgesamt wird für 2020 ein weltweiter Gesamtabsatz an Handys von knapp einer Milliarde erwartet.

Trotz dieser insgesamt etwas unsicheren Marktprognose rechnet die Communication AG für ihr Erfolgsmodell „Connection Plus" im Geschäftsjahr 2020 mit einem weiteren Absatzzuwachs. Das Händlernetz kann und wird weiter ausgebaut werden, um so den Absatz und auch Umsatz steigern zu können.

Die oben skizzierten Konsumrisiken durch steigende Energiepreise können unseres Erachtens insbesondere durch das positive Image unseres stärksten Umsatzträgers überkompensiert werden. Eine ausgezeichnete Kundenzufriedenheit, gepaart mit höchster Produktqualität, versetzt uns in die Lage, auf umfangreiche Marketingaktivitäten im folgenden Geschäftsjahr noch zu verzichten.

Im ersten Quartal des kommenden Geschäftsjahres wird ein weiteres Produkt aus unserem Handyprogramm im Markt eingeführt. An dieser Stelle können hierzu noch keine weiteren Details genannt werden. Nur so viel sei verraten: Es wird mindestens genauso erfolgreich wie unser Erstprodukt sein.

Insgesamt ist es unser Ziel, unseren Kunden eine echte Alternative zu anderen deutschen Herstellern zu bieten.

Communication AG
– Vorstand –

Informationsmaterialien

Aus einer Fachzeitschrift:

Weltweiter Handy-Absatz nähert sich der Milliardengrenze

Marktforscher haben nach einem starken Anstieg des weltweiten Handyabsatzes ihre Jahresprognose aufgestockt. Sie erwarten für 2020 nunmehr einen Absatz von 960 Millionen Handys, nachdem die Branche im vergangenen Jahr 816,6 Millionen Handys verkauft hatte. Im ersten Quartal 2020 wird der Absatz nach Berechnungen des US-Instituts um 23,8 Prozent gegenüber dem Vorjahr auf weltweit 224 Millionen Handys steigen.

Umsatzentwicklung des Handys „Connection Plus" (in Mio. EUR) in ausgewählten Ländern

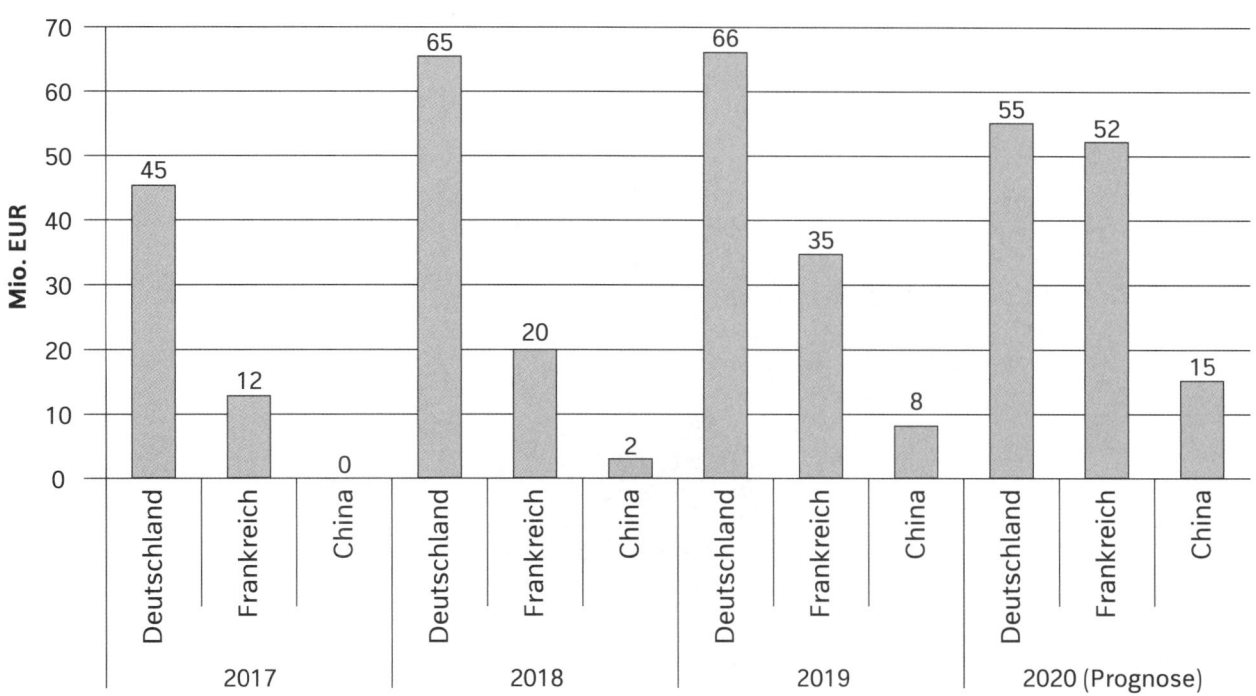

Umsatzentwicklung Connection Plus

Aus der Abteilung Forschung/Entwicklung

Das geplante Handy ist ein technisch völlig neu entwickeltes Produkt. Die Forschungs- und Entwicklungskosten für dieses Produkt betragen 12,5 Mio. €. Mit seinen vielfältigen technischen Möglichkeiten (z. B. Sprachaufzeichnungen, Videoaufzeichnungsfunktion, Organizerbestandteil, Bluetoothschnittstelle und Internetfähigkeit) wird es unser Connection Plus zukünftig auf dem Markt der Businesshandys ergänzen. Die reinen Produktionskosten pro Stück werden nach ersten Kalkulationen ca. 80,00 € betragen.

Aus der Abteilung Absatzmarketing

Anlässlich der letzten Vorstandsbesprechung wurde beschlossen, zukünftig auch preisgünstigere Handys anzubieten. Ein Einstieg ins Geschäft mit Billighandys wird jedoch abgelehnt. Ein Vorschlag durch die Abteilungsleitung Absatzmarketing wird bis 31.03.2020 erwartet. Für das neue Produkt wird eine Produktions- und Absatzmenge im Jahr 2020 in Höhe von 80 000 Stück erwartet. Eine Marktpreisanalyse vergleichbarer Konkurrenzprodukte hinsichtlich unseres neu zu positionierenden Produkts ergab folgende Ergebnisse:

Hersteller	LG	Huawei	Samsung	Sony
Produkt	Business 1200	Comfort TI	Profi 400	First XL
Marktpreis	268,00 €	256,00 €	210,00 €	260,00 €

Die Marktanteile der Konkurrenz in diesem Segment verteilen sich wie folgt:

Marktanteile (Absatz) Business-Handys in Prozent (fiktiv)

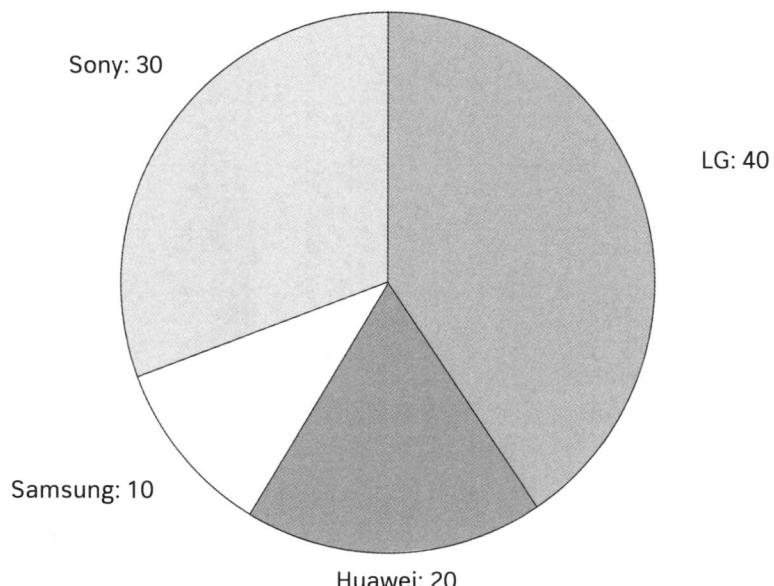

Aufgaben

1. **Beschreiben Sie** die Umsatzentwicklung des Handys Connection Plus pro Absatzland.
2. **Ordnen Sie** Ihre beschriebenen Umsatzentwicklungen in das Konzept des Produktlebenszyklus ein. Gehen Sie dabei neben der Beschreibungsgröße Umsatz auch auf den Indikator Gewinn ein.
3. **Erläutern Sie**, welche absatzpolitischen Standardmaßnahmen der Preis- und Produktpolitik grundsätzlich in den unterschiedlichen Phasen des Produktlebenszyklus denkbar sind.
4. **Erörtern Sie**, wie der Absatz in Frankreich und China angekurbelt werden könnte. Gehen Sie dabei insbesondere auf das Instrument der (räumlichen) Preisdifferenzierung ein.
5. **Nennen und erläutern Sie** für das neu entwickelte Produkt die grundsätzlichen Formen der Preisbildung.
6. **Ermitteln Sie** die Stückkosten des neuen Handys.
7. **Machen Sie** vor dem Hintergrund der Kosten- und Konkurrenzsituation **einen Vorschlag**, mit welchem Verkaufspreis das neue Produkt auf den Markt gebracht werden sollte.
8. **Ermitteln Sie** auf der Basis Ihres Verkaufspreisvorschlages die Absatzmenge, ab der sich eine Kostendeckung ergeben würde.
9. **Erstellen Sie** abschließend eine Stellungnahme für den Vorstand (Abteilungsleiter), die Ihre Arbeitsergebnisse situationsbezogen zusammenfasst. Hinweis: Ihren Ausführungen ist eine Gliederung voranzustellen.

Übungsklausur II
Ausgangssituation

Aufgrund der verbesserten Auftragslage und der guten Absatzchancen will die Communications AG ihre Produktionskapazitäten erweitern. Dazu soll eine neue Maschine für die Fertigung des Erfolgsmodells „Connection Plus" angeschafft werden. Es liegen folgende Angebote vor:

	Maschine 1	Maschine 2
Anschaffungskosten	260 000,00 €	224 000,00 €
Kapazität	50 000 Stück	70 000 Stück
Nutzungsdauer	5 Jahre	5 Jahre
Restwert	8 000,00 €	7 000,00 €
Kalkulatorische Zinsen (auf das durchschnittlich gebundene Kapital)	6 %	
Gehälter	80 000,00 €	78 000,00 €
Sonstige fixe Kosten	9 000,00 €	7 000,00 €
Material	25 000,00 €	23 000,00 €
Sonstige variable Kosten	15 000,00 €	14 000,00 €
Erlöse pro Stück	5,05 €	

Das Unternehmen geht davon aus, dass in den ersten Jahren ca. 47 000 Stück abgesetzt werden können. Daher möchte man die Berechnung auch auf diese Stückzahl ausrichten. Der Vorstand erwartet von Ihnen einen Vorschlag, welche der beiden Maschinen angeschafft werden soll.

Aufgaben

1. **Beschreiben Sie** mögliche Investitionsziele und zeigen Sie dabei mögliche Zielkonflikte/-harmonien auf.
2. **Ermitteln Sie** das vorteilhaftere Investitionsobjekt mithilfe der Rentabilitäts- und Amortisationsvergleichsrechnung und **fällen Sie** eine begründete **Entscheidung**.
3. **Berechnen Sie** für die Investitionsobjekte den jeweiligen Kapitalwert. Dabei steigen die Kosten nach dem ersten Jahr um konstant 2 % pro Jahr an, die Erlöse um 2,5 %. Es wird mit einem Zinssatz von 6 % gerechnet.
4. **Erläutern Sie** die Vor- und Nachteile statischer bzw. dynamischer Investitionsvergleichsverfahren und überlegen Sie, welche der Ihnen bekannten Methoden Sie für eine Investitionsentscheidung heranziehen würden. **Begründen Sie** Ihre Entscheidung.
5. Die Communications AG befürchtet, dass in naher Zukunft das allgemeine Zinsniveau erhöht wird. **Beurteilen Sie**, welche Auswirkungen eine Zinserhöhung auf die Ergebnisse der Kapitalwertmethode sowie auf den Rentabilitätsvergleich hätte.
6. Neben der quantitativen Bewertung von Investitionsentscheidungen kann auch eine Berücksichtigung qualitativer Merkmale bei einer Investitionsentscheidung eine Rolle spielen. **Erläutern Sie** kurz den Unterschied zwischen einer quantitativen und einer qualitativen Bewertung und **werten Sie** das vorliegende Stufenwertzahlverfahren für die Maschinen 1 und 2 **aus**.

Bewertungskriterien	Bedeutung in %	Maschine 1	Maschine 2
Wirtschaftliche Daten:			
Zuverlässigkeit	30	10	20
Wartung und Kundendienst	20	5	15
Garantie	15	1	4
Technische Daten:			
Störanfälligkeit	5	2	3
Betriebssicherheit	10	5	5
Erweiterungsmöglichkeit	10	5	5
Schnelligkeit	10	5	5
Bedienungsfreundlichkeit	10	4	6
Gesamte Punktzahl	**100**	**37**	**63**

Hilfsmittel zu Aufgabe 5:

n = Jahre	Abzinsungsfaktor 6 %
1	0,943396
2	0,889996
3	0,839619
4	0,792094
5	0,747258
6	0,704961
7	0,665057

Jahrgang 13.1

1 Innenfinanzierung: Selbstfinanzierung (offene und verdeckte)

1.1 Themenübersicht

Im Rahmen der Innenfinanzierung geht es um die Beschaffung von Kapital aus dem eigenen Unternehmen, ohne dabei auf Kapitalgeber von außerhalb angewiesen zu sein.

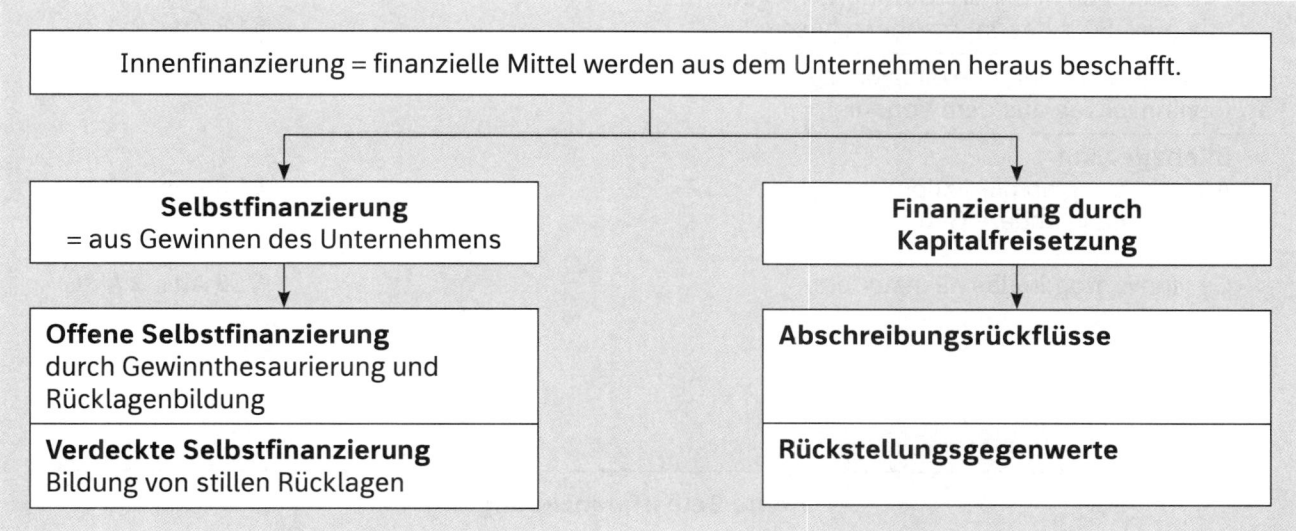

Selbstfinanzierung

Im Rahmen der Selbstfinanzierung finanziert sich das Unternehmen selbst, indem es Gewinne einbehält, um diese zu investieren (offene Selbstfinanzierung), oder indem es stille Rücklagen auflöst und diese zur Finanzierung verwendet (verdeckte Selbstfinanzierung).

Offene Selbstfinanzierung

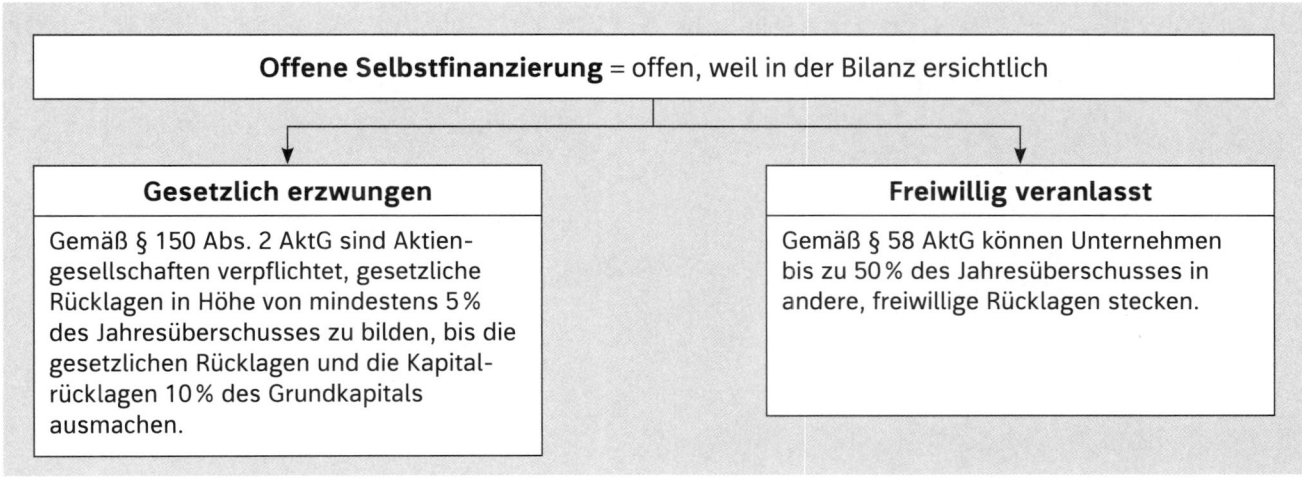

Berechnungsschema: Offene Selbstfinanzierung einer AG durch Gewinnthesaurierung

Erträge	
− Aufwendungen	
= Jahresüberschuss	
− Verlustvortrag des Vorjahres	§ 150 Abs. 2 AktG
= bereinigter Jahresüberschuss	
− gesetzliche Rücklagen (mind. 5 % des um den Verlustvortrag bereinigten Jahresüberschusses, bis gesetzliche Rücklagen und Kapitalrücklagen 10 % des Grundkapitals ausmachen)	§ 150 Abs. 2 AktG
= Zwischensumme	
− Einstellungen in andere Gewinnrücklagen (bis max. 50 % des Jahresüberschusses)	§ 58 Abs. 2 AktG
= Bilanzgewinn (ohne Gewinnvortrag)	
+ Gewinnvortrag aus dem Vorjahr	
= Bilanzgewinn	
− Ausschüttung an die Aktionäre	§ 58 Abs. 4 AktG
− Einstellung in andere Gewinnrücklagen oder Gewinnvortrag in das nächste Jahr	§ 58 Abs. 3 AktG

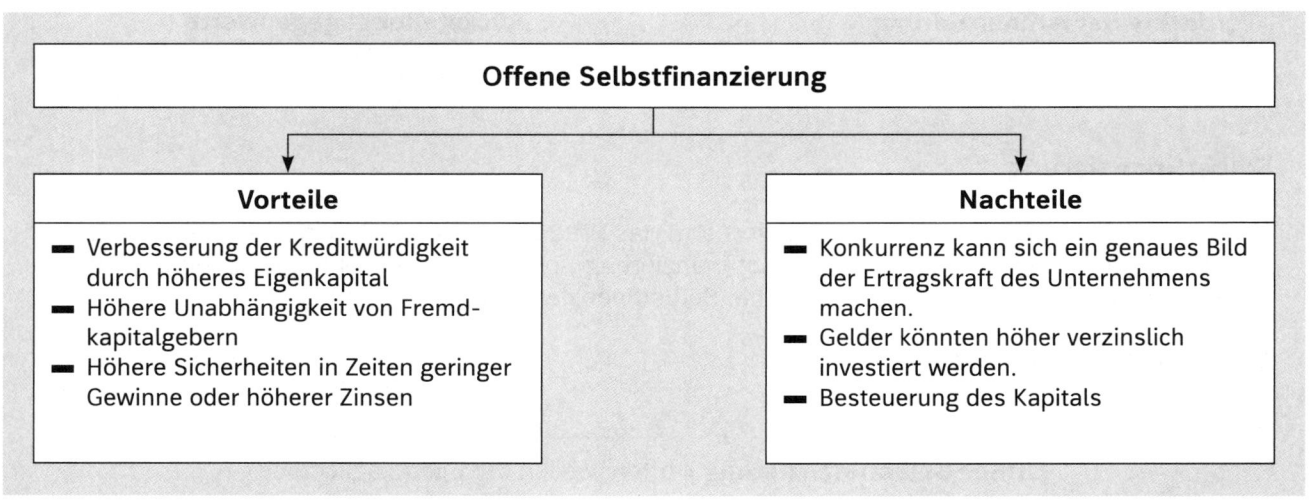

Offene Selbstfinanzierung

Vorteile	Nachteile
■ Verbesserung der Kreditwürdigkeit durch höheres Eigenkapital ■ Höhere Unabhängigkeit von Fremdkapitalgebern ■ Höhere Sicherheiten in Zeiten geringer Gewinne oder höherer Zinsen	■ Konkurrenz kann sich ein genaues Bild der Ertragskraft des Unternehmens machen. ■ Gelder könnten höher verzinslich investiert werden. ■ Besteuerung des Kapitals

§ 150 AktG: Gesetzliche Rücklage, Kapitalrücklage

(1) In der Bilanz des nach den §§ 242, 264 HGB aufzustellenden Jahresabschlusses ist eine gesetzliche Rücklage zu bilden.

(2) In diese ist der zwanzigste Teil (**Anm.: entspricht 5 %**) des um einen Verlustvortrag aus dem Vorjahr geminderten Jahresüberschusses einzustellen, bis die gesetzliche Rücklage und die Kapitalrücklagen nach § 272 Abs. 2 Nr. 1 bis 3 HGB zusammen den zehnten (**Anm.: entspricht 10 %**) oder den in der Satzung bestimmten höheren Teil des Grundkapitals erreichen.

(3) Übersteigen die gesetzliche Rücklage und die Kapitalrücklagen nach § 272 Abs. 2 Nr. 1 bis 3 HGB zusammen nicht den zehnten oder den in der Satzung bestimmten höheren Teil des Grundkapitals, so dürfen sie nur verwandt werden

1. zum Ausgleich eines Jahresfehlbetrags, soweit er nicht durch einen Gewinnvortrag aus dem Vorjahr gedeckt ist und nicht durch Auflösung anderer Gewinnrücklagen ausgeglichen werden kann;

2. zum Ausgleich eines Verlustvortrags aus dem Vorjahr, soweit er nicht durch einen Jahresüberschuss gedeckt ist und nicht durch Auflösung anderer Gewinnrücklagen ausgeglichen werden kann.

(4) Übersteigen die gesetzliche Rücklage und die Kapitalrücklagen nach § 272 Abs. 2 Nr. 1 bis 3 HGB zusammen den zehnten oder den in der Satzung bestimmten höheren Teil des Grundkapitals, so darf der übersteigende Betrag verwandt werden

1. zum Ausgleich eines Jahresfehlbetrags, soweit er nicht durch einen Gewinnvortrag aus dem Vorjahr gedeckt ist;

2. zum Ausgleich eines Verlustvortrags aus dem Vorjahr, soweit er nicht durch einen Jahresüberschuss gedeckt ist;

3. zur Kapitalerhöhung aus Gesellschaftsmitteln nach den §§ 207 bis 220 HGB.

Die Verwendung nach den Nummern 1 und 2 ist nicht zulässig, wenn gleichzeitig Gewinnrücklagen zur Gewinnausschüttung aufgelöst werden.

§ 58 AktG: Verwendung des Jahresüberschusses

(1) Die Satzung kann nur für den Fall, dass die Hauptversammlung den Jahresabschluss feststellt, bestimmen, dass Beträge aus dem Jahresüberschuss in andere Gewinnrücklagen einzustellen sind. Auf Grund einer solchen Satzungsbestimmung kann höchstens die Hälfte des Jahresüberschusses in andere Gewinnrücklagen eingestellt werden. Dabei sind Beträge, die in die gesetzliche Rücklage einzustellen sind, und ein Verlustvortrag vorab vom Jahresüberschuss abzuziehen.

(2) Stellen Vorstand und Aufsichtsrat den Jahresabschluss fest, so können sie einen Teil des Jahresüberschusses, höchstens jedoch die Hälfte, in andere Gewinnrücklagen einstellen. Die Satzung kann Vorstand und Aufsichtsrat zur Einstellung eines größeren oder kleineren Teils des Jahresüberschusses ermächtigen. Auf Grund einer solchen Satzungsbestimmung dürfen Vorstand und Aufsichtsrat keine Beträge in andere Gewinnrücklagen einstellen, wenn andere Gewinnrücklagen die Hälfte des Grundkapitals übersteigen oder soweit sie nach der Einstellung die Hälfte übersteigen würden. Absatz 1 Satz 3 gilt sinngemäß. (...)

(3) Die Hauptversammlung kann im Beschluss über die Verwendung des Bilanzgewinns weitere Beträge in Gewinnrücklagen einstellen oder als Gewinn vortragen. Sie kann ferner, wenn die Satzung sie hierzu ermächtigt, auch eine andere Verwendung als nach Satz 1 oder als die Verteilung unter die Aktionäre beschließen.

(4) Die Aktionäre haben Anspruch auf den Bilanzgewinn, soweit er nicht nach Gesetz oder Satzung, durch Hauptversammlungsbeschluss nach Absatz 3 oder als zusätzlicher Aufwand auf Grund des Gewinnverwendungsbeschlusses von der Verteilung unter die Aktionäre ausgeschlossen ist. (...)

Verdeckte Selbstfinanzierung

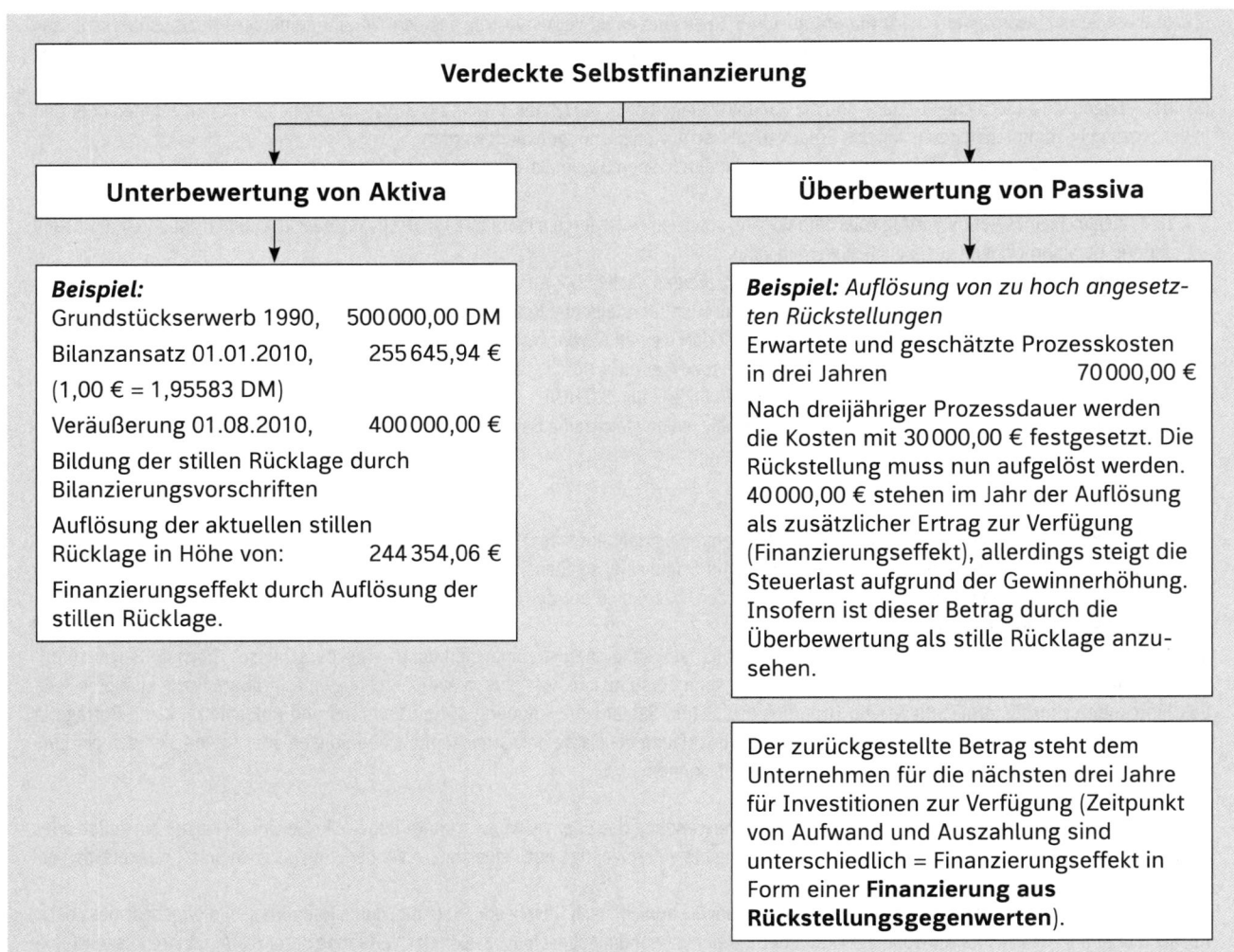

Verdeckte Selbstfinanzierung

Unterbewertung von Aktiva

Beispiel:
Grundstückserwerb 1990,   500 000,00 DM
Bilanzansatz 01.01.2010,   255 645,94 €
(1,00 € = 1,95583 DM)
Veräußerung 01.08.2010,   400 000,00 €
Bildung der stillen Rücklage durch
Bilanzierungsvorschriften
Auflösung der aktuellen stillen
Rücklage in Höhe von: 244 354,06 €
Finanzierungseffekt durch Auflösung der
stillen Rücklage.

Überbewertung von Passiva

Beispiel: Auflösung von zu hoch angesetzten Rückstellungen
Erwartete und geschätzte Prozesskosten
in drei Jahren   70 000,00 €
Nach dreijähriger Prozessdauer werden
die Kosten mit 30 000,00 € festgesetzt. Die
Rückstellung muss nun aufgelöst werden.
40 000,00 € stehen im Jahr der Auflösung
als zusätzlicher Ertrag zur Verfügung
(Finanzierungseffekt), allerdings steigt die
Steuerlast aufgrund der Gewinnerhöhung.
Insofern ist dieser Betrag durch die
Überbewertung als stille Rücklage anzu-
sehen.

Der zurückgestellte Betrag steht dem
Unternehmen für die nächsten drei Jahre
für Investitionen zur Verfügung (Zeitpunkt
von Aufwand und Auszahlung sind
unterschiedlich = Finanzierungseffekt in
Form einer **Finanzierung aus
Rückstellungsgegenwerten**).

Verdeckte Selbstfinanzierung

Vorteile

- Verbesserung von Kennzahlen zur Beurteilung der Bonität, z. B. Eigenkapital-, Fremdkapitalquote, Verschuldungsgrad
- Kein Mitspracherecht von Fremdkapitalgebern
- Keine Zustimmung der Hauptversammlung notwendig
- Möglichkeit zur Verlagerung der Besteuerung der Gewinne in die Zukunft

Nachteile

- Mögliche Verluste aus dem operativen Geschäft können durch Auflösung von stillen Rücklagen vertuscht werden.
- Die Aussagekraft einer Bilanz wird dadurch verwässert.

Exkurs: Unterschied zwischen Rücklagen und Rückstellungen

Rücklagen	Rückstellungen
Verfügungsreserven	Verpflichtungsreserven
Bestandteil des **Eigenkapitals**	Bestandteil des **Fremdkapitals**
Aus Teilen des Jahresüberschusses werden erzwungenermaßen oder freiwillig Rücklagen gebildet.	Verbindlichkeiten für <u>Aufwendungen</u>, deren Höhe und Fälligkeit nicht bekannt sind, jedoch geschätzt werden

Arten offener Rücklagen (Unterscheidung nach Herkunft der Mittel):
- Kapitalrücklagen
  ⇨ Betrag, der bei Aktien- oder Anleihenausgabe über dem Nennwert hinaus eingenommen wird (Agio)
- Gewinnrücklagen
  ⇨ Gesetzliche Rücklage
  ⇨ Rücklage für eigene Anteile
  ⇨ Satzungsmäßige Rücklage
  ⇨ Andere Gewinnrücklage
	Gemäß § 249 HGB werden sie gebildet für:
	- Ungewisse Verbindlichkeiten (z. B. Pensionen, Prozesskosten)
	- Drohende Verluste aus schwebenden Geschäften
	- Im Geschäftsjahr unterlassene Aufwendungen für Instandhaltungen, die im folgenden Geschäftsjahr innerhalb von drei Monaten nachgeholt werden, oder für Abraumbeseitigung, die im folgenden Geschäftsjahr nachgeholt wird
	- Gewährleistungen, die ohne rechtliche Verpflichtungen erbracht werden

Werden aus dem Gewinn gebildet	Werden aus der GuV (Aufwendungen) gebildet
Auflösung zu jedem Zeitpunkt möglich (frei verfügbar) Ausnahme → gesetzliche Rücklagen (Ausgleich Verlustvortrag, Jahresfehlbetrag)	Werden aufgelöst, wenn der Grund ihrer Entstehung wegfällt, z. B. Prozess ist abgeschlossen
Offene Rücklagen Rücklagen, die als Bestandteil des Eigenkapitals in der Bilanz ausgewiesen werden **Stille Rücklagen** Rücklagen, die durch Über- bzw. Unterbewertung von Bilanzpositionen nicht zu erkennen sind	◀ Zu hohe Rückstellungen gelten bis zur Auflösung als …

1.2 Ausgangssituation und Aufgaben

Die Windkraft AG hat im Januar 2020 folgende Mitteilung auf ihrer Internetseite veröffentlicht:

Das Geschäftsjahr 2019 war trotz der anhaltenden Auswirkungen der Finanzmarktkrise auf den weltweiten Energiemarkt ein erfolgreiches Jahr für die Windkraft AG. So ist es uns gelungen, einen Jahresüberschuss in Höhe von 7 250 000,00 € zu erwirtschaften. Unser Grundkapital beträgt zurzeit 5 000 000,00 €, verbrieft in 1,00-€-Nennwertaktien. Unsere Aktionäre können sich auch in diesem Jahr wieder über eine zufriedenstellende Dividendenausschüttung freuen.

1.2.1 Aufgaben Anforderungsbereich I

1. **Nennen Sie** die einzelnen Posten der Bilanzposition Eigenkapital.
2. **Beschreiben Sie** den Unterschied zwischen den Begriffen Grund-, Stamm- und gezeichnetes Kapital.
3. **Berechnen Sie** die Höhe des Bilanzgewinns. Gehen Sie davon aus, dass noch Einstellungen in die gesetzlichen Rücklagen in gesetzlich vorgeschriebener Höhe vorzunehmen sind und dass die satzungsmäßige Rücklage 30 % beträgt.
4. **Ermitteln Sie** die Höhe der Dividende pro Aktie.
5. **Stellen Sie** den Unterschied zwischen einer freiwilligen und einer gesetzlich erzwungenen Selbstfinanzierung dar. Gehen Sie dabei auch auf den Begriff der Selbstfinanzierung ein.
6. Es wird die Bildung stiller Reserven angestrebt. **Beschreiben Sie** den Prozess ihrer Bildung.

1.2.2 Aufgaben Anforderungsbereich II

1. **Erklären Sie**, wie mit dem rechnerischen Ergebnis der Dividendenhöhe (4.2.1, Aufgabe 4) verfahren werden kann. **Erläutern Sie** dabei auch die Grundproblematik der errechneten Dividendenhöhe.
2. **Erläutern Sie** mögliche Zielkonflikte bei der Bildung von freiwilligen Rücklagen.
3. **Erklären Sie**, worin der Finanzierungseffekt stiller Rücklagen besteht.
4. **Erläutern Sie** die Vorteile einer verdeckten Selbstfinanzierung.

1.2.3 Aufgaben Anforderungsbereich III

1. Ein US-amerikanischer Pensionsfonds hat zur Anlage seiner Kundengelder knapp 25 % der Windkraft-AG-Aktien übernommen, da er sich für sein Geld hohe Ertragschancen erhofft. Auf der Hauptversammlung plädiert er dafür, dass über die gesetzlichen Rücklagen hinaus keine Gelder zur Selbstfinanzierung zurückgelegt, sondern ausgeschüttet werden. Die Fremdkapitalzinsen (ca. 5 %) seien derzeit auf einem historischen Tief. **Beurteilen Sie** diesen Vorschlag aus Sicht der Windkraft AG.
2. Die Windkraft AG hat im letzten Geschäftsjahr eine Dividende in Höhe von 1,70 € pro Aktie ausgeschüttet. In diesem Jahr könnte sie aus dem laufenden Gewinn heraus nur eine Dividende in Höhe der unter 4.2.1, Aufgabe 4 ermittelten Dividende ausschütten.
   Unterbreiten Sie dem Vorstand – der eine Shareholder-Value-Strategie verfolgt – **einen Vorschlag**, wie er in diesem Fall am besten verfahren sollte.

2 Innenfinanzierung: Finanzierung aus Kapitalfreisetzung

2.1 Themenübersicht

Eine andere Form der Innenfinanzierung ist es, einen Kredit „an sich selbst zu gewähren", indem man zweckgebundene, langfristig zurückgestellte Gelder vorübergehend für Investitionen verwendet. Ursprung dieser Gelder können angesammelte und noch nicht eingesetzte Abschreibungsrückflüsse oder gebildete und noch nicht verwendete Rückstellungen sein.

Die so entliehenen Gelder müssen natürlich wieder zurückgezahlt werden, damit sie für ihre ursprünglich geplante Verwendung eingesetzt werden können.

Finanzierung aus Abschreibungsrückflüssen (Lohmann-Ruchti-Effekt)

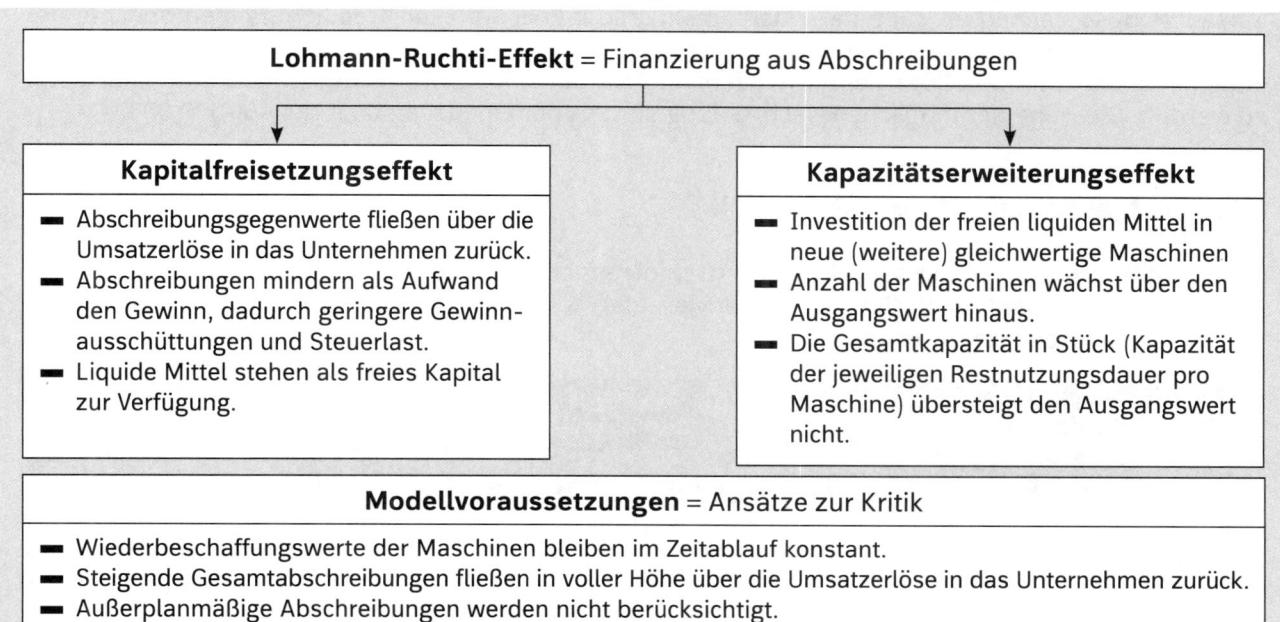

| **Lohmann-Ruchti-Effekt** = Finanzierung aus Abschreibungen |

Kapitalfreisetzungseffekt
- Abschreibungsgegenwerte fließen über die Umsatzerlöse in das Unternehmen zurück.
- Abschreibungen mindern als Aufwand den Gewinn, dadurch geringere Gewinnausschüttungen und Steuerlast.
- Liquide Mittel stehen als freies Kapital zur Verfügung.

Kapazitätserweiterungseffekt
- Investition der freien liquiden Mittel in neue (weitere) gleichwertige Maschinen
- Anzahl der Maschinen wächst über den Ausgangswert hinaus.
- Die Gesamtkapazität in Stück (Kapazität der jeweiligen Restnutzungsdauer pro Maschine) übersteigt den Ausgangswert nicht.

Modellvoraussetzungen = Ansätze zur Kritik
- Wiederbeschaffungswerte der Maschinen bleiben im Zeitablauf konstant.
- Steigende Gesamtabschreibungen fließen in voller Höhe über die Umsatzerlöse in das Unternehmen zurück.
- Außerplanmäßige Abschreibungen werden nicht berücksichtigt.
- Das Raumangebot des Unternehmens für die (zusätzlichen) Maschinen ist ausreichend.
- Alle Maschinen werden voll ausgelastet und in den Produktionsprozess integriert.

Finanzierung aus Rückstellungsgegenwerten

Rückstellungen
Rückstellungen sind Verbindlichkeiten für Aufwendungen, die dem Jahr ihrer Entstehung zugeordnet werden, aber deren Höhe und Zahlungstermin nicht bekannt sind.

Finanzierungseffekt von Rückstellungen

Beispiel: Ein Unternehmen wird im Juni 2018 in den USA angeklagt, dass eine Produktbeschreibung nicht vollständig war und daher einem Kunden ein Schaden entstanden ist. Der Vorstand schätzt die Kosten des Prozesses einschließlich eventueller Schadenersatzforderungen auf 3 000 000,00 €. Außerdem rechnet er damit, dass der Prozess in einem Jahr beendet sein wird.

1. Bildung von Rückstellungen (Buchung im Juni 2018)
6770   Rechts- und Beratungskosten   3 000 000,00   an   3900   Sonst. Rückstellungen   3 000 000,00

| Juni 2018 bis April 2019 | **Finanzierungseffekt** Die 3 000 000,00 € liegen während des Zeitraums auf einem Konto des Unternehmens und stehen für Investitionen zur Verfügung. |

Das Gericht verurteilt das Unternehmen im April 2019, einen Schadenersatz in Höhe von 2 500 000,00 € zu bezahlen.

2. Auflösung der Rückstellungen (Buchung im April 2019)

3900	sonst. Rückstellungen	3 000 000,00	an	2800	Bank	2 500 000,00
			an	5490	Periodenfremde Erträge	500 000,00[1]

[1] Bei den 500 000,00 € handelt es sich außerdem um eine stille Reserve.

2.2 Ausgangssituation und Aufgaben

Die Windkraft AG möchte weitere Maschinen zur Produktion ihrer Windräder anschaffen. Aufgrund der Tatsache, dass Banken im Zuge der Finanzmarktkrise immer weniger Kredite vergeben, möchte der Vorstand die Finanzierung aus eigener Kraft stemmen.

Zudem rechnet er im Jahr 2017 damit, im nächsten Jahr mit einer Gewerbesteuernachzahlung belastet zu werden. Die Höhe der möglichen Nachzahlung schätzt der Finanzvorstand auf 700 000,00 €.

2.2.1 Aufgaben Anforderungsbereich I

1. **Berechnen Sie** die fehlenden Werte der nachfolgenden Übersicht, wenn gilt: Anschaffungskosten pro Maschine 10 000,00 €, Nutzungsdauer vier Jahre, Kapazität pro Maschine und Jahr 1 000 Stück, lineare bilanzielle Abschreibung.

Jahr	Anzahl Maschinen	Gesamt-kapazität in Stück, bezogen auf die Restzeit	Perioden-kapazität in Stück	Buchwert am Jahres-anfang in EUR	AfA in EUR	Restbuch-wert am Jahresende in EUR	Zugang/ Abgang	Freies Kapital in EUR
2016	10	40 000	10 000	100 000,00	25 000,00	75 000,00	2/0	5 000,00
2017								
2018								
2019								
2020								
2021								

2. **Beschreiben Sie** anhand Ihrer Berechnungen den Kapazitätserweiterungseffekt.
3. **Fassen Sie** kurz die Grundaussage des Kapitalfreisetzungseffektes **zusammen**.
4. **Nennen Sie** Gründe, für die Rückstellungen gebildet werden dürfen.
5. **Buchen Sie** die Bildung der Rückstellung im Jahr 2019 und schließen Sie die entsprechenden Konten zum Bilanzstichtag ab.
6. Im Jahr 2020 wird die Windkraft AG tatsächlich zur Nachzahlung der Gewerbesteuer aufgefordert. **Buchen Sie** jeweils die Nachzahlung, wenn
   a) der Betrag der Nachzahlung 700 000,00 €,
   b) der Betrag der Nachzahlung 400 000,00 €,
   c) der Betrag der Nachzahlung 900 000,00 €
   beträgt.

2.2.2 Aufgaben Anforderungsbereich II

1. **Erläutern Sie** den Unterschied zwischen bilanzieller und kalkulatorischer Abschreibung.
2. **Analysieren Sie** die Auswirkungen auf den Absatzprozess, wenn sich die Periodenkapazität im vorliegenden Modell von Jahr zu Jahr ändert.
3. **Erklären Sie** die Grundannahmen des Lohmann-Ruchti-Effektes.

4. **Erläutern Sie** den Unterschied zwischen Rücklagen und Rückstellungen.
5. Das Unternehmen hat Gewerbesteuerrückstellungen in Höhe von 700 000,00 € getätigt. **Erläutern Sie**, welche bilanziellen Auswirkungen diese Buchung hat.

2.2.3 Aufgaben Anforderungsbereich III

1. **Beurteilen Sie** die praktische Anwendbarkeit des Lohmann-Ruchti-Effektes.
2. **Prüfen Sie** die Auswirkungen, wenn die im obigen Beispiel angenommene bilanzielle Abschreibungshöhe größer ist als die in der Kosten- und Leistungsrechnung angenommene kalkulatorische Abschreibung.

3 Finanzcontrolling

3.1 Themenübersicht

Aufrechterhaltung der Liquidität

Dabei geht es um die Sicherung der dauerhaften Zahlungsfähigkeit des Unternehmens. Kann ein Unternehmen seine Rechnungen – auch kurzfristig – nicht begleichen, muss es Insolvenz anmelden.

Man unterscheidet zwischen
- dem kurzfristigen Finanzmanagement in Form der Liquiditätsplanung,
- dem langfristigen Finanzmanagement in Form der Kapitalbedarfsrechnung.

Finanzplan als Instrument des Finanzcontrollings

Der Finanzplan dient zur Planung von zukünftigen Auszahlungen (Ausgaben) und Einzahlungen (Einnahmen). Ziel ist die Sicherstellung des finanziellen Gleichgewichts eines Unternehmens. Ein finanzielles Gleichgewicht ist dann gegeben, wenn die Liquidität eines Unternehmens stets gesichert ist und überschüssige finanzielle Mittel rentabel investiert sind.

Zielkonflikte eines Finanzplanes

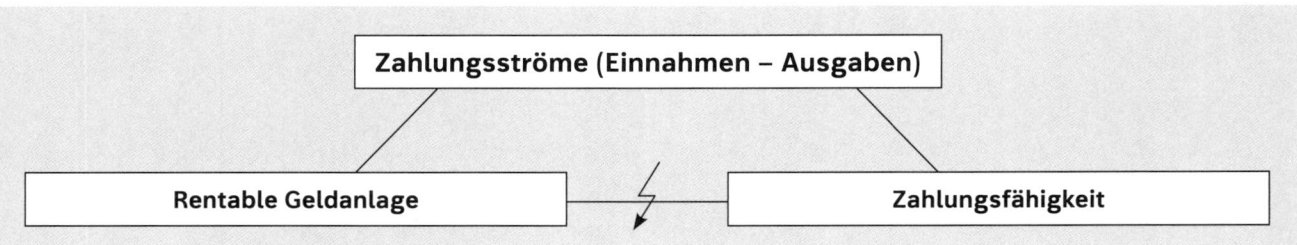

Je höher die Liquidität eines Unternehmens (Zahlungsfähigkeit), desto weniger liquide Mittel können zinsbringend angelegt/investiert werden.
Je mehr liquide Mittel zwecks einer hohen Verzinsung angelegt/investiert werden, desto weniger flüssige Mittel zur Begleichung der Ausgaben stehen zur Verfügung. Die Gefahr einer Zahlungsunfähigkeit (Insolvenz) steigt.

Aufbau eines Finanzplanes

	Januar			Februar		
	Soll	Ist	Abweichung	Soll	Ist	Abweichung
A. Liquide Mittel						
B. Einnahmen						
Umsatzerlöse						
Mieteinnahmen						
Zinseinnahmen						
Sonstige Einnahmen						
Summe Einnahmen						
C. Ausgaben						
Materialausgaben						
Löhne u. Gehälter						
Mietausgaben						
Kreditbedienung						
Summe Ausgaben						
D. Über-/Unterdeckung						

Ergebnisse eines Finanzplanes

Überdeckung

Einnahmen > Ausgaben

Überschüssige liquide Mittel können angelegt werden (in Form von zusätzlichen Investitionen oder einer Kreditvergabe).

Unterdeckung

Einnahmen < Ausgaben

Zur Sicherung der Zahlungsfähigkeit müssen Rücklagen aufgelöst bzw. Kredite aufgenommen werden. Außerdem sind Sparmaßnahmen wie das Aufschieben von Investitionen denkbar.

Problematik der Finanzplanung

- Die Informationen über zukünftige Einnahmen und Ausgaben beziehen sich auf Zukunftsdaten (Prognosen) und sind somit unsicher.
- Die Prognosen beziehen sich sowohl auf Preise als auch auf Mengen.
- Preise und Mengen werden durch politische, ökologische oder wirtschaftliche Entwicklungen beeinflusst (z. B. Umweltkatastrophen, Finanzmarktkrise).

Arten der Unterdeckung (Fehlbeträge)

Vorübergehende Fehlbeträge

Fehlbeträge (Unterdeckung) liegen nur für einzelne oder kurze Zeitperioden vor.

Struktureller Fehlbetrag

Fehlbeträge (Unterdeckung) liegen dauerhaft, über mehrere Zeitperioden hinweg vor. Durch Einzelmaßnahmen können sie nicht beseitigt werden. Eine langfristige Planung und Finanzierung ist notwendig.

Offene Fehlbeträge

Fehlbeträge treten bereits in der Planungsphase sichtbar auf und sind daher auch in der Regel kurzfristig beseitigbar.

Verdeckte Fehlbeträge

Fehlbeträge sind unerwartet und werden erst im weiteren Verlauf einer Planung entdeckt. Für sie sind Liquiditätsreserven zu bilden.

Maßnahmen zur Beseitigung

- Hinausschieben von Ausgaben
- Beschleunigung der Einnahmen
- Kurzfristige Kreditaufnahme
- Veräußerung liquiden Vermögens

- Auflösung von Reserven
- Aufnahme langfristiger Finanzierungen
- Umfassende Rationalisierungsmaßnahmen

Der Leverage-Effekt (bei Fremdfinanzierungen)

Der **Leverage-Effekt** (leverage = Hebelwirkung) beschreibt die Erhöhung der Eigenkapitalverzinsung (Eigenkapitalrentabilität) durch einen vermehrten Einsatz von Fremdkapital.
Voraussetzung für diesen Effekt ist, dass die Fremdkapitalzinsen unter denen der Gesamtkapitalrentabilität bzw. der Verzinsung der Investition liegen.

Beispiel:
Ein Unternehmen möchte für ein Investitionsvorhaben insgesamt 100000,00 € investieren. Das eingesetzte Kapital für das Investitionsvorhaben soll sich mit 10% verzinsen (= 10000,00 €):

1. **Möglichkeit**: *Finanzierung durch 100% Eigenkapital*
   Eigenkapitalrentabilität = 10%
   (10000,00 € Gewinn auf 100000,00 € eingesetztes Eigenkapital)

2. **Möglichkeit:** *Finanzierung durch 50000,00 € Eigenkapital und 50000,00 €*
   Fremdkapital (Zinssatz = 7%)

a) 50000,00 € Eigenkapital	· 10%	=	5000,00 €	*Gewinn*
b) 50000,00 € Fremdkapital	· 10%	=	5000,00 €	*Gewinn*
– 7% Zinsen für 50000,00 €		=	– 3500,00 €	*Zinsen*
c) Gesamtertrag		=	6500,00 €	

$$\textbf{Eigenkapitalrentabilität} = \frac{Ertrag\ (Gewinn)}{Eigenkapital} = \frac{6\,500,00\ €}{50\,000,00\ €} = \textbf{13\%}$$

Die Eigenkapitalrentabilität konnte durch den Einsatz von Fremdkapital von 10% auf 13% gesteigert werden.

Bezogen auf die gesamten 100000,00 € Eigenkapital ist das Ganze nur dann lohnend, wenn für die 50000,00 € Eigenkapital, die durch Fremdkapital ersetzt wurden, eine Investition mit mindestens 10%igem Ertrag gefunden wird.

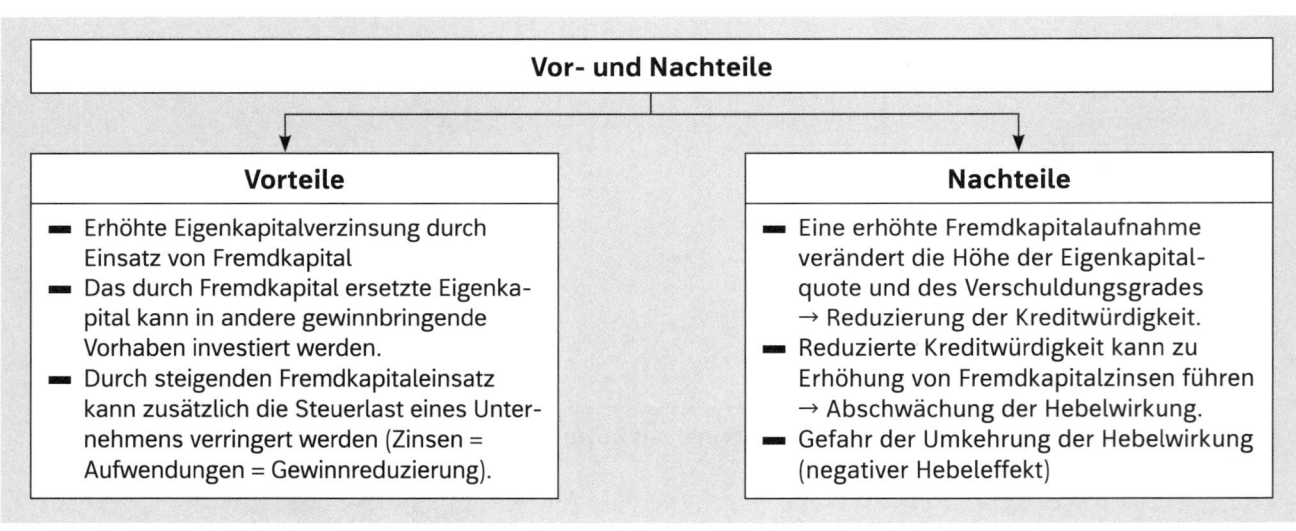

Vor- und Nachteile

Vorteile	**Nachteile**
■ Erhöhte Eigenkapitalverzinsung durch Einsatz von Fremdkapital ■ Das durch Fremdkapital ersetzte Eigenkapital kann in andere gewinnbringende Vorhaben investiert werden. ■ Durch steigenden Fremdkapitaleinsatz kann zusätzlich die Steuerlast eines Unternehmens verringert werden (Zinsen = Aufwendungen = Gewinnreduzierung).	■ Eine erhöhte Fremdkapitalaufnahme verändert die Höhe der Eigenkapitalquote und des Verschuldungsgrades → Reduzierung der Kreditwürdigkeit. ■ Reduzierte Kreditwürdigkeit kann zu Erhöhung von Fremdkapitalzinsen führen → Abschwächung der Hebelwirkung. ■ Gefahr der Umkehrung der Hebelwirkung (negativer Hebeleffekt)

3.2 Ausgangssituation und Aufgaben

Die Windkraft AG will für das kommende zweite Quartal ihre Einnahmen und Ausgaben planen. Der Kontostand zum 31. März beträgt 18 500,00 €.

	April	Mai	Juni
Geplante Einnahmen			
Zahlungseingänge/Forderungseingänge	55 000,00 €	45 000,00 €	43 000,00 €
Zinsen	3 000,00 €	0,00 €	1 500,00 €
Geplante Ausgaben			
Betriebsmittel	26 000,00 €	23 000,00 €	20 000,00 €
Werkstoffe	2 500,00€	2 000,00€	1 600,00 €
Personal	30 000,00 €	30 000,00€	30 000,00 €
Steuern	1 000,00 €	900,00 €	800,00 €
Kredite	3 500,00€	3 500,00€	3 500,00 €
Abschreibung	10 000,00€	10 000,00 €	10 000,00 €

Das Unternehmen möchte einen Offshore-Windpark in der Nordsee bauen und muss dafür 10 000 000,00 € aufbringen. 20 % davon sollen dem Eigenkapital entstammen, der Rest soll über die Emission einer Anleihe mit einer Nominalverzinsung von 4,85 % p. a. aufgebracht werden. Man rechnet mit einer Investitionsrendite von mind. 5 % auf das eingesetzte Kapital.

3.2.1 Aufgaben Anforderungsbereich I

1. **Nennen Sie** Merkmale, die eine genaue Finanzplanung erschweren.
2. Finanzielle Fehlbeträge müssen im Rahmen eines Finanzplanes nicht immer offen zutage treten. **Beschreiben Sie** mögliche Ursachen, bei denen ein Finanzplan zwar Überschüsse signalisiert, die Liquidität eines Unternehmens jedoch gefährdet sein kann.
3. **Ermitteln Sie** die Höhe der Eigenkapitalrentabilität aus dem Vorhaben, einen Offshore-Windpark zu bauen.

3.2.2 Aufgaben Anforderungsbereich II

1. **Erläutern Sie** die Aufgaben eines Finanzplanes.
2. **Stellen Sie** einen Finanzplan mithilfe der gegebenen Werte **auf**.
3. **Erklären Sie**, warum Liquiditätsreserven für Unternehmen, selbst wenn sie Finanzpläne aufstellen, sinnvoll sind.
4. **Erläutern Sie** den Leverage-Effekt anhand der vorliegenden Situation.

3.2.3 Aufgaben Anforderungsbereich III

1. **Analysieren Sie** die Ergebnisse Ihres Finanzplanes und entwickeln Sie einen Vorschlag für den Vorstand, wie die Liquidität in den nächsten Monaten verbessert werden kann.
2. Der Vorstand erfährt, dass es im Unternehmen trotz Finanzplan dauerhaft zu einer Unterdeckung der Ausgaben kommt. Er beauftragt Sie, einen **Vorschlag** zu **erarbeiten**, wie dieser dauerhafte Liquiditätsengpass behoben werden kann.

4 Analyse und Kritik des Jahresabschlusses

4.1 Themenübersicht

Grundlagen Jahresabschluss

Jahresabschluss
Der Jahresabschluss ist von Interesse für:
Geschäftsführung, Eigentümer (Kapitalgeber), Gläubiger, Staat, Aufsichtsbehörden.
Der Jahresabschluss informiert über:
■ Vermögenslage (Anlage- und Umlaufvermögen) ■ Finanzierungslage (Eigen- und Fremdkapital) ■ Ertragslage (Aufwendungen, Erträge, Gewinn/Verlust)
Der Jahresabschluss besteht aus:
■ Bilanz, GuV-Rechnung (bei Einzelunternehmen und Personengesellschaften) ■ Bilanz, GuV-Rechnung, Anhang, Lagebericht als Ergänzung (bei Kapitalgesellschaften und Genossenschaften) Beachte: Je nach Bilanzsumme, Umsatzerlösen, Zahl der Arbeitnehmer werden Kapitalgesellschaften nach § 267 HGB in klein, mittelgroß und groß unterteilt. Für mittelgroße und große Kapitalgesellschaften schreibt § 266 Abs. 2 HGB eine bestimmte Gliederung der Bilanz vor. Alle Kapitalgesellschaften müssen die GuV-Rechnung in Staffelform aufstellen (§ 275 HGB). Kapitalgesellschaften müssen ihren Jahresabschluss veröffentlichen.
Der Jahresabschluss muss vorbereitet werden:
■ Abschluss der Unterkonten, Inventur, Ermittlung des Jahresgesamtverbrauchs bei Vorräten und Ermittlung der Bestandsveränderungen ■ Zeitliche Abgrenzung, weil Aufwendungen und Erträge bzw. Einnahmen und Ausgaben zum Teil oder ganz dem folgenden Geschäftsjahr zuzurechnen sind (ARA, PRA, sonstige Forderungen, sonstige Verbindlichkeiten, Rückstellungen) ■ Bewertung des Vermögens ■ Bewertung des Fremdkapitals
Der Jahresabschluss erfordert:
einheitliche Bewertungsgrundsätze für Vermögen und Fremdkapital, damit ■ alle Unternehmen nach denselben Grundsätzen bewertet werden, ■ zum Schutz der Gläubiger das Vermögen nicht zu hoch und die Schulden nicht zu niedrig bewertet werden.

Ziele der Handelsbilanz

Darstellung der Vermögenslage	▬ Darstellung von Vermögen und Schulden nach § 242 HGB (Einzelkaufleute, Personenhandelsgesellschaften) und 266 HGB (Kapitalgesellschaften)
Darstellung der Finanzlage	▬ Einblick in die Zahlungsfähigkeit durch Gliederung der Aktiva nach ihrer Liquidität und der Schulden nach ihrer Fälligkeit und durch Angaben zu den Restlaufzeiten der Forderungen und Verbindlichkeiten gemäß §§ 268 Abs. 4 und 5 und 285 Nr. 1 HGB
Darstellung der Ertragslage	▬ Ermittlung des vorsichtig bemessenen realisierten Gewinnes (§ 252 Abs. 1 HGB) ▬ Berücksichtigung der Aufwendungen und Erträge ohne Rücksicht auf den Zeitpunkt der Zahlung ▬ Gebot der Bewertungsstetigkeit zum Zwecke des Vergleichs und der richtigen Beurteilung der Betriebsgebarung (§ 252 Abs. 1 Nr. 6 HGB) ▬ Bildung stiller Reserven wird in Kapitalgesellschaften erschwert, um zu verhindern, dass Anteilseignern Gewinnanteile vorenthalten werden (z. B. Aktionären eine Dividende) oder Verluste durch Auflösung stiller Reserven verschleiert werden.
Gläubigerschutz	▬ Selbstinformation des Schuldners ▬ Information des Gläubigers zur Beurteilung der Kreditwürdigkeit ▬ Darstellung der tatsächlichen Verhältnisse oder schlechter erkennbare Risiken sind zu berücksichtigen (§ 252 Abs. 1 Nr. 4 HGB). ▬ Bewertungsobergrenze gemäß § 253 Abs. 1 HGB ▬ Erhaltung des Haftungskapitals in Kapitalgesellschaften

Jahresabschlussarbeiten der Unternehmungen nach HGB — Bestandteile des Jahresabschlusses

Die Vorschriften des HGB zum Jahresabschluss unterscheiden verschiedene Unternehmenskategorien, für die unterschiedliche Bestimmungen hinsichtlich Inhalt und Umfang der Berichterstattung festgelegt worden sind:

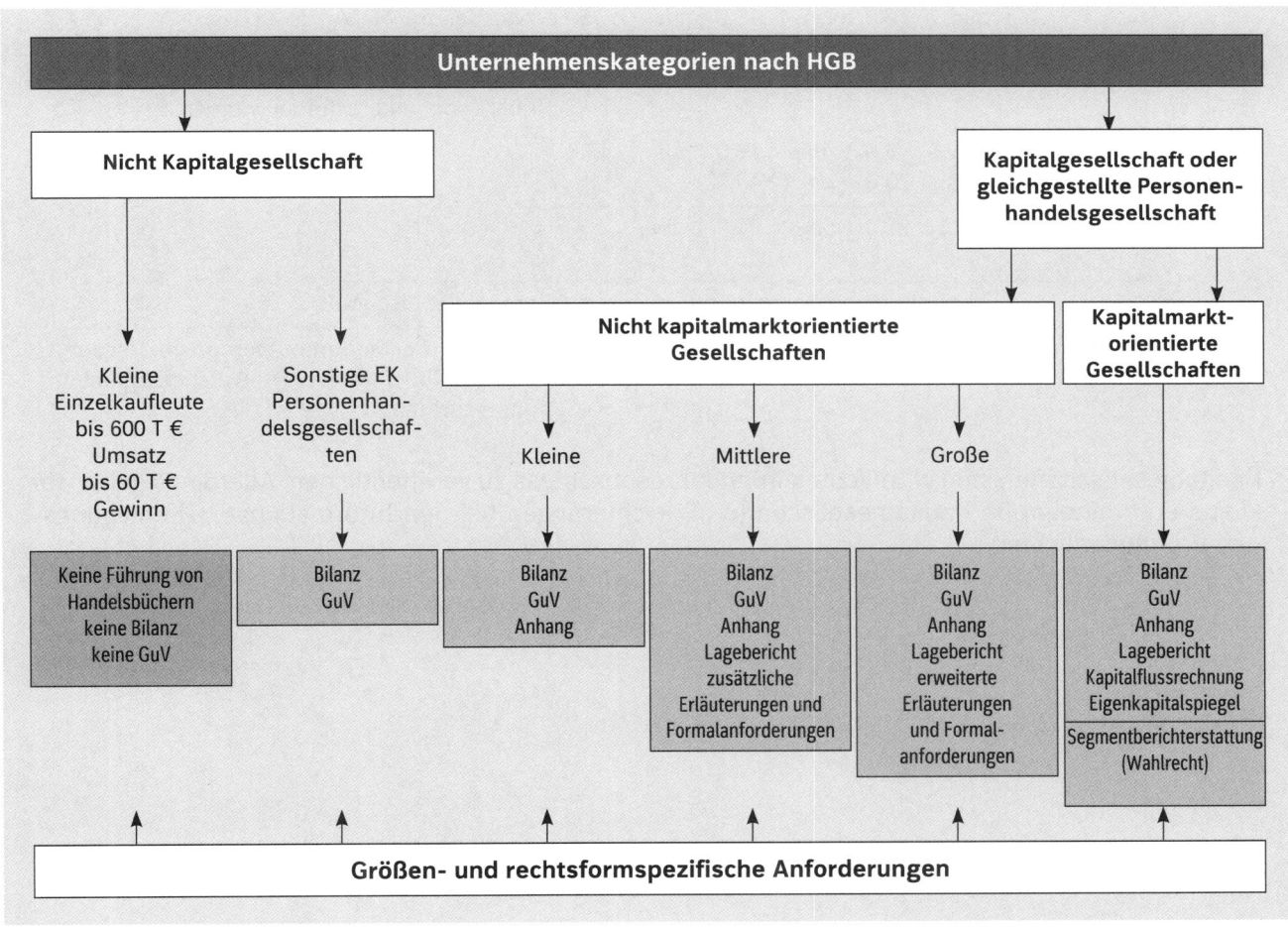

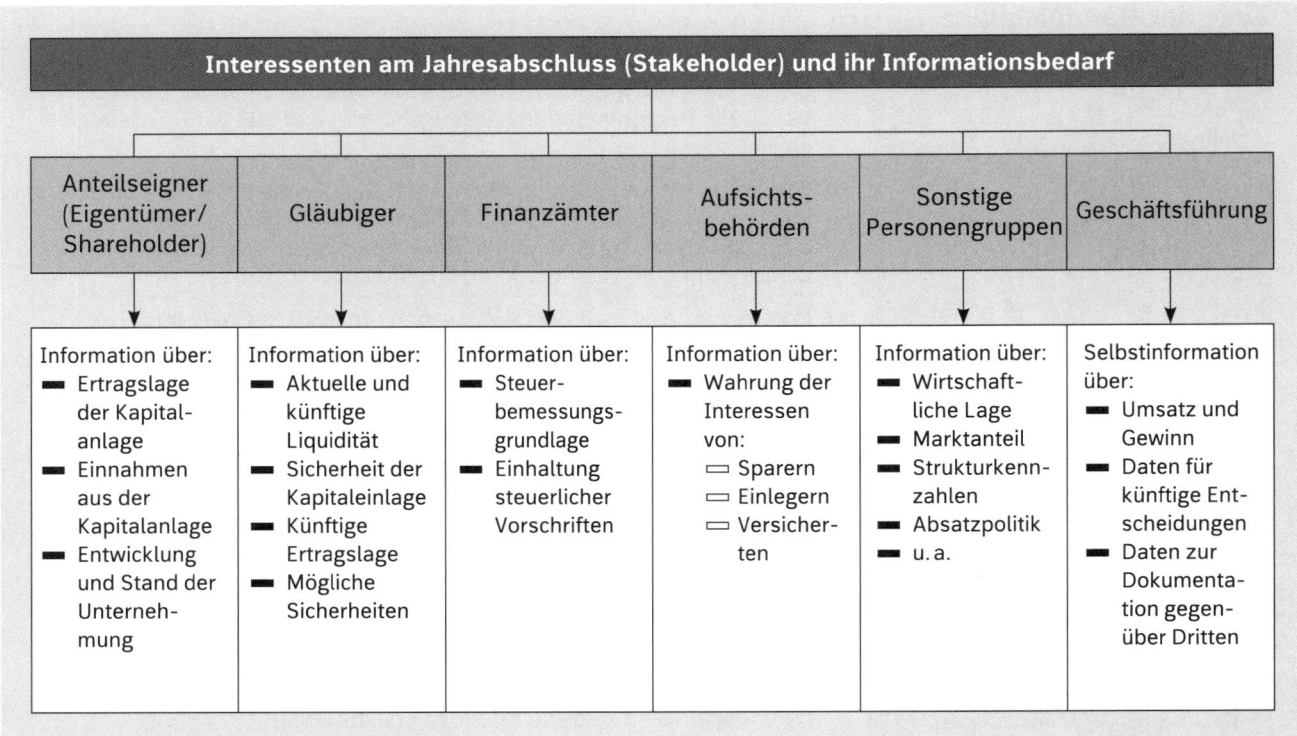

Der Bildinhalt als Struktur:

Interessenten am Jahresabschluss (Stakeholder) und ihr Informationsbedarf

Anteilseigner (Eigentümer/ Shareholder)	Gläubiger	Finanzämter	Aufsichtsbehörden	Sonstige Personengruppen	Geschäftsführung
Information über: ■ Ertragslage der Kapitalanlage ■ Einnahmen aus der Kapitalanlage ■ Entwicklung und Stand der Unternehmung	Information über: ■ Aktuelle und künftige Liquidität ■ Sicherheit der Kapitaleinlage ■ Künftige Ertragslage ■ Mögliche Sicherheiten	Information über: ■ Steuerbemessungsgrundlage ■ Einhaltung steuerlicher Vorschriften	Information über: ■ Wahrung der Interessen von: ▭ Sparern ▭ Einlegern ▭ Versicherten	Information über: ■ Wirtschaftliche Lage ■ Marktanteil ■ Strukturkennzahlen ■ Absatzpolitik ■ u. a.	Selbstinformation über: ■ Umsatz und Gewinn ■ Daten für künftige Entscheidungen ■ Daten zur Dokumentation gegenüber Dritten

Größenabgrenzung der Kapitalgesellschaften und Großunternehmen

Kapitalgesellschaft	Bilanz-summe Mio. EUR	Umsatz-erlöse Mio. EUR	Zahl der Arbeit-nehmer	Erläuterungen
Kleine	über 0,35 bis 6,0	über 0,7 bis 12,0	über 10 bis 50	Für die Zuordnung müssen mindestens zwei der drei Merkmale an den Abschlussstichtagen von zwei aufeinanderfolgenden Geschäftsjahren über- oder unterschritten werden.
Mittelgroße	über 6,0 bis 20,0	über 12,0 bis 40,0	bis 250	
Große	über 20,0	über 40,0	über 250	
Kapitalmarktorientierte Unternehmen gelten immer als „groß".				
Großunternehmen §§ 1 und 3 PublG	über 65,0	über 130,0	über 5000	Zwei der drei Merkmale werden an drei aufeinanderfolgenden Abschlussstichtagen überschritten.

Kapitalgesellschaften sind verpflichtet, ihren Jahresabschluss zu veröffentlichen. Allerdings gelten für kleine und mittelgroße Kapitalgesellschaften Erleichterungen bei den Informations-, Offenlegungs- und Prüfungspflichten.

Aktiva	Gliederung der Jahresbilanz der mittelgroßen und großen Kapitalgesellschaften gemäß § 266 HGB	Passiva

A. Anlagevermögen
- **I. Immaterielle Vermögensgegenstände**
  1. Selbst geschaffene gewerbliche Schutzrechte und ähnliche Rechte und Werte
  2. Entgeltlich erworbene Konzessionen, Schutzrechte und ähnliche Rechte und Werte sowie Lizenzen an solchen Rechten und Werten
  3. Geschäfts- oder Firmenwert
  4. Geleistete Anzahlungen
- **II. Sachanlagen**
  1. Grundstücke, grundstücksgleiche Rechte und Bauten einschließlich der Bauten auf fremden Grundstücken
  2. Technische Anlagen und Maschinen
  3. Andere Anlagen, Betriebs- und Geschäftsausstattung
  4. Geleistete Anzahlungen und Anlagen im Bau
- **III. Finanzanlagen**
  1. Anteile an verbundenen Unternehmen
  2. Ausleihungen an verbundene Unternehmen
  3. Beteiligungen
  4. Ausleihungen an Unternehmen, mit denen ein Beteiligungsverhältnis besteht
  5. Wertpapiere des Anlagevermögens
  6. Sonstige Ausleihungen

B. Umlaufvermögen
- **I. Vorräte**
  1. Roh-, Hilfs- und Betriebsstoffe
  2. Unfertige Erzeugnisse, unfertige Leistungen
  3. Fertige Erzeugnisse und Waren
  4. Geleistete Anzahlungen
- **II. Forderungen und sonstige Vermögensgegenstände**
  1. Forderungen aus Lieferungen und Leistungen
  2. Forderungen gegen verbundene Unternehmen
  3. Forderungen gegen Unternehmen, mit denen ein Beteiligungsverhältnis besteht
  4. Sonstige Vermögensgegenstände
- **III. Wertpapiere**
  1. Anteile an verbundenen Unternehmen
  2. Sonstige Wertpapiere
- **IV. Schecks, Kassenbestand, Bundesbankguthaben, Guthaben bei Kreditinstituten**

C. Rechnungsabgrenzungsposten

D. Aktive latente Steuern

E. Aktiver Unterschiedsbetrag aus der Vermögensverrechnung

A. Eigenkapital
- **I. Gezeichnetes Kapital**
- **II. Kapitalrücklage**
- **III. Gewinnrücklagen**
  1. Gesetzliche Rücklage
  2. Rücklagen für Anteile an einem herrschenden oder mehrheitlich beteiligten Unternehmen
  3. Satzungsmäßige Rücklagen
  4. Andere Gewinnrücklagen
- **IV. Gewinnvortrag/Verlustvortrag**
- **V. Jahresüberschuss/Jahresfehlbetrag**

B. Rückstellungen
  1. Rückstellungen für Pensionen und ähnliche Verpflichtungen
  2. Steuerrückstellungen
  3. Sonstige Rückstellungen

C. Verbindlichkeiten
  1. Anleihen
     davon konvertibel
  2. Verbindlichkeiten gegenüber Kreditinstituten
  3. Erhaltene Anzahlungen auf Bestellungen
  4. Verbindlichkeiten aus Lieferungen und Leistungen
  5. Verbindlichkeiten aus der Annahme gezogener Wechsel und der Ausstellung eigener Wechsel
  6. Verbindlichkeiten gegenüber verbundenen Unternehmen
  7. Verbindlichkeiten gegenüber Unternehmen, mit denen ein Beteiligungsverhältnis besteht
  8. Sonstige Verbindlichkeiten,
     davon aus Steuern
     davon im Rahmen der sozialen Sicherheit

D. Rechnungsabgrenzungsposten

E. Passive latente Steuern

Kleine Kapitalgesellschaften müssen nur eine verkürzte Bilanz, die die mit Großbuchstaben und römischen Ziffern bezeichneten Posten des Gliederungsschemas gemäß **§ 266 HGB** enthält, aufstellen und veröffentlichen.

Aktiva	Bilanzschema einer kleinen Kapitalgesellschaft	Passiva

A. Anlagevermögen
- I. Immaterielle Vermögensgegenstände
- II. Sachanlagen
- III. Finanzanlagen

B. Umlaufvermögen
- I. Vorräte
- II. Forderungen und sonstige Vermögensgegenstände
- III. Wertpapiere
- IV. Liquide Mittel

C. Rechnungsabgrenzungsposten

D. Aktive latente Steuern

E. Aktiver Unterscheidungsbetrag aus der Vermögensverrechnung

---

A. Eigenkapital
- I. Gezeichnetes Kapital
- II. Kapitalrücklage
- III. Gewinnrücklagen
- IV. Gewinnvortrag/Verlustvortrag
- V. Jahresüberschuss/Jahresfehlbetrag

B. Rückstellungen

C. Verbindlichkeiten

D. Rechnungsabgrenzungsposten

E. Passive latente Steuern

Für **mittelgroße Kapitalgesellschaften** gilt zwar auch die ausführliche Bilanzgliederung, sie können aber bei Offenlegung ihre Bilanz verkürzen, müssen dann allerdings in der Bilanz oder im Anhang (Wahlrecht) die im § 327 HGB aufgeführten Posten aus der Bilanzgliederung gemäß § 266 HGB gesondert angeben.

Im Wesentlichen werden hier nähere Informationen gefordert zu
- dem Geschäfts- und Firmenwert,
- den Sachanlagen,
- den finanziellen Beziehungen zu verbundenen Unternehmen.

Besondere handelsrechtliche Gliederungs- und Ausweisvorschriften zur Bilanz für Kapitalgesellschaften

Anlagevermögen	Forderungen	Eigenkapital	Verbindlichkeiten
Im Anlagenspiegel § 268 Abs. 2 HGB i.V.m. § 274a Nr. 1 HGB	Beträge mit einer Restlaufzeit über einem Jahr § 268 Abs. 4 Satz 2 HGB i.V.m. § 274a Nr. 2 HGB	Gliederung nach §§ 268 Abs. 3 und 272 Abs. 1 HGB	Verbindlichkeitenspiegel § 268 Abs. 5 Satz 3 HGB i.V.m. § 274a Nr. 3 HGB

Struktur der Gewinn- und Verlustrechnung nach § 275 HGB

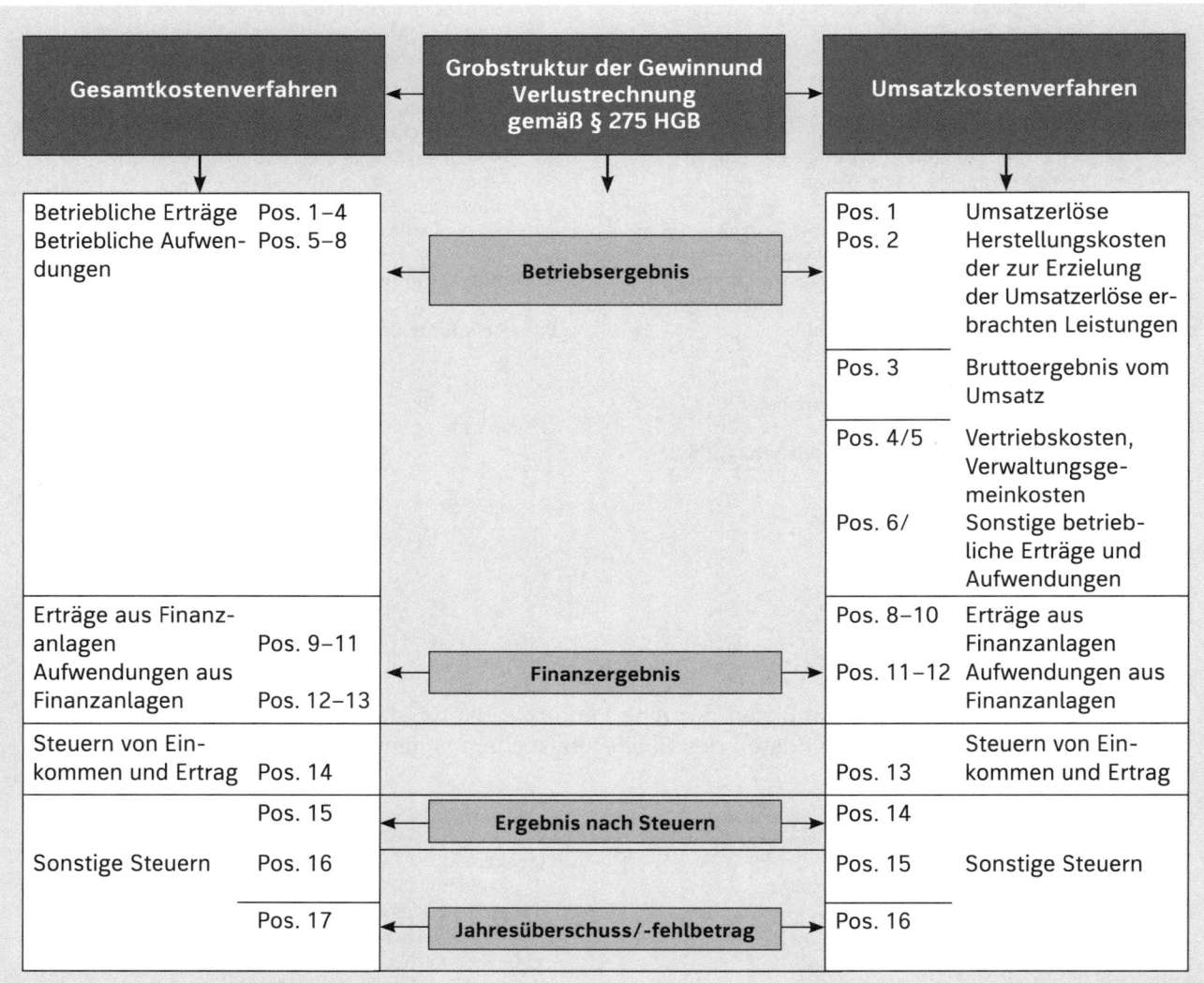

Auswertung der Bilanz

Bilanzstruktur

Gliederung nach Liquidität und Kapitalbindungsfristen	Bilanzstruktur	Gliederung nach Herkunft und Kapitalüberlassungsfristen
Anlagevermögen **Umlaufvermögen** ■ liquide Mittel 3. Grades ■ liquide Mittel 2. Grades ■ liquide Mittel 1. Grades		**Eigenkapital** **Fremdkapital** ■ langfristig ■ mittelfristig ■ kurzfristig

Hinweise zur Bilanzstruktur

ARA = kurzfristige Forderungen   **PRA** = kurzfristige Verbindlichkeiten

Sonderposten mit Rücklageanteil: 50 % Eigenkapital, 50 % Fremdkapital

Rückstellungen und Verbindlichkeiten:

Gliederung (meist im Anhang) nach der Restlaufzeit in lang-, mittel- und kurzfristige

Jahresüberschuss (nach Gewinnverwendungsvorschlag):

■ Einstellung in Rücklagen   = Eigenkapital

■ vorgesehene Ausschüttung = kurzfristige Verbindlichkeiten

Bilanzkennziffern

Absolute Zahlen sind wenig geeignet zur Auswertung einer Bilanz. Wenn ein Unternehmen z. B. ein Eigenkapital von 500 000,00 € hat, so kann man anhand dieser Zahl alleine nicht beurteilen, ob dies viel oder wenig Eigenkapital ist, denn das hängt von der Größe des Unternehmens ab. Deshalb wird dieser Betrag in ein Verhältnis gebracht zum Gesamtkapital. Beträgt das Gesamtkapital 1 Mio. €, so sind 500 000,00 € Eigenkapital 50 %. Das ist eine gute Eigenkapitalquote. Beträgt das Gesamtkapital aber 12,5 Mio. €, so sind 500 000,00 € Eigenkapital nur 4 %. Das ist eine sehr schlechte Eigenkapital-quote. Also bildet man bei der Auswertung der Bilanz **Verhältniszahlen**, die **Bilanzkennziffern**. Es sollten immer nur Kennzahlen von Unternehmen **einer Branche** verglichen werden. So haben z. B. Banken traditionell eine geringe Eigenkapitalquote, während Unternehmen der Konsumgüterindustrie sehr hohe Eigenkapitalquoten aufweisen. Ein Vergleich zweier Unternehmen aus unterschiedlichen Branchen anhand von Kennzahlen ist daher nicht aussagekräftig.

Analyse der Investitions- oder Vermögensstruktur

$$\text{Anlagevermögensintensität} = \frac{AV \cdot 100}{\text{Gesamtvermögen}}$$

$$\text{Umlaufvermögensintensität} = \frac{UV \cdot 100}{\text{Gesamtvermögen}}$$

$$\text{Vorratsintensität} = \frac{\text{Vorräte} \cdot 100}{\text{Gesamtvermögen}}$$

$$\text{Forderungsintensität (Forderungsquote)} = \frac{\text{Forderungen} \cdot 100}{\text{Gesamtvermögen}}$$

$$\text{Quote der liquiden Mittel} = \frac{\text{liquide Mittel} \cdot 100}{\text{Gesamtvermögen}}$$

Beispiel: *Beträgt die Anlagevermögensintensität 42 %, so bedeutet dies, dass das Anlagevermögen 42 % des Gesamtvermögens ausmacht.*

Urteil: Ein hohes Anlagenvermögen wird oft kritisch gesehen, weil es mehr fixe Kosten verursacht, das Unternehmen weniger anpassungsfähig macht und der Rückfluss liquider Mittel länger dauert als bei einem hohen Umlaufvermögen. Andererseits bietet ein hohes Anlagevermögen auch Sicherheiten, da Vermögenswerte ggf. verkauft werden können und so eine Insolvenz vermieden werden kann.

Praxis: Die Anlagevermögensintensität ist sehr stark von der Branche abhängig. Im Handel und im Baugewerbe ist sie niedrig. Im produzierenden Gewerbe ist sie hoch und steigt mit zunehmendem Automatisierungsgrad.

Analyse der Finanzierungs- oder Kapitalstruktur

Eigenkapitalquote	$= \dfrac{\text{Eigenkapital} \cdot 100}{\text{Gesamtkapital}}$
Selbstfinanzierungsgrad	$= \dfrac{\text{Gewinnrücklagen} \cdot 100}{\text{Gesamtkapital}}$
Fremdkapitalintensität	$= \dfrac{\text{Fremdkapital} \cdot 100}{\text{Gesamtkapital}}$
Verschuldungskoeffizient	$= \dfrac{\text{Fremdkapital} \cdot 100}{\text{Eigenkapital}}$
Langfristige Finanzierung	$= \dfrac{(\text{Eigenkapital} + \text{langfr. Fremdkapital}) \cdot 100}{\text{Gesamtkapital}}$
Kurzfristige Fremdkapitalfinanzierung (finanzielle Beweglichkeit)	$= \dfrac{\text{kurzfr. Fremdkapital} \cdot 100}{\text{Gesamtkapital}}$
Bilanzkurs in EUR	$= \dfrac{\text{Eigenkapital}}{\text{gezeichnetes Kapital}}$
Bilanzkurs in %	$= \dfrac{\text{Eigenkapital} \cdot 100}{\text{gezeichnetes Kapital}}$

Beispiel: *Beträgt die Eigenkapitalquote 37 %, so bedeutet dies, dass das Eigenkapital 37 % des gesamten Kapitals ausmacht. Anders ausgedrückt: Es werden 37 % des gesamten Kapitals eines Unternehmens durch eigene Mittel aufgebracht (z.B. Einzahlungen der Anteilseigner, einbehaltene Gewinne etc.). Der Rest erfolgte durch Kreditaufnahme (= Fremdkapital).*

Urteil: Je höher die Eigenkapitalquote ist, desto geringer ist die finanzielle Belastung des Unternehmens durch Zins- und Tilgungszahlungen und die Abhängigkeit von fremden Geldgebern. Allerdings kann ein Rückgang der Eigenkapitalquote auch damit zusammenhängen, dass ein Unternehmen den Leverage-Effekt ausnutzen will. Dieser Effekt besteht darin, dass mit zunehmender Verschuldung die Eigenkapitalrentabilität steigt, sofern die Verzinsung des gesamten eingesetzten Kapitals größer ist als der zu zahlende Zinssatz für Fremdkapital.

Praxis: Die Eigenkapitalquote ist von der jeweiligen Branche abhängig und von der Rechtsform (in Kapitalgesellschaften ist sie im Durchschnitt höher als in Nichtkapitalgesellschaften). Ein Unternehmen gilt als solide finanziert, wenn die Eigenkapitalquote über 30 % liegt. Die durchschnittliche Eigenkapitalquote aller mittelständischen deutschen Unternehmen lag Ende 2018 bei 31,2 %.

Investition — Kapitalanlage — Anlagendeckung

Anlagendeckung I	$= \dfrac{\text{Eigenkapital} \cdot 100}{\text{Anlagevermögen}}$
Anlagendeckung II	$= \dfrac{(\text{Eigenkapital} + \text{langfr. Fremdkapital}) \cdot 100}{\text{Anlagevermögen}}$

Beispiel: Beträgt die Anlagendeckung I 62 %, so bedeutet dies, dass das Anlagevermögen zu 62 % durch Eigenkapital finanziert worden ist. Die restlichen 38 % sollten mit langfristigem Fremdkapital finanziert sein (s. Anlagendeckung II).

Urteil: Die **goldene Bilanzregel** schreibt vor, dass langfristiges Vermögen auch langfristig finanziert werden soll. Optimal wäre eine Anlagendeckung I in Höhe von 100 %.

Praxis: Die Anlagendeckung II liegt in deutschen Industrieunternehmen im Durchschnitt über 150 %. Dies bedeutet, dass nicht nur das gesamte Anlagevermögen, sondern auch Teile des Umlaufvermögens langfristig finanziert worden sind.

Statische Liquiditätsanalyse (Zahlungsbereitschaft)

Liquidität 1. Grades (Barliquidität)	$= \dfrac{\text{liquide Mittel} \cdot 100}{\text{kurzfristige Verbindlichkeiten}}$
Liquidität 2. Grades (einzugsbedingte Liquidität)	$= \dfrac{\text{liquide Mittel} + \text{kurzfr. Forderungen} \cdot 100}{\text{kurzfristige Verbindlichkeiten}}$
Liquidität 3. Grades (umsatzbedingte Liquidität)	$= \dfrac{\text{Umlaufvermögen} \cdot 100}{\text{kurzfristige Verbindlichkeiten}}$

Liquiditätsstatus in Staffelform:		
		liquide Mittel
	−	kurzfristige Verbindlichkeiten
		Unterdeckung/Überdeckung
	±	kurzfristige Forderungen
		Unterdeckung/Überdeckung
	±	Vorräte
	=	Unterdeckung/Überdeckung

Deckungsrechnung:

	Eigenkapital
−	Anlagevermögen
	Eigenkapitalunterdeckung/-überdeckung
+	langfristiges Fremdkapital
	Unter-/Überdeckung des langfristigen Fremdkapitals
+	kurz- und mittelfristiges Fremdkapital
=	Umlaufvermögen
+	Anlagevermögen
=	Bilanzsumme

Beispiel: *Beträgt die Liquidität 2. Grades 96 %, so bedeutet dies, dass mit den liquiden Mitteln (Bank, Kasse) und unter der Voraussetzung, dass alle Forderungen eintreffen, 96 % aller kurzfristigen Verbindlichkeiten bezahlt werden können. Die fehlenden 4 % müssen durch zukünftige Umsatzerlöse aufgebracht werden (Liquidität 3. Grades).*

Urteil: Da in diese Bilanzkennziffer Bilanzpositionen einfließen, die sich sehr schnell ändern (Kasse, Bank, Forderungen a. LL, kurzfristige Verbindlichkeiten), ist sie nur eine Momentaufnahme am Bilanzstichtag und kann sich ebenfalls sehr schnell ändern. Deshalb müssen zusätzlich weitere Informationen hinzugezogen werden, wie z.B. Auftragslage, Umsatzentwicklung und Marktlage.

Praxis: Folgende Richtwerte werden allgemein empfohlen: Die Liquidität 1. Grades sollte nicht unter 20 % liegen, die Liquidität 2. Grades sollte 100 % und die Liquidität 3. Grades 200 % betragen.

Auswertung der Gewinn- und Verlustrechnung

Struktur der Gewinn- und Verlustrechnung

	Betriebsergebnis
±	Finanzergebnis
−	Steuern von Einkommen und Ertrag
=	Ergebnis nach Steuern
−	sonstige Steuern
=	Jahresüberschuss/-fehlbetrag

Kennzahlen zur GuV-Rechnung

Beurteilung der betrieblichen Aufwendungen und Erträge

$$\text{Umsatzintensität} = \frac{\text{Umsatzerlöse} \cdot 100}{\text{betriebliche Erträge}}$$

$$\text{Materialaufwandsintensität} = \frac{\text{Materialaufwand} \cdot 100}{\text{betriebliche Aufwendungen}}$$

$$\text{Personalaufwandsintensität} = \frac{\text{Personalaufwand} \cdot 100}{\text{betriebliche Aufwendungen}}$$

$$\text{Abschreibungsintensität} = \frac{\text{Abschreibungen} \cdot 100}{\text{betriebliche Aufwendungen}}$$

Beispiel: Beträgt die Umsatzintensität 96 %, so bedeutet dies, dass 96 % der betrieblichen Erträge durch Umsatzerlöse erzielt worden sind. Beträgt die Materialaufwandsintensität 31 %, so bedeutet dies, dass die Materialaufwendungen 31 % der betrieblichen Aufwendungen ausmachen.

Rentabilität

$$\text{Eigenkapitalrentabilität} = \frac{\text{Jahresüberschuss/-fehlbetrag} \cdot 100}{\frac{(\text{AB} + \text{EB Eigenkapital})}{2}}$$

$$\text{Gesamtkapitalrentabilität} = \frac{(\text{Jahresüberschuss/-fehlbetrag} + \text{Fremdkapitalzinsen}) \cdot 100}{\frac{(\text{AB} + \text{EB Gesamtkapital})}{2}}$$

$$\text{Umsatzrentabilität} = \frac{\text{Jahresüberschuss/-fehlbetrag} \cdot 100}{\text{Umsatzerlöse}}$$

Beispiel: Beträgt die Eigenkapitalrentabilität 5 %, so bedeutet dies, dass sich das eingesetzte Eigenkapital zu 5 % verzinst hat. Mit 100,00 € eingesetztem Kapital wurde also ein Gewinn von 5 € erzielt.

Urteil: Liegt die Eigenkapitalrentabilität eines Unternehmens über dem Zinssatz für Kapitalanlagen, ist es für die Anteilseigner lohnend, in das Unternehmen zu investieren. Läge der Zinssatz für Kapitalanlagen über der Eigenkapitalrentabilität, dann könnten die Anteilseigner ihr Geld abziehen, um es am Kapitalmarkt zu investieren und so eine höhere Verzinsung zu erhalten.

Praxis: Die Eigenkapitalrentabilität (nach Steuern) der Sparkassen in Deutschland betrug 4,82 % im Jahre 2018.

Finanzorientierte Analyse der Ertragslage

Cashflow $=$ Jahresüberschuss/-fehlbetrag
+ Abschreibungen auf Anlagen
+ Erhöhung der langfristigen Rückstellungen

$$\text{Cashflow-Umsatzrate} = \frac{\text{Cashflow} \cdot 100}{\text{Umsatzerlöse}}$$

Beispiel: *Beträgt der Cashflow 560 000,00 €, so bedeutet dies, dass 560 000,00 € der Umsatzerlöse nicht ausgabewirksam sind, d. h. nicht für Materialaufwendungen, Personalaufwendungen etc. benötigt worden sind.*

Urteil: Der Cashflow ist eine Kennzahl, die einen Einblick gibt in die Selbstfinanzierungsmöglichkeiten eines Unternehmens. Sie gibt die Höhe der finanziellen Mittel an, die für Investitionen, zur Schuldentilgung oder für Ausschüttungen zur Verfügung stehen.

Praxis: Der Cashflow aus laufender Geschäftstätigkeit eines großen deutschen Bekleidungsherstellers betrug 457 Mio. € im Jahre 2019.

Umschlagskennzahlen: Vorräte, Forderungen a. LL, Verbindlichkeiten a. LL, Gesamtkapital

$$\text{durchschnittlicher Materiallagerbestand} = \frac{\text{Anfangsbestand} + \text{Endbestand}}{2}$$

$$\text{Umschlagshäufigkeit der Materialien} = \frac{\text{Materialeinsatz}}{\text{durchschnittlicher Lagerbestand an Materialien}}$$

$$\text{durchschnittliche Lagerdauer der Materialien} = \frac{360}{\text{Umschlagshäufigkeit}}$$

$$\text{durchschnittlicher Forderungsbestand} = \frac{\text{Anfangsbestand} + \text{Endbestand}}{2}$$

Beispiel: *Beträgt die Umschlagshäufigkeit 12, dann liegt die durchschnittliche Lagerdauer bei 30 Tagen. Das bedeutet, dass der durchschnittliche Lagerbestand während des Geschäftsjahres 12-mal verkauft bzw. verbraucht wurde. Also lag ein Produkt oder eine Ware durchschnittlich 30 Tage auf Lager.*

Urteil: Je höher die Umschlagshäufigkeit ist, desto kürzer ist die durchschnittliche Lagerdauer und desto schneller fließen liquide Mittel in das Unternehmen zurück. Damit sinkt das Lagerrisiko (Verderb, Alterung), der Kapitaleinsatz verringert sich und die Lagerkostenanteile je Produkt oder Ware sinken.

Praxis: Im Lebensmitteleinzelhandel ist die Umschlagshäufigkeit deutlich höher als im Bekleidungseinzelhandel.

$$\text{Debitorenumschlag} = \frac{\text{Umsatzerlöse}}{\text{durchschnittlicher Forderungsbestand}}$$

$$\text{Debitorenlaufzeit} = \frac{360}{\text{Debitorenumschlag}}$$

$$\text{durchschnittlicher Kreditorenbestand} = \frac{\text{Anfangsbestand} + \text{Endbestand}}{2}$$

$$\text{Kreditorenumschlag} = \frac{\text{Materialeinsatz}}{\text{durchschnittlicher Kreditorenbestand}}$$

$$\text{Kreditorenlaufzeit} = \frac{360}{\text{Kreditorenumschlag}}$$

$$\text{durchschnittliches Gesamtkapital} = \frac{\text{Anfangsbestand} + \text{Endbestand}}{2}$$

$$\text{Umschlagshäufigkeit des Gesamtkapitals} = \frac{\text{Umsatzerlöse}}{\text{durchschnittlicher Gesamtkapitalbestand}}$$

$$\text{Gesamtkapitalumschlagsdauer} = \frac{360}{\text{Gesamtkapitalumschlagshäufigkeit}}$$

$$\text{Return-on-Investment (ROI)} = \text{Umsatzrentabilität} \cdot \text{Umschlagshäufigkeit Gesamtkapital}$$

EBIT und EBITDA

EBIT und EBITDA können als Zwischenergebnisse in der Gewinn- und Verlustrechnung ausgewiesen oder – vom Jahresüberschuss/-fehlbetrag ausgehend – durch Herausrechnen der jeweiligen Einflussgrößen ermittelt werden:

	Umsatzerlöse
+	Erhöhung des Bestandes an unfertigen und fertigen Erzeugnissen
+	sonstige betriebliche Erträge
–	Materialaufwand einschließlich Aufwendungen für bezogene Leistungen
–	Personalaufwand
–	Abschreibungen
–	sonstige betriebliche Aufwendungen
	EBIT
+	Abschreibungen
=	EBITDA

oder

	Jahresüberschuss/-fehlbetrag
+	Steuern
+	Zinsen u. ä. Aufwendungen
	EBIT
+	Abschreibungen
=	EBITDA

Beispiel: Beträgt der EBIT 12,9 Mio. €, so bedeutet dies, dass das Unternehmen vor der Zahlung von Zinsen und Steuern ein Betriebsergebnis in Höhe von 12,9 Mio. € erzielt hat.

Urteil: Der EBIT (Earnings Before Interest and Taxes) ist eine Erfolgsgröße, die aus der angelsächsischen Rechnungslegung kommt und sich in Zeiten der Globalisierung auch im deutschen Sprachgebrauch durchgesetzt hat. Sie zeigt das Betriebsergebnis ohne Berücksichtigung von Zinsen und Steuern. Damit wird eine bessere Vergleichbarkeit der Leistung in Konzern-Tochterunternehmen erreicht, weil der Einfluss der unterschiedlichen Fremdkapitalausstattung und der unterschiedlichen Steuerbelastung aufgrund des Standortes neutralisiert wird. Im EBITDA (Earnings Before Interest, Taxes, Depreciation and Amortization) bleiben neben Zinsen und Steuern auch noch die Abschreibungen unberücksichtigt, weil die Höhe der Abschreibungen von der Abschreibungspolitik der Geschäftsleitung beeinflusst wird.

Praxis: Der EBIT eines großen deutschen Autoherstellers betrug

	2017	14,35 Mrd. €
	2018	11,13 Mrd. €
	2019	4,33 Mrd. €

Analyse der Investitionspolitik: Auswertung des Anlagenspiegels

$$\text{Bruttoinvestition} = \frac{\text{Zugänge AV} \cdot 100}{\text{Sachanlagenvermögen zu Beginn des Geschäftsjahres zum Buchwert}}$$

$$\text{Nettoinvestition} = \frac{\text{Nettoinvestition AV} \cdot 100}{\text{Sachanlagenvermögen zu Beginn des Geschäftsjahres zum Buchwert}}$$

$$\text{Investitionsdeckungsquote} = \frac{\text{Jahresabschreibung auf Sachanlagen} \cdot 100}{\text{Finanzbedarf}}$$

$$\text{Abschreibungsquote} = \frac{\text{Jahresabschreibung auf Sachanlagen} \cdot 100}{\text{AK zu Beginn} + \text{Zugänge} - \text{Abgänge}}$$

$$\text{Anlagenabnutzungsgrad} = \frac{\text{kumulierte Abschreibung} \cdot 100}{\text{Sachanlagen zu AK am Jahresende}}$$

Bewegungsbilanz

Mittelverwendung	Bilanz	Mittelherkunft
Kapitalverwendung ■ durch Investitionen (Aktivmehrungen) ■ durch Kapitalrückzahlungen (Passivminderungen)	**Kapitalzufluss** ■ durch Fremd- und Eigenfinanzierung (Passivmehrung) ■ durch Mittelfreisetzung (Aktivminderung)	
I. Aktivmehrungen ■ Investitionen im Anlagenvermögen ■ Investitionen im Umlaufvermögen	**I. Passivmehrungen** ■ Eigenkapitalmehrungen ⊐ durch Einlage bzw. Einzahlung (Eigenfinanzierung als Außenfinanzierung) ⊐ durch Gewinn (Eigenfinanzierung als Innenfinanzierung) ■ Fremdkapitalmehrung ⊐ Kreditfinanzierung (Außenfinanzierung) ⊐ Innenfinanzierung (Bildung von Rückstellungen)	
II. Passivminderungen Sie zeigen einen Kapitalabfluss an: ■ Eigenkapitalminderung = Entnahmen (Auszahlungen an Eigenkapitalgeber) ■ Fremdkapitalminderung = Schuldentilgung	**II. Aktivminderungen** Sie zeigen die Mittelherkunft durch Mittelfreisetzung an: ■ Veräußerung von Anlagevermögensteilen ■ Abbau von Vorräten und liquiden Mitteln	

Shareholder-Value

Als Shareholder bezeichnet man die **Eigenkapitalgeber** (bei Aktiengesellschaften demnach die Aktionäre) eines Unternehmens. Der **Shareholder-Value**[1] bezeichnet vereinfacht ausgedrückt den **Wert des Eigenkapitals** eines Unternehmens. Bei börsennotierten Aktiengesellschaften ergibt sich dieser Wert aus der Multiplikation der Anzahl der ausgegebenen Aktien mit dem Börsenkurs.

Nach dem von Alfred Rappaport 1986 in seinen Grundzügen entwickelten Shareholder-Value-Ansatz werden Unternehmen grundsätzlich danach beurteilt, inwieweit es ihnen gelingt, den Wert des Unternehmens für die Eigentümer (bei Aktiengesellschaften also für die Aktionäre) zu steigern bzw. die Ausschüttungen für diese (bei Aktiengesellschaften also die Dividenden) zu maximieren. Sämtliche unternehmerischen Entscheidungen sind also so zu treffen, dass die Vermögens- und die Einkommenssituation der Eigenkapitalgeber (der Shareholder) verbessert wird.

Ziele einer auf die Steigerung des Shareholder-Value ausgerichteten Unternehmenspolitik:

- Steigerung des Marktwertes des Unternehmens und damit des Aktionärsvermögens
  → Erhöhung des Aktienkurses
- Maximierung des ökonomischen Gewinns
- Maximierung der Gewinnausschüttungen an die Eigenkapitalgeber
  → Erhöhung der Eigenkapitalrentabilität

Maßnahmen zur Verbesserung der Wertgröße „Shareholder-Value":

- Konzentration auf das operative Geschäft und renditeträchtige Geschäftseinheiten:
  - Verkauf defizitärer Geschäftsbereiche
  - Veräußerung von Geschäftsteilen, deren Rendite unterhalb der durchschnittlichen Kapitalkosten der Unternehmung liegen
- Durchsetzung von Entscheidungen, die mit Kosteneinsparungen verbunden sind
  - Verlagerung der Produktion in sog. Billiglohnländer
  - Durchführung von Rationalisierungsmaßnahmen ohne Berücksichtigung sozialer Aspekte
- Steigerung künftiger Erträge und Einzahlungen
- Senkung künftiger Aufwendungen und Kosten
- Erhöhung des Marktanteils
- „Eroberung" neuer Märkte
- externe Berichterstattung über die Entwicklung des Gewinns, des Cashflows sowie der Vermögenslage in möglichst kurzen Zeitabständen (regelmäßige Veröffentlichung sogenannter Quartalszahlen)
- ständige Überprüfung und Optimierung der Finanzstruktur

Pro-Argumente	Contra-Argumente
• Es ist das legitime Interesse der Eigentümer eines Unternehmens, einen möglichst hohen Gewinn und eine Maximierung des eingesetzten Kapitals zu erreichen. • Kapital wird so effizient wie möglich eingesetzt. Falsch investiertes Kapital entzieht der Wirtschaft knappe Mittel, die an anderer Stelle besser hätten eingesetzt werden können. • Nur durch die Konzentration auf Shareholder-Value-Ziele bleibt ein Unternehmen wettbewerbsfähig. → Nur wettbewerbsfähige Unternehmen können Arbeitsplätze schaffen.	• Die Shareholder-Value-Strategie zielt nur auf den kurzfristigen Unternehmenserfolg ab. Nachhaltige, langfristige Wertzuwächse werden nicht erzielt. • Investitionen, die am langfristigen Unternehmenserfolg orientiert sind, unterbleiben. Dies schwächt die Wettbewerbsfähigkeit nachhaltig. • Soziale und ökonomische Ziele bleiben unberücksichtigt, die Unternehmen werden ihrer gesamtgesellschaftlichen Verantwortung nicht gerecht.

---

[1] Wörtliche Übersetzung: „Aktionärswert", Bedeutung: Wert eines Unternehmens (im Regelfall einer Aktiengesellschaft)

Stakeholder-Value

Stakeholder sind die Personen, die von der Tätigkeit eines Unternehmens gegenwärtig oder zukünftig betroffen sind. Der **Stakeholder-Value** ist der Nutzen, der diesen Anspruchsgruppen aus der Tätigkeit eines Unternehmens entsteht.

Im Gegensatz zum Shareholder-Value-Ansatz, der die Interessen der Kapitaleigner in den Mittelpunkt der Unternehmenspolitik rückt, versucht der Stakeholder-Value-Ansatz die Interessen sämtlicher Anspruchsgruppen eines Unternehmens (Mitarbeiter, Eigentümer, Gläubiger, Kunden, Lieferanten, Staat, Gesellschaft) zu berücksichtigen. Nicht die Gewinnmaximierung, sondern ein **Interessensausgleich aller Anspruchsgruppen**, welche in angemessener Weise am Unternehmenshandeln und am Unternehmenserfolg beteiligt werden, soll nach dem Stakeholder-Ansatz oberstes Ziel der Unternehmenspolitik sein.

Anspruchsgruppen	Vorrangige Interessen und Ziele
Eigentümer, Eigenkapitalgeber (Shareholder)	▪ hohes Einkommen/Gewinn ▪ Steigerung des Unternehmenswertes ▪ angemessene Verzinsung des investierten Kapitals
Mitarbeiter, auch leitende Angestellte (Manager)	▪ hohes Einkommen/gerechte Entlohnung ▪ sicherer Arbeitsplatz ▪ Mitbestimmung ▪ Aufstiegschancen, Status, Anerkennung
Fremdkapitalgeber	▪ Sicherheit ▪ angemessene Verzinsung
Kunden	▪ qualitativ gute Produkte (Dienstleistungen) zu günstigen Preisen (angemessenes Preis-Leistungs-Verhältnis) ▪ zufriedenstellende Serviceleistungen ▪ Flexibilität bei der Auftragsbearbeitung
Lieferanten	▪ langfristig stabile, sichere Liefermöglichkeiten ▪ gute Zahlungsbedingungen, termingerechte Zahlungen ▪ hohe Liquidität bzw. Bonität der Abnehmer
Konkurrenten	▪ Einhaltung der Grundregeln einer fairen Marktkonkurrenz ▪ (branchenübergreifende) Kooperationen
Staat und Gesellschaft: ▪ Finanzbehörden ▪ Bürgerinitiativen ▪ Verbraucherverbände ▪ Gewerkschaften ▪ Arbeitgeberverbände	▪ Steuern ▪ Einhaltung der Gesetze ▪ Sicherung bzw. Schaffung von Arbeits- und Ausbildungsplätzen ▪ eine in weiten Teilen umweltfreundliche Produktion ▪ sichere, nicht gesundheitsgefährdende Produkte ▪ Teilnahme an und Beiträge zur politischen Willensbildung

Oftmals treffen vor allen Dingen im Bereich des Personalmanagements (Arbeitsbedingungen, Entlohnung) die Shareholderziele der Eigenkapitalgeber und die Stakeholderziele der Arbeitnehmer aufeinander, da eine stärkere Berücksichtigung von sozialen Zielen häufig die Erreichung kurzfristiger ökonomischer Zielvorgaben behindert.

Wesensmerkmale einer Ökobilanz

Alle wirtschaftlichen Tätigkeiten haben Auswirkungen auf die Umwelt durch den Einsatz von Rohstoffen, durch Abwässer, Abgase, Abfall und vieles mehr. Unter einer Ökobilanz versteht man ein betriebliches Informationssystem, mit dem man diese Umweltauswirkungen (Umwelteffekte) erfassen und bewerten kann.

Die Bestandteile einer Ökobilanz sind:

▪ **Die Betriebsbilanz (Input-Output-Bilanz)**
  Sie stellt den Input (alle eingesetzten Böden, Stoffe, Materialien und Energien) und den Output (Produkte, Abfälle und Emissionen) gegenüber.
  Es entsteht allerdings das Problem, dass es – anders als bei einer Handelsbilanz – keine einheitlichen Maßeinheiten gibt.

Beispiel (stark vereinfacht und verkürzt)

Input		Output	
1. Böden	...	1. Produkte	
2. Rohstoffe		...	...
...	...	2. Abfälle	
3. Hilfsstoffe		...	...
...	...	3. Abwasser	28 765 m³
4. Betriebsstoffe		4. Abgase	
4.1 Schmieröl	1 433 kg	4.1 Wasserdampf	3 988 t
4.2 Reinigungsmittel	610 l	4.2 Kohlendioxid	2 105 t
4.3 Desinfektionsmittel	129 l	4.3 Schwefeldioxid	455 t
5. Energie		4.4 Stickstoffdioxid	610 t
5.1 Strom	984 645 kWh	5. Abwärme	...
5.2 Heizöl	78 876 l	...	
6. Wasser	43 701 m³		
...			

▬ Prozessbilanzen

Die Inputs und Outputs werden den einzelnen Produktionsschritten bzw. Teilprozessen zugeordnet, wie z.B. Sägerei, Fräserei, Lackiererei, Polsterei, Montage in einer Möbelfabrik.

▬ Produktbilanzen

Sie erfassen alle Inputs eines Produktes, bezogen auf seinen gesamten Lebenszyklus: Produktentwicklung – Rohstoffgewinnung – Produktion – Transport – Gebrauch – Entsorgung. Damit dienen sie der ökologischen Optimierung eines Produktlebenszyklus, aber auch dem ökologischen Produktvergleich, z.B. beim Vergleich von Einweg- und Mehrwegverpackungen in der Getränkeindustrie.

▬ Substanzbilanz

Sie erfasst einerseits dauerhafte betriebliche Umweltnutzungen durch Boden und Gebäude sowie betriebstechnische und elektronische Anlagen, Fuhrpark u.a. Andererseits werden die Risiken und Eingriffe des Standortes in die Umwelt dargestellt, die sich daraus ergeben, wie z.B. die Beeinträchtigung des Grundwassers, die Flächennutzung durch Parkplätze, Transportwege und Lagerflächen, sowie Bebauung und Einschnitte in die Landschaft.

Ökobilanzen können nicht nur für ganze Betriebe, Produkte und Dienstleistungen aufgestellt werden, sondern auch für Verfahrensweisen und Technologien.
Sie dienen damit einerseits der Entwicklung umweltverträglicher Produkte, Dienstleistungen und Produktionsverfahren sowie der ökologischen Steuerung und Kontrolle. Andererseits dienen sie aber auch der Imagepflege bei Kunden, Lieferern, Kreditgebern und in der Öffentlichkeit.

4.2 Ausgangssituation und Aufgaben

Die Tomer AG gehört zu den traditionsreichsten, innovativsten und heute erfolgreichsten Caravan- und Reisemobil-Herstellern in Europa. Nach der Produktion des ersten Wohnwagens in den 30er-Jahren begann bereits 1958 die Serienfertigung der noch heute bekannten Wohnmobil-Baureihe.
Heute produziert die Tomer AG neben hochwertigen Wohnwagen auch Wohnmobile mit unterschiedlichsten Ausstattungsmerkmalen.

Zum Tomer-Konzern gehören neben zahlreichen Auslandsniederlassungen auch durch Aufkäufe hinzugekommene Tochtergesellschaften. Als wichtigste Tochtergesellschaften sind die Bustna AG (ebenfalls ein Caravan-Hersteller) und die Taiga Caravans S. p. A., Italien, zu nennen.

In den letzten Jahren war ein kontinuierlicher Anstieg der Nachfrage nach Wohnmobilen zu verzeichnen. Jedoch ist damit zu rechnen, dass im kommenden Jahr die Absatzzahlen des Vorjahres aufgrund der derzeitigen Marktlage nicht erreicht werden können. Zur Vorbereitung auf den zu erwartenden Absatzeinbruch möchte die Geschäftsleitung die laufenden Produktionskosten senken, indem sie in neue Maschinen investiert. Die geschätzten Kosten belaufen sich auf ca. 5 Mio. €.

Zur Finanzierung des Investitionsbedarfs möchte die Geschäftsleitung einen Kredit bei der örtlichen Kreissparkasse aufnehmen.

Als Sparkassenmitarbeiter müssen Sie zur Entscheidungsvorbereitung für Ihren Vorstand eine Beurteilung des Unternehmens hinsichtlich seiner Kreditwürdig- und Kreditfähigkeit abgeben.

Hilfsinstrumente:	Bearbeitungshinweise:
Anlage 1: Bilanz der Tomer AG aus Berichtsjahr und Vorjahr	→ Runden Sie auf eine Stelle nach dem Komma.
Anlage 2: GuV der Tomer AG aus Berichtsjahr und Vorjahr	→ Das Eigenkapital zu Beginn des Vorjahres betrug 75 389 TEUR.
Anlage 3: Lagebericht aus dem Geschäftsbericht für das Berichtsjahr der Tomer AG	→ Das Gesamtkapital zu Beginn des Vorjahres betrug 172 580 TEUR.

Anlage 1: Bilanz der Tomer AG aus Berichtsjahr und Vorjahr in TEUR

	Berichts-jahr	Vorjahr		Berichts-jahr	Vorjahr
A. Anlagevermögen			**A. Eigenkapital**		
I. Immaterielle Vermögenswerte			I. Gezeichnetes Kapital		
1. gewerbliche Schutzrechte u. ähnliche Rechte und Werte	731	757	Stammaktien	20 000	12 000
2. geleistete Anzahlungen	22	0	II. Kapitalrücklage	12 707	12 707
II. Sachanlagen			III. Gewinnrücklagen		
1. Grundstücke und Bauten	33 203	32 770	andere Gewinnrücklagen	43 772	45 575
2. technische Anlagen und Maschinen	1 860	1 609	IV. Bilanzgewinn	5 280	7 244
3. andere Anlagen, BGA	8 177	7 688	**B. Rückstellungen**		
4. geleistete Anzahlungen und Anlagen im Bau	161	428	1. Rückstellungen für Pensionen und ähnliche Verpflichtungen (langfristig)	1 704	1 724
III. Finanzanlagen			2. Steuerrückstellung (kurzfristig)	36	106
Anteile an verbundenen Unternehmen	26 963	26 681	3. sonstige Rückstellungen (kurzfristig)	8 356	8 460
B. Umlaufvermögen			**C. Verbindlichkeiten**		
I. Vorräte			1. Verbindlichkeiten gegenüber Kreditinstituten (davon 10 % kurzfristig)	73 667	72 954
1. Roh-, Hilfs- u. Betriebsstoffe	23 186	23 603			
2. unfertige Erzeugnisse	5 520	4 659			
3. fertige Erezugnisse und Waren	28 975	33 341	2. erhaltene Anzahlungen auf Bestellungen (kurzfristig)	156	0
II. Forderungen und sonst. Vermögensgegenstände (alle kurzfristig)			3. Verbindlichkeiten aus Lieferungen und Leistungen (kurzfristig)	7 396	8 215
1. Forderungen aus Lieferungen und Leistungen	33 811	27 675	4. Verbindlichkeiten gegenüber verbundenen Unternehmen (kurzfristig)	828	1 361
2. Forderungen gegen verbundene Unternehmen	3 713	7 383			
3. sonstige Vermögensgegenstände	12 398	8 162	5. sonstige Verbindlichkeiten (kurzfristig)	5 331	4 861
III. Kassenbestand und Guthaben bei Kreditinstituten	513	451			
	179 233	175 207		179 233	175 207

Anlage 2: Gewinn- und Verlustrechnung der Tomer AG aus Berichtsjahr und Vorjahr in TEUR

	Vorjahr	Berichtsjahr
1. Umsatzerlöse	306 507	305 627
2. Verminderung (Erhöhung im Vorjahr) des Bestands an fertigen und unfertigen Erzeugnissen	−1 718	6 006
3. sonstige betriebliche Erträge	6 778	5 481
4. betriebliche Erträge	**311 567**	**317 114**
5. Materialaufwand		
a) Aufwendungen für Roh-, Hilfs- und Betriebstoffe für bezogene Waren	208 016	215 447
b) Aufwendungen für bezogene Leistungen	7 629	7 024
6. Personalaufwand		
a) Löhne und Gehälter	42 210	41 981
b) Sozialabgaben und Aufwendungen für die Altersversorgung und Unterstützung	9 053	9 346
7. Abschreibung auf immaterielle Vermögensgegenstände des Anlagevermögens und Sachanlagen	5 424	5 174
8. sonstige betriebliche Aufwendungen	18 282	18 622
9. betriebliche Aufwendungen	**290 614**	**297 594**
10. Betriebsergebnis	**20 953**	**19 520**
11. Erträge aus Beteiligungen	1 304	1 523
12. Erträge aus Ergebnisabführverträgen	10	10
13. sonstige Zinsen und ähnliche Erträge	943	1 848
14. Zinsen und ähnliche Aufwenungen	5 341	5 520
15. Finanzergebnis	**−3 084**	**−2 139**
16. Steuern vom Einkommen und vom Ertrag	6 231	2 678
17. Ergebnis nach Steuern	**11 638**	**14 703**
18. sonstige Steuern	161	215
19. Jahresüberschuss	**11 477**	**14 488**
20. Einstellungen in andere Gewinnrücklagen	6 197	7 244
21. Bilanzgewinn	**5 280**	**7 244**

Anlage 3: Lagebericht Konzern und AG

In unserer Prognose für das Berichtsjahr der Tomer AG sind wir von einem weitgehend gleichbleibenden Umsatz ausgegangen. Mit einem Gesamtumsatz in Höhe von 306,5 Mio. € (Vj. 305,6 Mio. €) wurde diese Zielsetzung erreicht. Von dem Gesamtumsatz entfallen auf das Inland 143,6 Mio. €. Gegenüber dem Vorjahr bedeutet dies einen Rückgang um 14,9 Mio. € oder 9,4 %. Dieser Rückgang konnte durch eine weitere Steigerung des Exports um 15,7 Mio. € oder 10,7 % auf 162,9 Mio. € mehr als ausgeglichen werden. Besonders positiv hat sich hierbei der Caravan-Umsatz entwickelt, der gegenüber dem Vorjahr um 2,8 Mio. € oder 16,4 % gestiegen ist. Am Gesamtumsatz hat der Caravan einen Umsatzanteil von 35,2 Mio. €, das Reisemobil einen solchen von 252,3 Mio. € und die sonstigen Umsätze von 19,0 Mio. €. Ein wichtiges Unternehmensziel des Berichtsjahres war die bedarfsgerechte Anpassung der Kapazität an die Nachfrage seitens unserer Handelsorganisation. Im Rahmen dieser Zielsetzung ist es gelungen, einen aktiven Lagerbestandsabbau zu betreiben. Einem Bestandsaufbau im Vorjahr in Höhe von 6,0 Mio. € steht in diesem Geschäftsjahr ein Bestandsabbau in Höhe von 3,7 Mio. € gegenüber, sodass sich insgesamt eine Gesamtleistung von 302,8 Mio. € (Vj. 311,6 Mio. €) ergibt. Nachdem das Wachstum des Konzerns in den letzten Jahren überproportional durch den Export bestimmt wurde, sahen wir bei unserer Prognose für das laufende Geschäftsjahr nur noch geringe Steigerungsraten. Umso erfreulicher war die tatsächliche Entwicklung. Gegenüber dem Vorjahr erhöhte sich der Konzernumsatz um 40,5 Mio. € oder 6,9 % auf 631,1 Mio. € (Vj. 590,6 Mio. €). Besonders erfreulich ist hierbei die Entwicklung von Taiga, die nach einem schwierigen vorletzten Geschäftsjahr ohne Zweifel den sogenannten „Turn around" geschafft hat und sich mit einer Umsatzsteigerung um 12,3 Mio. € oder 21,0 % auf 71,0 Mio. € (Vj. 58,7 Mio. €) auf einem hervorragenden Weg befindet. Damit haben die in den beiden letzten Jahren eingeleiteten und realisierten Maßnahmen im Bereich der Modellentwicklung und Ausbau der Händlerorganisation ihre Bestätigung gefunden. Ein wieder auflebendes Wachstum verzeichnet das Haus Bustna, das mit einer Umsatzsteigerung aufwarten kann. Besonders bemerkenswert ist hierbei, dass sowohl im Inland als auch im Export Zuwächse erzielt werden konnten. Insgesamt verzeichnet Bustna einen Umsatzzuwachs um 26,1 Mio. € oder 13,2 % auf 224,3 Mio. € (Vj. 198,2 Mio. €).

Risikomanagement

Die Geschäftsentwicklung der letzten Jahre wurde weitgehend durch die Exporte geprägt und findet derzeit ihren Niederschlag in einer Exportquote von 60,9 %. Absatzmärkte sind im Wesentlichen die westeuropäischen Länder. Die Fakturierung erfolgt ausschließlich in EUR, sodass sich aus unserer Sicht die Notwendigkeit von Kurssicherungsgeschäften nicht ergibt. Die im Vorjahr in Deutschland vorgenommene Umstellung des Finanzierungssystems bei Ausstellungsfahrzeugen hat sich bestens bewährt und führt zu einer wesentlichen Reduzierung der Handelswechsel. Damit verbunden ist gleichzeitig eine Verringerung des Ausfallrisikos unserer Forderungen. Dennoch verbleiben als zusätzliche Sicherheit die für die Zulassung erforderlichen Dokumente in unserer Verwahrung. Darüber hinaus erfolgen durch Mitarbeiter unseres Hauses Bestandskontrollen. Risiken ergeben sich durch die nicht rechtzeitige Bereitstellung des Produktionsmaterials. Durch ein entsprechend aufgebautes Beschaffungswesen und eine sensible Planung im Bereich der Basisfahrzeuge reduzieren wir Produktionsausfälle und -verschiebungen. Unsicherheiten können entstehen durch staatliche Maßnahmen im Zeichen des Umweltschutzes oder des Sicherheitsstandards der Fahrzeuge, die zu erheblichen Mehrbelastungen führen können. Hierunter einzuordnen ist das Altfahrzeuggesetz, das die Entsorgung der Altfahrzeuge durch die Hersteller regelt. Auf der Basis dieses Gesetzes bilden wir jährliche Rückstellungen, die das Ergebnis erlösmindernd beeinflussen.

Vermögens- und Finanzstruktur

Wie im Vorjahr wurden bei der Tomer AG auch im Berichtsjahr Kapazitätsanpassungen vorgenommen und verstärkt auftragsbezogen produziert, was eine Reduzierung der Vorräte um 3,9 Mio. € auf 57,7 Mio. € zur Folge hatte.
Die Erhöhung des Forderungsbestands um 6,1 Mio. € auf 33,8 Mio. € (Vj. 27,7 Mio. €) ist auf die Auslieferung der neuen Produktreihe „Oxon" und den weiteren Anstieg der Auslandsnachfrage zurückzuführen. Die sonstigen Vermögensgegenstände enthalten im Wesentlichen Steuerforderungen gegen ein ausländisches Finanzamt, Erstattungsansprüche gegenüber der Bundesagentur für Arbeit aufgrund von Altersteilzeitverträgen, Bonusforderungen gegen Fahrzeughersteller, sowie debitorische Kreditoren. Die Verbindlichkeiten sind mit einer Reduzierung um 13 TEUR praktisch unverändert geblieben. Die Rückstellungen sind 0,2 Mio. € niedriger als im Vorjahr. Die Eigenkapitalquote stieg von 44,2 % auf 45,6 %. Im Konzern führten die Investitionen im Bereich der

Sachanlagen zu einer Erhöhung des Anlagevermögens von 6,1 Mio. € oder 8,1 %. Wie bei der AG ist auch im Konzern ein Abbau von fertigen Erzeugnissen festzustellen. Dieser, wie auch der höhere Umsatz, führte am Bilanzstichtag zu einer Erhöhung der Forderungen aus Lieferungen und Leistungen um 5,0 Mio. €. Im Rahmen der Vorsorge und unter Berücksichtigung der Erfahrungen der Vorjahre wurden für eventuell mögliche Forderungsausfälle Wertberichtigungen auf Forderungen und Besitzwechsel in Höhe von 1,8 Mio. € berücksichtigt. Die Bilanzsumme erhöhte sich um 12,7 Mio. € oder 4,5 %. Der Bilanzansatz der Rückstellungen ist um 4,2 Mio. € auf 32,5 Mio. € gestiegen, was im Wesentlichen aus den höheren Steuerrückstellungen, Verpflichtungen gegenüber Mitarbeitern und Rückstellungen für noch ausstehende Rechnungen resultiert. Die Erhöhung der Verbindlichkeiten aus Lieferungen und Leistungen ist im Wesentlichen auf das gestiegene Geschäftsvolumen beim Bustna Teilkonzern und bei der Taiga Caravans S. p. a. zurückzuführen. Aus den gleichen Tochterunternehmen ergibt sich auch der Rückgang der Verbindlichkeiten gegenüber Kreditinstituten durch den Abbau von kurzfristigen Bankverbindlichkeiten.

Ertragslage

Im Konzern ist aufgrund der Auslandsnachfrage die Gesamtleistung um 3,2 % bzw. 19,4 Mio. € gestiegen, was im Wesentlichen auf die Entwicklung bei Bustna und Taiga zurückzuführen ist. Zu den wichtigsten Exportländern gehören nach wie vor Frankreich, Großbritannien, die Niederlande und Italien. Als Folge der streng nachfrageorientierten Produktion sind die Personalaufwendungen weitgehend stabil geblieben. Die sonstigen betrieblichen Aufwendungen sind gegenüber dem Vorjahr gestiegen. Gegenüber dem Vorjahr ist das Ergebnis nach Steuern im Konzern deutlich gestiegen, was sich im Wesentlichen aus dem niedrigeren Materialverbrauch im Verhältnis zu der höheren Gesamtleistung ergibt.
Der Umsatz der Tomer AG konnte, wie geplant, gehalten bzw. geringfügig um 0,3 % oder 0,9 Mio. € gesteigert werden. Der Rückgang des Inlandsumsatzes um 9,4 % wurde durch den Zuwachs von 10,7 % im Exportbereich wieder kompensiert. Nach der Bestandsverringerung von 3,7 Mio. € ergibt sich somit eine Gesamtleistung von 302,8 Mio. € (Vj. 311,6 Mio. €). Trotz der etwas höheren Personalkostenquote von 16,9 % (Vj. 16,5 %) ist es gelungen, das Betriebsergebnis bei 6,3 % zu stabilisieren. Das Ergebnis nach Steuern beträgt 14,7 Mio. €. Das sind knapp 3,1 Mio. € oder 26,3 % mehr als im Vorjahr. Als Folge der streng nachfrageorientierten Produktion sind die Personalaufwendungen mit einem Anteil von 16,6 % (Vj. 16,5 %) weitgehend stabil geblieben. Die sonstigen betrieblichen Aufwendungen sind gegenüber dem Vorjahr um 2,6 Mio. € oder 6,0 % auf 45,6 Mio. € gestiegen, im Verhältnis zur Gesamtleistung beläuft sich die Quote auf 7,3 % (Vj. 7,1 %).

4.2.1 Aufgaben Anforderungsbereich I

1. **Nennen Sie** die Bestandteile eines Jahresabschlusses einer Aktiengesellschaft.
2. **Stellen Sie** die Aufgaben eines Jahresabschlusses kurz **dar**.
3. **Beschreiben Sie** die auffälligsten Entwicklungen in der Bilanz und der GuV der Tomer AG im Berichtsjahr und im Vorjahr.
4. **Errechnen Sie** die Höhe des Ausschüttungsbetrages pro Aktie für den Bilanzgewinn des Berichtsjahres (Annahme: die ausgegebenen Aktien besitzen einen Nennwert von 1,00 €) und **nennen Sie** weitere Alternativen, wie mit dem Jahresüberschuss der Tomer AG verfahren werden kann.
5. **Ermitteln Sie** sämtliche Kennzahlen (für Berichtsjahr und Vorjahr), die für eine Kreditbeurteilung bedeutsam sind.

4.2.2 Aufgaben Anforderungsbereich II

1. **Arbeiten Sie** aus dem Lagebericht (Anlage 3) die im Geschäftsjahr dominierenden Entwicklungen für die Tomer AG **heraus**.
2. **Erläutern Sie**, wie es zur Erhöhung des Eigenkapitals im Berichtsjahr kam.
3. **Führen Sie** eine Bilanzanalyse mithilfe der unter 2.1.1 in Aufgabe 5. ermittelten Kennzahlen durch. **Erläutern Sie** dabei vorab die Grundaussage der entsprechenden Kennzahlen in allgemeiner Form.
4. **Erläutern Sie** Stärken und Schwächen der Tomer AG, die sich aus ausgewerteten Bilanzkennzahlen ergeben (Bilanzkritik).
5. **Führen Sie** eine Erfolgsanalyse mithilfe der unter 2.1.1 Aufgabe 5. ermittelten Kennzahlen **durch**. Erläutern Sie dabei vorab die Grundaussage der entsprechenden Kennzahlen in allgemeiner Form.

4.2.3 Aufgaben Anforderungsbereich III

1. Sie nehmen jetzt die Rolle eines Bankmitarbeiters ein. **Verfassen Sie** schriftlich eine persönliche Stellungnahme an Ihren Vorstand, in der Sie ihm die Gründe für oder gegen ein Kreditengagement Ihrer Bank darlegen. **Beziehen Sie** dabei in Ihre Argumentation die Ergebnisse aus den vorherigen Aufgaben mit **ein**.

2. **Entwickeln Sie** Vorschläge, wie die Tomer AG evtl. ihre Kreditwürdigkeit verbessern könnte.

3. Der Vorstand überlegt, wie die Geschäftspolitik der Zukunft aussehen soll. Im Gremium wird mehrheitlich das Shareholder-Value-Konzept als Strategie bevorzugt. **Diskutieren Sie** die Folgen einer Ausrichtung der Unternehmensstrategie am Shareholder-Value-Ansatz.

5 Übungsklausur 13.1

Übungsklausur I
Ausgangssituation

Die Womo AG ist Europas führender Hersteller von Reise- und Wohnmobilen. Im Stammwerk des Unternehmens werden drei unterschiedliche Modelle gebaut.

Wie alle anderen Reisemobile auch wird das neueste Modell auf Basis eines Lieferwagens gebaut – geliefert werden nur das Fahrgestell und das Führerhaus. Die Aufbauten aus Aluminium und Kunststoff (Polyurethanschaum) sowie der komplette Innenausbau der Fahrzeuge erfolgen nach Vorgaben der werkseigenen Designer im Stammwerk.

Im Bereich der Wohnmobilhersteller haben sich die Auswirkungen der Finanzmarktkrise noch nicht auf die Nachfrage nach Neufahrzeugen ausgewirkt. Allerdings droht dem Unternehmen von einer anderen Seite Ungemach – die Banken knausern zunehmend mit der Vergabe von Krediten. Die Anforderungen für Fremdkapital werden dabei immer höher.

Situation I: Finanzierung aus Abschreibungsrückflüssen

Nach repräsentativen Umfragen in Europa ist davon auszugehen, dass die Bürgerinnen und Bürger aller EWWU-Staaten eher nicht am Urlaub sparen werden. Ganz im Gegenteil – der Campingurlaub ist für viele Familien wieder eine preisgünstige und gute Alternative zu Hotelurlauben geworden. Da der Camping-Fuhrpark in Europa veraltet ist, ist in Zukunft mit einem stetigen Wachstum in dieser Branche zu rechnen.

Im Geschäftsjahr 2019 hat die Womo AG drei Spritzgussanlagen im Wert von je 60 000,00 € angeschafft. Dabei handelte es sich um eine sogenannte Ersatzinvestition für bereits veraltete und voll abgeschriebene Anlagen.

Der Vorstand rechnet damit, dass in den kommenden Jahren mit einer Produktionsausweitung zu rechnen ist. Daher plant er, den Maschinenpark an Spritzgussanlagen kontinuierlich zu erweitern – allerdings zu möglichst geringen Kapitalbeschaffungskosten.

Aufgaben

1. **Beschreiben Sie** dem Vorstand alternative Finanzierungsmodelle zur Finanzierung von zwei weiteren neuen Spritzgussanlagen (Wert insgesamt 120 000,00 €) und treffen Sie eine begründete Entscheidung.
2. Im Jahr 2020 möchte der Vorstand unbedingt diese zwei weiteren Spritzgussanlagen für das Unternehmen erwerben. Hinsichtlich deren Finanzierbarkeit beauftragt er Sie zu **prüfen**, inwieweit eine Finanzierung aus Abschreibungsrückflüssen infrage kommt. Die Maschinen werden linear über drei Jahre (= Annahme zur Vereinfachung) abgeschrieben.
   a) **Beschreiben Sie** kurz das Grundprinzip der Finanzierung aus Abschreibungen.
   b) **Prüfen Sie** rechnerisch, in welchem Jahr die Finanzierung aus Abschreibungen für zwei Maschinen möglich ist.
   c) **Erläutern Sie** an diesem Beispiel den Kapazitätserweiterungseffekt (Lohmann-Ruchti-Effekt). **Gehen Sie** dabei auf mögliche Vor- und Nachteile **ein**.

Situation II: Finanzierung durch Gewinnthesaurierung

Die Womo AG hat im abgelaufenen Geschäftsjahr 2019 einen Jahresüberschuss in Höhe von 3,85 Mio. € erwirtschaftet. Aus dem Jahr 2018 hat sie einen Verlustvortrag in Höhe von 175 000,00 € in das Jahr 2017 mitgenommen. Die gesetzlichen Rücklagen müssen im vollen Umfang der gesetzlichen Regelung nach § 150 AktG gebildet werden. In der Satzung sind Rücklagen in Höhe von 45 % festgeschrieben. Die Aktiengesellschaft hat 5 Mio. Stückaktien emittiert.

Aufgaben

1. **Beschreiben Sie**, um welche Form der Finanzierung es sich hierbei handelt, und **ermitteln Sie** den Bilanzgewinn für die Womo AG für das Jahr 2019.
2. Der Vorstand der Womo AG überlegt, wie er den Bilanzgewinn verwenden soll. **Unterbreiten Sie** ihm entsprechende Möglichkeiten und **treffen Sie** eine begründete Entscheidung, welche der Vorschläge Sie bevorzugen.

Situation III: Rückstellungen

Eine dringende Reparatur des Hallendachs, in der die neuen Spritzgussanlagen untergebracht sind, konnte im Dezember 2018 aufgrund starken Schneefalls nicht durchgeführt werden. Die Aufwendungen sind hierfür nach vorsichtigen Schätzungen mit 18 000,00 € angesetzt worden.

Aufgrund des anhaltenden, ungewöhnlich starken Winters 2019/2020 konnte erst im Februar 2018 mit den Arbeiten begonnen werden.

Aufgaben

1. **Beschreiben Sie**, wie mit diesem Betrag in Höhe von 18 000,00 € bilanztechnisch zu verfahren ist, und **buchen Sie** diesen Vorgang zum Bilanzstichtag 2019.
2. Der Auszubildende Manuel K. verwechselt ständig die Begriffe Rücklagen und Rückstellungen. **Erläutern Sie** ihm den Unterschied.
3. Am 17. Februar werden die Reparaturarbeiten begonnen und acht Tage später abgeschlossen. Der Rechnungsbetrag beläuft sich auf 18 445,00 € (inkl. Mehrwertsteuer). **Buchen Sie** die Überweisung der Rechnung am 25. Februar.
4. Rückstellungen können auch einen Finanzierungseffekt haben. **Prüfen Sie**, ob in diesem Fall die gebildeten Rückstellungen ebenfalls einen solchen Effekt haben, und **begründen Sie** Ihre Antwort.

Jahrgang 13.2

1 Ursachen und Phänomene des Wandels (Globalisierung, Konzentrationsprozesse, technologischer Fortschritt)

1.1 Themenübersicht

Globalisierung

Globalisierung bezeichnet die weltweite Verflechtung einzelner Volkswirtschaften durch die fortschreitende Entwicklung internationaler Märkte für Waren, Dienstleistungen, Kapital und Arbeit.

Der Beginn dieser Entwicklung liegt in den Sechzigerjahren. Damals begann der internationale Handel stärker zu steigen als die weltweite Warenproduktion. Dieser Prozess wurde begünstigt durch immer neue Entwicklungen im Kommunikations- und Informationswesen sowie neue Transporttechniken. Er verstärkte sich noch einmal deutlich mit Beginn der Neunzigerjahre – nicht zuletzt durch die steigende Teilnahme Chinas und Indiens an der Weltwirtschaft.

Der Globalisierungsprozess beschränkt sich jedoch nicht nur auf Waren und Dienstleistungen, sondern betrifft in zunehmendem Maße auch den Produktionsfaktor Kapital. Das führt dazu, dass die internationalen Kapitalmärkte mittlerweile stärker wachsen als die internationalen Gütermärkte.

Wesentliche Ursachen und Voraussetzungen

Technologisch

- Neue Informations- und Kommunikationstechniken: Computer, Internet, Handy, Satelliten
- Neue Transporttechniken: vor allem Container-Einsatz, schnellere und größere Schiffe

Politisch

- Abbau politischer Spannungen zwischen Ost und West
- Zusammenbruch planwirtschaftlicher Wirtschaftssysteme und Öffnung dieser Märkte
- Entstehung neuer Wachstumsregionen, z.B. BRICS-Staaten (Brasilien, Russland, Indien, China, Südafrika)

Ökonomisch

- Abbau von Handelshemmnissen und Devisenbeschränkungen
- Zunehmende Direktinvestitionen in anderen Ländern
- Verlagerung arbeitsintensiver Produktionsprozesse
- Vermehrte Bildung multinationaler Unternehmen
- Deregulierung der Märkte, z.B. im Bereich der Telekommunikation

Soziokulturell

- Mobilität der Menschen
- Freier Austausch von Gedanken und Ideen

Daten und Zahlen

- Die durchschnittlichen Kosten für Seefracht sind zwischen 1930 und 2001 um ca. 70% gesunken.
- Die Telekommunikationskosten (gemessen an einem 3-minütigen Telefongespräch von New York nach London) betrugen 2005 nur noch das 0,06-Fache der Kosten von 1930. Seitdem sind die Kosten für internationale Telefongespräche konstant niedrig geblieben.
- Zwischen 1960 und 2015 stieg der grenzüberschreitende Warenexport um 1732%, während die gesamte Warenproduktion „nur" um 571% zugenommen hat. Von den weltweit produzierten Waren ist ein immer größer werdender Teil für den Export bestimmt, der Anteil des Warenexports am Welt-Bruttoinlandsprodukt (BIP) liegt inzwischen bei einem Viertel.
- Die grenzüberschreitende Luftfrachtmenge stieg von 5,1 Mio. Tonnen im Jahr 1986 auf 32,8 Mio. Tonnen im Jahr 2014.

Internationaler Warenhandel

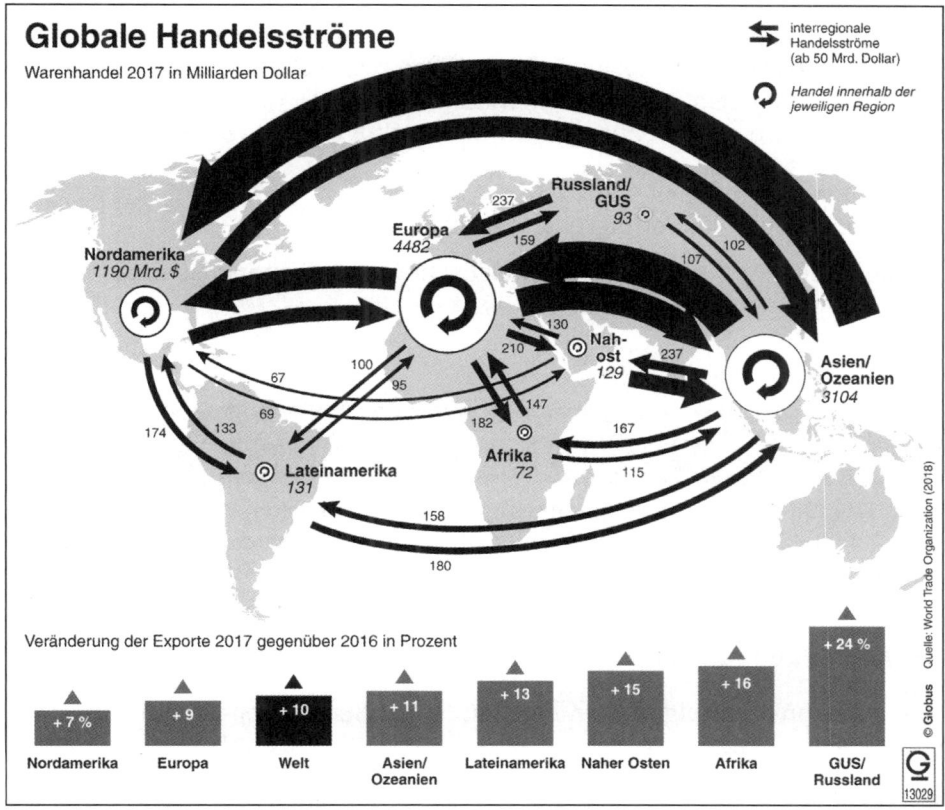

Globale Handelsströme
Warenhandel 2017 in Milliarden Dollar

interregionale Handelsströme (ab 50 Mrd. Dollar)

Handel innerhalb der jeweiligen Region

Nordamerika 1190 Mrd. $

Europa 4482

Russland/ GUS 93

Nah-ost 129

Asien/ Ozeanien 3104

Lateinamerika 131

Afrika 72

237 159 107 102 130 210 237 100 67 95 69 182 147 133 174 167 115 158 180

Veränderung der Exporte 2017 gegenüber 2016 in Prozent

Nordamerika	Europa	Welt	Asien/ Ozeanien	Lateinamerika	Naher Osten	Afrika	GUS/ Russland
+7 %	+9	+10	+11	+13	+15	+16	+24 %

Quelle: World Trade Organization (2018)

© Globus 13029

Chancen

- Weltweite Konkurrenz und günstigere Produktion führen zu Preissenkungen.
- Steigender Konkurrenzdruck erhöht den technischen Fortschritt.
- Entwicklungsländer werden gefördert (neue Arbeitsplätze, technologische Entwicklung).
- Wachstum und Handel führen zu einer Reduzierung der Armut in den Entwicklungsländern.
- Weltweiter Wohlstand nimmt zu.
- Weltweite Zusammenarbeit nimmt zu.
- Der Gedanke des „global village" erhöht das Bewusstsein der Regierungen für globale Probleme, wie z. B. den Klimawandel.
- Das Warenangebot nimmt zu.
- Die Bürger öffnen sich mehr für andere Kulturen und bauen Vorurteile ab.
- Internationale Kontakte und Beziehungen werden intensiviert.

Risiken

- Die Arbeitslosigkeit in den Industrieländern steigt.
- Der Lebensstandard in den Industrieländern sinkt.
- Steuern und Sozialstandards geraten in den Industrieländern unter Druck.
- Das Lohnniveau in den Industrieländern gerät unter Druck.
- Die Zahl der Insolvenzen nimmt zu.
- Die Konzentration auf den Märkten nimmt zu.
- Durch das erhöhte Transportaufkommen nimmt die Umweltbelastung weiter zu.
- Die sozialen und wirtschaftlichen Probleme sind nicht mehr national zu lösen.
- Die Produktion in Entwicklungsländern erfolgt unter Missachtung sozialer Standards.
- Die Produktion in Entwicklungsländern erfolgt ohne Rücksicht auf Umweltbelastungen.
- Entwicklungsländer profitieren nur vorübergehend, da die ausländischen Unternehmen ihr technologisches Wissen nicht an die Entwicklungsländer weitergeben.
- Entwicklungsländer profitieren nur vorübergehend, da Kapital sehr mobil geworden ist und abwandert, sobald ein Standort nicht mehr attraktiv ist.
- Entwicklungsländer sind einseitig abhängig von den Industrieländern, dies fördert nicht den Süd-Süd-Handel.

Konzentrationsprozesse

Unter dem Begriff **Konzentrationsprozess** versteht man die zunehmende Zahl von Unternehmenszusammenschlüssen zu immer größeren Unternehmen mit immer größerer wirtschaftlicher Macht. Unternehmen agieren unterschiedlich erfolgreich auf dem Markt. Vor dem Hintergrund zunehmend dynamischer und globaler Wirtschaftsprozesse können sie schnell Marktanteile gewinnen bzw. verlieren. Dies führt dazu, dass

- erfolgreiche Unternehmen weniger erfolgreiche aufkaufen,
- sich Unternehmen zusammenschließen, um erfolgreicher zu sein.

Dadurch verändert sich die Marktform und die Zahl oligopolistischer bzw. monopolistischer Märkte nimmt zu.

Richtungen der Konzentration

Horizontale Konzentration	Vertikale Konzentration	Diagonale (konglomerate) Konzentration
Die beteiligten Unternehmen agieren auf demselben Markt.	Die beteiligten Unternehmen befinden sich auf verschiedenen Produktionsstufen.	Die beteiligten Unternehmen befinden sich auf verschiedenen Märkten und Produktionsstufen.

Formen der Konzentration: Konzernbildung und Fusion

Der Zusammenschluss von Unternehmen erfolgt in den meisten Fällen durch Kapitalbeteiligungen in Form einer Konzernbildung bzw. einer Fusion.

Konzern	Fusion
In einem Konzern schließen sich Unternehmen unter einer einheitlichen wirtschaftlichen Leitung zusammen. Die beteiligten Unternehmen bleiben rechtlich selbstständig.	Bei einer Fusion verlieren Unternehmen ihre wirtschaftliche und rechtliche Selbstständigkeit. Sie verschmelzen zu einem Unternehmen.
Tauschen Unternehmen gegenseitig Kapitalanteile aus, entstehen Schwestergesellschaften und man spricht von einem Gleichordnungskonzern. Bestimmt ein Konzernunternehmen (Muttergesellschaft) die Geschäftspolitik anderer Konzernunternehmen (Tochtergesellschaften), entsteht ein Unterordnungskonzern.	Fusionen entstehen entweder durch Aufnahme, indem ein bisher selbstständiges Unternehmen von einem anderen vollständig aufgenommen wird, oder durch Neubildung, indem die Einzelunternehmen sich auflösen und ein neues Unternehmen gründen.

Globale Konzentrationsprozesse und Direktinvestitionen

Im Verlauf der zunehmenden Globalisierung haben multinationale Unternehmen und damit die sogenannten **Direktinvestitionen** immer mehr an Bedeutung gewonnen.

Direktinvestitionen liegen vor, wenn Unternehmen
- im Ausland Produktionsstätten einrichten,
- im Ausland Tochterfirmen gründen,
- im Ausland ein Unternehmen kaufen,
- sich an einem Unternehmen im Ausland beteiligen, wobei laut Definition des Internationalen Währungsfonds diese Beteiligung mindestens 10 Prozent betragen muss,
- das Kapital ausländischer Tochtergesellschaften erhöhen,
- ihren ausländischen Tochtergesellschaften einen Kredit gewähren.

Somit ist die Entwicklung der **Höhe der Direktinvestitionen** ein guter Indikator für die zunehmende Bedeutung multinationaler Unternehmen.

Die Direktinvestitionen weltweit betrugen:

1970er-Jahre	24 Mrd. Dollar pro Jahr im Durchschnitt
1990er-Jahre	404 Mrd. Dollar pro Jahr im Durchschnitt
2000–2006	918 Mrd. Dollar pro Jahr im Durchschnitt
2007	1 970,9 Mrd. Dollar
2011	1 694 Mrd. Dollar
2013	1 467 Mrd. Dollar
2014	1 228 Mrd. Dollar
2015	1 774 Mrd. Dollar
2016	1 746 Mrd. Dollar

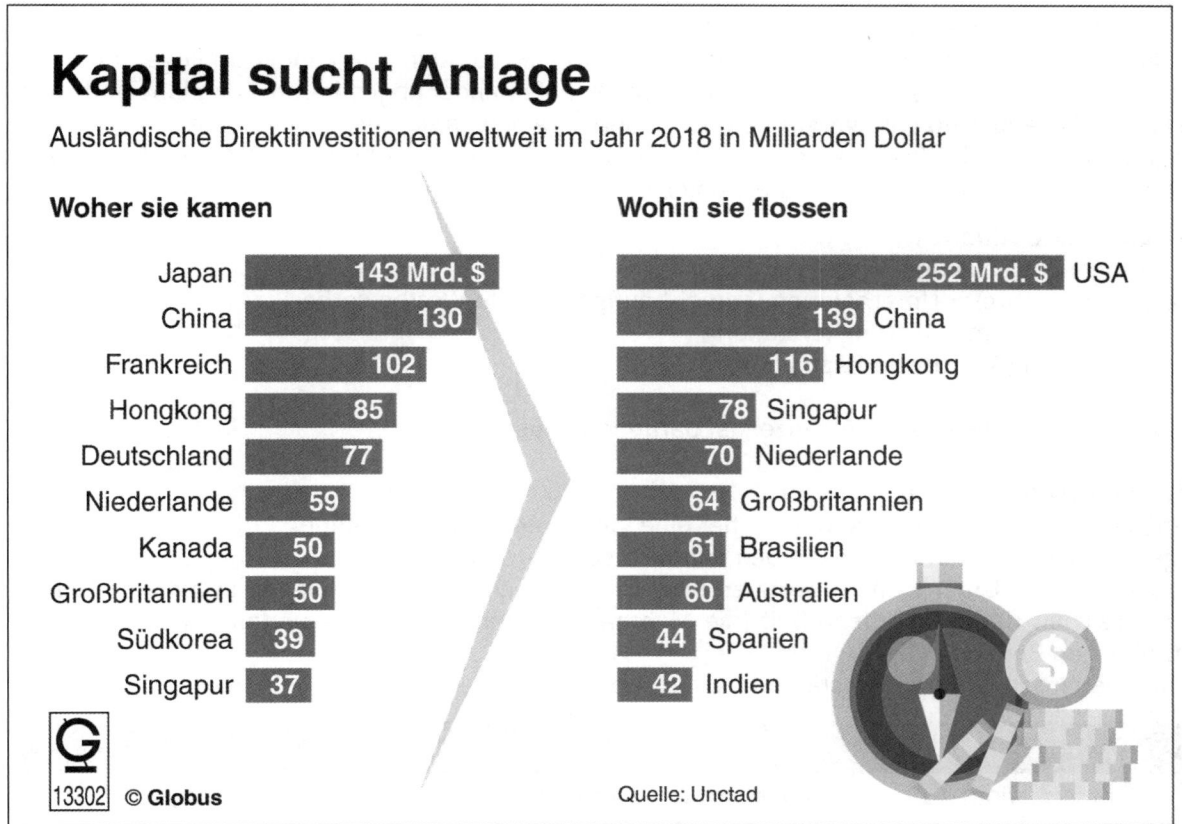

Kapital sucht Anlage

Ausländische Direktinvestitionen weltweit im Jahr 2018 in Milliarden Dollar

Woher sie kamen

Japan	143 Mrd. $
China	130
Frankreich	102
Hongkong	85
Deutschland	77
Niederlande	59
Kanada	50
Großbritannien	50
Südkorea	39
Singapur	37

Wohin sie flossen

252 Mrd. $	USA
139	China
116	Hongkong
78	Singapur
70	Niederlande
64	Großbritannien
61	Brasilien
60	Australien
44	Spanien
42	Indien

13302 © Globus

Quelle: Unctad

Gründe für die Bildung multinationaler Unternehmen

- Erschließung neuer Märkte
- Mögliche Importbeschränkungen werden umgangen durch Produktion vor Ort.
- Verbesserter Zugang zu Rohstoffen
- Verbesserter Vertrieb und Kundendienst durch größere Nähe zum Kunden auf den neuen Märkten
- Kostenvorteile durch Verlagerung der Produktion
- Synergieeffekte, d.h. Kostenvorteile durch Zusammenarbeit, insbesondere in den Bereichen Forschung, Entwicklung und Verwaltung
- Senkung der Fixkosten durch erhöhte Produktionszahlen
- Durch Investitionen in verschiedenen Ländern mit unterschiedlicher konjunktureller Entwicklung wird das Risiko vermindert und der Gewinn stabiler.
- Zugang zu neuen Wissensquellen durch Erwerb neuer Unternehmen
- Investition in krisensichere Regionen
- Regional unterschiedliche rechtliche Rahmenbedingungen (z.B. Umweltstandards, Arbeitnehmerrechte u. Ä.)

Kritik an multinationalen Unternehmen

- Der Wettbewerb wird beschränkt.
- Die Unternehmen erhalten zu große Marktmacht.

- Die Unternehmen erhalten zu große politische Macht.
- Es besteht die Gefahr des Machtmissbrauchs.
- Die Unternehmen haben zu großen Einfluss auf die Politik der Entwicklungsländer.
- Die Unternehmen verdrängen kleinere lokale Anbieter in den Entwicklungsländern.
- Die Unternehmen nutzen geringe Löhne und Sozialstandards sowie geringe bzw. fehlende Umweltauflagen der Entwicklungsländer aus.
- Die Unternehmen bauen Arbeitsplätze in den Industrieländern ab.

Strategische Allianzen

Immer mehr Unternehmen streben statt großer kostspieliger Fusionen strategische Allianzen an. Eine der bekanntesten und erfolgreichsten strategischen Allianzen gründete Lufthansa im Jahre 1997 zusammen mit vier anderen Fluggesellschaften unter dem Namen „Star Alliance". Mittlerweile sind an dieser Allianz 27 Fluggesellschaften beteiligt. Somit können Kunden 192 Länder anfliegen und viele Vorteile nutzen wie gemeinsame Vielfliegerprogramme, aufeinander abgestimmte Flugpläne und günstigere Flugpreise aufgrund geringerer Kosten z. B. durch gemeinsame Check-in-Schalter.
Ein anderes Beispiel für eine strategische Allianz ist die Zusammenarbeit von BMW und Toyota im Bereich von Dieselmotoren und Hybridtechnologie.

Eine **strategische Allianz** ist
- ein verbindlicher Zusammenschluss
- zweier oder mehrerer Unternehmen (immer häufiger direkte Wettbewerber)
- für eine gemeinsame Leistungserstellung
- zur Stärkung der Wettbewerbsposition.

Kennzeichnend für strategische Allianzen ist darüber hinaus:

- Sind einseitig aufkündbar
- Weniger eine hierarchische, sondern eher eine gleichberechtigte Beziehung
- Angeschlossene Unternehmen bleiben rechtlich selbstständig.
- Angeschlossene Unternehmen verlieren ihre wirtschaftliche Selbstständigkeit im Bereich bzw. in den Bereichen der Zusammenarbeit (die Mehrzahl der Allianzen heute umfasst mehr als einen betrieblichen Bereich).
- Zusammenarbeit ist unter Umständen zeitlich begrenzt.

Formen strategischer Allianzen		
Kooperation	**Gemeinschaftsunternehmen (international: Joint Venture)**	**Einseitige Minderheitsbeteiligungen**
Zwei oder mehrere rechtlich und wirtschaftlich selbstständige Unternehmen arbeiten freiwillig auf vertraglicher Grundlage – zeitlich befristet für ein einzelnes Projekt (z. B. im Baugewerbe) – zusammen. Sie geben damit einen Teil ihrer wirtschaftlichen Selbstständigkeit auf.	Zwei oder mehrere rechtlich und wirtschaftlich selbstständige Unternehmen gründen gemeinsam ein rechtlich selbstständiges Unternehmen, das unter der gemeinsamen Leitung der beteiligten Unternehmen steht und Aufgaben ausführt, die im gemeinsamen Interesse liegen. Sie geben damit einen Teil ihrer wirtschaftlichen Selbstständigkeit auf.	Ein Unternehmen ist an einem anderen Unternehmen mit weniger als 25 % beteiligt.
Weitere Formen: Arbeitsgemeinschaft, Konsortium	Ebenfalls denkbar: Wechselseitige Minderheitsbeteiligungen	
niedrig ---------------------------------------**Bindung**------------------------------------- hoch		

Diese drei genannten Formen machen in der Realität mehr als 90 % der strategischen Allianzen aus. Wie bei Konzernen kann die Richtung der strategischen Allianz sowohl horizontal als auch vertikal oder diagonal sein.

Ziele strategischer Allianzen	
Ressourcenzugang	Beschaffung und Sicherung wichtiger Rohstoffe, aber auch Zugang zu wichtigen Technologien und Patenten
Zeitersparnis	Schnellere Durchführung von Projekten z. B. im Bereich der Forschung, schnelleres Fußfassen auf neuen Märkten
Marktzugang	Partner auf anderen Märkten und/oder in anderen Ländern erleichtern den Marktzugang und sichern dort die Akzeptanz.
Kostenersparnis	Kosten lassen sich einsparen z. B. durch gemeinsamen Einkauf, Bündelung der Produktionskapazitäten, gemeinsame Nutzung von bestehenden Vertriebswegen.
Risikominderung	Risiko für einzelne Unternehmen wird verringert durch Verteilung des Risikos auf mehrere Unternehmen.
Marktmacht	Durch Bündelung der Aktivitäten wird die Marktmacht erhöht, z. B. durch gemeinsamen Einkauf.

Nachteile strategischer Allianzen	
Kosten	Kosten entstehen zum Beispiel dadurch, dass ■ geeignete Partner gefunden werden müssen, ■ Verträge ausgehandelt werden müssen, ■ die Arbeit der Allianz laufend überwacht werden muss, ■ die Allianz abgewickelt werden muss, falls sie scheitert.
Risiken	Risiken geht das einzelne Unternehmen zum Beispiel dadurch ein, dass ■ es Know-how an andere Unternehmen weitergibt, ■ die wirtschaftliche Selbstständigkeit in einem oder mehreren Bereichen aufgegeben oder beschränkt wird, ■ angeschlossene Unternehmen gegen Absprachen verstoßen und/oder die Allianz für eigene Zwecke missbrauchen, ■ die laufende Arbeit der Allianz nicht oder nur schlecht kontrolliert werden kann.

Technologischer Fortschritt

Der technologische Fortschritt hat auch den Globalisierungsprozess begünstigt und beschleunigt ihn weiter. Die Entwicklung neuer Technologien führt zu einem rasanten Wandel wirtschaftlicher Abläufe, wie die folgenden Beispiele zeigen.

Computerunterstützte Rationalisierungskonzepte

Die Konzepte werden bereits in großer Zahl eingesetzt und immer weiter verbessert:

CIM (Computer Integrated Manufacturing) umfasst alle computerunterstützten Betriebs- und Arbeitsabläufe in einem einheitlichen System, wie z. B.			
CAD (Computer Aided Design)	CAP (Computer Aided Planning)	CAM (Computer Aided Manufacturing)	CAQ (Computer Aided Qualitiy Assurance)

Kommunikation

■ Zunehmend leistungsfähigere Rechner ermöglichen die Verarbeitung immer größerer Datenmengen.
■ Internationale Kommunikationsnetze werden weiter ausgebaut.
■ Die **Glasfasertechnik** wird zur Datenübertragung genutzt (Breitbandkanäle) und ermöglicht – gegenüber der elektronischen Übertragung – die Übermittlung größerer Datenmengen in immer kürzerer Zeit. Sie ist zusätzlich abhörsicherer und störungsunempfindlicher.
■ **Funkerkennung – RFID** (Radio Frequency Identification) gilt als eine Schlüsseltechnologie und vereinfacht das Erkennen z. B. von Etiketten im Supermarkt, Zugangsausweisen von Mitarbeitern oder Gepäckstücken am Flughafen. Mit dieser Technik ist es beispielsweise im Supermarkt möglich, nicht nur den Artikel zu identifizieren wie beim Barcode, sondern auch zu verfolgen, wann

genau dieser Artikel die Produktion verlassen hat und wo er im Einzelnen Zwischenstation gemacht hat. Es bestehen zwar datenschutzrechtliche Bedenken, aber Prognosen gehen davon aus, dass der weltweite Umsatz mit RFID-Transpondern bis 2020 auf 21,9 Mrd. US-Dollar steigen wird.

- **Smart Factory** („intelligente Fabrik") Vernetzte Maschinensysteme handeln im Bereich von Produktion und Logistik weitgehend selbstständig, d.h. ohne menschliche Eingriffe. Angesichts der stark zunehmenden Digitalisierung sprechen viele Fachleute von der vierten industriellen Revolution und verwenden dafür häufig den Begriff „Industrie 4.0".

Industrielle Schlüsseltechnologien

- Die **Lasertechnologie** spielt eine sehr wichtige Rolle bei modernen Produktionsprozessen, z.B. beim Schneiden und Schweißen. Durch den Einsatz von Lasern wird die Bearbeitungszeit verkürzt. Laser lassen sich gut steuern und mithilfe von Glasfasern (s.o.) lässt sich die Laserstrahlung flexibel und ohne Verluste transportieren.
- Die **Mikrosystemtechnik** befasst sich damit, Mikrosysteme zu entwickeln und herzustellen. Durch Verwendung immer kleinerer Bauteile werden die Systeme z.B. im Bereich der Elektronik und Datenverarbeitung kompakter und dabei leistungsfähiger und preiswerter.
- Die **Nanotechnologie** gilt als Schlüsseltechnologie des 21. Jahrhunderts und umfasst alle Technologien, die sich mit der Erforschung und Anwendung sehr kleiner Strukturen befassen. (Ein Nanometer ist der millionste Teil eines Millimeters.) Es gibt bereits zahlreiche Anwendungsgebiete. So lassen sich mithilfe dieser Technologie z.B. Elektronikkomponenten um ein Vielfaches verkleinern. Ein weiteres Anwendungsbeispiel ist der sog. Lotuseffekt, bei dem durch den Einsatz der Nanotechnologie selbstreinigende Oberflächen hergestellt werden.
  Der Umsatz der Nanotechnik-Unternehmen weltweit liegt bei ca. drei Billionen US-Dollar. Aktuell sind allein in Deutschland schon rund 70 000 industrielle Arbeitsplätze mit der Nanotechnologie befasst. Fachleute halten es für möglich, dass die Nanotechnologie – ähnlich wie frühere bahnbrechende technologische Entwicklungen – Auslöser für eine lange Welle der Konjunktur von ca. 50 bis 60 Jahren (sog. Kondratjew-Zyklus) sein könnte.
- **3-D-Drucker** ermöglichen den Einstieg in die digitale Produktion. So können z.B. Ersatzteile oder Spezialteile, die durch die Herstellung und den Transport über weite Strecken verteuert werden, digital verschickt und zu Hause preisgünstig ausgedruckt werden. Fachleute sprechen schon von einer beginnenden Privatisierung der Produktionsmittel.

Antriebs- und Energiequellen

Weltweit werden zurzeit jährlich 55 Millionen Pkws hergestellt. Im Jahre 2050 werden es rund 200 Millionen pro Jahr sein. Der daraus resultierende Energiebedarf lässt sich nicht durch Erdöl decken, dessen Reserven ohnehin allmählich zur Neige gehen. Die Zukunft gehört daher
- Hybridfahrzeugen (Kombination aus Verbrennungs- und Elektromotor),
- rein batteriebetriebenen Elektrofahrzeugen,
- Elektrofahrzeugen mit einer Wasserstoffbrennzelle.

Automatisiertes Fahren ist die umfassendste Innovation in der Automobilbranche seit der Erfindung des Autos. Betroffen sind nicht nur die Automobilhersteller, sondern auch Zulieferer, Versicherer, Gesetzgeber und Service-Anbieter. Bis 2035 wird der Marktanteil vollautomatisierter Fahrzeuge bei rund 20 % liegen. Es wird damit gerechnet, dass bis etwa 2050 über 90 % aller Fahrzeuge vollautomatisch fahren können, während der Fahrer sich z.B. ausruht oder arbeitet.
Die **Solartechnik** wird bereits vielfach genutzt: Von Hausdächern, auf denen Solarkollektoren zur Warmwassererzeugung oder Solarzellen zur Stromerzeugung (Fotovoltaikanlagen) eingesetzt werden, bis hin zu großen Solarkraftwerken.

1.2 Ausgangssituation und Aufgaben

Die Globalisierung stockt - und ändert sich

Weniger Wachstum im globalen Handel als zuvor, national orientierte Politiker, unsichere Weltlage: Wirtschaftlich, politisch und geostrategisch scheint der Prozess der Globalisierung ins Wanken gekommen zu sein. Vielleicht wandelt sich aber auch nur sein Gesicht, meint der Wirtschaftsjournalist Johannes Pennekamp.

Wenn es in den vergangenen zwei Jahrzehnten eine Gewissheit gab, dann diese: Die Welt rückt immer enger zusammen. Der Megatrend der Globalisierung erfasste die Weltwirtschaft in einer neuen Welle kurz nach dem Fall des Eisernen Vorhangs. Dank des Internets schrumpften Distanzen, plötzlich war es egal, ob der Geschäftspartner in Passau oder in Peking saß. Der Welthandel wuchs rasant, die Wertschöpfungsketten wurden global, die Arbeitsteilung immer feingliedriger. Und die Wohlstandsgewinne waren enorm.

Lange schien es wie in Stein gemeißelt, dass es so immer weitergehen würde. Schließlich hört der technologische Wandel nicht auf, sind noch längst nicht alle Regionen gleichermaßen vom Wandel erfasst. Doch in den letzten Jahren hat diese Gewissheit Risse bekommen. Wirtschaftlich, politisch und geostrategisch haben sich die Anzeichen gemehrt, dass die Globalisierung stockt – oder zumindest einen anderen Charakter bekommt. Der Welthandel wächst längst nicht mehr so schnell wie zuvor, die Doha-Runde der Welthandelsorganisation WTO gilt als gescheitert – ebenso die Verhandlungen über das Transatlantische Freihandelsabkommen (TTIP) zwischen Europa und den USA. Parteien, die auf Abschottung und nationale Töne setzen, sind im Aufwind. Und die große Zahl an Flüchtlingen, die sich vor allem 2015 Richtung Europa bewegten, offenbarte eine weitere Seite der Globalisierung, die für viele Menschen im Westen bislang kaum sichtbar war.

Erstes sichtbares Indiz für den Gegentrend war die schwächere Dynamik im weltweiten Warenhandel. Bereits 2015 kam eine Studie des Internationalen Währungsfonds (IWF) und der Weltbank zu dem Ergebnis, dass der globale Warenaustausch seit der Finanzkrise von 2007 nur noch um rund drei Prozent im Jahr gewachsen sei – vor deren Ausbruch waren es im Schnitt noch mehr als sieben Prozent gewesen. Kurz nach der Krise schrumpfte der Welthandel dann sogar kurzzeitig. Diese Entwicklung sei nicht einfach Folge eines insgesamt schwächeren Wachstums großer Wirtschaftsnationen und Schwellenländer, sie habe auch strukturelle Gründe. So würden Exportunternehmen in China und den Vereinigten Staaten vermehrt auf Vorleistungen im eigenen Land setzen, anstatt diese zu importieren. Es werden also weniger Teile aus dem Ausland eingekauft und auch weniger Produktionsstätten dorthin verlagert.

National orientierte Politik – nicht nur in den USA

Zuletzt wuchs der Welthandel zwar wieder etwas stärker, aber insbesondere die Rhetorik von US-Präsident Donald Trump („America first") und dessen Handelsminister Wilbur Ross nähren Zweifel, ob die Globalisierung fortschreiten wird. Und nicht nur in den USA wird eine zunehmend national orientierte Politik gemacht, man denke nur an den Brexit oder die Regierungen in Polen und Ungarn.

Es passt in dieses Bild, dass die WTO mit ihren zurzeit 164 Mitgliedstaaten seit eineinhalb Jahrzehnten vergeblich versucht, die Handelsbarrieren in der Doha-Runde zu beseitigen. An einen Durchbruch, der dazu führen würde, dass Zölle auf breiter Ebene wegfallen, glaubt kaum noch ein Experte. Die Alternativen sind nun kleinere, regionale Abkommen: Nachdem etwa die USA das Transpazifische Partnerschaftsabkommen (TPP) der Pazifikanrainer platzen ließen, haben sich die verbliebenen Staaten nun ohne Amerika geeinigt.

Die wachsende politische Unsicherheit ist ein weiterer Bremsfaktor für die Globalisierung. Krisen, Kriege und Terror halten Unternehmen und Bevölkerung in Atem. Die Weltordnung ist unübersichtlicher geworden. Es gibt keinen einzelnen Hegemonen mehr: Die USA engagieren sich weniger in der Welt, China dagegen erhebt den Anspruch, Weltmacht zu sein.

Auch Flüchtlinge sind Teil des globalen Prozesses

Die rund 65 Millionen Menschen, die nach Angaben des UN-Flüchtlingshilfswerks weltweit auf der Flucht sind, verstärken vielerorts den Wunsch nach Abschottung. Auch das ist ein Rückschlag für die Globalisierung – denn Flüchtlinge und Migranten sind ein Teil dieses globalen Prozesses. Nicht nur Waren und Dienstleistungen werden mobiler, sondern auch Arbeitskräfte. Viele Menschen flüchten vor Krieg und politischer Verfolgung. Viele verlassen aber auch ihre Heimat, um mehr Chancen auf Arbeit und eine bessere Zukunft zu haben.

Moderne Kommunikationsmittel und das wachsende Wissen um die Lebensstandards in den Industrienationen dürften diese Mobilität stärken. Folgt man der Argumentation, erkennt man nicht das Ende der Globalisierung, sondern ihr gewandeltes Gesicht. Abgeschlossen sind diese Veränderungen noch lange nicht. So versichert etwa der Hamburger Ökonom Thomas Straubhaar, dass es bei der Globalisierung künftig nicht mehr so sehr um den klassischen Güterverkehr gehen wird, sondern um Daten und Dienstleistungen, die um den Globus kreisen. Ihre Menge wachse rasant – und sie könnten den Alltag genauso stark verändern wie T-Shirts und Smartphones aus asiatischen Billigfabriken.

Quelle: Pennekamp, Johannes: Die Globalisierung stockt- und ändert sich, abgerufen unter: https://www.bpb.de/politik/wirtschaft/freihandel/266540/die-globalisierung-stockt-und-aendert-sich, 10.03.2020

Anmerkungen:
Doha-Runde = Konferenz der WTO-Mitgliedsstaaten in Doha im Jahre 2001
(vor allem mit dem Ziel einer weiteren Öffnung der Märkte und einer
Verbesserung der Lage der Entwicklungsländer im Welthandel)

Pazifikanrainer = die an den Pazifik angrenzenden Staaten

Hegemon = jemand, der die Vorherrschaft über andere Herrschende hat

1.2.1 Aufgaben Anforderungsbereich I

1. **Beschreiben Sie** die technologischen Voraussetzungen der Globalisierung.
2. **Stellen Sie dar**, welche politischen Veränderungen den Globalisierungsprozess beschleunigt haben.
3. **Nennen Sie** wesentliche Vorteile für global operierende Unternehmen.
4. **Fassen Sie** den Artikel „Die Globalisierung stockt – und ändert sich" von Johannes Pennekamp **zusammen**.

1.2.2 Aufgaben Anforderungsbereich II

1. **Erläutern Sie** die folgende Aussage aus dem Text: „... die Wertschöpfungsketten wurden global, die Arbeitsteilung immer feingliedriger."
2. **Erklären Sie**, warum die Wohlstandsgewinne durch die Globalisierung enorm waren.

1.2.3 Aufgabe Anforderungsbereich III

Beurteilen Sie die Auswirkungen, wenn in Zukunft vermehrt Vorleistungen im eigenen Land hergestellt werden und weniger Teile aus dem Ausland eingekauft werden.

2 Übungsklausur 13.2

Ausgangssituation

Die AUTOGLAS AG in Zeiten der Elektromobilität und des autonomen Fahrens

Die AUTOGLAS AG ist ein führender Hersteller von Windschutzscheiben sowie allen anderen Scheiben für PKW und LKW. In Zeiten der Elektromobilität stehen einige Zulieferer vor großen Herausforderungen, weil für E-Autos wesentlich weniger Einzelteile benötigt werden. Diese Probleme hat die AUTOGLAS AG dagegen nicht, sondern sie plant umfangreiche Investitionen aufgrund der guten Zukunftsaussichten.

Die AUTOGLAS AG beliefert zahlreiche Automobilhersteller, die sich in einem sehr harten Konkurrenzkampf auf dem Automobilmarkt behaupten müssen. Dies führt zu ständigen Kosteneinsparungen in der Automobilindustrie, was wiederum Zulieferer wie die AUTOGLAS AG zu immer neuen Rationalisierungsmaßnahmen zwingt. In diesem Zusammenhang plant die AUTOGLAS AG
- die Eröffnung einer neuen Produktionsstätte in Osteuropa,
- den Kauf des südkoreanischen Unternehmens Rondai, das sich auf die Produktion von Autoglas spezialisiert hat.

Es liegen die folgenden Unterlagen vor:

Anlage 1:
Lohnstückkosten und Produktivität international, in: iwd (Informationen aus dem Institut der deutschen Wirtschaft) Köln, 18.01.2019

Anlage 2:
Allianz von Ford und Volkswagen beschlossen, in: Kölner Stadt-Anzeiger, 13./14. Juli 2019

Anlage 3:
Schulz, Corinna: Gemeinsam stärker, Kölner Stadt-Anzeiger, 13./14. Juli 2019

Aufgaben

1. **Erläutern Sie** die Vor- und Nachteile der Eröffnung einer Produktionsstätte in Osteuropa.
2. **Werten Sie** die Statistik der „Lohnstückkosten und Produktivität international" (**Anlage 1**) **aus** und machen Sie einen begründeten **Vorschlag** für ein Land in Osteuropa.
3. **Beurteilen Sie** den Plan der AUTOGLAS AG, das südkoreanische Unternehmen Rondai zu kaufen.
4. **Beschreiben Sie** die Herausforderungen, vor denen die Automobilbranche zurzeit steht.
5. **Erklären Sie** die Vorteile, die sich aus der Allianz von Ford und Volkswagen für die beteiligten Unternehmen ergeben.
6. **Erläutern Sie**, wie Corinna Schulz in ihrem Kommentar (Anlage 3) die Zukunftsaussichten dieser Allianz beurteilt.

Anlage 1

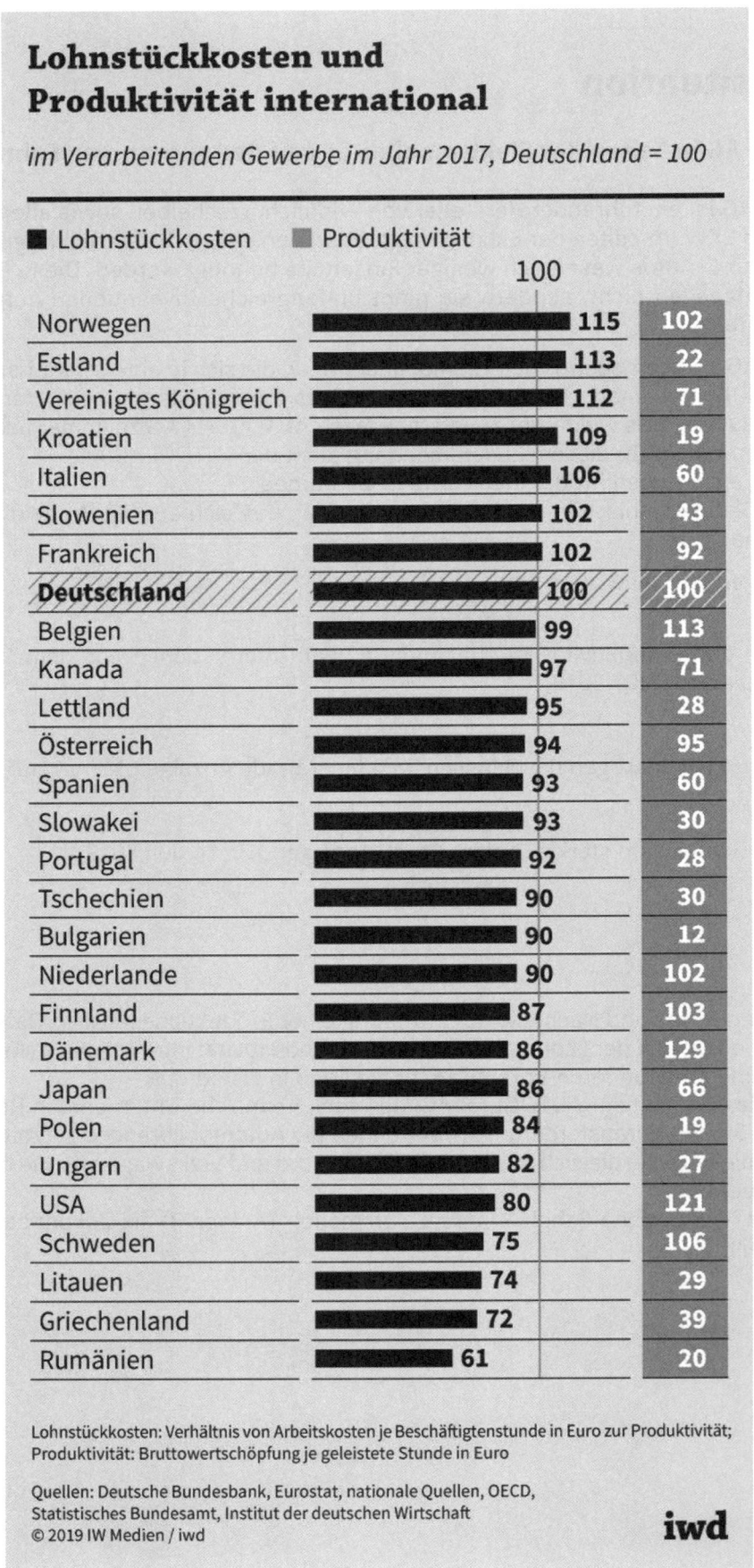

Lohnstückkosten und Produktivität international

im Verarbeitenden Gewerbe im Jahr 2017, Deutschland = 100

■ Lohnstückkosten   ■ Produktivität

Land	Lohnstückkosten	Produktivität
Norwegen	115	102
Estland	113	22
Vereinigtes Königreich	112	71
Kroatien	109	19
Italien	106	60
Slowenien	102	43
Frankreich	102	92
Deutschland	100	100
Belgien	99	113
Kanada	97	71
Lettland	95	28
Österreich	94	95
Spanien	93	60
Slowakei	93	30
Portugal	92	28
Tschechien	90	30
Bulgarien	90	12
Niederlande	90	102
Finnland	87	103
Dänemark	86	129
Japan	86	66
Polen	84	19
Ungarn	82	27
USA	80	121
Schweden	75	106
Litauen	74	29
Griechenland	72	39
Rumänien	61	20

Lohnstückkosten: Verhältnis von Arbeitskosten je Beschäftigtenstunde in Euro zur Produktivität;
Produktivität: Bruttowertschöpfung je geleistete Stunde in Euro

Quellen: Deutsche Bundesbank, Eurostat, nationale Quellen, OECD,
Statistisches Bundesamt, Institut der deutschen Wirtschaft
© 2019 IW Medien / iwd

iwd

Anlage 2

Allianz von Ford und Volkswagen beschlossen

Konzerne kooperieren bei Zukunftsthemen

New York/Köln. Volkswagen und der US-Autobauer Ford arbeiten künftig bei den Zukunftsthemen Elektromobilität und autonomem Fahren eng zusammen. VW werde dazu umgerechnet 2,3 Milliarden Euro in die Ford-Technologieplattform Argo AI investieren, teilte der Autobauer am Freitag in New York mit. Ford wird im Gegenzug die von VW entwickelte Plattform MEB zum Bau von Elektroautos in Europa und möglicherweise auch in China nutzen.

Die beiden Bereiche Elektromobilität und selbstfahrende Autos gelten als Schlüsseltechnologien für die Zukunft der Branche, sind zugleich aber mit hohen Entwicklungskosten für die Konzerne verbunden. Der US-Autobauer will die Wolfsburger Plattform nutzen, um mindestens ein rein batteriegetriebenes Auto zu bauen, das ab 2023 in Europa angeboten werden soll Ford rechnet mit mehr als 600 000 verkauften Autos innerhalb von sechs Jahren. Darüber hinaus prüft Ford, ein zweites Modell anzubieten. Die Entwicklungskompetenz hierfür liegt künftig im Kölner Entwicklungszentrum in Merkenich. Zusätzlich arbeiten die Unternehmen bereits bei Entwicklung und Bau von Nutzfahrzeugen und Pickups zusammen. (cos)
» Leitartikel Seite 4

(cos): Allianz von Ford und Volkswagen beschlossen, IN: Kölner Stadtanzeiger, 13./14.07.2019, S. 1

Anlage 3

LEITARTIKEL
Gemeinsam stärker

Viel deutet darauf, dass die Zusammenarbeit von VW und Ford ein Erfolg wird

Die Kooperation des US-Autobauers Ford mit dem Wolfsburger Volkswagen-Konzern ist eine Zeitenwende. Aus den einst erbitterten Rivalen werden Partner. Kaum jemals zuvor haben Autokonzerne gut gehütetes Know-how in dieser weitreichenden Form ausgetauscht. Aber zu tiefgreifend ist der Wandel in der Automobilbranche und zu groß der Druck, als dass es sich die Autogiganten weltweit leisten könnten, die Herausforderungen alleine zu stemmen.

Zukunftstechnologien wie Elektromobilität und autonomes Fahren kosten in der Entwicklung Milliarden. Hier machen die Tech-Riesen aus dem Silicon Valley wie die Google-Schwester Waymo und Apple, aber auch der Elektroautohersteller Tesla Druck. Hinzu kommen in Europa strengere Anforderungen an den CO_2-Ausstoß.

Von der neuen Allianz profitieren beide gleichermaßen, vor allem vom technischen Vorsprung des jeweils anderen. In Folge des Diesel-Skandals setzte VW radikal auf E-Mobilität. Dabei war es eine kluge Entscheidung, die Plattform für Dritte zu öffnen. Man beteiligt die Partner nicht nur an den Entwicklungskosten, sondern setzt so auch gleich Industrie-Standards. Zudem können die Konzerne ihre Stückzahlen erhöhen und günstiger produzieren. Das hilft, denn man wird zumindest am Anfang mit den teureren E-Autos nicht das große Geld verdienen.

Insgesamt stehen die Zeichen günstig, dass das Zusammengehen ein Erfolg wird. Das Verhältnis zwischen den Konzernen gilt als gut. Zudem blickt man auf eine gemeinsame Historie zurück. Punktuelle Allianzen gab es in den 80er und 90er Jahren in Südamerika und Portugal. Hinzu kommt: Ford ist in den USA besser aufgestellt, wo VW vergleichsweise schwach unterwegs ist. VW hingegen ist in Europa und China stark, wo sich Ford derzeit schwertut und mit einem radikalen Sparkurs versucht, zurück in die schwarzen Zahlen zu gelangen.

Schulz, Corinna: Leitartikel Gemeinsam stärker, IN: Kölner Stadtanzeiger, 13./14.07.2019, S. 4

Musterklausuren

Musterklausur I
Ausgangssituation

Die Westfälischen Fahrradwerke Aktiengesellschaft (WFW AG) haben ihren Unternehmenssitz in Emsdetten, rund 30 Kilometer von der niederländischen Grenze entfernt. Neben dem deutschen Markt beliefern sie Großhändler in den Niederlanden, Belgien, Frankreich und Luxemburg.

Situation I: Arbeitsentgelt

Bislang wurden die Mitarbeiter in der Rahmenfertigung nach dem Zeitlohn entlohnt. In letzter Zeit hat der Produktionsleiter der WFW AG allerdings festgestellt, dass die Arbeitsleistungen in den unterschiedlichen Fertigungsbereichen stark variieren: Es gibt vereinzelt Mitarbeiter, die deutlich langsamer arbeiten als andere. Vor allen Dingen Simon Bröker hat sich in letzter Zeit immer wieder beschwert, dass er viel schneller arbeite als andere und daher auch mehr Geld verdienen müsste.

Geschäftsleitung und Betriebsrat haben sich daher darauf verständigt, den Aspekt der Leistungsgerechtigkeit stärker zu berücksichtigen und die Einführung eines Akkordlohnes zu prüfen.

In einem Modellversuch soll die Akkordentlohnung zunächst für die Schweißarbeitsplätze eingeführt werden. Herr Bröker hat einer genauen Analyse seines Arbeitsplatzes zugestimmt und sich bereit erklärt, an dem Modellversuch teilzunehmen. Die Analyse des Arbeitsplatzes hat ergeben, dass ein Mitarbeiter im vergangenen Jahr durchschnittlich pro Monat 108 Fahrradrahmen geschweißt hat (Arbeitszeit: 168 Stunden/Monat).

Die Geschäftsleitung möchte durch die Umstellung auf Akkordlohn folgende Ziele erreichen:
- Erhöhung der Arbeitsproduktivität um 30 %.
- Senkung der Lohnstückkosten um 5 %

Auf der Basis umfangreicher Arbeitszeitstudien wurde von der Geschäftsleitung in Zusammenarbeit mit dem Betriebsrat festgelegt:
- Die Vorgabezeit je Fahrradrahmen beträgt 75 Minuten.
- Der garantierte Grundlohn beträgt 14,00 €/Stunde.
- Der Akkordzuschlag beträgt 20 %.

Aufgaben

1. **Berechnen Sie** den Akkordrichtsatz, den Minutenfaktor, die Normalleistung je Stunde und das Stückgeld.
2. **Ermitteln Sie** den Bruttoverdienst je Stunde, wenn Herr Bröker im ersten Monat des Modellversuches (168 Arbeitsstunden) 140 Fahrradrahmen geschweißt hat.
3. **Überprüfen Sie** exemplarisch für Herrn Bröker, ob die Geschäftsleitung die gesetzten Ziele erreicht hat und interpretieren Sie die Ergebnisse.
4. **Nennen Sie** je drei weitere positive und negative Auswirkungen der Akkordentlohnung für Arbeitgeber und Arbeitnehmer.
5. **Erläutern Sie**, durch welche Prämien gewünschte Verhaltensweisen von Mitarbeitern gefördert werden können.

Situation II

Im Fertigungsbereich A produziert die WFW AG Akkus für E-Bikes. Die Produktionskapazität beträgt 34.000 Stück/Jahr, im vergangenen Jahr war diese zu 80 % ausgelastet. Im nächsten Jahr sollen insgesamt 30.000 Akkus hergestellt werden.

Aufgaben

1. Auf der Fertigungsanlage betragen die Rüstkosten für ein Los 2000,00 €, es wird mit Herstellkosten je Akku von 320,00 € und einem Lagerhaltungskostensatz von 15 % kalkuliert. **Erstellen Sie** eine Tabelle zur Ermittlung der optimalen Losgröße (geplante Produktionsmenge: 30.000 Stück), wobei die zur Auswahl stehenden Losgrößen 5000, 2000, 1500 und 1000 betragen.
2. Ein Konkurrent der WFW AG, die Zweirad AG aus Bonn, möchte künftig auch E-Bikes produzieren, verfügt aber nicht über das technische Know-how, um Akkus zu fertigen. Daher unterbreitet sie der WFW AG das Angebot, im kommenden Jahr 3000 Akkus zum Preis von 245,00 € je Stück zu kaufen. **Entscheiden Sie**, ob die WFW AG das Angebot annehmen sollte, wenn die anteiligen variablen Stückkosten 210,00 € betragen.

Situation III: Controlling

Von der Zweirad AG liegen die Jahresabschlüsse der vergangenen beiden Jahre vor:

Bilanzen der Zweirad AG					
Aktiva in T€	Vorjahr	Berichts-jahr	Passiva in T€	Vorjahr	Berichts-jahr
A. Anlagevermögen			A. Eigenkapital		
I. Immaterielle Vermögens-			I. Gezeichnetes Kapital	8 420	8 420
werte	210	160	II. Kapitalrücklage		
II. Sachanlagen			III. Gewinnrücklagen		
1. Grundstücke	3 693	3 757	1. gesetzliche Rücklagen	842	842
2. Maschinen	8 132	7 980	2. weitere Rücklagen	4 192	965
3. BuG	1 561	1 399	IV. Gewinn- bzw. Verlustvor-		
III. Finanzanlagen	1 718	1 695	trag	572	534
B. Umlaufvermögen			V. Jahresfehlbetrag/	3 189	–
I. Vorräte			Jahresüberschuss	–	2 329
1. Roh-, Hilfs-, Betriebs-			B. Rückstellungen		
stoffe	5 537	4 628	1. Pensionsrückstellungen	6 635	7 340
2. Unfertige Erzeugnisse	10 822	13 495	2. sonstige Rückstellungen	2 227	2 650
3. Fertige Erzeugnisse	4 205	4 572	C. Verbindlichkeiten		
II. Forderungen a. LL.	11 902	17 688	1. Verb. gegenüber Kre-		
III. Kasse, Bank	586	848	ditinst.	21 213	24 211
C: Rechnungsabgrenzungs-			2. Verb. a. LL.	7 284	7 113
posten	135	185	3. sonstige Verbindlichk.	1 449	3 071
	48 501	56 407		48 501	56 407

Anmerkungen zur Bilanz:

a) Es wurden keine Dividenden ausgeschüttet.
b) In den Verbindlichkeiten gegenüber Kreditinstituten sind enthalten:

	Vorjahr	Berichtsjahr
Laufzeit ein bis fünf Jahre:	2 660	1 990
Laufzeit über fünf Jahre:	9 805	8 061

c) Die sonstigen Rückstellungen sind kurzfristiger Natur.

Aufbereitete GuV-Rechnung:

Zweirad AG	Vorjahr		Berichtsjahr	
	T€	%	T€	%
1. Umsatzerlöse	67 116,4	94,4	85 073,4	92,8
2. BVÄ	1 530,8	2,2	2 909,7	3,2
3. Aktivierte Eigenleistungen	206,7	0,3	341,4	0,4
4. Sonst. betriebliche Erträge	1 342,2	1,9	2 252,2	2,4
Betriebliche Erträge	70 196,1	98,8	90 576,7	98,8
5. Materialaufwand	41 146,3	57,9	51 765,4	56,4
6. Personalaufwand	22 521,9	31,7	25 568	27,9
7. Abschreibungen	2 876,3	4,1	2 291,9	2,5
8. Sonstige betriebliche Aufwendungen	5 283,8	7,4	6 938,0	7,6

Zweirad AG	Vorjahr		Berichtsjahr	
	T€	%	T€	%
Betriebliche Aufwendungen	71 828,3	101,1	86 563,3	94,4
Betriebsergebnis	– 1 632,2	– 2,3	4 013,4	4,4
9. Erträge aus Beteiligungen und Wertpapieren	759,9	1,1	787,4	0,9
10. Zinsen und ähnliche Erträge	110,5	0,2	357,7	0,4
11. Zinsen und ähnliche Aufwendungen	1 516,5	2,1	1 760,5	1,9
Finanzergebnis	– 646,1	– 0,9	– 615,4	– 0,7
12. Steuern von Einkommen und Ertrag	869,7	1,2	1 026,1	1,1
13. Ergebnis nach Steuern	– 3 148,0	– 4,5	2 371,9	2,6
14. Sonstige Steuern	41,0	0,14	42,9	0,1
15. Jahresüberschuss/Jahresfehlbetrag	– 3 189,0	– 4,5	2 329,0	2,6

Gesamtertrag:	71 066,00	91 722,00
Gesamtaufwand:	74 255,00	89 393,00

Aufgaben

1. **Beurteilen Sie** die Situation des Unternehmens. **Gehen Sie** dabei vor allem auf Liquidität, Rentabilität und Selbstfinanzierungsspielraum **ein**.
   (Hinweise:
   Anfangsbestand Eigenkapital im Vorjahr: 12 880 000,00 €
   Anfangsbestand Gesamtkapital im Vorjahr: 50 731 000,00 €
   Anfangsbestand Pensionsrückstellungen im Vorjahr: 6 225 000,00 €)
2. **Berechnen Sie** EBIT, EBITDA und Return on Investment (ROI).
3. **Stellen Sie dar**, welche weiteren Informationen für eine weitergehende Analyse des Jahresabschlus-ses nötig wären.
4. **Fassen Sie** in einem kurzen Bericht die Entwicklung der Zweirad AG **zusammen** und **machen Sie begründete Vorschläge**, wie die Situation des Unternehmens noch weiter zu verbessern wäre.

2 Musterklausur II

Ausgangssituation

Die Zweirad AG ist ein mittelständisches Unternehmen mit Sitz in Bonn, welches seit mehr als 20 Jahren Fahrräder herstellt, die von Groß- und Einzelhändlern aus ganz Deutschland gekauft werden. Zum Ende des Geschäftsjahres 2018 muss die Zweirad AG einen Vorschlag zur Dividendenausschüttung entwickeln (Situation I), eine Entscheidung über Preissenkung treffen (Situation II) und diverse Vermögensgegenstände bewerten (Situation III).

Situation I: Offene Selbstfinanzierung

Die Zweirad AG bereitet ihre Hauptversammlung vor. Hierzu muss der Vorstand einen Vorschlag über die Verwendung des Jahresüberschusses unter Berücksichtigung der gesetzlichen (Anlage 1) und der satzungsmäßigen Vorgaben (Anlage 2) erarbeiten. Die bilanzielle Situation vor Verwendung des Jahresüberschusses stellt sich wie folgt dar.

Auszug aus der Bilanz der Zweirad AG des abgelaufenen Geschäftsjahres vor Verwendung des Jahresüberschusses

Aktiva	Bilanz	Passiva
	A. Eigenkapital	
	I. Grundkapital	60 000 000,00
	II. Kapitalrücklage	3 000 000,00
	III. Gewinnrücklage	
	1. Gesetzliche Rücklage	1 000 000,00
	2. Rücklage für eigene Anteile	2 000 000,00
	3. Satzungsmäßige Rücklage	3 000 000,00
	4. Andere Gewinnrücklagen	5 000 000,00
	IV. Gewinnvortrag	75 000,00
	V. Jahresüberschuss	3 400 000,00

Aufgaben

Sie sollen den Vorschlag des Vorstands der Zweirad AG zur Verwendung des Jahresüberschusses vorbereiten.

1. **Prüfen Sie,** ob die Zweirad AG zur Bildung einer gesetzlichen Rücklage verpflichtet ist. Begründen Sie.
2. **Erläutern Sie** den Unterschied zwischen Rücklagen und Rückstellungen.
3. **Ermitteln Sie** die Höhe des Bilanzgewinns und stellen Sie das Eigenkapital in der Bilanz der Zweirad AG dar.
4. Die Zweirad AG ist ein global agierendes Unternehmen und konkurriert international um Kapitalgeber. Der Vorstand verfolgt in seiner Unternehmenspolitik die Shareholder-Value-Strategie und möchte eine höhere Dividende ausschütten. Die Dividende im Vorjahr betrug für jede der ausgegebenen 2 000 000 Aktien 1,20 €.

   Beurteilen Sie, welche Auswirkungen der Vorschlag des Vorstands für das Unternehmen (unter Berücksichtigung des Marktsegments), für die Anleger und die Mitarbeiter haben könnte, wenn der Bilanzgewinn vollständig ausgeschüttet wird, und **entwickeln Sie** eine Alternative.

Anlage 1 zu Situation I

§ 150 AktG (Gesetzliche Rücklage)

(1) In der Bilanz des nach den §§ 242, 264 des Handelsgesetzbuchs aufzustellenden Jahresabschlusses ist eine gesetzliche Rücklage zu bilden.

(2) In diese ist der zwanzigste Teil des um einen Verlustvortrag aus dem Vorjahr geminderten Jahresüberschusses einzustellen, bis die gesetzliche Rücklage und die Kapitalrücklagen nach § 272 Abs. 2 Nr. 1 bis 3 des Handelsgesetzbuchs zusammen den zehnten oder den in der Satzung bestimmten höheren Teil des Grundkapitals erreichen.

Anlage 2 zu Situation I

Satzung der Zweirad AG vom 25.08.1999

(...)

§ 15 Satzungsmäßige Rücklagen

Sofern es die Gewinnsituation zulässt, sind jährlich 15 % des um eine gesetzliche Rücklage verminderten Jahresüberschusses in die satzungsmäßige Rücklage einzustellen.

Lösungshilfe zu Aufgabe 3

Aktiva	Bilanz	Passiva

	A. Eigenkapital
	    I. Grundkapital
	    II. Kapitalrücklage
	    III. Gewinnrücklage
	        1. Gesetzliche Rücklage
	        2. Rücklage für eigene Anteile
	        3. Satzungsmäßige Rücklage
	        4. Andere Gewinnrücklagen
	    IV. Bilanzgewinn	

Situation II: Kosten- und Leistungsrechnung

Aus der Abteilung Controlling der Zweirad AG liegen für die vergangenen beiden Geschäftsjahre aus dem Unternehmensbereich „Touring Bikes" folgende Daten für das Modell „Pro500" vor:

	Geschäftsjahr 2020	Geschäftsjahr 2021
Produktionskapazität	12 000 Stück	12 000 Stück
Produzierte und verkaufte Menge	10 000 Stück	9 200 Stück
Erzielte Umsatzerlöse	6 950 000,00 €	6 394 000,00 €
Insgesamt angefallene Gesamtkosten	6 500 000,00 €	6 175 000,00 €
Betriebsergebnis	450 000,00 €	219 000,00 €

Auf Grundlage der sich verschlechternden Absatzsituation auf dem Markt für Touring Bikes schlägt die Geschäftsleitung der Zweirad AG vor, den Preis für das Touring Bike „Pro500" kurzfristig auf 495,00 € zu senken, um so der Konkurrenz Marktanteile abzunehmen und die eigene Marktposition langfristig zu verbessern.

Aufgaben

1. **Ermitteln Sie**
   a) die fixen Gesamtkosten sowie die variablen Stückkosten (ein proportionaler Verlauf der variablen Kosten wird vorausgesetzt),
   b) den Stückdeckungsbeitrag vor und nach Durchführung der vorgeschlagenen Preissenkung,
   c) den Break-even-Point vor und nach Durchführung der vorgeschlagenen Preissenkung.
2. **Diskutieren Sie** vor dem Hintergrund der von Ihnen ermittelten Werte den Vorschlag der Geschäftsleitung.

Situation III: Statische Investitionsrechnung

Die Zweirad AG plant eine Erweiterung ihres Sortiments um qualitativ hochwertige elektrisch betriebene Lastenräder. Mit diesem Produkt möchte sich die Zweirad AG an Speditionen und Paketdienste wenden, die im dichter werdenden Stadtverkehr auf umweltfreundliche Alternativen zu ihren bisherigen Dieseltransportern bei der Auslieferung kleinerer Pakete setzen.

Zur Herstellung der E-Lastenräder benötigt die Zweirad AG eine neue Fertigungsstraße, für welche die Geschäftsleitung zwei Angebote eingeholt hat. Folgende Daten stehen Ihnen zur Verfügung:

	Alternative 1	Alternative 2
Anschaffungskosten	12 000 000,00 €	18 000 000,00 €
Betriebsübliche Nutzungsdauer	6 Jahre	6 Jahre
Maximalkapazität	1 200 Stück jährlich	1 500 Stück jährlich
Anfallende sonstige fixe Kosten pro Jahr	425 000,00 €	635 000,00 €
Anfallende variable Kosten pro Stück	2 800,00 €	3 800,00 €
Prognostizierter Stückerlös pro Ministapler	5 500,00 €	7 900,00 € (höherer Stückerlös, da sich auf dieser Fertigungsstraße qualitativ höherwertige Lastenräder herstellen lassen)
Prognostizierte Absatzmenge	950 Stück jährlich	950 Stück jährlich

Aufgaben

1. **Ermitteln Sie** die günstigste Investitionsalternative, indem Sie auf Grundlage des vorliegenden Zahlenmaterials
   a) eine Kostenvergleichsrechnung,
   b) eine Gewinnvergleichsrechnung,
   c) eine Rentabilitätsvergleichsrechnung
   d) und eine Amortisationsvergleichsrechnung
   durchführen.
2. **Analysieren Sie** die von Ihnen ermittelten Werte und treffen Sie eine begründete Entscheidung, bezogen auf die beiden Investitionsalternativen. Beurteilen Sie in diesem Zusammenhang kritisch die von Ihnen zur Entscheidungsfindung herangezogenen Investitionsrechenverfahren.
3. **Erläutern Sie** die Notwendigkeit einer qualitativen Bewertung von Investitionsalternativen und **werten Sie** die hier durchgeführte Nutzwertanalyse **aus**.

Bewertungskriterien	Gewichtung	Maschine 1		Maschine 2	
Wirtschaftliche Daten:					
Zuverlässigkeit	30	4	120	5	150
Wartung und Kundendienst	20	4	80	5	100
Garantie	5	3	15	4	20
Technische Daten:					
Störanfälligkeit	5	2	10	3	15
Betriebssicherheit	10	5	50	5	50
Erweiterungsmöglichkeit	10	4	40	5	50
Schnelligkeit	10	5	50	5	50
Bedienungsfreundlichkeit	10	4	40	5	50
Gesamtpunktzahl	**100**		**405**		**485**

3 Musterklausur III

Ausgangssituation

Die Goeke AG mit Sitz in Düsseldorf ist ein traditionsreiches mittelständisches Unternehmen, das Koffer und Reisetaschen in mittlerer Preislage herstellt. Im Zuge der Globalisierung und der zunehmenden Mobilität der Menschen weltweit haben sich die Verkaufszahlen der Goeke AG in den letzten 20 Jahren sehr positiv entwickelt.

Allerdings ist die Konkurrenz in Europa groß und Billigimporte aus Asien erschweren seit einigen Jahren die Lage auf dem Markt für Koffer und Reisetaschen.

Aus diesem Grund hat sich die Goeke AG entschlossen, den Gedanken der Nachhaltigkeit in den Vordergrund zu rücken, um sich damit stärker von der Konkurrenz abzuheben und den Kunden ein zusätzliches Kaufargument zu liefern.

Situation I: Marketingmix (Produkt-, Preis-, Kommunikationspolitik)

Peter Goeke, der Geschäftsführer der Goeke AG, sucht ständig nach neuen Ideen und war daher sehr beeindruckt von einem Artikel über Rimowa, dem führenden deutschen Hersteller von hochwertigen Hartschalenkoffern.

Aufgabe

Arbeiten Sie aus dem Artikel „In Schale" (siehe Anlage) die Marketinginstrumente **heraus**, die den Bereichen der Produkt-, Preis- und Kommunikationspolitik zuzuordnen sind, und **erklären Sie** deren Umsetzung am Beispiel der einzelnen Maßnahmen von Rimowa.

Anlage

In Schale: Aus dem schlichten Alu-Koffer von Rimowa ist ein Top-Accessoire geworden. Wie konnte das passieren?

Das Büro von Dieter Morszeck, 58, ähnelt einem Technikmuseum. Auf seinem Aktenschrank steht ein halbes Dutzend Modellflugzeuge. Der Schreibtisch ist aus dem Höhenleitwerk einer original DC-9 gezimmert. Die Wände sind tapeziert mit Fotografien und Werbepostern, auf dem Fußboden stapeln sich bunte Koffer in allen Größen, gängige Modelle und Sonderanfertigungen. Zumindest das ist kein Wunder, denn Morszeck hat sie ja quasi in Schale geworfen.

Die Hartschalenkoffer der Kölner Firma Rimowa, die mit den Rillen, waren früher vor allem beliebt bei Piloten, Fotografen und BWL-Studenten, die auch mal ein bisschen Abenteurer spielen wollten. Zu Zeiten von Morszecks Vater (zugleich Namensgeber des Unternehmenskürzels „RIchard MOrszeck WArenzeichen") gab es die Kisten nur in der silbernen Aluminium-Version. Inzwischen werden sie auch aus federleichtem Polycarbonat produziert.

Bill Kaulitz, der Sänger der Teenieband Tokio Hotel, reist mit ihnen. Die Musiker von A-ha und Kiss nutzen sie, Top-Model Marcus Schenkenberg und US-Aktrice Cameron Diaz ebenso wie Jazz-Star Till Brönner. Selbst die Männer und Frauen der deutschen Fußballnationalmannschaft reisen mit einer Sonderanfertigung von Spiel zu Spiel.

Aus dem einst so unspektakulären Gepäckstück ist ein Lifestyle-Produkt geworden, das zudem nicht billig ist: Ein Rimowa in klassischer Koffergröße kann 400 € kosten. Dafür kriegen andere schon eine Woche Vollpension auf Lanzarote, Flug inklusive.

Verantwortlich für den Erfolg der Kölner ist etwas, das man Audi-Strategie nennen könnte. Auch die Autos aus Ingolstadt waren imagemäßig jahrelang ein Problemfall: Wer es nett mit ihnen meinte, lobte die herausragende Technik, die nur langweilig verpackt war. Andere schmähten Audi als Rentnerschaukeln, die ihre Besitzer locker überleben konnten.

Dank Hightech, modernem Design, viel Werbung und mutiger Hochpreispolitik ist heute nicht nur Audi en vogue, sondern eben auch Rimowa. Innerhalb von nur rund zehn Jahren ist der Umsatz von 10 Millionen auf 100 Millionen € hochgeschossen – auch und vor allem, weil Morszeck Polycarbonat entdeckte.

Der Kunststoff ist teuer, fast unzerstörbar und überdies extrem leicht. Einer von Morszecks Zulieferern aus dem Bergischen Land hatte ihm den Tipp gegeben. „Der hat mir einen Hammer in die Hand gedrückt und mich darauf rumhauen lassen", erinnert sich der Rimowa-Chef. Kurz darauf bestellte er fünf Musterplatten einer schwedischen Firma. „Wie die Kinder sind wir darauf rumgesprungen und haben versucht, sie einzudellen. Aber es blieb kein Kratzer, keine Beule zurück – wir waren begeistert."

Seit gut zehn Jahren gibt es die Koffer aus Polycarbonat – und sie haben eine Renaissance des Hartschalenkoffers ausgelöst. Auch andere Produzenten wie Samsonite oder Delsey bieten die leichten Utensilien inzwischen an, zumal vor allem Flugreisende heute beim Einchecken auf jedes Gramm Übergepäck achten müssen.

In über 50 Ländern kann man die Koffer kaufen; während sie in Deutschland ganz klassisch neben anderen im Fachgeschäft stehen, gibt es in Asien bereits 36 eigene Rimowa-Läden. Vor eineinhalb Jahren wurde mit viel Pomp und Prominenz ein Flagshipstore am Rodeo Drive in Beverly Hills eröffnet. Und weil die Werke in Köln und Pelhrimov, Tschechien, mit der Produktion nicht mehr hinterherkommen, baut Morszeck gerade eine weitere Fabrik in Kanada.

Er kann lange Vorträge halten über Schutzkörper für Vier-Rollen-Systeme, spezielle Reißverschlüsse, Gießverfahren und Materialforschung. Das alles soll suggerieren: Es ist die Qualität, die Rimowa so begehrenswert macht. Aber der gebürtige Kölner gilt auch als begnadeter Verkäufer. Eine Productplacement-Agentur sorgt dafür, dass die deutschen Koffer in Hollywood-Filmen wie „Wall Street 2", „Iron Man" oder „Das A-Team" auftauchen. Obendrein werden Sondereditionen angefertigt, mal für die Kölner Rockband BAP, mal für den Star-Geiger David Garrett. Morszeck selbst hat Reklame-Ideen, für die manche Marketing-Experten schon zu bewusstseinserweiternden Drogen greifen müssten. Beispielsweise bietet er heute Koffer an, die farblich exakt zum Porsche Panamera passen. Oder er lässt in der First Class von Lufthansa und Thai Airways die Toilettenartikel in Gratis-Mini-Rimowas verteilen. Die limitierten Einzelstücke werden bei Ebay gehandelt, Stückpreis bis zu hundert Dollar.

Der einzige Anbieter, der ihm in puncto Lautsprecherei noch ernsthaft Konkurrenz macht, ist Zero Halliburton. Die Parallelen zu der US-Firma sind erstaunlich: Auch Zero begann mit robusten Alu-Koffern, der Gründer war ähnlich flugbegeistert wie die Macher von Rimowa, und auch das US-Design wurde seit Jahren kaum verändert. Nur gelten die Koffer von Halliburton unter Vielfliegern als belastbarer.

Vor allem aber haben die Amerikaner ihren Koffer an einer Stelle platziert, wo eine deutsche Firma wohl nie hinkommen wird: Der sogenannte „atomic football" stammt von Halliburton. In dem strengbewachten Koffer, der sich stets in Reichweite des US-Präsidenten befindet, werden die geheimen Codes für den Gebrauch der amerikanischen Nuklearwaffen transportiert. Mehr Reklame geht kaum.

Quelle: Amann, Susanne: In Schale. In: DER SPIEGEL 33/2011, S. 72, veröff. am 15.08.2011 unter www.spiegel.de/spiegel/print/d-79973996.html [01.03.2018].

Situation II: Preispolitik, Teilkostenrechnung

Für die Herstellung der Basisausführung einer Reisetasche der Goeke AG gelten folgende Daten:

Monatliche Kapazität	100 000 Stück
Derzeitige Kapazitätsauslastung	80 %
Verkaufspreis / Stück	76,00 €
Variable Kosten / Stück	29,00 €
Fixkosten pro Monat	3 000 000,00 €

Aufgaben

1. **Berechnen Sie** den Break-even-Point.
2. **Ermitteln Sie** mithilfe der Deckungsbeitragsrechnung das monatliche Betriebsergebnis.
3. **Ermitteln Sie** die Preisuntergrenzen und **beurteilen Sie** ihre Realisierbarkeit.
4. Um die Kapazität noch besser auszunutzen, erwägt die Unternehmensleitung die Annahme eines Zusatzauftrages:
   - Eine Kaufhauskette ist bereit, monatlich 15 000 Reisetaschen abzunehmen, sofern ihr ein Rabatt von 30 % eingeräumt wird.
   - Ein amerikanisches Unternehmen würde pro Jahr 210 000 Reisetaschen zu 49,00 € abnehmen. Dabei würden wegen der besonderen US-Vorschriften die variablen Kosten pro Stück um 8 % steigen.

   Nehmen Sie Stellung.

Situation III: Preispolitik, Teilkostenrechnung

Zu Beginn dieses Jahres hat die Goeke AG zusätzlich mit der Produktion einer neuen Serie von Trolleys begonnen, von denen drei Varianten hergestellt werden. Es gelten folgende Daten:

Modellvariante	Sun	Nimbus	Blue
Verkaufspreis/Stück	95,00 €	79,00 €	74,00 €
Variable Kosten/Stück	30,00 €	28,00 €	24,00 €
Produktions- u. Absatzmenge pro Jahr (Stück)	18 000	28 000	50 000
Herstellbare Menge pro Stunde (Stück)	30	20	25
Fixkosten pro Jahr	2 100 000,00 €		

Aufgaben

1. Der Markt ist hart umkämpft und die Goeke AG möchte durch eine aggressive Preispolitik Marktanteile gewinnen. Die Unternehmensleitung erwägt daher, die Modelle „Nimbus" und „Blue" für jeweils 73,00 € zu verkaufen.
   Berechnen Sie, wie sich diese Preissenkung durchführen lässt, ohne dass sich das Betriebsergebnis für die neue Trolley-Serie verschlechtert. (Eine Senkung der variablen Kosten ist zurzeit nicht möglich.)
2. Leider kann Goeke diese Strategie zunächst nicht umsetzen, da durch ein Feuer im Produktionsbereich für Trolleys ein Engpass entstanden ist. Die jährliche Produktionskapazität ist dadurch auf 3 400 Stunden gesunken. **Ermitteln Sie** unter Berücksichtigung des Engpasses das optimale Produktionsprogramm.

4 Musterklausur IV

Ausgangssituation

Die Nieberg AG ist ein mittelständisches Unternehmen mit Sitz in Siegburg, welches seit mehr als 20 Jahren Gabelstapler herstellt, die von Unternehmen in ganz Deutschland gekauft werden. Der Markt für Flurförderfahrzeuge ist in den letzten Monaten stark in Bewegung geraten, sodass auch für die Nieberg AG Umstrukturierungen erforderlich sind. Bislang hat sich die Nieberg AG gegenüber der Konkurrenz aus dem asiatischen Raum gut behaupten können. Die Kunden der Nieberg AG schätzen die Zuverlässigkeit und Langlebigkeit der von der Nieberg AG hergestellten Elektro-Hubwagen ebenso wie die kleinen, wendigen Gabelstapler, welche unter dem Namen „Ministapler" zu einer Marke geworden sind.

Situation I: Kosten- und Leistungsrechnung/Produkt- und Preispolitik – relative Deckungsbeitragsrechnung

Der Nieberg AG liegen fünf Aufträge über die Fertigung von Elektro-Hubwagen vor. Zur Fertigstellung der Elektro-Hubwagen müssen alle Modelle eine Fertigungsstraße durchlaufen, die sich bereits in der Vergangenheit als Engpass herausgestellt hat. Für den Planungszeitraum stehen auf dieser Fertigungsstraße insgesamt 12 000 Fertigungsminuten zur Verfügung.

In diesem Zusammenhang liegen folgende Daten aus den Abteilungen Absatz und Kostenrechnung vor:

Kunde	Gewünschtes Modell	Auftrags-menge (in Stück)	Zeitbedarf je Stück (in Minuten)	Erzielbarer Preis je Stück (in EUR)	Variable Kosten je Stück (in EUR)
Adams OHG	Alpha	45	75	2 600,00	2 150,00
Berger KG	Beta	25	100	2 200,00	1 570,00
Caspers GmbH	Gamma	61	50	3 000,00	2 600,00
Dohm GmbH	Delta	50	120	4 000,00	3 250,00
Eilers AG	Epsilon	30	66	3 400,00	2 850,00

Auszug aus der Kundendatei der Nieberg AG:

Kunde	Ansprechpartner	Geschäfts-partner seit	Durchschnitt-liches jährliches Auftragsvolumen (in EUR)	Zahlungsmoral
Adams OHG	Frau Arenz	2015	110 000,00	schwach
Berger KG	Herr Bellinghaus	2010	105 000,00	zufriedenstellend
Caspers GmbH	Herr Carstens	2006	320 000,00	gut
Dohm GmbH	Frau Dieber	2004	950 000,00	sehr gut
Eilers AG	Frau Erke	2008	190 000,00	sehr gut

Aufgaben

1. **Berechnen Sie** für jedes Modell den absoluten Stückdeckungsbeitrag.
2. **Berechnen Sie** für jedes Modell den relativen Stückdeckungsbeitrag.
3. **Nennen Sie** die Rangfolge, in welcher die Aufträge bearbeitet werden sollten.
4. **Ermitteln Sie** unter Berücksichtigung des Engpasses das optimale Produktionsprogramm (Teilaufträge können gefertigt werden).
5. **Ermitteln Sie** den voraussichtlichen Erfolg, wenn die Fixkosten in diesem Fertigungsbereich 49 500,00 € betragen.
6. **Diskutieren Sie** kritisch das von Ihnen ermittelte Produktionsprogramm unter Berücksichtigung des Auszuges aus der Kundendatei.
7. **Entwickeln Sie** eine begründete Alternative zu dem von Ihnen ermittelten optimalen Produktionsprogramm.

Situation II: Prozess der Leistungserstellung

Die steigende Nachfrage nach Ministaplern (vgl. Ausgangssituation) geht leider einher mit einem Nachfragerückgang in anderen Betriebsbereichen. So hat die Nachfrage nach Hochregalstaplern, die in Gruppenarbeit auf teilautonomen Fertigungsinseln gebaut werden, in den letzten Monaten deutlich nachgelassen, sodass eine Fertigungsinsel abgebaut werden muss, da aus Kostengründen die Kapazitäten reduziert werden sollen. Aus diesem Grund hat die Geschäftsleitung der Nieberg AG die Arbeitsergebnisse der vergangenen zwölf Monate für jede Fertigungsinsel ermittelt und aufbereitet. Folgende Werte wurden festgestellt:

	Insel 1	Insel 2	Insel 3	Insel 4
Produktionsmenge	1 200 Stück	1 300 Stück	1 000 Stück	1 250 Stück
Mitarbeiterzahl	7	7	5	8
Durchschnittlicher Verkaufspreis je Stück für die gefertigten Modellvarianten	799,00 €	849,00 €	899,00 €	749,00 €
Materialkosten je Stück	250,00 €	245,00 €	285,00 €	290,00 €
Lohnkosten je Stück	190,00 €	195,00 €	185,00 €	320,00 €
Sonstige variable Kosten je Stück	86,00 €	88,00 €	89,00 €	91,00 €
Durchschnittlich auf der Fertigungsinsel gebundenes Kapital	360 000,00 €	390 000,00 €	420 000,00 €	450 000,00 €
Abschreibungen auf vorhandene Produktionsanlagen	60 000,00 €	65 000,00 €	70 000,00 €	75 000,00 €
Energiekosten	9 000,00 €	9 500,00 €	8 700,00 €	9 900,00 €
Sonstige fixe Kosten	21 600,00 €	22 800,00 €	25 200,00 €	27 000,00 €

Aufgaben

1. **Beurteilen Sie** auf Grundlage der von der Geschäftsleitung zur Verfügung gestellten Zahlen, welche der vier Fertigungsinseln abgebaut werden sollte. **Vergleichen Sie** aus diesem Grund die Arbeitsproduktivität, die Kapitalproduktivität, die Wirtschaftlichkeit und die Gesamtkapitalrentabilität der vier Fertigungsinseln miteinander!
2. **Diskutieren Sie**, durch welche Maßnahmen die Nieberg AG vermeiden könnte, den auf der von der Schließung betroffenen Fertigungsinsel beschäftigten Mitarbeitern zu kündigen.
3. Nach den durchgeführten Maßnahmen soll auf den verbliebenen Fertigungsinseln eine Akkordentlohnung für die Mitarbeiter eingeführt werden. **Nennen Sie** die wesentlichen Vor- bzw. Nachteile des Akkordlohns!

Situation III: Globalisierung und Konzentrationsprozesse

Da die Nieberg AG zukünftig zunehmend global agieren möchte, hat der Vorstand beschlossen, sich nicht allein auf den Standort Siegburg zu konzentrieren. Angesichts der Lage auf dem Markt für Flurförderfahrzeuge denkt der Vorstand über Folgendes nach:

1. Die Errichtung eines weiteren Produktionsstandortes für Gabelstapler in einem Land, das günstige Rahmenbedingungen bietet. Dabei wird der asiatische Raum favorisiert.
2. Die Beteiligung an bzw. Übernahme von Unternehmen. Im Hinblick auf die Konkurrenz bietet sich ein No-Name-Anbieter an, der derzeit in wirtschaftlichen Schwierigkeiten steckt.

Aufgaben

1. **Diskutieren Sie** die Überlegung, Teile der Produktion in das fernöstliche Ausland zu verlegen.
2. **Erläutern Sie** die Vorteile eines Zusammenschlusses mit einem Konkurrenten aus der Gruppe der No-Name-Anbieter und **gehen Sie** in diesem Zusammenhang **ein** auf den Unterschied zwischen horizontaler und vertikaler Konzentration.

Lösungen

Jahrgang 12.1

1 Prozess der Leistungserstellung

1.1 Ausgangssituation

1.2 Lösungen

1.2.1 Anforderungsbereich I

1. Das Fertigungsprogramm umfasst alle selbst erstellten Erzeugnisse. Bei der Grashoff GmbH sind dies neben den Fahrrädern aus der Produktsparte „Fahrrad" auch die für Sonderanfertigungen benötigten Spezialwerkzeuge. Das Absatzprogramm umfasst alle zum Verkauf stehenden Produkte. Bei der Grashoff GmbH sind dies neben den Fahrrädern auch die Handelswaren der Produktsparten „Zubehör" und „Bekleidung".

2. Da die Grashoff GmbH insgesamt acht verschiedene Produkte (in drei unterschiedlichen Sparten) anbietet, ist das Absatzprogramm eher als breit zu bezeichnen. Durch die große Anzahl der jeweiligen Produktvarianten (vier Modelle in jeweils vier Farben → 16 Varianten je Produktart) wird ersichtlich, dass das Absatzprogramm der Grashoff GmbH als tief zu bezeichnen ist.

3. Durch ein breites und tiefes Absatzprogramm bietet ein Unternehmen eine große Auswahl und spricht so eine breite Zielgruppe an. Durch Komplementärgüter (hier: Satteltaschen, Fahrradschlösser und Fahrradbekleidung) kann zusätzlicher Umsatz generiert werden. Darüber hinaus wird so eine Risikostreuung ermöglicht. Wenn der Absatz bei einer Produktgruppe rückläufig ist, kann dies durch eine andere Produktgruppe ausgeglichen werden. Bei der Festlegung der Verkaufspreise ist eine Mischkalkulation denkbar, d. h., in stark umkämpften Marktsegmenten können durch Preissenkungen der Konkurrenz Marktanteile abgenommen werden. Der geringere Stückgewinn kann durch entsprechend höhere Preise in weniger stark umkämpften Marktsegmenten wieder ausgeglichen werden.

4. Grundsätzlich führt ein breites und tiefes Fertigungsprogramm tendenziell zu höheren Produktionskosten, da die Fertigungsanlagen häufiger umgerüstet werden müssen. Ein geringerer Spezialisierungsgrad und tendenziell geringere Produktionsmengen führen darüber hinaus ebenfalls zu höheren Stückkosten, als dies bei einem engen und flachen Fertigungsprogramm der Fall wäre.

5. Bei der Einzelfertigung wird jedes Erzeugnis nur einmal hergestellt. Die Fertigung erfolgt daher ausschließlich auftragsbezogen. Bei der Grashoff GmbH kann man bei den Rennrädern, welche ausschließlich als Sonderanfertigungen für professionelle Radsportler angeboten werden, von einer Einzelfertigung ausgehen. Bei der Massenfertigung werden gleichartige Erzeugnisse ohne zeitliche und mengenmäßige Begrenzung hergestellt. Bei der Grashoff GmbH findet sich dieser Fertigungstyp nicht wieder.

6. Die Sortenfertigung beschreibt die Herstellung von unterschiedlichen Varianten eines Grunderzeugnisses, welche sich lediglich hinsichtlich Form, Farbe, Größe usw. unterscheiden. Die Anzahl der Umrüstvorgänge ist also wesentlich geringer als bei der Serienfertigung, wo die relativ starke Unterscheidung, was Konstruktion und Fertigungsablauf betrifft, häufigere Umrüstungen erforderlich macht.

7. Im Rahmen der Sortenfertigung kann man Partie- und Chargenfertigung voneinander unterscheiden. Während bei der Partiefertigung eine ungewollte Sortenfertigung dadurch entsteht, dass das Ausgangsmaterial nicht durchgängig eine gleichbleibende Qualität aufweist, entsteht die ungewollte Sortenbildung bei der Chargenfertigung, weil der Produktionsprozess nicht vollständig beherrschbar ist.

8. Akkordzuschlag: 12,00 € · 15 % = 1,80 €/Stunde
   Akkordrichtsatz: 12,00 € + 1,80 € = 13,80 €/Stunde
   Minutenfaktor: 13,80 € : 60 Minuten = 0,23 €/Minute
   Vorgabezeit je Stück: 6 Minuten → Normalleistung je Stunde: 10 Stück
   13,80 € : 10 Stück = 1,38 €/Stück

9. Wimmer: 85 Stück/Tag · 0,23 €/Minute · 6 Minuten/Stück = 117,30 €/Tag
   oder: 85 Stück/Tag · 1,38 €/Stück = 117,30 €/Tag

   Kulik: 62 Stück/Tag · 0,23 €/Minute · 6 Minuten/Stück = 85,56 €/Tag
   oder: 62 Stück/Tag · 1,38 €/Stück = 85,56 €/Tag,
   aber: garantierter Grundlohn: 8 Stunden · 12,00 € = 96,00 €/Tag

   Der Mitarbeiter Wimmer erhält pro Tag ein Arbeitsentgelt von 117,30 €. Der Mitarbeiter Kulik dürfte
   aufgrund der erbrachten Leistung eigentlich nur 85,56 €/Tag verdienen. Da dieser Verdienst aber
   unter dem tarifvertraglich vereinbarten Grundlohn (= Zeitlohn für eine vergleichbare Tätigkeit) liegt,
   erhält er 96,00 €/Tag.

1.2.2 Anforderungsbereich II

1. Bei der Werkstattfertigung werden alle Betriebsmittel mit gleichartigen Funktionen an einem Ort
   zusammengefasst, es gilt demnach das Verrichtungsprinzip.

2. Sowohl bei der Fließ- als auch bei der Reihenfertigung sind die Betriebsmittel und die Arbeitsplätze
   in der Reihenfolge der auszuführenden Arbeiten angeordnet, man spricht daher auch vom Flussprinzip bzw. von einer Objektzentralisation. Während aber bei der Fließfertigung die Vorgabe von
   Taktzeiten für eine exakte zeitliche Abstimmung zwischen den einzelnen Arbeitsgängen sorgt,
   kennzeichnet das Fehlen solcher Taktzeiten die Reihenfertigung, was ein Überspringen oder Abän-
   dern von einzelnen Arbeitsgängen, sofern dies erforderlich ist, leichter möglich macht.

3. Die Gruppenfertigung ist dadurch gekennzeichnet, dass der Fertigungsablauf eine Kombination
   aus dem Verrichtungsprinzip und der Objektzentralisation aufweist. Auf sogenannten Fertigungsinseln werden artgleiche Erzeugnisse oder Erzeugnisteile von teilautonomen Arbeitsgruppen hergestellt, wobei die Anordnung der Betriebsmittel auf der Fertigungsinsel nach dem Flussprinzip
   erfolgt.

4. **a) Fremdbezug:**

1 000 · 39,90 €	=	39 900,00 €
abzgl. 10 % Rabatt:	–	3 990,00 €
	=	35 910,00 €
zzgl. Versandkosten:	+	450,00 €
Gesamtkosten:	=	**36 360,00 €**
Eigenfertigung:		
Fixe Kosten:		
AfA:		187 200 : 12 Jahre = 15 600,00 : 12 Monate = 1 300,00 €
Gehälter:		3 000,00 €
Sonstige fixe Kosten:		1 150,00 € → 5 450,00 €
Variable Kosten:		17,75 € + 5,90 € = 23,65 € · 1 000 Stück = 23 645,00 €
Gesamtkosten:		**29 100,00 €**

b) $39{,}9\,x = 5\,450 + 23{,}65\,x$

$\quad 16{,}25\,x = 5\,450$

$\qquad x = 335{,}38$

Ab einer Menge von 336 Stück ist die Eigenfertigung kostengünstiger.

5. Zunächst muss überprüft werden, ob für eine Eigenfertigung der Fahrradschlösser überhaupt das personelle und/oder das technische Know-how innerhalb der Grashoff GmbH vorhanden ist. In diesem Zusammenhang ist zu überprüfen, ob die Fahrradschlösser in der benötigten Qualität hergestellt werden können. Auch die räumlichen Kapazitäten für den Ausbau der Fertigung müssen vorhanden sein. Darüber hinaus ist zu prüfen, ob bei der Grashoff GmbH für eine entsprechende Investition eine ausreichende Liquidität vorhanden ist bzw. der dafür notwendige Kapitalbedarf gedeckt werden kann. Letztlich ist zu bedenken, dass bei Fremdbezug flexibler auf einen möglichen Rückgang der Absatzzahlen für Fahrradschlösser reagiert werden kann und dass das Investitionsrisiko ganz entfällt.

1.2.3 Anforderungsbereich III

1.

	Vorher (Fließfertigung)	Nachher (Gruppenfertigung)
a)	375 000,00 € : 750 Stück = 500,00 €/Stück	390 000,00 € : 650 Stück = 600,00 €/Stück
b)	86 250,00 € : 750 Stück = 115,00 €/Stück	68 250,00 € : 650 Stück = 105,00 €/Stück
c)	990,00 € − 500,00 € = 490,00 €/Stück	1 150,00 € − 600,00 € = 550,00 €/Stück
d)	490,00 € − 115,00 € = 375,00 €/Stück	550,00 € − 105,00 € = 445,00 €/Stück
e)	375,00 € · 750 Stück = 281 250,00 €	445,00 € · 650 Stück = 289 250,00 €
f)	$990x = 86\,250 + 500x$ $490x = 86\,250$ $x = 176{,}02$ Stück	$1\,150x = 68\,250 + 600x$ $550x = 68\,250$ $x = 124{,}09$ Stück

Unter rein rechnerischen Gesichtspunkten ist eine Umstellung der Produktion der Mountainbikes auf Gruppenfertigung sinnvoll. Zwar steigen die Produktionskosten je Stück (der starke Anstieg der variablen Stückkosten kann durch den moderaten Rückgang der fixen Stückkosten nicht kompensiert werden), aber die gestiegene Qualität ermöglicht die Realisation eines höheren Verkaufspreises, was letztlich zu einer Steigerung des Stückdeckungsbeitrages, des Stückgewinns und des Gesamtgewinns sowie zu einem geringerem Break-even-Point führt. Diese Aspekte sind alle positiv zu beurteilen und somit ausschlaggebend für eine Entscheidung auf Basis der gegebenen Daten.

2.

	Vorher (Fließfertigung)	Nachher (Gruppenfertigung)
a)	750 Stück : 504 Arbeitsstunden = 1,49 Stck./Std.	650 Stück : 504 Arbeitsstunden = 1,29 Stck./Std.
b)	990,00 € · 750 Stück = 742 500,00 € 86 250,00 € + 375 000,00 € = 461 250,00 € → 742 500,00 € : 461 250,00 € = 1,61	1 150,00 € · 650 Stück = 747 500,00 € 68 250,00 € + 390 000,00 € = 458 250,00 € → 747 500 : 458 250 = 1,63

Die gestiegene Wirtschaftlichkeit bestätigt die getroffene Entscheidung für die Gruppenfertigung. Allerdings würde durch die Einführung der Gruppenfertigung die Arbeitsproduktivität deutlich abnehmen. Letztlich könnten nur noch 650 Mountainbikes hergestellt und verkauft werden. Es müsste überprüft werden, ob es denkbar wäre, dass trotz des gestiegenen Verkaufspreises die alte Absatzmenge von 750 Mountainbikes wieder erreicht werden kann. Sollte dies der Fall sein, so könnte die Grashoff GmbH eine Erweiterung der Produktionskapazitäten planen oder versuchen, durch Rationalisierungsmaßnahmen die Arbeitsproduktivität zu steigern.

3. Sollte die Organisationsform der Gruppenfertigung verwirklicht werden, so kann man davon ausgehen, dass es zu einer verbesserten Produktqualität kommt, weil die Identifikation der Mitarbeiter mit dem Endprodukt steigt und aufgrund der vielseitigeren Beschäftigung und der geringeren Arbeitsmonotonie die Motivation der Mitarbeiter steigt. Im Rahmen der Gruppenfertigung lassen sich zudem die Verantwortlichkeiten für mögliche Fehler eindeutiger zuordnen als bei der Fließfertigung, was wiederum zu einer geringeren Ausschussquote führen kann. Die Produktion ist insgesamt weniger störanfällig und ermöglicht dem Unternehmen eine höhere Anpassungsfähigkeit (Flexibilität) bei veränderten Kundenanforderungen. Dieser Aspekt wird durch das tendenziell höher qualifizierte Personal noch verstärkt. Allerdings führt dieser Punkt auch zu höheren Lohnkosten und somit zu einem Anstieg der variablen Stückkosten. Da sich die Durchlaufzeiten bei Umstellung von Fließ- auf Gruppenfertigung verlängern, sinkt die Produktivität, was zu einem weiteren Anstieg der Stückkosten führt.

2 Kosten- und Leistungsrechnung

2.1 Ausgangssituation Vollkostenrechnung

2.2 Lösungen

2.2.1 Anforderungsbereich I

1. Durch die Fibu (Rechnungskreis I) wird das Gesamtergebnis der Unternehmung (Gewinn bzw. Verlust) ermittelt, ohne dass Aussagen über einzelne Unternehmensbereiche oder Produkte möglich sind. Die KLR (Rechnungskreis II) orientiert sich am Sachziel des Unternehmens und ermittelt das Betriebsergebnis durch die Gegenüberstellung der betrieblichen Aufwendungen (Kosten) und betrieblichen Erträge (Leistungen).

2. Die Kostenartenrechnung filtert die außerordentlichen und betriebsfremden Aufwendungen und Erträge aus dem Ergebnis der Finanzbuchhaltung heraus, sodass die sachzielbezogenen Zweckaufwendungen und Leistungen übrig bleiben, die in gleicher Höhe in die KLR übernommen werden (Grundkosten).

3. ▪ Aufwendungen = der gesamte Werteverzehr einer Unternehmung für Güter und Dienstleistungen innerhalb einer Rechnungsperiode.
   ▪ Betriebsfremde Aufwendungen = Aufwendungen, die nicht durch die Verfolgung des Sachziels verursacht werden, sondern durch Nebenziele, wie z. B. Vermietung.
   ▪ Betriebliche außerordentliche Aufwendungen = Aufwendungen, die zwar durch die Verfolgung des Sachziels entstehen, aber untypisch sind, d. h. unregelmäßig oder vereinzelt anfallen bzw. periodenfremd sind.
   ▪ Zweckaufwendungen = Aufwendungen, die zugleich Kosten sind, d. h. durch die Verfolgung des Sachziels entstehen.
   ▪ Grundkosten = aufwandsgleiche Kosten, d. h. Aufwand, der im Zusammenhang mit der Verfolgung des Sachziels entstanden ist und im selben Umfang Kosten darstellt.
   ▪ Zusatzkosten = Kosten, denen entweder nicht in voller Höhe der Kosten ein Aufwand entspricht (z. B. kalk. Abschreibungen, kalk. Zinsen) und die damit nur einen Teil der Grundkosten umfassen oder denen kein Aufwand gegenübersteht (echte Zusatzkosten, z. B. kalk. Unternehmerlohn).

4. Einige betriebliche Aufwendungen werden nicht in gleicher Höhe in die KLR übernommen, weil sie dort das Betriebsergebnis des Abrechnungsjahres und damit Wirtschaftlichkeits- und Preisvergleiche verfälschen würden. Typische Anderskosten sind kalkulatorische Abschreibungen.
   Beispiel: *Eine Maschine hat einen Anschaffungswert von 100 000,00 € und eine betriebsgewöhnliche Nutzungsdauer von acht Jahren. Sie wird linear mit 12 500,00 € bilanzmäßig abgeschrieben. Da ein Wiederbeschaffungswert von 110 000,00 € unterstellt wird, beträgt die kalkulatorische Abschreibung bei linearer Abschreibung 13 750,00 €.*
   Diesen Betrag wälzt das Unternehmen über seine Umsatzerlöse auf die Kunden ab und verfügt nach acht Jahren über die finanziellen Mittel zur Wiederbeschaffung einer neuen Maschine.

5. Bilanzielle Abschreibungen
   ▪ gehen vom Anschaffungs- oder Buchwert und einer betriebsgewöhnlichen Nutzungsdauer aus,
   ▪ unterliegen handels- und steuerrechtlichen Bestimmungen,
   ▪ dienen der Bewertung des Vermögens und beeinflussen die Aufwendungen in der GuV-Rechnung.
   Kalkulatorische Abschreibungen
   ▪ gehen vom Wiederbeschaffungswert und der betriebsindividuellen Nutzungsdauer aus und dienen damit der Substanzerhaltung,
   ▪ unterliegen keinen gesetzlichen Vorschriften,
   ▪ dienen der Bewertung des tatsächlichen Werteverzehrs der betriebsnotwendigen Anlagen,
   ▪ werden in die Preisberechnung der Produkte einbezogen.

6. Kalkulatorische Zinsen beziehen sich nicht auf das gesamte aufgenommene Fremdkapital, sondern nur auf das betriebsnotwendige Kapital, das wie folgt ermittelt wird:

> Gesamtes Anlagevermögen
> − vermietetes, verpachtetes Anlagevermögen
>
> = betriebsnotwendiges Anlagevermögen
> + betriebsnotwendiges Umlaufvermögen
>
> = betriebsnotwendiges Vermögen
> − abzuziehendes Kapital (Kundenanzahlungen, Verbindl. a. LL.)
>
> = betriebsnotwendiges Kapital

7. Einzelkosten können einzelnen Produkten genau zugeordnet werden; Gemeinkosten entstehen durch mehrere Produkte und können nur über besondere Umlageverfahren den einzelnen Produkten zugeordnet werden.

8. Die Kostenstellen können gebildet werden nach Verantwortungsbereichen oder betrieblichen Funktionen. Hauptfunktionsbereiche sind Material, Fertigung, Verwaltung, Vertrieb. Diese vier Bereiche können noch untergliedert werden in Fertigungshilfskostenstellen (z. B. Konstruktion), welche die Fertigungsgemeinkosten erfassen, die nur indirekt bei der Fertigung anfallen, und in Fertigungshauptkostenstellen (z. B. Fräserei, Sägerei), welche die Fertigungsgemeinkosten erfassen, die direkt bei der Fertigung anfallen. In größeren Betrieben werden allgemeine Hilfskostenstellen (z. B. Betriebsfeuerwehr) gebildet, deren Leistungen an mehrere Kostenstellen abgegeben werden.

9. Die Verteilung der Gemeinkosten auf die einzelnen Kostenstellen wird mithilfe des Betriebsabrechnungsbogens (BAB) durchgeführt. Dies erfolgt mithilfe von Belegen bzw. Zähleinrichtungen oder mithilfe von Schlüsseln. Während der einstufige BAB nur die Endkostenstellen Material, Fertigung, Verwaltung und Vertrieb umfasst, enthält der mehrstufige BAB noch mehrere Hilfskostenstellen, verrechnungstechnisch Vorkostenstellen.
Nach Aufteilung der Gemeinkosten auf die einzelnen Kostenstellen lassen sich die Gemeinkostenzuschlagssätze berechnen.

10. Mithilfe der Gemeinkostenzuschlagssätze werden die Gemeinkosten den einzelnen Kostenträgern prozentual zugerechnet. Kennt man z. B. die Höhe des Fertigungsmaterials, das bei einem Kostenträger in einer Kostenstelle anfällt, so werden die Materialgemeinkosten mithilfe des Materialgemeinkostenzuschlagssatzes zugerechnet.

11. a) Materialgemeinkostenzuschlagssatz: $\dfrac{\text{Materialgemeinkosten} \cdot 100}{\text{Fertigungsmaterial}}$

b) Verwaltungsgemeinkostenzuschlagssatz: $\dfrac{\text{Verwaltungsgemeinkosten} \cdot 100}{\text{Herstellkosten des Umsatzes}}$

12. Mithilfe der Kostenträgerstückrechnung werden die Einzelkosten und Gemeinkosten (über Zuschlagssätze) den einzelnen Kostenträgern, z. B. Erzeugnissen oder Aufträgen, zugeordnet.

13. Die Kostenträgerzeitrechnung hat die Aufgabe, die Kosten und Erlöse von Produkten bzw. Produktgruppen für bestimmte Zeiträume zu erfassen. Dadurch können der Erfolg sowie das Betriebsergebnis und die Wirtschaftlichkeit einzelner Produkte bzw. Produktgruppen ermittelt werden.
Die Kostenträgerstückrechnung bezeichnet man auch als Kalkulation. Mit ihrer Hilfe werden die Herstellkosten und die Selbstkosten, die durch eine Einheit eines Kostenträgers entstehen, ermittelt. Man unterscheidet die Vorkalkulation, die die Kosten zukünftiger Leistungen ermittelt, und die Nachkalkulation, die sich auf die tatsächlich entstandenen Kosten (Ist-Kosten) stützt und damit eine Überprüfung der Vorkalkulation ermöglicht.

14.

	Fertigungsmaterial
+	Materialgemeinkosten
=	Materialkosten
+	Fertigungslöhne
+	Fertigungsgemeinkosten
+	Sondereinzelkosten der Fertigung
=	Fertigungskosten
=	Herstellkosten
+	Verwaltungsgemeinkosten
+	Vertriebsgemeinkosten
+	Sondereinzelkosten des Vertriebs
=	Selbstkosten

2.2.2 Anforderungsbereich II

1. Excel-Tabelle 1, siehe S. 144
2. Excel-Tabelle 2, siehe S. 144
3. Excel-Tabelle 3, siehe S. 144
4.

Fertigungsmaterial		110,00 €
Materialgemeinkosten	13,73 %	15,10 €
Fertigungslöhne		85,00 €
Fertigungsgemeinkosten	75 %	63,75 €
Herstellkosten		273,85 €
Verwaltungsgemeinkosten	19,29 %	52,83 €
Vertriebsgemeinkosten	9,51 %	26,04 €
Selbstkosten		352,72 €
Gewinn	18 %	63,49 €
Verkaufspreis		416,21 €

Lösungen: Kosten- und Leistungsrechnung

Excel-Tabelle 1

	A	B	C	D	E	F	G	H	I
1				Ergebnistabelle					
2		RK I				RK II			
3		Erfolgsrechnung der GB		Abgrenzungsbereich				KLR-Bereich	
4				Unternehmensbezogene		Betriebsbezogene		Betriebsergebnis-	
5				Abgrenzungsrechnung		Abgrenzungsrechnung		rechnung	
6	Konto-Nr.	Aufwendungen	Erträge	Aufwendungen	Erträge	Aufwendungen	Erträge	Kosten	Leistungen
7	5000		157 500,00						157 500,00
8	5710		2 250,00		2 250,00				
9	6000	60 000,00				22 500,00		37 500,00	
10	6020	15 000,00						15 000,00	
11	6160	37 500,00		37 500,00					
12	6200	30 000,00						30 000,00	
13	6300	18 000,00						18 000,00	
14	6500	15 000,0				15 000,00			
15	Kalk. Abschreibungen							17 250,00	17 250,00
16	6770	8 400,00				8 400,00			
17	6880	3 000,00		3 000,00					
18	6960	12 000,00				12 000,00			
19	7510	2 100,00		300,00		1 800,00			
20	Kalk. Zinsen							4 800,00	4 800,00
21		201 000,00	159 750,00	40 800,00	2 250,00	59 700,00	22 050,00	122 550,00	157 500,00
22			41 250,00		38 550,00		37 650,00	34 950,00	
23		201 000,00	201 000,00	40 800,00	40 800,00	59 700,00	59 700,00	157 500,00	157 500,00
24									
25	Abstimmung der Ergebnisse								
26	Betriebsergebnis:							34 950,00	
27									
28	– Ergebnis aus betriebsbezogener Abgrenzungsrechnung							37 650,00	
29	– Ergebnis aus unternehmensbezogener Abgrenzungsrechnung							38 550,00	
30									
31									
32	Gesamtergebnis im RK I							41 250,00	

Excel-Tabelle 2

	A	B	C	D	E	F	G
1				Betriebsabrechnungsbogen (BAB)			
2	Kostenart	Betrag	Schlüssel	Kostenstellen			
3				Material	Fertigung	Verwaltung	Vertrieb
4	1	2	3	4	5	6	7
5							
6	6020	15 000,00	MES	1 500,00	12 000,00	300,00	1 200,00
7	6300	18 000,00	Gehaltslisten	300,00	1 800,00	15 300,00	600,00
8	Kalk. AfA	17 250,00	Anlagekartei	1 350,00	7 500,00	1 950,00	6 450,00
9	Kalk. Zinsen	4 800,00	5:3:2:2	2 000,00	1 200,00	800,00	800,00
10	Summe Gemeinkosten			5 150,00	22 500,00	18 350,00	9 050,00
11	Zuschlagsgrundlagen			37 500,00	30 000,00	95 150,00	95 150,00
12	Zuschlagssätze in %			13,73	75,00	19,285	9,511

Hinweis: 95 150,00 € sind die Herstellungskosten (5 150,00 + 37 500,00 + 22 500,00 + 30 000,00)

Excel-Tabelle 3

	A	B	C	D	E	F	G	H
1				MTB				
2		%	Safari		Peak		Trail	
3			Stück	Summe	Stück	Summe	Stück	Summe
4	FM		100,00	15 000,00	158,00	14 220,00	120,00	8 280,00
5	MGK	13,73 %	13,73	2 059,95	21,70	1 952,83	16,48	1 137,09
6	FL		47,00	7 050,00	140,00	12 600,00	150,00	10 350,00
7	FGK	75,00 %	35,25	5 287,50	105,00	9 450,00	112,50	7 762,50
8			195,98	29 397,45	424,70	38 222,83	398,98	27 529,59
9	VwGK	19,29 %	37,80	5 669,30	81,90	7 371,27	76,94	5 309,08
10	VtGK	9,51 %	18,64	2 795,99	40,39	3 635,37	37,95	2 618,34
11			252,42	37 862,74	546,99	49 229,48	513,87	35 457,01
12								
13	Verkaufspreis		400,00	60 000,00	700,00	63 000,00	500,00	34 500,00
14			+147,58		+153,01		−13,87	
15			*		*		*	
16			150		90		69	
17			+22 137,00		+13 770,90		−957,03	
18				22 137,26		13 770,52		−957,01
19								
20	Betriebsergebnis:	Grundlage: Stück			34 950,87			
21		Grundlage: Summe			34 950,77			
22								
23	* Differenzen ergeben sich durch Rundungen bei den Gemeinkostenzuschlagssätzen.							

2.2.3 Anforderungsbereich III

1. Obwohl das Unternehmen im vergangenen Monat einen Verlust von 41 250,00 € aufweist, liegt ein positives Betriebsergebnis von 34 950,00 € vor. Die Diskrepanz ist auf zwei Umstände zurückzuführen:

   - Im Bereich der nicht sachzielbezogenen Aufwendungen und Erträge liegt ein Minus von 38 550,00 € vor, das in erster Linie durch die hohen Aufwendungen für Fremdinstandsetzung an der vermieteten Lagerhalle entstanden ist sowie durch die Spende.
   - Im Bereich der betrieblichen außerordentlichen Aufwendungen und Erträge liegt ein Minus von 37 650,00 € vor, das insbesondere durch die Überschwemmung im Rohstofflager und die damit verbundenen Rechtsanwaltskosten sowie den Verlust aus dem Verkauf eines gebrauchten Pkw unter Buchwert entstanden ist.

   Das Betriebsergebnis dagegen ist positiv (34 950,00 €). Das zeigt, dass das Unternehmen bei der Verfolgung seines Sachziels, Produktion und Verkauf der Kinder-Mountainbikes, erfolgreich war.

2. Während die Modelle „Safari" und „Peak" jeweils einen Gewinn erwirtschaften, fährt das Modell „Trail" einen Verlust ein in Höhe von 13,87 € pro Stück. Dabei fällt auf, dass dieses Modell im Vergleich zu den beiden anderen MTBs relativ hohe Lohnkosten aufweist. Es ist also zu überlegen, ob und wie diese gesenkt werden können, z. B. durch kostengünstigere Fertigungsverfahren.
   Nach entsprechender Analyse des Marktes kann auch eine Erhöhung des Verkaufspreises in Erwägung gezogen werden.
   Sollten diese Maßnahmen nicht durchführbar sein, kann rein aus Sicht der VKR über eine Produktionseinstellung des Modells „Trail" nachgedacht werden. Allerdings ist dabei zu berücksichtigen, dass die danach anfallenden Fixkosten von den beiden übrigen Modellen mitgetragen werden müssen. Dies würde das Betriebsergebnis dieser beiden Modelle beeinträchtigen. Eine endgültige Entscheidung kann erst mithilfe der TKR (s. weitere Aufgaben) gefällt werden, da festgestellt werden sollte, ob Modell „Trail" einen positiven Deckungsbeitrag erwirtschaftet bzw. ob mit einer eventuellen Produktionseinstellung bereichsfixe Kosten abgebaut werden können.

2.3 Ausgangssituation Teilkostenrechnung und Lösungen

2.3.1 Anforderungsbereich I

1. Fixe Kosten verändern sich nicht bei Veränderungen des Beschäftigungsgrades. Sie bleiben in ihrer Gesamthöhe über einen Zeitraum und innerhalb einer bestimmten Kapazität gleich (Beispiele: Miete, Versicherungen, Gehälter, Heizungskosten, kalk. Abschreibungen).
   Variable Kosten entstehen in Abhängigkeit von der Produktionsmenge bei Veränderungen der Beschäftigung (Beispiele: Fertigungsmaterial, Löhne).

2. Der Deckungsbeitrag ist der Beitrag zur Deckung der durch den Gesamtbetrieb verursachten fixen Kosten. Jeder Preis, der über den variablen Kosten liegt, erbringt einen Deckungsbeitrag:

   Verkaufspreis pro Einheit – variable Kosten pro Einheit = Deckungsbeitrag pro Einheit

3. Kurzfristige Preisuntergrenze sind die variablen Kosten. Auf den Ersatz der fixen Kosten kann kurzfristig verzichtet werden.
   Langfristige Preisuntergrenze sind die gesamten Stückkosten, da langfristig nicht auf die Deckung der fixen Kosten verzichtet werden kann.

4. Der Break-even-Point (Gewinnschwelle) ist der Punkt, an dem die Gesamtkosten eines Produktes durch die Umsatzerlöse gedeckt sind. Wird dieser Punkt nicht erreicht, bewegt sich das Unternehmen in der Verlustzone; wird er überschritten, tritt es in die Gewinnzone ein.

5. Der relative Deckungsbeitrag, auch engpassbezogener Deckungsbeitrag genannt, ist der Deckungsbeitrag pro Zeiteinheit (Maschinenstunde, Maschinenminute).

6. Die TKR
- rechnet nur die variablen Kosten, die durch das Produkt direkt verursacht werden, zu.
- behandelt dadurch die in den Gemeinkosten enthaltenen Fixkosten nicht wie produktabhängige Kosten.
- führt bei schwankender Beschäftigung nicht zu Fehleinschätzungen. In der VKR tritt bei rückläufiger Beschäftigung eine Unterdeckung ein wegen der höheren Fixkosten pro Stück. Bei steigender Beschäftigung kommt es durch die VKR zu einer Überdeckung.
- erlaubt schnelle produktions- und absatzpolitische Entscheidungen, z. B. zu Preisuntergrenzen, Gewinnschwelle, Zusatzaufträgen, optimaler Maschinenbelegung.

7. a) Derzeitige Produktions- und Absatzmenge: 68 % von 120 000 Stück = 81 600 Stück

	€	
Erlöse	6 201 600,00	(76,00 · 81 600)
– variable Kosten	2 366 400,00	(29,00 · 81 600)
Deckungsbeitrag	3 835 200,00	
– fixe Kosten	3 000 000,00	
Betriebsergebnis	835 200,00	(Gewinn)

b) Preisuntergrenzen
Langfristig: fixe   und   variable   Kosten müssen gedeckt sein
(3 000 000,00 + 2 366 400,00) : 81 600,00 = 65,77 €

Kurzfristig: nur die variablen Kosten sind gedeckt: 29,00 €

8. a) Selbstkosten pro Hose:

fixe Kosten pro Hose	40 000,00 : 1 600,00 = 25,00 €
+ variable Kosten	25,00 €
Selbstkosten pro Hose	50,00 €

b)

	€	
Erlöse	96 000,00	(60,00 · 1 600)
– variable Kosten	40 000,00	(25,00 · 1 600)
Deckungsbeitrag	56 000,00	
– fixe Kosten	40 000,00	
Betriebsergebnis	16 000,00	(Gewinn)

9. Deckungsbeiträge:

	€
Modell 1	20 000,00
Modell 2	22 500,00
Modell 3	20 000,00
Modell 4	30 000,00
Summe Deckungsbeiträge	92 500,00
– fixe Kosten	40 000,00
Betriebsergebnis	52 500,00

(Geplanter Gewinn, der aber wegen des Engpasses nicht realisiert werden kann. Siehe Aufgabe 3 unter 2.3.2.)

2.3.2 Anforderungsbereich II

1. Mengenänderung Juli–August: 95 Paar
Kostenänderung Juli–August: 5 700,00 € (kann nur durch beschäftigungsabhängige variable Kosten entstanden sein)

Also:

Variable Kosten pro Paar: 5 700,00 : 95   = 60,00 €
Fixe Kosten (am Beispiel Juli):   241 400,00 − (2 215 · 60) = 108 500,00 €
Erlös pro Paar (am Beispiel Juli): 270 230,00 : 2 215   = 122,00 €

Break-even-Point: 122 x   = 60 x + 108 500,00
                             x   = 1 750,00

                        bzw. fixe Kosten : Deckungsbeitrag
                        108 500,00   : 62   = 1 750,00

Der BEP liegt bei 1 750 Paar.

2. Neue Kapazitätsauslastung: 1 600 + 400 = 2 000 Stück (100 %)

	€
Preis	42,50
− variable Kosten	25,00
positiver Deckungsbeitrag	17,50

Gewinn steigt um 17,50 · 400 = 7 000,00 € auf insgesamt 23 000,00 €.

Der Zusatzauftrag sollte unter kostenrechnerischem Aspekt angenommen werden, da der Gewinn um 43,75 % gesteigert werden kann. Allerdings liegt die Auslastung bei 100 %, was u. U. zu erhöhten Kosten aufgrund der hohen Maschinenbelastung führen kann, und ohne Weiteres ist keine Erhöhung der Produktion möglich, falls z. B. andere Kunden höhere Aufträge erteilen. Ein weiteres Problem könnte u. U. die Tatsache bedeuten, dass das Versandhaus einen wesentlich günstigeren Preis erhält als andere Kunden.

3. Relative Deckungsbeiträge pro Stunde:

	€	
Modell 1	75,00	(150 − 125) : 20 · 60
Modell 2	90,00	(270 − 225) : 30 · 60
Modell 3	120,00	(175 − 155) : 10 · 60
Modell 4	85,71	(200 − 150) : 35 · 60

Kapazität im Engpass: 45 000 Minuten

Reihenfolge: 1. Modell 3   10 000 Minuten
                 2. Modell 2   15 000 Minuten
                 3. Modell 4   20 000 Minuten Rest : 35 Min. = 571,43 Stück
                 4. Modell 1   -----

Im Engpass können die Modelle 3 und 2 komplett gefertigt werden. Von Modell 4 können 571 Stück produziert werden. Modell 1 hat den geringsten relativen Deckungsbeitrag und fällt aus der Produktion. Dadurch kann im Engpass nur ein Gewinn von 31 050,00 € realisiert werden (geplanter Gewinn ohne Engpass: 52 500,00 €).

2.3.3 Anforderungsbereich III

1. Bei 65,76 € (langfristige Preisuntergrenze) sind sowohl die variablen als auch die fixen Kosten gedeckt. Für den Trainingsanzug „Jörn" kann dieser Preis nur kurzfristig unterschritten werden bis 29,00 €, da dadurch auf eine Deckung der fixen Kosten ganz bzw. teilweise verzichtet wird. Dabei ist jedoch auf den kurzfristigen Liquiditätsbedarf zu achten, d. h., ausgabewirksame fixe Kosten müssen auch kurzfristig erzielt werden.
Da es sich bei BRAUSE um ein Mehrproduktunternehmen handelt, richtet sich die Preisuntergrenze für dieses Produkt nach dem Erfolg anderer Produkte. Selbst wenn die variablen Kosten bei „Jörn" unterschritten werden, kann dies durch die positiven Deckungsbeiträge anderer Produkte ausgeglichen werden.

2. Teilkostenrechnung

	€
Verkaufspreis	49,90
– variable Kosten	– 38,50
Deckungsbeitrag	11,40

(Fertigungsmat. + Fertigungslöhne + variable Gemeinkosten)

Vollkostenrechnung

	€
Fertigungsmaterial	12,00
+ Materialgemeinkostenzuschlag 15 %	1,80
Fertigungslöhne	18,00
+ Fertigungsgemeinkosten 120 %	21,60
Herstellkosten	53,40
+ Verwaltungsgemeinkosten 5 %	2,67
+ Vertriebsgemeinkosten 25 %	13,35
Selbstkosten	69,42

Nach der VKR läge der geplante Einführungspreis von 49,90 € unter den kalkulierten Selbstkosten von 69,42 € und wäre daher abzulehnen. Die VKR trennt nicht zwischen fixen und variablen Kosten und damit werden die in den Gemeinkosten enthaltenen Fixkosten wie produktabhängige proportionale Kosten behandelt. Damit rechnet die VKR die fixen Kosten einzelnen Produkten zu, obwohl sie durch den Gesamtbetrieb verursacht werden.

Bei zunehmender Beschäftigung führt dies zu einer Kostenüberdeckung. Dadurch wird u.U. eine Preissenkung, die die Chance zu einer Markterweiterung bietet, nicht wahrgenommen.

Die TKR ermöglicht eine flexiblere, marktorientierte Preisgestaltung. Der anvisierte Preis von 49,90 € kann realisiert werden, denn das neue Produkt erzielt auch bei einem Preis von 49,90 € noch einen positiven Beitrag von 11,40 € zur Deckung der z.T. ohnehin anfallenden fixen Kosten. Nach erfolgreicher Einführung auf dem Markt kann dieser Beitrag durch eine Preiserhöhung noch gesteigert werden.

3 Übungsklausuren 12.1

Übungsklausur I

1. Bei der Werkstattfertigung werden Betriebsmittel mit gleichartigen Funktionen an einem Ort zusammengefasst (Verrichtungsprinzip). Tendenziell kommen bei dieser Organisationsform eher Universalmaschinen, für deren Bedienung qualifiziertes Fachpersonal erforderlich ist, zum Einsatz. Die zu bearbeitenden Werkstücke werden von Werkstatt zu Werkstatt transportiert, wo sie dann jeweils – ohne zeitliche Taktung – weiterverarbeitet werden, sodass Zwischenlager entstehen können.

2. Bei der Auswertung der Kostenträgerzeitrechnung ist zu beachten, dass die produzierte Menge den entsprechenden Herstellkosten zugeordnet wird. Hinter den Herstellkosten der Produktion verbirgt sich die produzierte Menge. (Wäre in der Aufgabe die verkaufte Menge angegeben, müsste sie in Relation gesetzt werden zu den Herstellkosten des Umsatzes.) Die ermittelten Herstellkosten pro Stück werden in Bezug gesetzt zu den Herstellkosten des Umsatzes, um die Absatzmenge zu ermitteln. Diese wird benötigt, um die Selbstkosten pro Stück bzw. Umsatzerlöse pro Stück zu berechnen.

Damit ergeben sich folgende Zahlen:

		MB 2000			MB 2001	
Herstellk./St. $=\dfrac{\text{HK d. Prod.}}{\text{Prod.menge}}$		$\dfrac{2\,875\,000}{12\,500}=$	230,00 €		$\dfrac{4\,207\,500}{27\,500}=$	153,00 €
Absatzmenge $=\dfrac{\text{HK d. Ums.}}{\text{HK/St.}}$		$\dfrac{2\,685\,250}{230}=$	11 675 Stück		$\dfrac{4\,247\,280}{153}=$	27 760 Stück
Selbstk./St. $=\dfrac{\text{SK d. Ums.}}{\text{Absatzmenge}}$		$\dfrac{3\,222\,300}{11\,675}=$	276,00 €		$\dfrac{5\,096\,736}{27\,760}=$	183,60 €
Bestandsmehr./-mind.:		12 500			27 500	
Absatzmenge	−	11 675		−	27 760	
− Produktionsmenge	=	825	Stück (Mehrung)	=	260	Stück (Minderung)
Erlöse/St. $=\dfrac{\text{Umsatzerlöse}}{\text{Absatzmenge}}$		$\dfrac{2\,450\,000}{11\,675}=$	209,85 €		$\dfrac{7\,837\,500}{27\,760}=$	282,33 €
Erfolg[1] pro Stück		66,15 €	Verlust		98,73 €	Gewinn
gesamt		772 300,00 €	Verlust		2 740 764,00 €	Gewinn
Wirtschaftlichkeitsfaktoren $=\dfrac{\text{Umsatzerlöse}}{\text{Selbstkosten}}$		$\dfrac{2\,450\,000}{3\,222\,300}=0{,}76$			$\dfrac{7\,837\,500}{5\,096\,736}=1{,}54$	

Auswertung:
Der MB 2000 erwirtschaftet ein negatives Betriebsergebnis, die Wirtschaftlichkeit (0,76) ist kleiner als 1. Jedes MB-2000-Produkt erzielt einen Verlust von 66,15 €, da der Verkaufspreis nicht kostendeckend ist. Dadurch wird das Gesamtergebnis negativ beeinflusst.
Im Vergleich zum MB 2001 weist der MB 2000 relativ hohe Stückkosten auf. Dabei fällt insbesondere auf, dass die Lohnkosten und damit die gesamten Fertigungskosten mehr als doppelt so hoch sind wie beim MB 2001. Darüber hinaus könnte die Bestandsmehrung von 825 Stück beim MB 2000 Absatzschwierigkeiten vermuten lassen. Beim MB 2001 liegen außerordentlich hohe Materialkosten vor, was den Gewinn dieses Produktes negativ beeinflusst.

3. Um das Ergebnis des MB 2000 zu verbessern, sind folgende Maßnahmen denkbar:
   a) Die Lohnkosten müssen gesenkt werden. Dies kann durch die Umstellung auf ein weniger lohnintensives Produktionsverfahren erreicht werden, z.B. durch die Einführung einer automatisierten Fließfertigung. Durch die Umstellung auf Fließfertigung käme es aber unter Umständen zu

---

[1] Bei Erfolg pro Stück/gesamt kommt es zu Rundungsfehlern.

einem Qualitätsverlust bei den Endprodukten, was sich negativ auf den erzielbaren Verkaufspreis auswirken würde. Darüber hinaus würde die Umstellung auf Fließfertigung dazu führen, dass Arbeitskräfte freigesetzt werden müssten. Eine Vermeidung dadurch bedingter Kündigungen könnte erreicht werden durch die Auflösung von Zeitarbeitsverträgen, die Nichtverlängerung befristeter Arbeitsverträge, die Umwandlung von Vollzeit- in Teilzeitstellen oder durch Vorruhestandsregelungen. Eine Alternative wäre die Verlagerung von Teilen der Produktion in sog. Billiglohnländer. Dabei wären jedoch die personellen Auswirkungen noch gravierender.

b) Sofern die Bestandsmehrungen auf Absatzprobleme zurückzuführen sind, ist über verstärkte Marketingmaßnahmen zur Steigerung des Absatzes nachzudenken. Dies könnte geschehen über erhöhte Absatzwerbung oder mehr Salespromotion.

c) Eine Erhöhung des Verkaufspreises scheint kaum umsetzbar, da die Konkurrenz von Billiganbietern sehr groß ist und der MB 2000 aufgrund seiner vergleichsweise sehr geringen Materialkosten nicht zu den hochwertigeren Produkten der Magnus KG zählt.

d) Sollten die o. a. Maßnahmen nicht greifen, ist aus der Sicht der VKR ggf. eine Produktelimination zur Verbesserung des Betriebsergebnisses unumgänglich. Dies führt allerdings zu einer Verkleinerung des Sortiments. Dadurch könnten bestimmte preisbewusstere Kunden wegfallen.

4. Deckungsbeitragsrechnung

	MB 2000 (in EUR)	MB 2001 (in EUR)	insgesamt (in EUR)
E	2 450 000,00	7 837 500,00	10 287 500,00
− K_v Einzelkosten	1 425 000,00	2 350 000,00	3 775 000,00
var. Gemeinkosten	600 915,00	804 286,80	1 405 201,80
BVÄ (var. K.)	− 72 012,50[1]	23 023,00	− 48 989,50
= DB	496 097,50	4 660 190,20	5 156 287,70
− K_f fixe Gemeink.			3 278 804,20
BVÄ (fixe K.)	− 133 737,50[1]	42 757,00	− 90 980,50
= Betriebsergebnis			1 968 464,00

Stückrechnung

		MB 2000	MB 2001
e =	$\dfrac{E}{\text{Absatzmenge}}$	$\dfrac{2\,450\,000,00}{11\,675} = 209,85 \ €$	$\dfrac{7\,837\,500,00}{27\,760} = 282,33 \ €$
db =	$\dfrac{DB}{\text{Absatzmenge}}$	$\dfrac{496\,097,50}{11\,675} = 42,49 \ €$	$\dfrac{4\,660\,190,20}{27\,760} = 167,87 \ €$
k_v =	$\dfrac{K_v}{\text{Absatzmenge}}$	$\dfrac{1\,953\,902,50}{11\,675} = 167,36 \ €$	$\dfrac{3\,177\,309,80}{27\,760} = 114,46 \ €$

Beide Produkte erbringen einen positiven Deckungsbeitrag, sogar der MB 2000 mit 42,49 €. Um Marktanteile zu erobern, könnte z. B. der Preis von MB 2000 kurzfristig sogar auf 167,36 € gesenkt werden. Dann wären zwar nur die variablen Kosten gedeckt, allerdings würde durch MB 2001 immer noch ein Gesamtgewinn von 1 472 366,50 € erzielt.

Konsequenz:
Die Eliminierung von MB 2000 ist nicht sinnvoll, da fixe Kosten auch ohne die Produktion von MB 2000 anfallen und dann alleine von MB 2001 getragen werden müssten; es ist sogar eine vorübergehende weitere Preissenkung denkbar. Entscheidend ist der Gewinn des gesamten Sortiments. Einzelne Produkte, die Verlust bringen, sind u. U. sinnvoll, da sie Kunden anlocken.

---

[1] Beachten Sie die Wirkung der Bestandsmehrungen bei der Deckungsbeitragsrechnung.

VKR und TKR sind keine konkurrierenden, sondern sich ergänzende Systeme:

- TKR: Instrument für marktorientierte, kurzfristige Entscheidungen
- VKR: Langfristiges Konzept, d.h., langfristig ist eine Kostendeckung erforderlich.
  Nachteile:
    - Veränderungen der Beschäftigung werden nicht berücksichtigt.
    - Die fixen Bestandteile der Gemeinkosten werden durch die Gemeinkostenzuschlags- sätze wie variable Kosten behandelt.

    Unentbehrlich z.B. für die Kalkulation bei Einzelfertigung

5. Die Aufnahme von Handmähern in die Produktpalette würde eine Verbreiterung des Produktions- programms der Magnus KG bedeuten, da sie dann zusätzlich zu den Elektro- und den Benzinra- senmähern eine weitere Produktgruppe in ihr Produktionsprogramm aufnehmen würde. Ein tieferes Produktionsprogramm läge vor, wenn die Magnus KG die Anzahl der Modellvarianten bei den bestehenden Produktgruppen (Elektromäher, Benzinmäher) erhöhen würde. Durch ein breiteres und tieferes Produktionsprogramm würde die Magnus KG eine größere Zielgruppe ansprechen, da sie eine größere Auswahl an Produkten anbieten könnte. Darüber hinaus würde sie ihre Abhängig- keit von einzelnen Produkten verringern und hätte die Möglichkeit einer Mischkalkulation bei der Festlegung der Verkaufspreise.

Übungsklausur II

1. Vgl. Tabelle „Lösungen zu Aufgabe 1", S. 152

2. Vgl. Tabelle „Lösungen zu Aufgabe 2", S. 153

3. Vgl. Tabelle „Lösungen zu Aufgabe 3", S. 153

4. Grundsätzlich unterscheidet man zwischen Preis-, Verbrauchs- und Beschäftigungsabweichungen. Preisabweichungen liegen z.B. dann vor, wenn Preissenkungen oder -erhöhungen bei Hilfs- und Betriebsstoffen zu einer niedrigeren bzw. höheren Belastung der Kostenstellen mit Gemeinkosten und somit zu veränderten Gemeinkostenzuschlagssätzen führen. Verbrauchsabweichungen ent- stehen, wenn geplante Materialverbrauchsmengen oder Fertigungszeiten über- oder unterschritten werden. Beschäftigungsabweichungen entstehen durch Schwankungen in der Ausbringungsmenge.

Die Kostenunterdeckung in der Kostenstelle Material kann durch gestiegene Abschreibungen auf Lagerbestände oder die Lagereinrichtung entstanden sein. Auch gestiegene Gehälter für das im Lager tätige Personal oder höhere Versicherungskosten für das Lager bzw. die dort gelagerten Pro- dukte können zu gestiegenen Materialgemeinkostensätzen geführt haben.

Die Kostenüberdeckung in der Kostenstelle Fertigung kann auf gesunkene Preise für Hilfs- und Betriebsstoffe zurückzuführen sein. Auch ein geringerer Energieverbrauch im Bereich der Fertigung hätte niedrigere Fertigungsgemeinkosten zur Folge.

Geringere Bearbeitungszeiten könnten in der Kostenstelle Verwaltung gesunkene Gehaltskosten verursacht haben, sodass auch dort die Gemeinkosten niedriger ausgefallen sind als geplant. Auch ein geringerer Verbrauch von Büromaterial würde zu sinkenden Verwaltungsgemeinkosten führen.

Ähnlich verhält es sich in der Kostenstelle Vertrieb, wobei hier auch geringere Kosten für Marktforschung oder Werbemaßnahmen zu einem Rückgang der Vertriebsgemeinkosten geführt haben könnten.

5. Da die tatsächlich bei der Produktion angefallenen Gemeinkosten (Ist-Kosten) niedriger waren als die im Vorfeld kalkulierten Normalkosten, fällt das Betriebsergebnis deutlich besser aus als das Umsatzergebnis. Sowohl für die Produktgruppe A als auch für die Produktgruppe B wurde ins- gesamt eine Kostenüberdeckung festgestellt, sodass die Regener GmbH letztlich einen höheren Gewinn erzielt als ursprünglich angenommen.

Lösungen zu Aufgabe 1: Kostenträgerzeitblatt (November 2019)

Kostenarten	Ist-Kostenrechnung				Normalkostenrechnung			
	Kosten insgesamt	Ist-Zuschlagssätze	Kosten Produktgruppe A	Kosten Produktgruppe B	Kosten insgesamt	Normal-zuschlagssätze	Kosten Produktgruppe A	Kosten Produktgruppe B
Materialeinzelkosten	85 000,00 €		52 000,00 €	33 000,00 €	85 000,00 €		52 000,00 €	33 000,00 €
Materialgemeinkosten	9 640,00 €	11,34 %	5 896,80 €	3 742,20 €	9 350,00 €	11,00 %	5 720,00 €	3 630,00 €
Materialkosten	**94 640,00 €**		**57 896,80 €**	**36 742,20 €**	**94 350,00 €**		**57 720,00 €**	**36 630,00 €**
Fertigungseinzelkosten	46 000,00 €		34 000,00 €	12 000,00 €	46 000,00 €		34 000,00 €	12 000,00 €
Fertigungsgemeinkosten	88 450,00 €	192,28 %	65 375,20 €	23 073,60 €	92 000,00 €	200,00 %	68 000,00 €	24 000,00 €
Fertigungskosten	**134 450,00 €**		**99 375,20 €**	**35 073,60 €**	**138 000,00 €**		**102 000,00 €**	**36 000,00 €**
HK der Rechnungsperiode	**229 090,00 €**		**157 272,00 €**	**71 815,80 €**	**232 350,00 €**		**159 720,00 €**	**72 630,00 €**
	+ 10 000,00 €		+ 6 000,00 €	+ 4 000,00 €	+ 10 000,00 €		+ 6 000,00 €	+ 4 000,00 €
	– 14 000,00 €		– 9 000,00 €	– 5 000,00 €	– 14 000,00 €		– 9 000,00 €	– 5 000,00 €
HK der Produktion	**225 090,00 €**		**154 272,00 €**	**70 815,80 €**	**228 350,00 €**		**156 720,00 €**	**71 630,00 €**
	+ 16 000,00 €		+ 10 000,00 €	+ 6 000,00 €	+ 16 000,00 €		+ 10 000,00 €	+ 6 000,00 €
	– 22 000,00 €		– 15 000,00 €	– 7 000,00 €	– 22 000,00 €		– 15 000,00 €	– 7 000,00 €
HK des Umsatzes	**219 090,00 €**		**149 272,00 €**	**69 815,80 €**	**222 350,00 €**		**151 720,00 €**	**70 630,00 €**
Verwaltungs-Gemeinkosten	21 340,00 €	9,74 %	14 539,09 €	6 800,06 €	22 235,00 €	10,00 %	15 172,00 €	7 063,00 €
Vertriebs-Gemeinkosten	8 480,00 €	3,87 %	5 776,83 €	2 701,87 €	13 341,00 €	6,00 %	9 103,20 €	4 237,80 €
SK des Umsatzes	**248 910,00 €**		**169 587,92 €**	**79 317,73 €**	**257 926,00 €**		**175 995,20 €**	**81 930,80 €**

Hinweis: Bei der Ist-Kostenrechnung sind die Gemeinkosten insgesamt gegeben. Diese werden dann mithilfe der zu ermittelnden Gemeinkostenzuschlagssätze verursachungsgerecht auf die Produktgruppen verteilt. Bei der Normalkostenrechnung wurden im Rahmen der Vorkalkulation Gemeinkostenzuschlagssätze auf Basis von Werten der Vergangenheit festgelegt. Mithilfe dieser Normalkostenzuschlagssätze wurden die anfallenden und auf die Produktgruppen zu verteilenden Gemeinkosten prognostiziert. Durch den Vergleich der tatsächlich angefallenen Kosten (Ist-Kosten) mit den im Vorfeld kalkulierten Kosten (Normalkosten) kann man erkennen, ob man mit zu hohen Kosten (Kostenüberdeckung) oder zu niedrigen Kosten (Kostenunterdeckung) kalkuliert hat.

Lösungen zu Aufgabe 2: (Kostenüber- bzw. -unterdeckung)

	Gemeinkosten insgesamt			Gemeinkosten der Produktgruppe A			Gemeinkosten der Produktgruppe B		
	Ist	Normal	Abweichung	Ist	Normal	Abweichung	Ist	Normal	Abweichung
Materialgemeinkosten	9 640,00 €	9 350,00 €	−290,00 €	5 896,80 €	5 720,00 €	−176,80 €	3 742,20 €	3 630,00 €	−112,20 €
Fertigungsgemeinkosten	88 450,00 €	92 000,00 €	3 550,00 €	65 375,20 €	68 000,00 €	2 624,80 €	23 073,60 €	24 000,00 €	926,40 €
Verwaltungsgemeinkosten	21 340,00 €	22 235,00 €	895,00 €	14 539,09 €	15 172,00 €	632,91 €	6 800,06 €	7 063,00 €	262,94 €
Vertriebsgemeinkosten	8 480,00 €	13 341,00 €	4 861,00 €	5 776,83 €	9 103,20 €	3 326,37 €	2 701,87 €	4 237,80 €	1 535,93 €
Summe	127 910,00 €	136 926,00 €	9 016,00 €	91 587,92 €	97 995,20 €	6 470,28 €	36 317,73 €	38 930,80 €	2 613,07 €

Während bei den Materialgemeinkosten eine Kostenunterdeckung vorliegt (im Rahmen der Vorkalkulation wurden die Materialgemeinkosten zu niedrig angesetzt), liegt sowohl bei den Fertigungs- als auch bei den Verwaltungs- und Vertriebsgemeinkosten eine Kostenüberdeckung vor (die tatsächlich angefallenen Gemeinkosten waren niedriger als die im Vorfeld kalkulierten Gemeinkosten). Betrachtet man die Gesamtabweichung beider Produktgruppen, so stellt man fest, dass sowohl bei der Produktgruppe A als auch bei der Produktgruppe B die im Vorfeld kalkulierten Normalkosten zu hoch angesetzt waren, die tatsächlich angefallenen Ist-Kosten also niedriger waren und somit eine Kostenüberdeckung vorliegt.

Lösungen zu Aufgabe 3: (Betriebs- und Umsatzergebnis)

	insgesamt	Produktgruppe A	Produktgruppe B
Erzielte Umsatzerlöse	289 600,00 €	188 400,00 €	101 200,00 €
SK des Umsatzes (Ist-Kostenrechnung)	248 910,00 €	169 587,20 €	79 317,73 €
Betriebsergebnis	40 690,00 €	18 812,80 €	21 882,27 €

	insgesamt	Produktgruppe A	Produktgruppe B
Erzielte Umsatzerlöse	289 600,00 €	188 400,00 €	101 200,00 €
SK des Umsatzes (Normalkostenrechnung)	257 926,00 €	175 995,20 €	81 930,80 €
Umsatzergebnis	31 674,00 €	12 404,80 €	19 269,20 €

Jahrgang 12.1

Übungsklausur III

1. a) — Fixe Stückkosten:
      49125,00 : 750 Stück = 65,50 €   37700,00 : 650 Stück = 58,00 €
   — Variable Stückkosten:
      300000,00 : 750 Stück = 400,00 €   312000,00 : 650 Stück = 480,00 €
   — Gesamte Stückkosten:
      400,00 + 65,50 € = 465,50 €   480,00 + 58,00 = 538,00 €

   b) Stückgewinn:
      1190,00 – 465,50 = 724,50 €   1250,00 – 538,00 = 712,00 €
      Gesamtgewinn:
      724,50 · 750 Stück = 543.750,00 €   712,00 · 650 Stück = 462800,00 €

   c) Gewinnschwelle (Break-even-Point):

400 x + 49125	=	1190 x	480 x + 37700	= 1.250 x
49125	=	790 x	37700	= 770 x
x	=	62,18 Stück	x	= 48,92 Stück

   d) Wirtschaftlichkeit:
      750 x 1190 = 892500 : 349125 = 2,56 €   650 x 1.250 = 812500 : 349700 = 2,32 €

   e) Vorteile der Gruppenfertigung gegenüber der Fließfertigung:
      — Größere Flexibilität, da Fachpersonal
      — Bessere Qualität, da höhere Motivation
      — Höhere Identifikation mit dem Endprodukt
      — Klare Verantwortlichkeit bei teilautonomen Arbeitsgruppen

      Nachteile der Gruppenfertigung gegenüber der Fließfertigung:
      — Höhere Lohnkosten
      — Geringere Produktivität
      — Längere Durchlaufzeiten

   f) Ich würde mich <u>gegen</u> die Umstellung auf Gruppenfertigung entscheiden, da diese mit höheren Stückkosten verbunden wäre. Daraus resultiert ein niedrigerer Stückgewinn und ein deutlich geringerer Gesamtgewinn (–15 %), auch weil die monatliche Produktionskapazität und damit der Absatz von 750 Stück auf 650 Stück zurückgeht. Aus diesen Aspekten resultiert letztlich eine geringere Wirtschaftlichkeit. Die tiefer liegende Gewinnschwelle spricht zwar für die Umstellung auf Gruppenfertigung. Jedoch liegt der Break-even-Point so deutlich unter den derzeitigen Absatzzahlen, dass nicht davon auszugehen ist, dass die ALMARON AG bei gleichbleibenden Kosten und Verkaufspreisen in die Verlustzone gerät. Allerdings könnte die bessere Qualität der Mountainbikes und der dadurch höhere Verkaufspreis langfristig zu einem Wettbewerbsvorteil führen.

2. a)

Los-größe in Stück	Anzahl der Los-wechsel pro Jahr	durchschn. Lager-menge in Stück	durchschn. Lagerwert	Rüstkosten	Lagerkos-ten	Gesamt-kosten
1 000	30	500,00	9 500,00 €	5 250,00 €	475,00 €	5 725,00 €
2 000	15	1 000,00	19 000,00 €	2 625,00 €	950,00 €	3 575,00 €
3 000	**10**	**1 500,00**	**28 500,00 €**	**1 750,00 €**	**1 425,00 €**	**3 175,00 €**
5 000	6	2 500,00	47 500,00 €	1 050,00 €	2 375,00 €	3 425,00 €
6 000	5	3 000,00	57 000,00 €	875,00 €	2 850,00 €	3 725,00 €
10 000	3	5 000,00	95 000,00 €	525,00 €	4 750,00 €	5 275,00 €
15 000	2	7 500,00	142 500,00 €	350,00 €	7 125,00 €	7 475,00 €

   Die optimale Losgröße laut Tabelle beträgt 3 000 Stück (10 Fertigungslose).

b) $\sqrt{\dfrac{200 \cdot 30\,000 \text{ Stück} \cdot 175,00 \text{ €}}{19,00 \text{ € } \cdot 5}} = \mathbf{3\,324,55\ Stück}$

c) Kosten in €

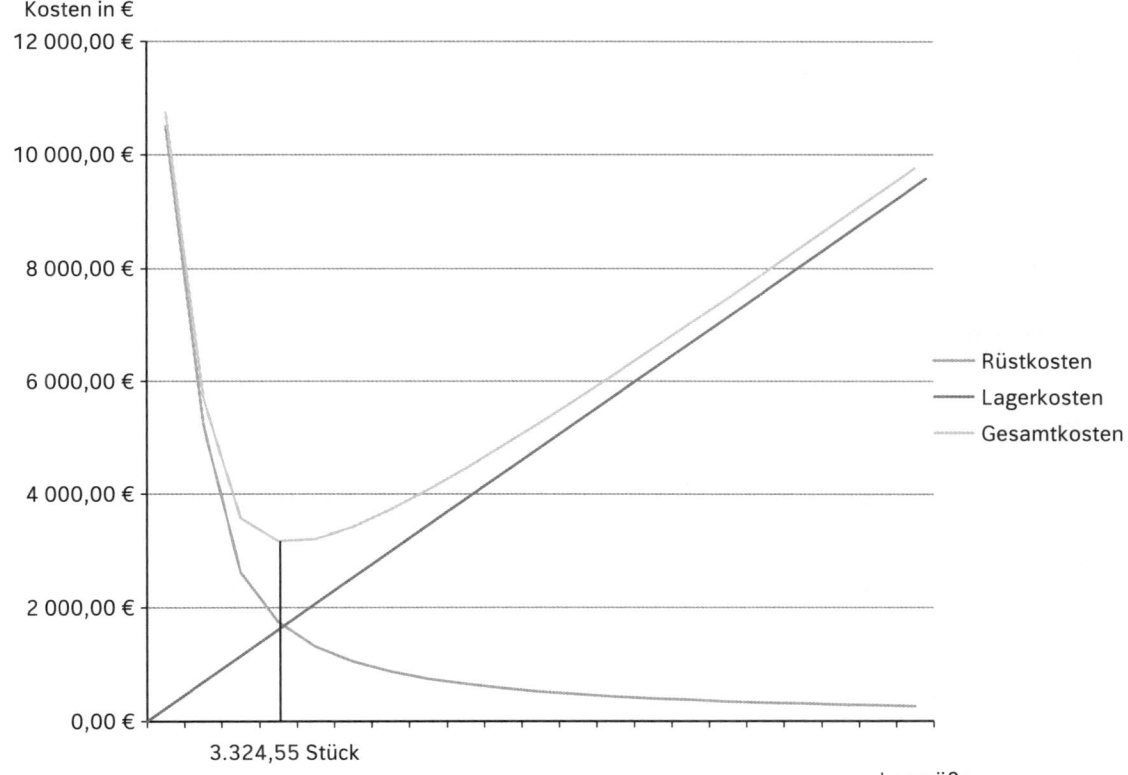

d) Modellannahmen für die Berechnung der optimalen Losgröße:
   - Der Jahresbedarf lässt sich präzise prognostizieren.
   - Der Lagerabgang erfolgt kontinuierlich und gleichmäßig.
   - Die Lagerhaltungskosten verhalten sich proportional zur Lagermenge.
   - Es werden lediglich variable Lagerhaltungskosten berücksichtigt.
   - Die Herstellkosten sind von der Losgröße unabhängig und konstant.

e) Gründe für ein Abweichen von der optimalen Losgröße:
   - Nicht genügend Lagerkapazität, um die Lose einzulagern
   - Engpässe bei der Beschaffung der benötigten Materialien
   - Wichtige Zusatzaufträge müssen vorgezogen werden.
   - Termingebundene Aufträge müssen bearbeitet werden.
   - Störungen im Produktionsablauf

Jahrgang 12.2

1 Marktsituation

2 Preispolitik

2.1 Ausgangssituation

2.2 Lösungen

2.2.1 Anforderungsbereich I

1. Das Marktpotenzial gibt die maximale Aufnahmefähigkeit eines Marktes an. Dabei wird unterstellt, dass die denkbaren Käufer über das notwendige Einkommen verfügen und die notwendige Kaufbereitschaft aufweisen. Das Marktvolumen als Teilmenge des Marktpotenzials versucht die prognostizierbaren und realisierbaren Absatzmengen pro Periode in einem abgegrenzten Markt darzustellen. So ist für Handys denkbar, dass von der Zielgruppe Erwachsene 75% bereit sind, ein Handy zu kaufen. Wenn nun die Gesamtzahl der Erwachsenen (Bevölkerungsstatistik) herangezogen wird, kann das Marktvolumen ermittelt werden. Der Marktanteil eines Unternehmens ist der prozentuale Anteil seines Umsatzes/Absatzes am Marktvolumen.

2. Kosten-, nachfrage-, konkurrenzorientierte Preisbildung und Target Costing.

3. Preisdifferenzierung, Mischkalkulation, psychologische Preisfestsetzung, Hochpreispolitik, Niedrigpreispolitik, Marktabschöpfungspolitik, Markdurchdringungspolitik

4.

	958,60 €	(Selbstkosten pro Stück)
+	383,44 €	(Gewinn)
=	1 342,04 €	(Barverkaufspreis)
+	27,39 €	(Skonto)
=	1 369,43 €	(Zielverkaufspreis)
+	152,16 €	(Sofortrabatt)
=	1 521,59 €	(Listenverkaufspreis)

5. Die Preisbildung eines Produktes ist grundsätzlich von den Kosten, der Konkurrenz und der Nachfrage abhängig. Eingeschlossen in diese Abhängigkeiten sind die betrieblichen Ziele. So erfordern Zielvorgaben wie z.B. die Erhöhung des Marktanteils oder das Zurückdrängen der Konkurrenz bestimmte preispolitische Verhaltensweisen. Daneben müssen auch gesetzliche Rahmenbedingungen beachtet werden. Bei der kostenorientierten Preisbildung spielen die Unterscheidungen zwischen fixen und variablen Kosten sowie zwischen Einzel- und Gemeinkosten eine wesentliche Rolle. Werden die fixen und variablen Kosten bei einem Einproduktunternehmen dem Kostenträger zugeordnet, ergeben sich hieraus die Selbstkosten. Die Preisgestaltung orientiert sich dann noch an den Gewinnerwartungen des Unternehmens. Bei Mehrproduktunternehmen ergibt sich die Schwierigkeit, dass Kostenarten für mehrere Produkte anfallen können. Diese Kosten werden Gemeinkosten genannt und über besondere Umlageverfahren den Produkten (Kostenträgern) zugerechnet. Bei den beschriebenen Möglichkeiten werden sämtliche Kosten in den Vordergrund der Überlegungen gestellt (Vollkostenrechnung). Konkurrenz- und Nachfrageaspekte können u.U. verloren gehen. Um in bestimmten Marktsituationen (z.B. Konkurrenzverdrängung, Einführung eines neuen Produktes) erfolgreich zu sein, bietet es sich an, die Preise im Rahmen der Teilkostenrechnung zu bilden. Hierbei spielen die variablen Kosten die überragende Rolle. Falls diese (und nur diese) erlöst werden, kann die Produktion (kurzfristig) aufrechterhalten werden. Man spricht von der (kurzfristigen) Preisuntergrenze. Liegt der Preis über den variablen Kosten, so ergibt sich ein Betrag, der dazu beiträgt, die verbliebenen Fixkosten teilweise zu decken (Deckungsbeitrag). Bei

der konkurrenzorientierten Preispolitik kann man sich am Branchenpreis oder am Preisführer orientieren. Selbstverständlich dürfen die Kosten nicht außer Acht gelassen werden. Die nachfrageorientierte Preisbildung basiert auf den Preisvorstellungen potenzieller Kunden. Hier gilt es, mithilfe der Marktforschung den Produktnutzen der Käufer zu ermitteln, um hieran den Preis auszurichten.

6. Strategie der Marktdurchdringung; Strategie der Differenzierung

2.2.2 Anforderungsbereich II

1. Unter dem Begriff Kontrahierungspolitik wird im Rahmen des absatzpolitischen Instrumentariums insbesondere die Preis- und Konditionenpolitik verstanden. Unternehmen haben zum Ziel, ihre Produkte zum „richtigen" Preis und zu den „richtigen" Verkaufsbedingungen (z. B. Rabatte, Zahlungsziele) zu verkaufen.

2. Mithilfe der Break-even-Analyse soll die Absatzmenge ermittelt werden, die erforderlich ist, um die angefallenen Kosten (Entwicklung, Produktion und Absatz) zu decken. Die Menge, bei der die Gesamtkosten durch die erwarteten Erlöse gedeckt werden, heißt Break-even-Point (Gewinnschwelle). Grundsätzlich gilt:

$$K_{fix} + k_v x = p \cdot x$$

(Gesamte Fixkosten + variable Kosten pro Stück entsprechen dem Umsatz des Break-even-Absatzes.)

Listenverkaufspreis: 1 521,59 EUR[1]	Listenverkaufspreis: 1 520,00 EUR
$\text{Break-even-Absatz} = \dfrac{\text{Fixkosten}}{\text{Preis} - \text{variable Kosten}}$	$\text{Break-even-Absatz} = \dfrac{\text{Fixkosten}}{\text{Preis} - \text{variable Kosten}}$
$\dfrac{6\,150\,000,00\,€}{1\,521,59\,€ - 548,60\,€} = 6\,320,72\ \text{Stück}$	$\dfrac{6\,150\,000,00\,€}{1\,520,00\,€ - 548,60\,€} = 6\,331,07\ \text{Stück}$
Der Break-even-Absatz liegt demnach bei 6 321 Stück.	Der Break-even-Absatz liegt demnach bei 6 332 Stück.

3. Bei einer konkurrenzorientierten Preisbildung würde sich zum einen die Orientierung am Branchenpreis, zum anderen die Orientierung am Preisführer anbieten. Voraussetzung für die Orientierung am Branchenpreis ist, dass die Produkte weitgehend gleichartig sind und dass es mehrere oder viele Konkurrenten gibt. Diese Voraussetzungen sind auf dem betreffenden Markt gegeben. Damit ist grundsätzlich eine Orientierung am Branchenpreis möglich. Allerdings liegt dieser bei 1 410,00 €. Der ermittelte Listenverkaufspreis in Höhe von 1 521,59 € der Leon AG liegt um ca. 8 % höher. Unter der Annahme, dass der Branchenpreis bereits mögliche Rabatte beinhaltet, ist über die einkalkulierte Rabattgewährung eine Orientierung bereits zur Einführung des Produkts problemlos möglich. Bei einer Orientierung am Preisführer (hierfür liegen keine genauen Preisinformationen vor) müsste sich die Leon AG an dessen Preisen orientieren. Zumeist ist der Preisführer der Anbieter mit dem größten Marktanteil. In diesem Fall wäre dieser Anbieter die Firma Samsung. Unter der Annahme, dass die Leon AG Marktanteile im Segment der Fernseher hinzugewinnen will, bietet sich – wenn überhaupt – nur die Orientierung am Branchenpreis an, da die Leon AG in der Lage ist, diesen auch aus kostenrechnerischer Sicht anzubieten. Möglich ist auch eine Unterschreitung.

4. Grundlegende Annahme bei einer Preisdifferenzierungsstrategie ist die, dass ein gleiches Gut mit seinen gleichen Kosten zu unterschiedlichen Preisen angeboten werden kann. Hierzu werden die unterschiedlichen Präferenzen der Nachfrage für das Produkt sowie die unvollständige Markttransparenz ausgenutzt. Aus der Ausgangssituation lassen sich zunächst drei Ansatzpunkte für eine Differenzierungsstrategie herausfiltern. Erstens die unterschiedlich hohen Bruttomonatsverdienste zwischen Arbeitern und Angestellten, zweitens die unterschiedlich hohen Bruttomonatsverdienste der Arbeiter und Angestellten im früheren Bundesgebiet und in den neuen Ländern, drittens der unterschiedlich ausgeprägte Beratungsbedarf bei Arbeitern und Angestellten. Die unterschiedlich hohen Bruttomonatsverdienste von Arbeitern und Angestellten in Verbindung mit dem unterschiedlich ausgeprägten Beratungsbedarf können zu einer persönlichen

---

[1] Bei kurzfristiger Sichtweise, d. h. wenn wir davon ausgehen, dass der Einführungsrabatt in Anspruch genommen wird, und wir annehmen, dass die Kunden immer Skonto in Anspruch nehmen, würde man den Barverkaufspreis (1342,04 €) nehmen.

Preisdifferenzierungsstrategie in Kombination mit einer sogenannten verdeckten Differenzierungsstrategie führen. Den unterschiedlichen Abnehmergruppen könnten unterschiedliche Preise angeboten werden. Aus den Kaufgewohnheiten ergibt sich, dass das Produkt (bei anderer Aufmachung) bei Discountern zu einem niedrigeren Preis für Arbeiter angeboten werden könnte, während es bei Einzelhändlern zu einem höheren Preis für Angestellte angeboten werden könnte. Eine weitere Differenzierungsstrategie bietet die Strategie der räumlichen Preisdifferenzierung. Die unterschiedlichen Einkommensverhältnisse in Ost und West könnten dazu auffordern, für diese Regionen auch unterschiedliche Preise zu setzen. Eine weitere Variante bietet die zeitliche Preisdifferenzierung. Hiernach wäre es möglich, dass in der Einführungsphase des Produkts ein niedrigerer Preis als in späteren Phasen gesetzt wird.

5. Bei der konkurrenzorientierten Preisbildung orientiert sich das Unternehmen unabhängig von der eigenen Kostenstruktur und den Nutzeneinschätzungen der Nachfrager an den Preisen der Konkurrenz (Orientierung am Branchenpreis, Orientierung am Preisführer). Beim Target Costing wird von einem erzielbaren Verkaufspreis am Markt ausgegangen. Hiervon wird der geplante Gewinn abgezogen. Es verbleiben die zulässigen Kosten des Produkts. Eine Gegenüberstellung der zulässigen Kosten mit den tatsächlich entstehenden Kosten bzw. bisher entstandenen Kosten führt häufig zu Differenzen. Durch geeignete Maßnahmen der Produktentwicklung (kostengünstigere Materialien, geänderte Produktionsverfahren) kann sich den zulässigen Kosten angenähert werden. Diese Kosten werden Target Costs genannt.

2.2.3 Anforderungsbereich III

1. Das Ziel „Ausbau der Marktanteile im Bereich Fernseher" kann mit den grundsätzlichen Preisstrategien Hochpreisstrategie, Niedrigpreisstrategie, Skimmingstrategie (Marktabschöpfungspolitik) und Penetrationsstrategie (Marktdurchdringungspolitik) erreicht werden. Jede Strategie für sich genommen muss mit anderen absatzpolitischen Maßnahmen abgestimmt werden und basiert letztendlich auch auf unternehmens- und produktpolitischen Grundsatzüberlegungen. So werden sich traditionsreiche Unternehmen, deren Zielgruppe Kunden mit hohen Ansprüchen sind, grundsätzlich nicht für eine Niedrigpreisstrategie entscheiden. Sollte sich die Leon AG für die Penetrationsstrategie entscheiden, würden besonders niedrige Einführungspreise verlangt werden, um so hohe Absatzmengen und große Marktanteile zu erreichen. Zu überlegen ist, wie hoch die kurzfristige Preisuntergrenze ist. Aus Überlegungen der Teilkostenrechnung ergibt sich, dass die variablen Kosten die kurzfristige Preisuntergrenze bilden. Diese belaufen sich auf 548,60 € (Selbstkosten pro Stück – fixe Kosten pro Stück). Da der Branchenpreis 1 410,00 € beträgt, könnte beispielsweise ein Einführungspreis in Höhe von 1 000,00 € realisiert werden. Es ergäbe sich dann ein Deckungsbeitrag (Erlös pro Stück – variable Kosten pro Stück) in Höhe von 451,40 €. Mit diesem Beitrag wird noch immer ein Gewinn pro Stück erreicht (451,40 € – 410,00 €). Die Break-even-Absatzmenge läge bei einer Menge von 13 625 Stück. Hierfür reichen auch die gegebenen Kapazitäten aus.

2. Die Unternehmensleitung schlägt einen Verkaufspreis in Höhe von 1 350,00 € vor. Dieser Preis liegt unterhalb des durchschnittlichen Branchenpreises in Höhe von 1 410,00 €. Allerdings sind bei diesem Preis sämtliche Verhandlungsspielräume wie Sofortrabatt und Skonto fast vollständig ausgereizt. Die Selbstkosten und der kalkulierte Gewinn werden jedoch auch bei diesem Preis vollständig gedeckt. Insofern kann dieser Preis durchaus realisiert werden. Allerdings sollte auf die verschiedenen Zielgruppen, z. B. Arbeiter und Angestellte mit ihren jeweiligen Preis- und damit verbundenen Nutzenvorstellungen, geachtet werden. Zudem muss auch bedacht werden, dass potenzielle Kunden relativ niedrige Preise mit minderwertiger Qualität verbinden könnten.

3. Die Hochpreispolitik zielt auf Abnehmer mit gehobenen Ansprüchen. Hierfür werden die Produkte als besonders exklusiv und qualitativ sehr hochwertig herausgestellt, um relativ hohe Marktpreise erzielen zu können. Die Niedrigpreispolitik hingegen zielt auf preisbewusste Abnehmer. Niedrige Preise sollen „die große Masse" erreichen. Die gleichzeitige Verfolgung beider Strategien ist möglich, jedoch müssen hierfür bestimmte Voraussetzungen bedacht werden. So sollten Kundengruppen mit unterschiedlich hohen (Preis-)Präferenzen für das Produkt existieren (hier gegeben: Arbeiter und Angestellte). Zudem sollte die Markttransparenz unvollkommen sein, damit die Nachfrage bei den höheren Preissetzungen erhalten bleibt. Hier kann das Unternehmen gestaltend

eingreifen. So kann das gleiche Produkt mit anderer Aufmachung unterschiedliche Käuferschichten ansprechen. Dabei dürfen die Produkte aber grundsätzlich nicht mit dem gleichen Markennamen angeboten werden. Laut der Ausgangssituation spielen bei diesen Überlegungen auch die Vertriebskanäle eine Rolle. So könnten die billigeren Produkte über Discounter angeboten werden, die teureren über den Einzelhandel. Zudem sollten die Märkte voneinander zu trennen sein. Große Entfernungen verhindern Käufe des billigeren Produkts (z.B. wegen höherer Transportkosten). Kritisch ist allerdings anzumerken, dass mit zunehmender Nutzung des Internets die Markttransparenz immer größer wird und über den Weg von sogenannten Onlinebestellungen Preisdifferenzen ausgenutzt werden können. Umso mehr ist es erforderlich, dass auch im Bereich der räumlichen Preisdifferenzierung Produkte anders aufgemacht werden oder anders bezeichnet werden.

4. Anwendung des rechnerischen Verfahrens der Differenzkalkulation:

Selbstkosten	958,60 €	
Gewinn	99,80 €	10,41 %
Barverkaufspreis	1 058,40 €	
Skonto	21,60 €	2 %
Zielverkaufspreis	1 080,00 €	
Sofortrabatt	120,00 €	10 %
Listenverkaufspreis	1 200,00 €	

Um den anfangs kalkulierten Gewinn in Höhe von 383,44 € pro Stück erwirtschaften zu können, sollten zwei Möglichkeiten betrachtet werden. Einerseits muss im Rahmen der Konditionenpolitik darüber nachgedacht werden, ob die Rabattsätze gesenkt werden können. Jedoch, wenn keine Rabatte gewährt würden, ergäbe sich lediglich ein Gewinn in Höhe von 241,40 €. Aus diesem Grund muss über kostengünstigere Materialien, Produktionsverfahren und Vertriebswege nachgedacht werden.

Jahrgang 12.2

3 Produktpolitik

3.1 Ausgangssituation

3.2 Lösungen

3.2.1 Anforderungsbereich I

1. Das Marketing eines Unternehmens bestimmt die strategische Ausrichtung eines Unternehmens und ist die Basis für die Gestaltung der betriebsinternen und betriebsexternen Beziehungen. Es erfolgt eine Orientierung an den Marktverhältnissen, insbesondere an den Verhaltensweisen, Ansprüchen und Erwartungen der Kunden und dem Verhalten der Konkurrenz.

2. Damit Marketingpläne und -strategien realisiert werden können, müssen darauf gerichtete Arbeitsmittel bzw. Werkzeuge eingesetzt werden. Dieses Instrumentarium umfasst insbesondere die Bereiche Produkt- und Preispolitik, Konditionenpolitik, Servicepolitik, Distributionspolitik und Kommunikationspolitik. Es werden folgende Fragestellungen in den Mittelpunkt gestellt: Welche Produkte werden produziert und zu welchem Preis angeboten? Zu welchen Konditionen werden die Produkte angeboten? Welche Serviceleistungen werden erbracht? Welche Vertriebswege werden genutzt? Welche Kommunikationsmöglichkeiten werden eingesetzt, um den Kunden zu erreichen?

3. Die Produktpolitik umfasst vor allem solche Entscheidungen, die im Zusammenhang mit dem Produkt darauf gerichtet sind, neue Produkte zu entwickeln und auf dem Markt einzuführen oder bereits auf dem Markt befindliche Produkte zu verändern bzw. herauszunehmen.

4. Grundsatz: Mit welchem Verhaltensgrundsatz will ein Unternehmen auf dem Markt erfolgreich sein? Möglichkeiten: Strategie der Anpassung (an Konkurrenten), Strategie der Differenzierung (Abhebung von der Konkurrenz), Strategie der Marktdurchdringung (Marktführerschaft ist angestrebt), Strategie der Markterschließung (mit vorhandenen Produkten sollen neue Märkte erschlossen werden), Strategie der Marktsegmentierung (Aufteilung des Gesamtmarktes in Teilmärkte, um unterschiedliche Bedürfnisse der Nachfrager zu erfassen und zu bearbeiten).

5. Der Lebenszyklus eines Produkts umfasst verschiedene Phasen. Je nach „Lebensphase" werden unterschiedliche Marketinginstrumente eingesetzt. Die Phasen umfassen die Einführungsphase, die Wachstumsphase, die Sättigungsphase und die Degenerationsphase (Niedergang). Wichtige Beschreibungsgrößen hinsichtlich der unterschiedlichen Phasen bilden die Größen Umsatz und Gewinn.

6. Die Produktinnovation beschreibt die Einführung neuer Produkte auf dem Markt, während die Produktvariation die Anpassung bereits eingeführter Produkte an veränderte Marktverhältnisse darstellt.

7.
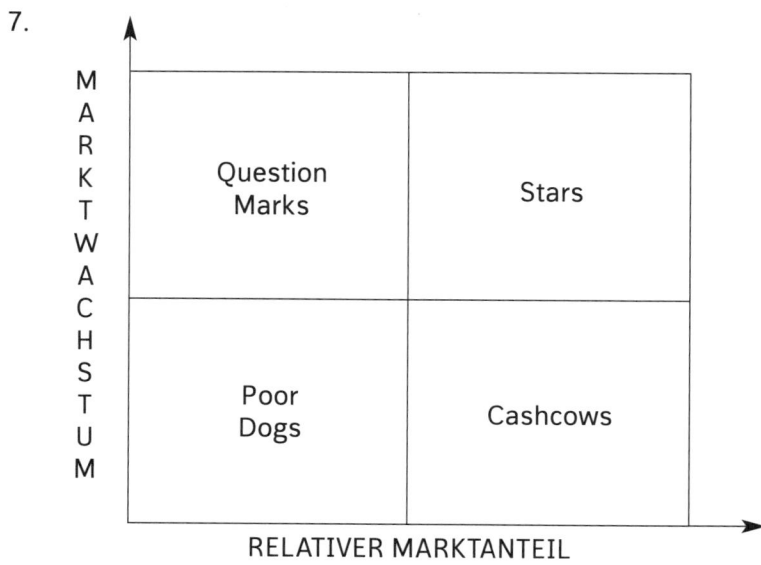

Um die Stellung eines Produkts im Vergleich zum Wettbewerb zu analysieren, können Produktportfolios erstellt werden. Das Marktwachstum eines Produkts wird seinem relativen Marktanteil gegenübergestellt. Ziel ist es, aus dem vorhandenen Produktportfolio unter Berücksichtigung der (strategischen) Unternehmensziele das Produktionsprogramm zu optimieren.

8. Stars sind erfolgreiche Produkte mit hohen Wachstumschancen. Question Marks weisen ein starkes Wachstum auf, jedoch ist ihr Marktanteil (noch) gering. Cashcows sind gut eingeführte Produkte mit einem hohen relativen Marktanteil, jedoch mit geringem Marktwachstum. Poor Dogs sind Produkte ohne allzu große Zukunftschancen.

9. Eine Produktdifferenzierung ist die Entwicklung und Vermarktung von Produktvarianten zusätzlich zu den schon vorhandenen Produkten. Sie steht in engem Zusammenhang zur Strategie der Marktsegmentierung.

3.2.2 Anforderungsbereich II

1. Der Fernseher Excelsior wird durch den geringen Marktanteil von 0,5 % sowie durch deutlich abnehmende Verkaufszahlen gekennzeichnet. Damit kann dieses Produkt als Poor Dog eingestuft werden, was wohl kurzfristig zu einer Produktelimination führen wird. Der Fernseher Xenia zeichnet sich durch hohe Umsatzzahlen aus. Trotz fehlender Vergleichszahlen kann davon ausgegangen werden, dass es sich bei diesem Produkt um eine sogenannte Cashcow handelt. Der Fernseher Primos weist sehr hoch ansteigende Verkaufszahlen auf. Mit 15 % kann sein Marktanteil am Gesamtmarkt als hoch bezeichnet werden. Damit ist dieser Fernseher der „Star" im Sortiment. Der Fernseher Amado ist ein neues Produkt, das sehr hohe Wachstumschancen besitzt. Schon im letzten Jahr war die Nachfrage hoch. Aufgrund der Einführung erst zu Beginn des Jahres kann von einem relativ geringen Marktanteil ausgegangen werden. Damit kann dieses Produkt als Question Mark bezeichnet werden.

2. Der Fernseher Excelsior kann als Poor Dog eingestuft werden. Damit gehört dieses Produkt im Prinzip der Degenerationsphase an. Unter dem Gesichtspunkt der Umsatzmaximierung empfiehlt es sich, es aus dem Markt zu nehmen. Der Fernseher Xenia ist der Umsatzträger des Unternehmens. Der Absatz dieses Produkts sollte als Cashcow mithelfen, andere Produkte mitzufinanzieren. Für dieses Produkt fallen in der jetzigen Phase die höchsten Umsatzerlöse an. Die sich aus dem Absatz dieses Produkts ergebenden Gewinne sollten dazu genutzt werden, „Nachwuchsprodukte" (Question Marks) zu entwickeln bzw. zu fördern. Primos als Starprodukt erwirtschaftet ebenfalls hohe Umsatzerlöse. Um den Marktanteil und sein Marktwachstum und damit die Umsatzerlöse hochzuhalten, muss in Marketingaktionen investiert werden. Der Fernseher Amado weist im Vergleich zu den Stars und den Cashcows noch nicht so hohe Umsatzerlöse auf. Er befindet sich noch in der Einführungs- oder Wachstumsphase. Damit dieses Produkt zum Star wird und dementsprechend hohe Umsatzerlöse erwirtschaftet, sind geeignete Maßnahmen erforderlich. Denkbar sind z. B. Werbemaßnahmen, eine Niedrigpreispolitik oder auch Mitarbeiterschulungen.

3. Excelsior als Poor Dog befindet sich in der Degenerationsphase, während sich der Star Primos noch in der Wachstumsphase befindet.

4. Das Konzept des Produktlebenszyklus geht davon aus, dass jedes Produkt von der Markteinführung bis zur Elimination hinsichtlich des Umsatzes bestimmten Gesetzmäßigkeiten unterliegt. Um hierüber Aussagen zu gewinnen, bieten sich Kennzahlenvergleiche an. Informationsgrundlagen können sein: Auswertung von Jahresabschlüssen konkurrierender Unternehmen, Veröffentlichungen von Verbänden und Marktforschungsinstituten, Beauftragung von Marktforschungsinstituten, Auswertung von Aufträgen. Nachstehend sind beispielhaft einige Kennziffern genannt.

$$\text{Auftragseingangsquote} = \frac{\text{Auftragseingang Ist} \cdot 100}{\text{Auftragseingang Plan}}$$

$$\text{Umsatzmarktanteil} = \frac{\text{Umsatz des Unternehmensprodukts} \cdot 100}{\text{Umsatz der Branche}}$$

$$\text{Relativer Marktanteil} = \frac{\text{Marktanteil des Unternehmensprodukts}}{\text{Marktanteil des stärksten Konkurrenten}}$$

5. Mögliche produktpolitische Maßnahmen für das Produkt Excelsior (Poor Dog): Produktelimination, produktpolitische Maßnahmen, um die Sättigungsphase zu verlängern, z. B. Zugaben, Produktvariation für markentreue Stammkunden.

3.2.3 Anforderungsbereich III

1. Einer Stellungnahme sollten Sie immer eine kurze Gliederung voranstellen:
   1 Einleitung (kurze Darstellung des Problems)
   2 Hauptteil (Analyse der Produktposition und begründete Maßnahmen)
   3 Schlussteil (kurzes Fazit)

Skizze möglicher Maßnahmen:

Produkt	Einordnung lt. Portfolio-Analyse	Produkt-/preispolitische Maßnahme
Excelsior	Poor Dog	Kostenreduktion, Produktelimination
Xenia	Cashcow	Produktvariation, Schaffung von Zusatznutzen bei möglichst gleichen Preisen
Amado	Question Mark	Produktdifferenzierung, Niedrigpreispolitik
Primos	Star	Hochpreispolitik

2. Folgen einer möglichen Produktelimination:

Unternehmenspolitische Sicht	Gesellschaftspolitische Sicht
Wegfall eines verlustbringenden Kostenträgers	Drohende Entlassung von Mitarbeitern (falls kein neu entwickeltes Produkt vorhanden bzw. keine Ausweitung der Produktion anderer Produkte möglich ist)
Geringere Auslastung der Kapazitäten	Eventuell Unternehmensschließung mitsamt Folgen (Steuerausfall, Arbeitslosigkeit usw.)
Damit frei werdende Kapazitäten für andere Erzeugnisse	

3. Der Diskussion sollte eine Gliederung vorangestellt werden, beispielsweise mit folgender Struktur:
   1 Einleitung (Darstellung des Sachverhaltes)
   2 Hauptteil I (Pro- und Kontra einer Produktelimination gemäß Lösung Aufgabe 2)
   3 Hauptteil II (Entscheidungsvorschlag, wie mit dem Poor Dog aus produkt- und preispolitischer Sicht verfahren werden kann – siehe Lösung Aufgabe 1)
   4 Schlussteil (Fazit)

Jahrgang 12.2

4 Kommunikationspolitik

4.1 Ausgangssituation

4.2 Lösungen

4.2.1 Anforderungsbereich I

1. Der erreichte Umsatz lag in allen Jahren unter dem geplanten Umsatz. Außerdem lag der erreichte Umsatz in allen Jahren (mit Ausnahme von 2012) hinter den Umsatzzahlen der Branche zurück.

2. Lösungshinweis: Die Lösung der Aufgabe ist in einer geschlossenen Darstellung vorzunehmen. Eine stichwortartige Aufzählung reicht nicht aus.

Absatzwerbung	Verkaufsförderung	Public Relations	Sponsoring	Product-Placement
alle Maßnahmen, um Botschaften über menschliche Sinnesorgane an Personen heranzutragen, damit diese hinsichtlich ihrer Kaufentscheidungen beeinflusst werden	Analyse, Planung, Durchführung und Kontrolle zeitlich begrenzter Aktionen zur Umsatzsteigerung und zur Profilierung des Unternehmens im Markt	planmäßige, systematische und wirtschaftlich begründete Gestaltung der Beziehungen des Unternehmens zu den Interessenten des Unternehmens (Kunden, Lieferanten, Aktionäre, Arbeitnehmer, Gläubiger, Staat, Presse)	Förderung von Personen, Organisationen und Veranstaltungen durch die Bereitstellung von finanziellen Mitteln, Sachmitteln oder Dienstleistungen, um damit u. a. die Kommunikationsziele zu erreichen	Einbindung eines Produkts oder einer Dienstleistung durch visuelle und/oder verbale Platzierung in einem Spielfilm oder jeder anderen Programmform: Das Produkt oder die Dienstleistung wird als notwendige Requisite in den Handlungsablauf integriert.

3. **Mögliche Antwort:**
   Wahrheit: Sachliche Information sollte im Vordergrund stehen, bestimmte Assoziationen können jedoch beim Kunden ebenfalls geweckt werden. Die Werbung darf allerdings keine Unwahrheiten enthalten.
   Wirtschaftlichkeit: Der durch die Werbung erwirtschaftete zusätzliche Ertrag muss höher sein als der Werbeaufwand. Kennziffern helfen bei der Erfolgskontrolle.
   Wirksamkeit: Über die exakte Bestimmung der Zielgruppe müssen Kaufwünsche verstärkt und die potenziellen Kunden letztlich zum Kauf geführt werden.

4. Mit Werbemitteln werden Werbebotschaften an die Konsumenten übermittelt. So können verschiedene Sinnesorgane eines Menschen einzeln oder zusammen genutzt werden.
   Beispiel:
   Kostproben; hier werden Geruchssinn, Geschmack und Optik zugleich angesprochen. Bei einem Plakat wird nur ein Sinnesorgan (Auge = Optik) angesprochen.

5. Der Inhalt eines Werbeplans besteht aus den Elementen Streukreis, Werbebotschaft, Werbemittel, Streuzeit, Streugebiet und Werbeintensität.

6. Bekanntmachung von Produkten, Wecken neuer Bedürfnisse, Imageförderung des Unternehmens, Unterstützung des Verkaufsaußendienstes

4.2.2 Anforderungsbereich II

1. Es sollte der Bekanntheitsgrad des Unternehmens sowie die Sympathie für Anbieter erhöht werden. Auch hierdurch sollte der Marktanteil gesteigert werden, denn die Umsätze des MP3-Players liegen unter den Erwartungen (Vorgaben) und den Branchenumsätzen in diesem Segment.

2. Bekanntheitsgrad des Unternehmens steigern: Öffentlichkeitsarbeit (Public Relations); Schaffung eines positiven Bildes bzw. Images des Unternehmens in der Öffentlichkeit: Dies kann erfolgen durch Sponsoring, Spenden, Engagements in Umweltschutzprojekten.

3. a) Das Produkt befindet sich zwischen Wachstums- und Reifephase. Dementsprechend zielt die Produktwerbung auf absatzerhöhende bzw. absatzsichernde Maßnahmen ab (z. B. Expansions- und Erinnerungswerbung). Zusätzlich kann der Versuch unternommen werden, Konkurrenten vom Markt fernzuhalten.
   b) Bei der Produktwerbung steht das Produkt mit seinem Grund- und Zusatznutzen für den jeweiligen Kunden im Vordergrund. Bei der Imagewerbung steht das Unternehmen als Gesamtes im Mittel punkt der Betrachtung. Dadurch soll eine dauerhafte Kundenbindung mittels Identifikation mit dem Unternehmen erfolgen.

   Beispiele:
   - *Werbebotschaft Produktwerbung: „Der MP3-Player xyz ist Dein idealer Begleiter: mobil, jung und frech!"*
   - *Werbebotschaft Imagewerbung: „Leon AG, die Zukunft gehört uns!"*

4.2.3 Anforderungsbereich III

1.

Inhalte des Werbeplans	Erläuterung	Fallbezug
1. Streukreis	Personengruppe, die beworben werden soll	Bei der Leon AG als Produzentin von MP3-Playern ist primär das jüngere Publikum anzusprechen, im Alter zwischen 15 und 45 Jahren.
2. Werbebotschaft	**Was** soll durch Werbung mitgeteilt werden? **Wie** soll geworben werden? Botschaft?	Die Leon AG ist ein modernes, innovatives und flexibles Unternehmen. Durch Werbeanzeigen im Internet und entsprechenden Fachmagazinen. Die Leon AG ist genauso modern und erfolgreich wie ihre Kunden.
3. Werbemittel	Werbebotschaften werden über die Werbemittel übertragen.	Anzeigen im Internet Anzeigen in Fachzeitschriften Product-Placement in Kino oder Fernsehfilmen
4. Streuzeit	Beginn und Dauer der Werbung	Der Aufbau eines Images ist zeitintensiv. Wichtig ist dabei, dass die Botschaft über einen längeren Zeitraum die gleiche bleibt, damit sich die Kunden auch mit dem Unternehmen identifizieren.
5. Streugebiet	geografischer Raum der Werbung	Da keinerlei Anhaltspunkte in der Aufgabenstellung vorhanden sind, ist vom einheimischen Markt – Deutschland – auszugehen.
6. Werbeintensität	Häufigkeit der Werbung	am Anfang häufiger, danach stetige Werbung

2. Der Grundsatz der Wirksamkeit sagt aus, dass über die exakte Bestimmung der Zielgruppe Kaufwünsche verstärkt werden müssen. Im Rahmen einer Massenwerbung wird ein breiter, undifferenzierter Adressatenkreis angesprochen. Die hierin befindliche, vorher exakt zu definierende Zielgruppe wird nicht (immer)intensiv angesprochen. Dementsprechend kann der Streuverlust dieser Maßnahme hoch sein. Hinsichtlich eines beschränkten Werbebudgets müssen genaue Kosten-Nutzen-Analysen und entsprechende Controllingmaßnahmen durchgeführt werden.

5 Investition

5.1 Ausgangssituation

5.2 Lösungen

5.2.1 Anforderungsbereich I

1.

Kostenarten der Kostenvergleichsrechnung	
Kapitalkosten	Betriebskosten
Zins- und Tilgungszahlungen für die Kredite, die zur Anschaffung des Investitionsobjektes aufgenommen wurden	Materialkosten Personalkosten Instandhaltungskosten
Kalkulatorische Abschreibung über die Nutzungsdauer (zur Vereinfachung wird in den Schulbüchern vom Anschaffungswert ausgegangen und nicht vom Wiederbeschaffungswert)	Energiekosten
Kalkulatorische Zinsen, die auf den durchschnittlichen Wert der Kapitalbindung zu berechnen sind: durchschnittl. Kapitalbindung = Anschaffungswert : 2	

2. Die Voraussetzungen sind, dass die zu erzielenden Erträge sowie die Kosten über die gesamte Nutzungszeit konstant sind bzw. bleiben.

3. Hier: Berücksichtigung des Restwertes.

		VW Crafter
Anschaffungskosten Nutzungsdauer Auslastung im Jahr		48 800,00 € 4 Jahre 100 000 km
Kosten pro Jahr Fixe Kosten Kalkulatorische Abschreibung Kalkulatorische Zinsen	$(AW - RW) : n$ $\dfrac{(AW + RW)}{2} \cdot i$	11 450,00 € 1 942,50 €
Sonstige fixe Kosten Fixe Kosten insgesamt Variable Kosten Wartung Ersatzteile Sonstige variable Kosten Variable Kosten insgesamt		5 850,00 € 19 242,50 € 6 800,00 € 7 700,00 € 3 650,00 € 18 150,00 €
Summe der Kosten		37 392,50 €

4. Unterschied zwischen Kosten- und Gewinnvergleichsrechnung

	Kostenvergleichsrechnung	Gewinnvergleichsrechnung
Definition	Zum Vergleich von Investitionsobjekten werden nur die jährlichen Kosten der Alternativen miteinander verglichen.	Neben den jährlichen Kosten werden auch die zu erzielenden Gewinne der Investitionsalternativen bei der Investitionsentscheidung berücksichtigt.
Vorteile	Sehr einfache Handhabung	Erweiterung der Kostenvergleichsrechnung, da außerdem Gewinnannahmen in die Beurteilung mit hineinfließen

	Kostenvergleichsrechnung	Gewinnvergleichsrechnung
Nachteile	■ Sehr kurzfristige Berechnung (nur ein Jahr), sodass keine Änderungen der Kosten berücksichtigt werden ■ Kosten sind alleiniger Beurteilungsmaßstab.	■ Berechnung bezieht sich nur auf eine Periode ■ Risiko einer Fehlschätzung der zukünftigen Erlös- und somit Gewinnentwicklung ist sehr hoch.

5. Vor- und Nachteile der statischen Investitionsrechnung:

Statische Investitionsrechnung	
Vorteile	Nachteile
■ Sehr leichte und schnelle Handhabung	■ Beziehen nur Daten einer Periode ein und unterstellen, dass diese Daten keinen Veränderungen unterliegen ■ Nur vorhandene Daten werden aus dem Rechnungswesen in die Berechnung einbezogen.

6. Kapitalwertmethode, interne Zinssatzmethode

5.2.2 Anforderungsbereich II

1. Die Daten (z. B. Kosten- oder Gewinnentwicklung), auf die sich eine Investitionsentscheidung stützt, beruhen in der Regel auf Schätzungen und Vorhersagen. Das Risiko solcher Daten besteht darin, dass sie ungenau oder auch unvollständig sein können.

2. Bei der Gewinnvergleichsrechnung handelt es sich um die Erweiterung der Kostenvergleichsrechnung. Neben den Kosten für eine Periode werden nun auch die Erträge für eine Periode in die Betrachtung mit einbezogen (Gewinn = Kosten – Erträge). Im Rahmen einer Rentabilitätsvergleichsrechnung bezieht man den erwirtschafteten Gewinn auf den durchschnittlichen Anschaffungspreis. Man ermittelt somit die Rentabilität einer Investition.

3. Durch sie wird ermittelt, in welchem Zeitraum die Anschaffungsausgaben durch Kapitalrückflüsse in Form von Gewinnen und Abschreibungen in das Unternehmen zurückfließen. Unterschiedliche Gewinnhöhen führen dazu, dass ähnliche Investitionsobjekte unterschiedliche Amortisationszeiten haben.

4. Als Kapitalwert wird die Differenz der abgezinsten Einnahmen und Ausgaben bezeichnet. Die Höhe der Abzinsung wird durch den jeweiligen Kalkulationszinssatz bestimmt. Daher gilt: Je höher der Kalkulationszinssatz, desto geringer wird die Höhe der abgezinsten Einnahmen bzw. Ausgaben und desto geringer wird deren Differenz (= Kapitalwert).

5. Die interne Zinssatzmethode baut auf der Kapitalwertmethode auf. Hierbei wird der Zinssatz berechnet, bei dem sich ein Kapitalwert von 0 ergibt. Es handelt sich somit um eine Umkehrung der Kapitalwertmethode. Es wird nicht nach einem Kapitalwert bei einem vorgegebenen Zinssatz gefragt, sondern nach einem internen Zinssatz, der einem Kapitalwert von 0 entspricht.
Der so ermittelte Zinssatz lässt zunächst noch keine Aussage zu, ob eine Investition vorteilhaft ist oder nicht. Erst wenn dieser interne Zinssatz mit einem vom Vorstand vorgegebenen Kalkulationszinssatz verglichen werden kann, sind Aussagen über die Vorteilhaftigkeit einer Investition möglich.

6. Zu den Funktionen der Investitionsrechnung gehört es, im Rahmen von Investitionsentscheidungen herauszufinden, welches Investitionsobjekt für das Unternehmen am vorteilhaftesten ist. Darüber hinaus kann der Vorstand eine Rangfolge für mehrere anstehende Investitionsvorhaben bilden. Dabei wird zuerst dort investiert, wo die jeweiligen Vergleichskriterien (z. B. Gewinn, Rentabilität etc.) am günstigsten sind. Dies ist besonders für Unternehmen interessant, die für die jeweiligen Vorhaben nur ein begrenztes Budget haben.
Außerdem kann man mithilfe der Investitionsrechnung die optimale Nutzungsdauer eines Investitionsobjektes bestimmen, indem man entsprechende Zielgrößen (z. B. Rentabilität, Amortisationszeiten etc.) vorgibt.

5.2.3 Anforderungsbereich III

1.

Ohne Restwert	Mercedes Sprinter	VW Crafter
Anschaffungskosten	52 600,00 €	48 800,00 €
Nutzungsdauer	4 Jahre	4 Jahre
Auslastung im Jahr	100 000 km	100 000 km
Kosten pro Jahr		
Fixe Kosten		
Kalkulatorische Abschreibung	13 150,00 €	12 200,00 €
Kalkulatorische Zinsen	1 972,50 €	1 830,00 €
Sonstige fixe Kosten	6 100,00 €	5 850,00 €
Fixe Kosten insgesamt	**21 222,50 €**	**19 880,00 €**
Variable Kosten		
Wartung	7 600,00 €	6 800,00 €
Ersatzteile	8 400,00 €	7 700,00 €
Sonstige variable Kosten	2 000,00 €	3 650,00 €
Variable Kosten insgesamt	**18 000,00 €**	**18 150,00 €**
Summe der Kosten	**39 222,50 €**	**38 030,00 €**
Differenz		**1 192,50 €**

Ohne Restwert	Mercedes Sprinter	VW Crafter
Anschaffungskosten	52 600,00 €	48 800,00 €
Nutzungsdauer	4 Jahre	4 Jahre
Auslastung im Jahr	100 000 km	100 000 km
Kosten pro Jahr		
Fixe Kosten		
Kalkulatorische Abschreibung	10 900,00 €	11 450,00 €
Kalkulatorische Zinsen	2 310,00 €	1 942,50 €
Sonstige fixe Kosten	6 100,00 €	5 850,00 €
Fixe Kosten insgesamt	**19 310,00 €**	**19 242,50 €**
Variable Kosten		
Wartung	7 600,00 €	6 800,00 €
Ersatzteile	8 400,00 €	7 700,00 €
Sonstige variable Kosten	2 000,00 €	3 650,00 €
Variable Kosten insgesamt	**18 000,00 €**	**18 150,00 €**
Summe der Kosten	**37 310,00 €**	**37 392,50 €**
Differenz	**82,50 €**	

Anmerkung: Restwerte sind wie folgt in der Berechnung zu berücksichtigen:

Kalkulatorische Abschreibung =

$$\frac{(\text{Anschaffungswert} - \text{Restwert})}{\text{Nutzungsdauer}}$$

Kalkulatorische Zinsen =

$$\frac{(\text{Anschaffungswert} + \text{Restwert})}{\text{Nutzungsdauer}} \cdot \frac{p}{100}$$

2. Lösungsvorschlag: Der Vorteil der Kostenvergleichsrechnung liegt darin, dass in einer sehr einfachen Weise eine Investitionsentscheidung getroffen werden kann. Ausgangspunkt sind durchschnittliche, angenommene Kosten der jeweiligen Investitionsobjekte. Dabei ist immer dasjenige Objekt auszuwählen, welches die geringsten Kosten verursacht.
Die einfache Handhabung dieser Methode bedeutet auch Zeit- und Kostenersparnis. So kann bei der Anwendung dieser Methode auf besonders geschultes Personal verzichtet werden.
Nachteilig an der Kostenvergleichsrechnung ist, dass Werte oder Kosten aus einer Periode zur Beurteilung herangezogen werden. Dabei werden Kostensteigerungen nicht in der Vergleichsrechnung berücksichtigt. Außerdem können Zahlungsein- oder -ausgänge, die naturgemäß im Zusammenhang mit dem Investitionsobjekt stehen, nicht periodengerecht abdiskontiert werden.
Für Spurt kann die Kostenvergleichsrechnung eine erste Stufe für eine fundierte Investitionsentscheidung darstellen. Das Unternehmen sollte sich aber nicht alleine darauf verlassen. Eventuell ist die Kostenvergleichsrechnung um eine dynamische Investitionsrechnung zu ergänzen.

3. Gewinnvergleichsrechnung:

Mit Restwert	Mercedes Sprinter	VW Crafter
Laufleistung	100 000 km	100 000 km
Erlös pro Kilometer	47 Cent	45,5 Cent
	47 000,00 €	45 500,00 €
Kosten (gemäß Aufg. 1)	39 222,50 €	38 030,00 €
Gewinn	**7 777,50 €**	**7 470,00 €**

Rentabilitätsvergleichsrechnung: $\dfrac{(\text{Jahresgewinn} \cdot 100)}{\varnothing\text{-Kapitaleinsatz}}$

$\varnothing$-Kapitaleinsatz $= \dfrac{\text{Anschaffungspreis}}{2}$

	Mercedes Sprinter	VW Crafter
Gewinn	7 777,50 €	7 470,00 €
(ohne kalkulatorische Zinsen!)	+ 1 972,50 €	+ 1 830,00 €
	9 750,00 €	9 300,00 €
$\varnothing$-Kapitaleinsatz	26 300,00 €	24 400,00 €
Rentabilität	**37,07 %**	**38,11 %**

Anmerkung: Zum Jahresgewinn zählt man den durch die Investition zusätzlich verursachten Gewinn. Er darf daher nicht durch die kalkulatorischen Zinsen gemindert werden, da die Rentabilitätszahl selbst die Verzinsung des insgesamt eingesetzten Kapitals ausdrückt.

Beurteilung/Bewertung:
Im Rahmen der Gewinnvergleichsrechnung kann festgestellt werden, dass der Mercedes Sprinter mit 7 777,50 € einen höheren Gewinn als der VW Crafter mit 7 470,00 € erwirtschaftet.
Allerdings muss man auch den Gewinn als eine Verzinsung des eingesetzten Kapitals sehen. Berücksichtigt man diese Betrachtungsweise, so erwirtschaftet der VW Crafter eine Rendite von 38,11 %, während der Mercedes Sprinter nur eine Rendite von 37,07 % erzielt.
Eine endgültige Entscheidung ist nur dann möglich, wenn der Vorstand genau die Kenngröße (oder Unternehmensstrategie) definiert. Lautet das Ziel Gewinnmaximierung, so wäre der Mercedes Sprinter vorteilhafter; lautet das Ziel „maximale Kapitalrendite", so ist der VW Crafter vorteilhafter. (→ Endgültige Entscheidung je nach Argumentation des Schülers!)

4. $\varnothing$-Kapitalrückfluss = jährliche Abschreibung + durchschnittlicher Gewinn

Amortisationszeit in Jahren $= \dfrac{\text{Anschaffungskosten}}{\text{jährliche Abschreibungen} + \text{durchschnittlicher Gewinn} + \text{kalkulatorische Zinsen}}$

	Mercedes Sprinter	VW Crafter
jährliche Abschreibung	5 844,44 €	5 422,22 €
+ $\varnothing$-Gewinn	+ 7 777,50 €	+ 7 470,00 €
+ kalk. Zinsen	+ 1 972,50 €	+ 1 830,00 €
= Ergebnis	= 15 594,00 €	= 14 722,00 €
Anschaffungskosten	52 600,00 €	48 800,00 €
Kapitalrückflusszeit in Jahren	**3,37 Jahre**	**3,31 Jahre**

Beurteilung/Bewertung:
Die Amortisationsdauer des VW Crafter ist nur minimal kürzer als des Mercedes Sprinter. Die Amortisationsvergleichsrechnung macht keine Aussagen zur Wirtschaftlichkeit oder Rentabilität der beiden Fahrzeuge. Daher kann sie nur als Hilfsinstrument dienen. Berücksichtigt man

außer- dem noch die Ergebnisse aus Aufgabe 3, in der festgestellt wurde, dass die Rendite beim VW Crafter höher ist als beim Mercedes Sprinter, so wäre der Kauf des VW Crafters zu empfehlen.

5. Hier sollte der Schüler sämtliche vorher ermittelten Ergebnisse in seine Argumentation miteinbeziehen. Ausschlaggebend bei dieser Fragestellung ist nicht das Ergebnis, sondern die Argumentation.

6. Kapitalwertmethode

Mercedes Sprinter

	T0	T1	T2	T3	T4
Einnahmen		47 000,00 €	54 050,00 €	62 157,50 €	71 481,13 €
Ausgaben	52 600,00 €	39 000,00 €	39 975,00 €	40 974,38 €	41 998,73 €
Summe	−52 600,00 €	8 000,00 €	14 075,00 €	21 183,13 €	29 482,39 €
Abzinsung	−52 600,00 €	7 142,86 €	11 220,50 €	15 077,73 €	18 736,59 €

Kapitalwert
−422,32 €

VW Crafter

	T0	T1	T2	T3	T4
Einnahmen		45 500,00 €	52 325,00 €	60 173,75 €	69 199,81 €
Ausgaben	48 800,00 €	38 000,00 €	38 950,00 €	39 923,75 €	40 921,84 €
Summe	−48 800,00 €	7 500,00 €	13 375,00 €	20 250,00 €	28 277,97 €
Abzinsung	−48 800,00 €	6 696,43 €	10 662,47 €	14 413,55 €	17 971,16 €

Kapitalwert
943,61 €

Beurteilung/Bewertung:
Gemäß der Kapitalwertmethode hat der VW Crafter einen Kapitalwert > 0, d. h., diese Investition ist lohnend, da die abgezinsten Einnahmen aus der Investition höher sind als die abgezinsten Ausgaben. Beim Mercedes Sprinter ist es umgekehrt. Hier sind die abgezinsten Ausgaben höher als die abgezinsten Einnahmen. Somit ist der Kapitalwert negativ. Alleine nach der Kapitalwertmethode ist der VW Crafter für Spurt lohnend.

Jahrgang 12.2

6 Übungsklausuren 12.2

Übungsklausur I

1. **Deutschland:** Nach anfänglichen Umsatzsteigerungen in den Jahren 2017 und 2018 tritt ab 2019 eine Verlangsamung des Wachstums ein. Die Prognose für 2020 sieht einen Rückgang vor.
   Frankreich: Die französische Umsatzentwicklung zeigt zweistellige Wachstumsraten, in der Tendenz jedoch rückgängig.
   China: Überproportionale Wachstumsraten in einem neuen Markt, jedoch in absoluten Zahlen gesehen auf vergleichsweise niedrigem Niveau.

2. **Deutschland:** Aufgrund der Wachstumsraten tritt auf dem Deutschlandmarkt eine Sättigung ein. Sie ist gekennzeichnet durch langsam sinkende Umsätze und steigende Stückkosten in Verbindung mit fallenden Gewinnen.
   Aufgrund der Prognose für 2020 könnte man auch von einer Degeneration ausgehen. Diese wiederum ist gekennzeichnet durch stark fallende Umsätze und stark steigende Stückkosten, die insgesamt einen Verlust verursachen können.
   Frankreich: Die Umsatzentwicklungen in Frankreich lassen den Schluss zu, dass sich das Produkt auf dem dortigen Markt in einer Wachstumsphase befindet. Diese Phase ist gekennzeichnet durch stark steigende Umsätze sowie sinkende Stückkosten (Gewinnmaximum).
   China: Da die Markteinführung des Produktes erst 2018 stattfand, kann noch von der Einführungsphase ausgegangen werden. Sie ist gekennzeichnet durch steigende Umsätze bei hohen Stückkosten, was insgesamt noch zu Verlusten führen kann.

3.

	Einführung	Wachstum	Reife	Sättigung	Degeneration
Preispolitik	Hoher Einführungspreis wegen Marktneuheit oder niedriger Preis zur Marktdurchdringung (Gewinnung von Marktanteilen)	Preissenkung/ Preisanpassung wegen möglicher Konkurrenz (Nachahmer)	Preissenkung wegen zunehmender Konkurrenz	▪ Weitere Preissenkungen sind notwendig. ▪ Konkurrenz nimmt weiter zu.	▪ Aktionspreise, Räumungspreise (weiterer Preisverfall) ▪ Deckungsbeiträge erwirtschaften
Produktpolitik	Produktinnovation		Produktdifferenzierung, um neue Käuferschichten zu gewinnen	Produktvariation, um neue Abnehmer mit veränderten Produkten anzusprechen	Produktelimination

4. Die Kaufkraftstärke in Frankreich liegt geringfügig unter der in Deutschland, sodass in Abhängigkeit vom Image der Marke über eine geringe Preisreduktion nachgedacht werden kann, um ersten Konkurrenten den Einstieg in den Markt zu erschweren. Außerdem ist durch diese Maßnahme ein stärkerer Anstieg der Verkaufszahlen zu erwarten.
   In China ist das durchschnittliche Einkommen mit dem in Europa nicht zu vergleichen. Hier sollte der Preis den chinesischen Verhältnissen von Anfang an angepasst sein. Verluste auf diesem Markt können zunächst akzeptiert werden, um die Marke im Land zu etablieren.

5.

Art	Kostenorientierte Preisbildung	Nachfrageorientierte Preisbildung	Konkurrenzorientierte Preisbildung
Erläuterung	Fixe und variable Kosten, die bei der Produkterstellung anfallen: Sie müssen gedeckt werden.	Orientierung an Nachfragegrößen. Dabei sind die Preisvorstellungen der Kunden und Einkommensverhältnisse zu berücksichtigen.	Möglich bei homogenen Produkten Mögliche Formen: — Orientierung am Branchenpreis — Orientierung am Preisführer

6. $\dfrac{Kf(x)}{x} + kv(x) = \dfrac{12\,500\,000}{80\,000} + 80 = \mathbf{236,25\ €}$

7. Zum Beispiel konkurrenzorientierte Preisbildung: Um direkt hohe Marktanteile zu erreichen, bietet sich ein Preis um 237,00 € an. Damit liegt man unterhalb der Preise der meisten Konkurrenten. Auch eine Orientierung am Preisführer ist denkbar. Hierzu sollte ein Preis knapp unterhalb von 268,00 € gewählt werden. Dann ist aber grundsätzlich im Rahmen der Kommunikationspolitik Wert auf die hohe Qualität und technische Ausstattung zu legen.

8. Zum Beispiel 260,00 €

   $260x = 12\,500\,000 + 80x$
   $\leftrightarrow\ x = 69\,445$ Stück

9. Schülerindividuelle Lösung

Gliederungsvorschlag:

Einleitung
Problem beschreiben: Kernaussagen des Vorstandes (weiterer Absatzzuwachs für das Handy Connection Plus in Deutschland; keine weiteren Marketingmaßnahmen erforderlich)

Marktbeschreibung
Connection Plus in Deutschland befindet sich im Sättigungsbereich; Prognose für 2018 abnehmend. Notwendigkeit für Marketingmaßnahmen entgegen der Vorstandsaussage begründet.

Marketingmaßnahmen

Preispolitik
Das Handy Connection Plus soll verbilligt angeboten werden, ohne dass es ein Billighandy darstellt (Imagewahrung). Eventuell werden Verluste auf dem Heimatmarkt durch Gewinne insbesondere in Frankreich aufgefangen (Mischkalkulation).

Produktpolitik
Produktvariation durch Zusatzfunktionen und/oder Zusatznutzen

Fazit

Übungsklausur II

1. Antwortvorschlag:
   (Anm.: Antworten sind in einer Klausur auszuformulieren!)
   Folgende **Investitionsziele** könnten vorhanden sein:
   — Ökonomische Ziele → Kostenersparnis, Gewinnsteigerung
   — Ökologische Ziele → Umweltfreundlichkeit
   — Soziale Ziele → Erhöhung der Zahl der Arbeitsplätze

   Zielkonflikte
   — Zielkonflikt zwischen dem ökonomischen Ziel der Kostenersparnis und den sozialen Zielen wie Ausbau der Zahl der Arbeitsplätze (neue und effektivere Maschinen führen zu Arbeitsplatzabbau)

- Zielkonflikt zwischen dem ökonomischen Ziel der Gewinnsteigerung und dem ökologischen Ziel (Ausbau der Produktion führt zu Platzbedarf und Bebauung möglicher Freiflächen etc.)

Zielharmonien
Das ökonomische Ziel der zusätzlichen Anschaffung von Maschinen kann zu einer Erhöhung der Zahl der Arbeitsplätze führen (soziales Ziel).

2. Rentabilitäts- u. Amortisationsvergleich + Begründung

	Maschine 1	Maschine 2
Gebundenes Kapital	$\dfrac{252\,000,00}{2}$ (= 260 000,00 − 8 000,00) = 126 000,00 €	$\dfrac{217\,000,00}{2}$ (= 224 000,00 − 7 000,00) = 108 500,00 €
Fixe Kosten		
Abschreibung	260 000,00 − 8 000,00 = 252 000,00 € 252 000,00 : 5 Jahre = 50 400,00 €	224 000,00 − 7 000,00 = 217 000,00 € 217 000,00 : 5 Jahre = 43 400,00 €
Kalkulatorische Zinsen	$= (AW + RW) : 2 \cdot i$ $\dfrac{(260\,000 + 8\,000)}{2} \cdot 6\,\%$ $= 134\,000,00 \cdot 6\,\%$ = 8 040,00 €	$\dfrac{(224\,000 + 7\,000)}{2} \cdot 6\,\%$ $= 115\,500,00 \cdot 6\,\%$ = 6 930,00 €
Gehälter	80 000,00 €	78 000,00 €
Sonstige fixe Kosten	9 000,00 €	7 000,00 €
Material	25 000,00 €	23 000,00 €
Sonstige variable Kosten	15 000,00 €	14 000,00 €
Summe aller Kosten (Kosten o. kalk. Zinsen)	**187 440,00 €** (179 400,00 €)	**172 330,00 €** (165 400,00 €)
Erlöse pro Stück	**47 000 St. · 5,05 €** **= 237 350,00 €**	
Gewinnvergleich (o. kalk. Zinsen)	**49 910,00 €** (57 950,00 €)	**65 020,00 €** (71 950,00 €)
Rentabilitätsvergleich[1]	$\left(\dfrac{49\,910 + 8\,040}{134\,000}\right) \cdot 100$ = 43,25 %	$\left(\dfrac{65\,020 + 6\,980}{115\,500}\right) \cdot 100$ = 62,29 %
Amortisationsvergleich	$\dfrac{260\,000 - 8\,000}{50\,400 + 49\,910 + 8\,040}$ $= \dfrac{252\,000}{108\,350}$ = 2,33 Jahre	$\dfrac{(224\,000 - 7\,000)}{43\,400 + 65\,020 + 6\,930}$ $= \dfrac{217\,000}{115\,350}$ = 1,88 Jahre

Begründete Entscheidung:
(Lösungshinweis: Begründen Sie möglichst fallbezogen und mithilfe Ihrer ermittelten Ergebnisse. Achten Sie dabei auf die Formulierungen bzw. Umrechnungen.)
Der Vorstand sollte sich für Maschine 2 entscheiden, da die Amortisationsdauer für diese Maschine (2,33 Jahre) um ca. 5 Monate (Anm.: Die rechnerische Differenz von 0,45 Jahren entspricht ca. 5 Monaten.) kürzer ist als für Maschine 1 (1,88 Jahre). Die Verzinsung des eingesetzten Kapitals ist bei Maschine 2 um ca. 44 % höher als bei Maschine 1.

---

[1] Anders als b Kosten- oder Gewinnvergleichsrechnung enthalten die hier zugrunde gelegten Kosten keine kalk. Zinsen. Sofern der G n aus den beiden vorgenannten Berechnungen übernommen wird, sind die kalk. Zinsen dem in der Rentabilitätsvergleichsrechnung verwendeten Gewinn hinzuzuaddieren.

3. Berechnung der Kapitalwerte
   *(Lösungshinweis: In der Kapitalwertberechnung werden den Einnahmen die **Ausgaben** gegenüber-gestellt **(Achtung: Ausgaben ≠ Kosten)**. Da in den Vorinformationen nur von Kosten die Rede ist, sind zunächst die Ausgaben für den Zeitpunkt t1 zu berechnen!)*

Kapitalwert für Maschine 1

Vorberechnung der Ausgaben in t1		
Kosten	187 440,00	172 330,00
– Abschreibung	– 50 400,00	– 43 400,00
– Kalk. Zinsen	– 8 040,00	– 6 930,00
= Ausgaben	= 129 000,00	= 122 000,00

Anschaffungswert	260 000,00 €
Restwert	8 000,00 €
Erlössteigerung pro Jahr	2,5 %
Kostensteigerung pro Jahr	2,0 %
Zinssatz	6,0 %

	t1	t2	t3	t4	t5
Einnahmen	237 350,00 €	243 283,75 €	249 365,84 €	255 599,99 €	269 989,99 €[1]
Ausgaben	**129 000,00 €**	131 580,00 €	134 211,60 €	136 895,83 €	139 633,75 €
Überschuss	108 350,00 €	111 703,75 €	115 154,24 €	118 704,16 €	130 356,24 €

	t1	t2	t3	t4	t5
Barwert	102 216,96 €	99 415,89 €	96 685,69 €	94 024,85 €	97 409,74 €

Summe der Barwerte	**489 753,13 €**
Kapitalwert	**229 753,13 €**

Kapitalwert für Maschine 2

Anschaffungswert	224 000,00 €
Restwert	7 000,00 €
Erlössteigerung pro Jahr	2,5 %
Kostensteigerung pro Jahr	2,0 %
Zinssatz	6,0 %

	t1	t2	t3	t4	t5
Einnahmen	237 350,00 €	243 283,75 €	249 365,84 €	255 599,99 €	269 989,99 €[2]
Ausgaben	**122 000,00 €**	124 440,00 €	126 928,80 €	129 467,38 €	132 256,72 €
Überschuss	115 350,00 €	118 843,75 €	122 437,04 €	126 132,61 €	136 933,27 €

	t1	t2	t3	t4	t5
Barwert	108 820,73 €	105 770,46 €	102 800,47 €	99 908,88 €	102 324,48 €

Summe der Barwerte	**519 625,02 €**
Kapitalwert	**295 625,02 €**

---

[1] Anm.: Einnahmen in t5 sind Erlöse in t5 (= 261 989,99 €) zzgl. Restwert (8 000,00 €).

[2] Anm.: Einnahmen in t5 sind Erlöse in t5 (= 261 989,99 €) zzgl. Restwert (= 261 989,99 €).

4. Abgrenzung statisches und dynamisches Verfahren:
   (Anm.: Die Antwort ist auszuformulieren. Dabei sind die hier schematisch dargestellten Punkte einsetzbar. Hinsichtlich der Beantwortung des zweiten Frageteils kann die Antwort schülerindividuell begründet gegeben werden.)

	Statisches Verfahren	Dynamisches Verfahren
Merkmale	Berücksichtigt nur eine Periode	Berücksichtigt mehrere Perioden
Vorteile	▬ Einfache Handhabung ▬ Liefert daher schnelle Ergebnisse und ist kostengünstiger.	Zeitlich bedingte Veränderungen der Einnahmen und Ausgaben werden berücksichtigt.
Nachteile	Zeitfaktor wird nicht bei den ermittelten Kosten, Erlösen oder Gewinnen berücksichtigt; daher nur ungenaue Ergebnisse.	▬ Kalkulationszinsfuß wird individuell vorgegeben. ▬ Einnahmen und Ausgaben können nur geschätzt werden.

5. Im Rahmen der statischen Verfahren bedeutet ein steigender Zinssatz (auch: steigender Kalkulationszinssatz) höhere kalkulatorische Zinsen und somit einen Anstieg der Kosten bzw. eine Minderung des Gewinns. Im besonderen Fall der Amortisations- und Rentabilitätsvergleichsrechnung jedoch hat ein steigender Zinssatz keine zusätzlichen Auswirkungen auf den Gewinn, da diese keine kalkulatorischen Zinsen enthalten.
   Bei den dynamischen Verfahren führt ein steigender Zinssatz zu einem höheren Abzinsungsfaktor, der wiederum zu einem sinkenden Kapitalwert führt. Dies hat durchaus Auswirkungen auf eine zu treffende Investitionsentscheidung.

6. Eine qualitative Bewertung erfolgt dann, wenn man Daten in einer Investitionsentscheidung mitberücksichtigen möchte, die nicht messbar sind. Denkbare Verfahrensweisen sind das Rangreihenverfahren und das Stufenwertzahlverfahren, bei denen Rangklassen gebildet und diese Daten mit Punkten versehen und gewichtet werden.
   Bei dem vorliegenden Ergebnis schneidet die Maschine 2 wieder besser ab als Maschine 1. Dabei ist auffällig, dass insbesondere in Bezug auf die wirtschaftlichen Daten ein Unterschied besteht, bei den technischen Daten jedoch kein Unterschied zu erkennen ist.

---

[1] Anm.: Einnahmen in t5 sind Erlöse in t5 (=261 989,99 €) zzgl. Restwert (=261 989,99)

Jahrgang 13.1

1 Innenfinanzierung: Selbstfinanzierung (offene und verdeckte)

1.1 Ausgangssituation

1.2 Lösungen

1.2.1 Anforderungsbereich I

1. I. Kapitalanteile
   II. Gewinnrücklagen
      1. Gesetzliche Rücklage
      2. Rücklage für eigene Anteile
      3. Satzungsmäßige Rücklagen
      4. Andere Gewinnrücklagen
   III. Gewinnvortrag/Verlustvortrag
   IV. Jahresüberschuss/Jahresfehlbetrag

2. Als **gezeichnetes Kapital** wird das Kapital bezeichnet, auf das die Haftung der Gesellschafter für die Verbindlichkeiten der Kapitalgesellschaft gegenüber den Gläubigern beschränkt ist. Es ist mit dem Nennbetrag (auch: Nominalbetrag) anzusetzen. Bei einer Kapitalgesellschaft wird dieses Kapital als **Grundkapital** bezeichnet, bei der GmbH als **Stammkapital**.

3.
7 250 000,00 €	Jahresüberschuss
− 362 500,00 €	gesetzliche Rücklagen
= 6 887 500,00 €	
− 2 066 250,00 €	satzungsmäßige Rücklagen
= **4 821 250,00 €**	**Bilanzgewinn**

4. Vorüberlegung:
   5 000 000,00 € gezeichnetes Kapital → 5 000 000 Aktien zu 1,00 € Nennwert

   Berechnung:
   4 821 250,00 € (Bilanzgewinn) : 5 000 000 Aktien = 0,96425 € pro Aktie

   Auf jede Aktien entfallen rechnerisch 0,96425 € an Dividende.

5. Bei einer Selbstfinanzierung erfolgt die Finanzierung von Investitionen ohne Mithilfe von außen. Die erforderlichen Mittel werden von der Unternehmung alleine aufgebracht.
   Eine gesetzlich erzwungene Selbstfinanzierung besteht darin, dass ein Unternehmen gemäß gesetzlicher Vorgaben dazu verpflichtet ist, Rücklagen zu bilden (gesetzliche Rücklagen, § 150 AktG).
   Eine freiwillige Selbstfinanzierung besteht darin, dass die Anteilseigner eines Unternehmens beschließen, Teile des Gewinns zurückzulegen, um das Kapital für spätere Investitionen zu verwenden (z. B. satzungsmäßige Rücklagen).

6. Stille Reserven können durch Unterbewertung von Aktiva oder durch Überbewertung von Passiva gebildet werden.

1.2.2 Anforderungsbereich II

1. Die Grundproblematik besteht darin, dass eine Dividende in Höhe von 0,96425 € nicht ausgeschüttet werden kann (es gibt keine fünf Nachkommastellen bei Währungen). Dabei ist die Entscheidung zu treffen, ob lediglich 0,96 € oder 0,97 € auszuschütten sind.

Schüttet das Unternehmen 0,96 € pro Aktie aus (5 000 000 Aktien zu 0,96 €), werden insgesamt 4 800 000,00 € an die Aktionäre überwiesen. Das ist weniger, als der Bilanzgewinn beträgt (Differenz in Höhe von 21 250,00 €). Dieser Differenzbetrag kann entweder in die anderen Rücklagen eingestellt werden oder als Gewinnvortrag mit in das nächste Geschäftsjahr genommen werden.

Schüttet das Unternehmen 0,97 € pro Aktie aus (5 000 000 Aktien zu 0,97 €), werden insgesamt 4 850 000,00 € an die Aktionäre überwiesen. Dies sind 28 750,00 € mehr, als der Bilanzgewinn beträgt. Hier kann der Betrag ebenfalls in das nächste Geschäftsjahr übertragen werden als Verlustvortrag.

2. Ein möglicher Zielkonflikt besteht darin, dass zwar freiwillige Rücklagen gebildet werden, jedoch zur Finanzierung von Investitionsvorhaben Fremdkapital aufgenommen wird. Bis zu einem gewissen Grad kann dies sinnvoll sein (siehe Leverage-Effekt). Der Hauptzielkonflikt liegt jedoch in der Frage, ob Rücklagen gebildet werden sollen oder das Geld besser an die Anteilseigner ausgeschüttet wird (Shareholder oder Stakeholder Value). Die Beantwortung hängt von der vom Unternehmen verfolgten Strategie ab.

3. Die stillen Reserven stellen für das Unternehmen Liquiditäts- und Zinsvorteile dar, da das Kapital dem Unternehmen zinslos zur Verfügung steht. Werden stille Reserven auch in der Steuerbilanz anerkannt, führen sie zu einem geringeren Gewinnausweis und damit zu Steuerersparnissen.
Mit Auflösung der stillen Reserven entstehen außerordentliche Erträge, die den zu versteuernden Gewinn in der Periode der Auflösung erhöhen und somit zu einer Erhöhung der Steuerlast führen.

4. Die Vorteile einer verdeckten Selbstfinanzierung liegen zum einen darin, dass sich das Unternehmen kein Fremdkapital von außen beschaffen muss. Dadurch wird die Liquidität nicht verschlechtert, Eigen-, Fremdkapitalquote sowie der Verschuldungsgrad bleiben gleich, was bei einer Bonitätsprüfung von Vorteil wäre.

Durch diese Vorgehensweise können außerdem hohe Gewinne vor der Konkurrenz verborgen werden. Ein Nebeneffekt besteht darin, dass die hohen Gewinne nicht im Jahr ihrer Entstehung, sondern in später liegenden Jahren aufgelöst werden können.

1.2.3 Anforderungsbereich III

1. Schülerindividuelle Antwort
Einige Grundüberlegungen, die in der Schülerantwort angesprochen/aufgegriffen werden können:

FÜR	WIDER
Zinsen sind auf einem historischen Tief. Finanzierungskosten sehr niedrig – Ausnutzen der Situation	Zusätzliche Aufwendungen durch Zinsen, die in Zukunft den Gewinn schmälern können
Höheres Fremdkapital kann durch den Leverage-Effekt eine verbesserte Eigenkapitalrentabilität bewirken.	Durch Kreditaufnahme ist das Unternehmen nicht mehr in allen seinen Entscheidungen frei – Kapitalgeber können mitreden.
Höhere Dividendenausschüttung führt zur Steigerung der Attraktivität der Aktie der Windkraft AG und somit der Zufriedenheit der Aktionäre.	Verschlechterung von Bilanzkennzahlen, die wiederum die Bonitätseinschätzung von Geldgebern negativ beeinflussen können.
Ein hoher Börsenkurs verhindert eine feindliche Übernahme durch einen Konkurrenten.	Geringeres Sicherheitspolster in wirtschaftlich schlechten Zeiten

2. Shareholder-Value-Strategie: Vorstand richtet das Unternehmen danach aus, dass der Wert der Aktien und die Dividendenausschüttungen gesteigert werden. Dabei werden die Belange der Belegschaft und des sozialen Umfeldes eines Unternehmens dem Diktat dieser Strategie unterworfen. Vorschläge für den Vorstand:
- Auflösung von Rücklagen
- Auflösung von stillen Rücklagen
- Verlustvortrag für nächstes Geschäftsjahr
- Kreditaufnahme zur Finanzierung von Sonderausschüttungen

(Einige dieser Lösungsvorschläge sollten in einer Klausur näher ausgeführt und kritisch beleuchtet werden.)

2 Innenfinanzierung: Finanzierung aus Kapitalfreisetzung

2.1 Ausgangssituation

2.2 Lösungen

2.2.1 Anforderungsbereich I

1. Kapazität pro Maschine und Jahr 1 000 Stück, lineare bilanzielle Abschreibung

Jahr	Anzahl Maschinen	Gesamtkapazität in Stück bezogen auf die Restzeit	Periodenkapazität in Stück	Buchwert am Jahresanfang in EUR	AfA in EUR	Restbuchwert am Jahresende in EUR	Zugang/ Abgang	Freies Kapital in EUR
2016	10	40 000	10 000	100 000,00	25 000,00	75 000,00	2/0	5 000,00
2017	12	38 000	12 000	95 000,00	30 000,00	65 000,00	3/0	5 000,00
2018	15	38 000	15 000	95 000,00	37 500,00	57 500,00	4/0	2 500,00
2019	19	39 000	19 000	97 500,00	47 500,00	50 000,00	5/10	0,00
2020	14	40 000	14 000	100 000,00	35 000,00	65 000,00	3/2	5 000,00
2021	15	38 000	15 000	95 000,00	37 500,00	57 500,00	4/3	2 500,00

2. Der Kapazitätserweiterungseffekt wird durch die Erhöhung der Anlagenanzahl deutlich. Festzustellen ist aber, dass die Gesamtkapazität in Stück, bezogen auf die Restlaufzeit, nicht über den ursprünglichen Wert hinausgeht. Dieses findet seine Ursache darin, dass ältere Anlagen weniger Kapazitäten bis zu ihrem Ausscheiden aufweisen können.

3. Durch die erfolgswirksame Buchung der Abschreibungen (Aufwandsbuchungen) wird einerseits der Jahresüberschuss gemindert, was eine geringere Steuerbemessungsgrundlage zu Folge hat (geringere Steuerlast), andererseits vermindern sich die Fähigkeit der Rücklagenbildung sowie die Gewinnausschüttung an die Gesellschafter. Zudem fließen die in die Verkaufspreise einkalkulierten Abschreibungshöhen über die Umsatzerlöse in das Unternehmen zurück (falls kalkulierte Abschreibung = bilanzielle Abschreibung).

4. Pensionsrückstellungen, Steuerrückstellungen, Prozesskosten, Garantieverpflichtungen

5.

Buchung der Rückstellungen

			Soll	Haben
7000 Gewerbesteuer	an 3800	Steuerrückstellung	700 000,00	700 000,00

Kontenabschluss zum 31.12.

			Soll	Haben
8020 GuV	an 7000	Gewerbesteuer	700 000,00	700 000,00
3800 Steuerrückstellung	an 8010	SBK	700 000,00	700 000,00

6. a) Nachzahlungsbetrag 700 000,00 €

Buchung der Auflösung

			Soll	Haben
3800 Steuerrückstellung	an 2800	Bank	700 000,00	700 000,00

b) Nachzahlungsbetrag 400 000,00 €

Buchung der Auflösung

			Soll	Haben
3800 Steuerrückstellung	an 2800	Bank	700 000,00	400 000,00
	an 5490	periodenfr. Ertr.		300 000,00

c) Nachzahlung 900 000,00 €

Buchung der Auflösung

			Soll	Haben
3800 Steuerrückstellung				700 000,00
6990 periodenfremde Aufwendungen	an 2800	Bank	200 000,00	900 000,00

Jahrgang 13.1

2.2.2 Anforderungsbereich II

1. Die Höhe der bilanziellen Abschreibung ergibt sich aus steuerrechtlichen Vorgaben (AfA-Tabelle). Die hier vorgegebenen Abschreibungsdauern ergeben bei linearer Abschreibungsmethode die Höhe der anzusetzenden Abschreibung. Dabei geht man von Anschaffungskosten/Herstellungskosten aus. Die Höhe der kalkulatorischen Abschreibung verteilt die zukünftigen Wiederbeschaffungskosten auf individuell geschätzte Nutzungsdauern.

2. Durch die schwankenden Periodenkapazitäten wird in diesem Modell angenommen, dass sich die Absatzleistung entsprechend anpasst. Andernfalls kommt es zur Erhöhung von Lagerbeständen an fertigen Erzeugnissen.

3. Die Abschreibungen fließen über die Umsatzerlöse zurück. Es wird ferner davon ausgegangen, dass sich die Wiederbeschaffungskosten der abzuschreibenden Anlagegüter im Zeitablauf nicht ändern. Der Kapazitätserweiterungseffekt ergibt sich nur dann, wenn die erwirtschafteten Abschreibungsbeträge in Neu- bzw. Ersatzinvestitionen gleicher Art investiert werden. Periodenschwankungen hinsichtlich der produzierten Stückzahlen müssen vom Markt jederzeit aufgenommen werden. Es besteht zudem außerdem ausreichend Raum für weitere Anlagen.

4. Rücklagen sind Bestandteile des Eigenkapitals und werden aus dem Gewinn eines Unternehmens gebildet. Eine Auflösung ist jederzeit möglich. Man unterscheidet zwischen erzwungenen und freiwilligen Rücklagen.
Rückstellungen sind Bestandteil des Fremdkapitals und werden als Aufwendungen in der GuV gebucht. Dabei handelt es sich um Aufwendungen für Verbindlichkeiten, deren Höhe und Fälligkeit nicht bekannt sind und geschätzt werden. Sie werden aufgelöst, wenn der Grund der Entstehung wegfällt.

5. Die Auswirkungen liegen in der Reduzierung des Gewinns/Jahresüberschusses. Dadurch sinken die Rentabilitätskennzahlen, es können geringere Rücklagen gebildet werden und der Ausschüttungsbetrag reduziert sich ebenfalls.

2.2.3 Anforderungsbereich III

1. Aufgrund der oben beschriebenen Grundannahmen ist die Anwendung des Lohmann-Ruchti-Effekts in der Realität wenig praktikabel. Vor allem vor dem Hintergrund der schwankenden Produktions- und der damit verbundenen Absatzmengen erscheint eine rein auf Rechengrößen basierende Planung der Kapazitäten wenig realistisch. Der notwendige Raumbedarf für weitere Anlagen wird unterschätzt. Auch die Annahme, dass die Höhe der bilanziellen Abschreibung der kalkulatorischen Abschreibung entspricht, ist realitätsfern.

2. Die GuV-Rechnung weist höhere Abschreibungsbeträge als die Kostenrechnung auf. Somit werden entsprechend niedrigere Preise kalkuliert. Dadurch stehen weniger liquide Mittel als steuerrechtlich möglich zur Finanzierung neuer Anlagen zur Verfügung. Insofern findet eine Umfinanzierung nur in Höhe der Abschreibungsrückflüsse (kalkulatorische Abschreibungen) statt. Es ergeben sich durch den höheren bilanziellen Abschreibungsbetrag stille Reserven, da der Gewinnausweis niedriger ist, als er „eigentlich" sein könnte.

Beispiel:

Bilanzielle Abschreibung = 100 Geldeinheiten	
Kalkulatorische Abschreibung = 60 Geldeinheiten	*Stille Reserve = 40 Geldeinheiten (nicht verwendeter Gewinn)*

3 Finanzcontrolling

3.1 Ausgangssituation

3.2 Lösungen

3.2.1 Anforderungsbereich I

1. Prognoseprobleme bei:
   - Einnahmen und Ausgaben
   - Wirtschaftlichen und politischen Bedingungen, die den Markt bestimmen können, z. B. Finanzmarktkrise, Erhöhung der Rohstoffpreise, Nachfragerückgang
   - Ausgaben, die sich nicht immer proportional zu den Mengen verhalten

2. Die Einnahmen werden zu optimistisch angenommen, die Zeitintervalle für die jeweiligen Planungen sind zu groß geplant, sodass die Einnahmen und Ausgaben nur ungenau berücksichtigt werden.

3.

10 000 000,00 € (Gesamtkapital)	· 5 % =	500 000,00 €
− 8 000 000,00 € (Anleihe)	· 4,85 % =	388 000,00 €
= Gesamtertrag		112 000,00 €

$$2\,000\,000,00\ € \text{ (Eigenkapital)} = 100\ \%$$
$$112\,000,00\ € \text{ (Gewinn)} = x\ \%$$
$$x = 5,60\ \%$$

3.2.2 Anforderungsbereich II

1. Mithilfe eines Finanzplans werden Ausgaben und Einnahmen mehrerer zukünftiger Perioden einander gegenübergestellt. Die hier verwendeten Daten basieren auf Annahmen und Prognosen. Damit soll die Liquidität eines Unternehmens geplant und eine mögliche Zahlungsunfähigkeit (Insolvenz) vermieden werden.

2.

	April	Mai	Juni
Anfangsbestand	18 500,00 €	13 500,00 €	− 900,00 €
Zahlungseingänge/Forderungseingänge	55 000,00 €	45 000,00 €	43 000,00 €
Zinsen	3 000,00 €	0,00 €	1 500,00 €
Verfügbare Mittel	76 500,00 €	58 500,00 €	43 600,00 €
Betriebsmittel	26 000,00 €	23 000,00 €	20 000,00 €
Werkstoffe	2 500,00 €	2 000,00 €	1 600,00 €
Personal	30 000,00 €	30 000,00 €	30 000,00 €
Steuern	1 000,00 €	900,00 €	800,00 €
Kredite	3 500,00 €	3 500,00 €	3 500,00 €
Summe Ausgaben	63 000,00 €	59 400,00 €	55 900,00 €
Saldo Konto	13 500,00 €	− 900,00 €	− 12 300,00 €

Anmerkung: Die Abschreibungen (siehe Aufgabenstellung) werden nicht berücksichtigt, da sie keine Ausgaben darstellen.

3. Liquiditätsengpässe können unabhängig von einem Finanzplan immer auftreten. Dabei geht es darum, dass ein Unternehmen kurzfristig nicht liquide genug ist, um die offenen Rechnungen zu begleichen. Daher ist es grundsätzlich immer ratsam, Liquiditätsreserven bereitzustellen bzw. jederzeit zur Verfügung zu haben. Bei den Liquiditätsreserven ist es grundsätzlich wichtig, wie hoch und wie schnell sie verfügbar gemacht werden können, um eine auftretende Unterdeckung abfangen zu können.

Jahrgang 13.1

4. Durch die zusätzliche Aufnahme von Fremdkapital kann die Eigenkapitalrentabilität gesteigert werden. Dies gilt nur so lange, wie die Gesamtkapitalrentabilität höher ist als der Fremdkapitalzinssatz.

Die folgende Tabelle macht das deutlich:

	Derzeitige Situation: 80 % Fremdkapital	Annahme 1: 90 % Fremdkapital	Annahme 2: 70 % Fremdkapital
Fremdkapital	8 000 000,00 €	9 000 000,00 €	9 000 000,00 €
Investitionsrendite – Fremdkapitalverz.	500 000,00 € 388 000,00 € 112 000,00 €	500 000,00 € 436 500,00 € 63 500,00 €	500 000,00 € 339 500,00 € 160 500,00 €
Eigenkapital-rentabilität	$\dfrac{112\,000{,}00\,€ \cdot 100}{2\,000\,000{,}00\,€}$ 5,6 %	$\dfrac{63\,500{,}00\,€ \cdot 100}{1\,000\,000{,}00\,€}$ 6,35 %	$\dfrac{160\,500{,}00\,€ \cdot 100}{3\,000\,000{,}00\,€}$ 5,35 %

Die Ergebnisse zeigen, dass
- die Eigenkapitalrentabilität steigt, wenn sich der Anteil an Fremdkapital erhöht;
- die Eigenkapitalrentabilität sinkt, wenn sich der Anteil an Fremdkapital verringert.

3.2.3 Anforderungsbereich III

1. Ist im Monat April noch genügend Liquidität/Guthaben auf dem Konto des Unternehmens, so sieht es für die folgenden Monate Mai und speziell Juni schlechter aus. Dies ist insbesondere darauf zurückzuführen, dass die Zahlungs- bzw. Forderungseingänge im Verhältnis zu den Ausgaben stärker zurück gehen.
   Vorschlag an den Vorstand:
   a) Reduktion der Ausgaben durch Reduktion der Kosten (Personalabbau)
   b) Erhöhung der Zahlungs- bzw. Forderungseingänge durch verstärkte Kundenakquisition, Marketingmaßnahmen oder ein verbessertes Forderungsmanagement
   c) Kurzfristige Kreditaufnahme zur Überbrückung der bevorstehenden Liquiditätsengpässe

2. Folgende Maßnahmen sind möglich:
   - Restriktive Vorratspolitik/Einkaufspolitik (geringe Lagerhaltung, Verzicht auf optimale Bestellmengen, Abbau von Mengenreserven)
   - Kontrolle der Debitoren (Verbesserung des Mahnwesens, Veränderung der Zahlungsbedingungen oder Kündigung von Kundenbeziehungen, die nicht pünktlich zahlen)
   - Ausweitung der Kreditorendauer (volle Ausnutzung der Zahlungsziele, Verbesserung der Zahlungsbedingungen durch Verhandlungen)
   - Reduktion der Gemeinkosten
   - Kürzung bei Investitionen
   - Kürzungen von Dividenden
   - Verkauf überflüssiger Anlagegegenstände

4 Analyse und Kritik des Jahresabschlusses

4.1 Ausgangssituation

4.2 Lösungen

4.2.1 Aufgaben Anforderungsbereich I

1. Bestandteile des Jahresabschlusses einer AG:
   Der Jahresabschluss einer AG besteht nach § 264 Abs. 1 HGB aus einer Bilanz, einer GuV, den Anhängen zur Bilanz und GuV sowie einem Lagebericht.

2. Zu den Aufgaben eines Jahresabschlusses gehören:
   - Information über die Geschäftsentwicklung im letzten Geschäftsjahr (im eigenen Unternehmen und Außenstehenden)
   - Dokumentation (stichtagsbezogene Bestandserfassung von Vermögen und Kapital)
   - Gewinnermittlung (als Grundlage der Besteuerung)
   - Verteilung des Gewinns

3. Auffällige Entwicklungen in der Bilanz der Tomer AG, Aktivseite:
   - Geleistete Anzahlungen haben zugenommen.
   - Der Bestand an Grundstücken und Gebäuden hat um 433 000,00 € zugenommen.
   - Die Vorräte haben im Vergleich zum Vorjahr geringfügig abgenommen.
   - Die Forderungen aus Lieferungen und Leistungen sind um ca. 6,1 Mio. € gestiegen (ca. 22 %).
   - Forderungen gegenüber verbundenen Unternehmen haben abgenommen.
   - Sonstige Vermögensgegenstände sind gestiegen.

   Auffällige Entwicklungen in der Bilanz der Tomer AG, Passivseite:
   - Eigenkapital wurde um 8 000 000,00 € erhöht, die anderen Gewinnrücklagen haben sich trotz der Einstellung von 6 197 000,00 € im Berichtsjahr reduziert.
   - Die Verbindlichkeiten gegenüber Kreditinstituten haben sich leicht erhöht.
   - Die Verbindlichkeiten aus Lieferungen und Leistungen sind um 819 000,00 € reduziert worden.

   Auffällige Entwicklungen in der GuV der Tomer AG:
   - Die Umsatzerlöse haben sich nur geringfügig erhöht.
   - Der Bestand an fertigen und unfertigen Erzeugnissen konnte vermindert werden.
   - Der Materialaufwand, insbesondere der Aufwand für Roh-, Hilfs- und Betriebsstoffe, hat sich um ca. 7 400 000,00 € reduziert.
   - Sonstige Zinsen und Erträge haben sich im Vergleich zum Vorjahr halbiert.
   - Die Steuerbelastung hat sich im Vergleich zum Vorjahr nahezu verdreifacht.
   - Der Jahresüberschuss hat sich um 3 000 000,00 € reduziert (ca. – 20 %).
   - Im Berichtsjahr kann ein geringerer Betrag an die Aktionäre ausgeschüttet werden als im Vorjahr. Auch die Einstellungen in die anderen Gewinnrücklagen haben sich reduziert.

4. Höhe der Gewinnausschüttung pro Aktie $= \dfrac{\text{Bilanzgewinn}}{\text{Aktienanzahl}}$

   $$\dfrac{5\ 280\ 000,00\ \text{€}}{20\ 000\ 000,00\ \text{€}} = \underline{0,26\ \text{€}}$$

   20 000 000 Aktien · 0,26 € = 5 200 000,00 €
   Der Restbetrag von 80 000,00 € (5 280 000,00 € – 5 200 000,00 €) wird in die Gewinnrück-lagen eingestellt.

Alternative Möglichkeiten der Gewinnverwendung

a) Der gesamte Gewinn kann in die Rücklagen eingestellt werden (Gewinnthesaurierung) oder
b) der gesamte Gewinn kann an die Aktionäre ausgeschüttet werden.

5. Ermittlung der Kennzahlen

Kennziffern	Berichtsjahr	Vorjahr
Anlagevermögensintensität $\dfrac{\text{Anlagevermögen} \cdot 100}{\text{Gesamtvermögen}}$	$\dfrac{71\,117{,}00\ \text{TEUR} \cdot 100}{179\,233{,}00\ \text{€}} = 39{,}7\ \%$	$\dfrac{69\,933{,}00\ \text{€} \cdot 100}{175\,207{,}00\ \text{€}} = 39{,}9\ \%$
Verschuldungsgrad $\dfrac{\text{Fremdkapital} \cdot 100}{\text{Eigenkapital}}$	a) **mit** Bilanzgewinn $\dfrac{97\,474{,}00\ \text{€} \cdot 100}{81\,759{,}00\ \text{€}} = 119{,}2\ \%$ b) **ohne** Bilanzgewinn $\dfrac{97\,474{,}00\ \text{€} \cdot 100}{76\,479{,}00\ \text{€}} = 127{,}5\ \%$	a) **mit** Bilanzgewinn $\dfrac{97\,681{,}00\ \text{€} \cdot 100}{77\,526{,}00\ \text{€}} = 126{,}0\ \%$ b) **ohne** Bilanzgewinn $\dfrac{97\,681{,}00\ \text{€} \cdot 100}{70\,282{,}00\ \text{€}} = 139{,}0\ \%$
Eigenkapitalquote = $\dfrac{\text{Eigenkapital} \cdot 100}{\text{Gesamtkapital}}$	a) **mit** Bilanzgewinn $\dfrac{81\,759{,}00\ \text{€} \cdot 100}{179\,233{,}00\ \text{€}} = 45{,}6\ \%$ b) **ohne** Bilanzgewinn $\dfrac{76\,479{,}00\ \text{€} \cdot 100}{173\,953{,}00\ \text{€}^1} = 44{,}0\ \%$	a) **mit** Bilanzgewinn $\dfrac{77\,526{,}00\ \text{€} \cdot 100}{175\,207{,}00\ \text{€}} = 44{,}2\ \%$ b) **ohne** Bilanzgewinn $\dfrac{70\,282{,}00\ \text{€} \cdot 100}{167\,953{,}00\ \text{€}^2} = 41{,}9\ \%$
Anlagendeckung I = $\dfrac{\text{Eigenkapital} \cdot 100}{\text{Anlagevermögen}}$	a) **mit** Bilanzgewinn $\dfrac{81\,759{,}00\ \text{€} \cdot 100}{71\,117{,}00\ \text{€}} = 115{,}0\ \%$ b) **ohne** Bilanzgewinn $\dfrac{76\,479{,}00\ \text{€} \cdot 100}{71\,117{,}00\ \text{€}} = 107{,}5\ \%$	a) **mit** Bilanzgewinn $\dfrac{77\,526{,}00\ \text{€} \cdot 100}{69\,933{,}00\ \text{€}} = 110{,}9\ \%$ b) **ohne** Bilanzgewinn $\dfrac{70\,282{,}00\ \text{€} \cdot 100}{69\,933{,}00\ \text{€}} = 100{,}5\ \%$
Anlagendeckung II = $\dfrac{\text{EK + langfristiges FK} \cdot 100}{\text{Anlagevermögen}}$	a) **mit** Bilanzgewinn $\dfrac{81\,759{,}00\ \text{€} + 68\,004{,}30\ \text{€} \cdot 100}{71\,117{,}00\ \text{€}}$ $= 210{,}6\ \%$ b) **ohne** Bilanzgewinn $\dfrac{76\,479{,}00\ \text{€} + 68\,004{,}30\ \text{€} \cdot 100}{71\,117{,}00\ \text{€}}$ $= 203{,}2\ \%$	a) **mit** Bilanzgewinn $\dfrac{77\,526{,}00\ \text{€} + 67\,382{,}60\ \text{€} \cdot 100}{69\,933{,}00\ \text{€}}$ $= 207{,}8\ \%$ b) **ohne** Bilanzgewinn $\dfrac{70\,282{,}00\ \text{€} + 67\,382{,}60\ \text{€} \cdot 100}{69\,933{,}00\ \text{€}}$ $= 196{,}8\ \%$
Liquidität 1. Grades = $\dfrac{\text{Liquide Mittel} \cdot 100}{\text{Kurzfristige Fremdmittel}}$	$\dfrac{513{,}00\ \text{€} \cdot 100}{29\,469{,}70\ \text{€}} = 1{,}7\ \%$	$\dfrac{451{,}00\ \text{€} \cdot 100}{30\,298{,}40\ \text{€}} = 1{,}5\ \%$
Liquidität 2. Grades = $\dfrac{\text{Liq. Mittel + kurzfr. Ford.} \cdot 100}{\text{Kurzfristige Fremdmittel}}$	$\dfrac{513{,}00\ \text{€} + 49\,922{,}00\ \text{€} \cdot 100}{29\,469{,}70\ \text{€}}$ $= 171{,}1\ \%$	$\dfrac{451{,}00\ \text{€} + 43\,220{,}00\ \text{€} \cdot 100}{30\,298{,}40\ \text{€}}$ $= 144{,}1\ \%$
Liquidität 3. Grades = $\dfrac{\text{Umlaufvermögen} \cdot 100}{\text{kurzfristige Schulden}}$	$\dfrac{108\,116{,}00\ \text{€} \cdot 100}{29\,469{,}70\ \text{€}} = 366{,}9\ \%$	$\dfrac{105\,274{,}00\ \text{€} \cdot 100}{30\,298{,}40\ \text{€}} = 347{,}5\ \%$
Anteil des Betriebsergebnisses am Unternehmensergebnis $\dfrac{\text{Betriebsergebnis} \cdot 100}{\text{Unternehmensergebnis}}$	$\dfrac{20\,953{,}00\ \text{€} \cdot 100}{17\,869{,}00\ \text{€}} = 117{,}3\ \%$	$\dfrac{19\,520{,}00\ \text{€} \cdot 100}{17\,381{,}00\ \text{€}} = 112{,}3\ \%$

---

[1] 179 233,00 TEUR – 5 280,00 TEUR = 173 953,00 TEUR

[2] 179 205,00 TEUR – 7 244,00 TEUR = 167 953,00 TEUR

Kennziffern	Berichtsjahr	Vorjahr
Materialaufwandsintensität $\frac{\text{Materialaufwand} \cdot 100}{\text{betriebl. Aufwendungen}}$	$\frac{215\,645,00\,€ \cdot 100}{290\,614,00\,€} = 74,2\,\%$	$\frac{222\,471,00\,€ \cdot 100}{297\,564,00\,€} = 74,8\,\%$
Personalaufwandsintensität $\frac{\text{Personalaufwand} \cdot 100}{\text{betriebl. Aufwendungen}}$	$\frac{42\,210,00\,€ + 9\,053,00\,€ \cdot 100}{290\,614,00\,€}$ $= 17,6\,\%$	$\frac{41\,981,00\,€ + 9\,346,00\,€ \cdot 100}{297\,594,00\,€}$ $= 17,2\,\%$
Eigenkapitalrentabilität $\frac{\text{Jahresüberschuss} \cdot 100}{\text{durchschnittliches EK}^1}$ (inkl. Bilanzgewinn)	$\frac{11\,477,00\,€ \cdot 100}{79\,642,50\,€} = 14,4\,\%$	$\frac{14\,488,00\,€ \cdot 100}{76\,457,50\,€} = 18,9\,\%$
Gesamtkapitalrentabilität^2 $\frac{\text{Jahresübersch. + FK-Zinsen} \cdot 100}{\text{durchschnittliches Gesamtkapital}}$ (inkl. Bilanzgewinn)	$\frac{11\,477,00\,€ + 5\,341,00\,€ \cdot 100}{177\,220,00\,€}$ $= 9,5\,\%$	$\frac{14\,488,00\,€ + 5\,520,00\,€ \cdot 100}{173\,893,50\,€}$ $= 11,5\,\%$
Umsatzrentabilität $\frac{\text{Jahresüberschuss} \cdot 100}{\text{Umsatzerlöse}}$	$\frac{11\,477,00\,€ \cdot 100}{306\,507,00\,€} = 3,7\,\%$	$\frac{14\,488,00\,€ \cdot 100}{305\,627,00\,€} = 4,7\,\%$
Cashflow Jahresüberschuss + Abschreibung a. Anlagen + Erhöhung der langfr. Rückstellungen = Cashflow	11 477,00 € + 5 424,00 € − 20,00 € ——— 16 881,00 €	14 488,00 € + 5 174,00 € + 1 724,00 € ——— 21 386,00 €
Return on Investment Umsatzr. · Kapitalumschl. · 100 $\frac{\text{JÜ}}{\text{UE}} \cdot \frac{\text{UE} \cdot 100}{\text{Gesamtkapital}}$	$\frac{11\,477,00\,€}{306\,507,00\,€} \cdot \frac{306\,507,00\,€}{179\,233,00\,€}$ $= 6,4\,\%$	$\frac{14\,488,00\,€}{305\,627,00\,€} \cdot \frac{305\,627,00\,€}{175\,207,00\,€}$ $= 8,3\,\%$
EBIT/EBITDA Jahresüberschuss + Steueraufwand − Steuererträge + Finanzaufwand − Finanzerträge **= EBIT** + Abschreibung auf Anlagevermögen − Zuschreibung zum Anlagevermögen **= EBITDA**	11 477,00 € + 6 392,00 € − 0,00 € + 5 341,00 € − 2 257,00 € **= 20 953,00 €** + 5 424,00 € − 0,00 € **= 26 377,00 €**	14 488,00 € + 2 893,00 € − 0,00 € + 5 520,00 € − 3 381,00 € **= 19 520,00 €** + 5 174,00 € − 0,00 € **= 24 694,00 €**

---

[1] durchschnittliches Eigenkapital Berichtsjahr = (81 759,00 € + 77 526,00 €) : 2 = 79 642,50 €
  durchschnittliches Eigenkapital Vorjahr = (77 526,00 € + 75 389,00 €) : 2 = 76 457,50 €
[2] durchschnittliches Gesamtkapital Berichtsjahr = (179 233,00 € + 175 207,00 €) : 2 = 177 220,00 €
  durchschnittliches Gesamtkapital Vorjahr = (175 207,00 € + 172 580,00 €) : 2 = 173 893,5 €

Jahrgang 13.1

4.2.2 Anforderungsbereich II

1.

> **Hinweis:** Zur Bearbeitung der Aufgabe ist zwischen dem Lagebericht des Konzerns und der Tomer AG zu unterscheiden!

Mögliche Punkte können sein:
- Der Umsatz der Tomer AG ist wie prognostiziert konstant geblieben.
  Dabei wurde der Umsatzrückgang im Inland durch die verstärkte Auslandsnachfrage aufgefangen.
- Der Caravan-Umsatz hat sich dabei positiv entwickelt.
- Aktiver Lagerbestandsabbau wurde betrieben.
- Bezieht man den Konzern in die Betrachtung mit ein, so sind die Hauptursachen der Umsatzsteigerung in den Entwicklungen der italienischen Tochter Taiga sowie im Wachstum der Marke Bustna zu sehen.
- Risiken durch nicht rechtzeitige Bereitstellungen des Produktionsmaterials
- Risiken in den Unsicherheiten staatlicher Maßnahmen, insbesondere im Rahmen des Umweltschutzes wie z. B. durch höhere Kosten bei der Entsorgung von Altfahrzeugen
- Abbau von Produktionskapazitäten führt zu geringeren Beschaffungskosten

2. Das Grundkapital wurde um 8 000 000,00 EUR erhöht.
   Die Erhöhung erfolgte durch eine Kapitalentnahme aus den anderen Gewinnrücklagen (= Kapitalerhöhung aus Gesellschaftsmitteln).

Rechnung:

	Rückstellungen Vorjahr	45 575 TEUR
+	Einstellungen in andere Gewinnrücklagen	+ 6 197 TEUR
–	Kapitalerhöhung aus Gesellschaftsmitteln	– 8 000 TEUR
=	Rückstellungen Berichtsjahr	43 772 TEUR

3. Bilanzanalyse:

Analyse der Vermögensstruktur (Aktivseite, Kapitalverwendung)

Der Aufbau des Vermögens einer Gesellschaft ist vom Betriebszweck eines jeweiligen Unternehmens abhängig. Produzierende Unternehmen weisen höhere Anlagevermögen (z. B. Maschinen, Fuhrpark etc.) auf als Handelsbetriebe, die im Gegensatz dazu ein hohes Umlaufvermögen besitzen (z. B. Warenbestand).

Anlagevermögensintensität

Allgemeine Aussage	Das Anlagevermögen bildet die Grundlage der Betriebsbereitschaft eines Unternehmens. Je höher das Anlagevermögen, desto höher die fixen Kosten eines Unternehmens. Ein zu hohes Anlagevermögen führt in schwachen Absatzzeiten zu einem erhöhten Risiko für ein Unternehmen, da die Kapazitäten nicht schnell genug einer verringerten Nachfrage angepasst werden können.
Beschreibung der Entwicklung der Tomer AG	Die Anlagevermögensintensität hat sich im Vergleich zum Vorjahr um 0,2 Prozentpunkte nur minimal verringert.
Auswertung	Es haben keine nennenswerten Veränderungen im Anlagevermögen stattgefunden. Das lässt darauf schließen, dass weder ein Abbau aufgrund etwaiger Rationalisierungsmaßnahmen noch ein Aufbau aufgrund einer Expansionsstrategie erfolgt ist. Die Produktion hat sich somit tendenziell nicht geändert.

Jahrgang 13.1

Analyse der Kapitalstruktur (Passivseite, Kapitalherkunft)

Bei der Analyse der Kapitalstruktur eines Unternehmens geht es um die Beantwortung der Frage, wie das Anlage- und Umlaufvermögen einer Unternehmung finanziert wurde.

1) Eigenkapitalquote

Allgemeine Aussage	Die Eigenkapitalquote gibt Aufschluss darüber, inwieweit sich das Unternehmen durch den Einsatz eigener Mittel an der Finanzierung beteiligt. Da das Eigenkapital auch als Garantie- oder Haftungskapital bezeichnet wird, ist die Sicherheit und Stabilität eines Unternehmens umso höher, je höher auch die Eigenkapitalquote ist.
Beschreibung der Entwicklung der Tomer AG	Die Eigenkapitalquote ist im Vergleich zum Vorjahr geringfügig gestiegen.
Auswertung	Mit einer Eigenkapitalquote von ca. 45 % am Gesamtkapital ist die Tomer AG ein sehr solides und sicheres Unternehmen. Außerdem ist das Unternehmen unabhängig von etwaigen Geldgebern.

2) Verschuldungsgrad

Allgemeine Aussage	Dabei handelt es sich um eine Gegenüberstellung von Fremd- und Eigenkapital. Gemäß der vertikalen Finanzierungsregel ist ein Verhältnis von 1 : 1 anzustreben (Eigenkapital = Fremdkapital). Der Verschuldungsgrad gibt Auskunft über die relative Höhe des Fremdfinanzierungsanteils des Unternehmens.
Beschreibung der Entwicklung der Tomer AG	Der Verschuldungsgrad ist im letzten Geschäftsjahr gesunken.
Auswertung	Je geringer der Verschuldungsgrad einer Unternehmung, desto geringer sind die Zinsaufwendungen und Tilgungszahlungen des Unternehmens. Dies hat wiederum positive Auswirkungen auf die Liquidität des Unternehmens.

Analyse der Anlagendeckung

Die goldene Bankregel (goldene Finanzierungsregel) besagt, dass die Dauer der Vermögensbildung mit der Frist der Kapitalüberlassung übereinstimmen muss. Dem Unternehmen langfristig zur Verfügung stehendes Anlagevermögen sollte somit mittels Kapital finanziert werden, welches dem Unternehmen mindestens genauso lange zur Verfügung steht (Grundsatz der Fristenkongruenz).

1) Anlagendeckungsgrad I

Allgemeine Aussage	Bei einem Anlagendeckungsgrad I von 100 % wird das Anlagevermögen eines Unternehmens komplett durch das Eigenkapital des Unternehmens, welches zeitlich unbegrenzt zur Verfügung steht, finanziert. Dadurch soll die Betriebsbereitschaft des Unternehmens auf Dauer gesichert werden.
Beschreibung der Entwicklung der Tomer AG	Der Anlagendeckungsgrad I beträgt in beiden Geschäftsjahren über 100 % und hat sich im abgelaufenen Geschäftsjahr sogar geringfügig erhöht.
Auswertung	Die goldene Finanzierungsregel wird somit eingehalten. Ein Teil des Eigenkapitals kann sogar zur Finanzierung des Umlaufvermögens verwendet werden. Damit ist die strenge Fassung der goldenen Bilanzregel bereits eingehalten worden.

Jahrgang 13.1

2) Anlagendeckungsgrad II

Allgemeine Aussage	Gibt Auskunft, inwieweit das Anlagevermögen durch Eigenkapital und durch langfristiges Fremdkapital gedeckt ist.
Beschreibung der Entwicklung der Tomer AG	Der Anlagendeckungsgrad II ist im abgelaufenen Geschäftsjahr geringfügig gestiegen und beträgt ca. 200 % des Anlagevermögens.
Auswertung	Wie bereits mit der Kennzahl der Anlagendeckung I festgestellt wurde, ist die goldene Bilanz- und Finanzierungsregel eingehalten worden, sodass man die Tomer AG als ein sehr solide und sicher finanziertes Unternehmen einstufen kann.

Analyse der Liquidität

Durch die Analyse der Liquidität soll die Zahlungsbereitschaft des Unternehmens untersucht werden. Sollte ein Unternehmen nicht in der Lage sein, fällige Verbindlichkeiten zu begleichen, droht ein Insolvenzverfahren. Zu viel Liquidität allerdings führt zu einer Verringerung von Zinseinnahmen. Das Geld ist somit nicht optimal investiert.

1) Liquidität 1. Grades

Allgemeine Aussage	Der Liquiditätsgrad I gibt darüber Aufschluss, inwieweit kurzfristige Schulden durch liquide Mittel in Form von Kassenbeständen und Bankguthaben gedeckt sind. Eine Faustregel besagt, dass etwa 20 % der kurzfristigen Schulden durch liquide Mittel gedeckt sein sollten.
Beschreibung der Entwicklung der Tomer AG	Die Liquidität in Form von Barguthaben hat sich im letzten Geschäftsjahr geringfügig um 0,2 Prozentpunkte verbessert.
Auswertung	Ein Liquiditätsgrad von 1,7 % ist für das Unternehmen zu niedrig. Hier besteht Handlungsbedarf für den Vorstand. Die Gefahr, dass die kurzfristigen Schulden nicht bezahlt werden können, ist relativ hoch.

2) Liquidität 2. Grades

Allgemeine Aussage	Der Liquiditätsgrad II bemisst das Verhältnis von liquiden Mitteln und kurzfristigen Forderungen gegenüber den kurzfristigen Schulden. Er sollte tendenziell über 100 % betragen.
Beschreibung der Entwicklung der Tomer AG	Die Liquidität 2. Grades ist im abgelaufenen Geschäftsjahr um 27 Prozentpunkte deutlich gestiegen.
Auswertung	Die Liquidität 2. Grades liegt deutlich über 100 %, sodass eine drohende Zahlungsunfähigkeit, wie sie sich aus der Liquidität 1. Grades andeutete, gebannt ist. Dennoch ist die Tomer AG zu sehr abhängig von den Zahlungen der Kunden. Fallen wesentliche Teile der kurzfristigen Forderungen aus, gerät das Unternehmen schnell in eine finanzielle Schieflage.

3) Liquidität 3. Grades

Allgemeine Aussage	Die Liquidität 3. Grades bemisst das Verhältnis zwischen Umlaufvermögen und kurzfristigen Schulden. Es sollte zwischen 150 und 200 % betragen.
Beschreibung der Entwicklung der Tomer AG	Die Liquidität 3. Grades beträgt im abgelaufenen Geschäftsjahr 366,9 % und liegt damit 19,4 Prozentpunkte über dem Vorjahreswert.
Auswertung	Diese Tendenz ist ebenfalls positiv einzustufen.

Bilanzkritik der Tomer AG	
Stärken	**Schwächen**
■ Kapitalsituation ist gut, da die vertikale Finanzierungsregel nahezu eingehalten wird. Relativ hohe Eigenkapitalquote als Beweis für ein solides Unternehmen. ■ Längerfristige Liquiditätskennzahlen sind in Ordnung. ■ Vermögenssituation ist optimal, da das Anlagevermögen vollständig durch das Eigenkapital gedeckt ist.	■ Kurzfristige Liquidität (1. Grades) ist zu gering. Das Ausfallrisiko ist erhöht (siehe Lagebericht). Hier muss der Vorstand handeln, damit er nicht unverschuldet in Zahlungsschwierigkeiten gerät.

5. Erfolgsanalyse

Ertrags- und Aufwandsstruktur

1) Anteil des Betriebsergebnisses am Unternehmensergebnis

Allgemeine Aussage	Dient zur Beurteilung, wie hoch der Anteil des Ergebnisses aus der reinen betrieblichen Tätigkeit am Gesamterfolg der Unternehmung, vor Steuern, ist. Die Höhe des Betriebsergebnisses ist planbar und durch ein Unternehmen beeinflussbar. Der Teil des Ergebnisses, der nicht durch die betriebliche Tätigkeit erwirtschaftet wird (z.B. Zinserträge, Zinsaufwendungen), ist abhängig von Faktoren, die ein Unternehmen nicht beeinflussen kann (z. B. Zinsen). Diese Zahl dient auch als Hilfsinstrument zur vorsichtigen Schätzung des Unternehmensergebnisses des kommenden Jahres.
Beschreibung der Entwicklung der Tomer AG	Der Anteil des Betriebsergebnisses am Unternehmensergebnis ist im abgelaufenen Geschäftsjahr um ca. 5 Prozentpunkte gestiegen.
Auswertung	Ein Teil des Ergebnisses, das durch die reine betriebliche Tätigkeit erwirtschaftet wurde (= Betriebsergebnis), diente zur Deckung von Zinsaufwendungen.

2) Personalintensität

Allgemeine Aussage	Bemisst den Anteil der Personalaufwendungen an den gesamten betrieblichen Aufwendungen. Dabei weisen lohnintensive Betriebe eine überproportional hohe Personalintensität auf.
Beschreibung der Entwicklung der Tomer AG	Die Personalintensität ist im abgelaufenen Geschäftsjahr nur geringfügig gestiegen.
Auswertung	Der geringe Anstieg der Personalintensität lässt darauf schließen, dass kaum Personaleinstellungen bzw. Personalfreisetzungen vorkamen. Gemessen an den betrieblichen Aufwendungen handelt es sich bei der Tomer AG um einen weniger lohnintensiven Betrieb. Diese Aussage wird durch die Kennzahl der Materialintensität gestützt.

3) Materialintensität

Allgemeine Aussage	Bemisst den Anteil der Materialaufwendungen an den betrieblichen Aufwendungen. Die betrieblichen Aufwendungen ergeben sich aus der Summe der Material- und Personalaufwendungen.
Beschreibung der Entwicklung der Tomer AG	Wie bei der Personalintensität ist auch bei der Materialintensität nur eine geringfügige Veränderung im abgelaufenen Geschäftsjahr zu verzeichnen.
Auswertung	Die geringfügige Veränderung der Materialintensität ist darauf zurückzuführen, dass es im abgelaufenen Geschäftsjahr zu keinen nennenswerten Veränderungen der Produktion gekommen ist.

Jahrgang 13.1

Rentabilität

Prozentuales Verhältnis von Gewinn/Verlust zum eingesetzten Kapital.

1) Eigenkapitalrentabilität (Unternehmerrentabilität)

Allgemeine Aussage	Verhältnis von Jahresüberschuss zum eingesetzten Eigenkapital. Dabei geht man vom durchschnittlichen Eigenkapital aus.
Beschreibung der Entwicklung der Tomer AG	Die Eigenkapitalrentabilität ist im Vergleich zum Vorjahr um 4,5 Prozentpunkte zurückgegangen.
Auswertung	Der Rückgang der Eigenkapitalrentabilität ist auf den geringeren Jahresüberschuss des Berichtsjahres und auf die durchgeführte Kapitalerhöhung zurückzuführen. Speziell die Entwicklung des Jahresüberschusses muss man weiterhin beobachten. Betrachtet man die durchschnittliche Eigenkapitalrentabilität von Unternehmen in Deutschland, die bei derzeit 8 % liegt, kann man dennoch von einer überdurchschnittlichen Verzinsung des Eigenkapitals sprechen.

2) Gesamtkapitalrentabilität (Unternehmungsrentabilität)

Allgemeine Aussage	Misst den Reinertrag, den das gesamte Kapital einer Unternehmung erwirtschaftet hat. Sie sollte über dem landesüblichen Zinssatz liegen.
Beschreibung der Entwicklung der Tomer AG	Die Gesamtkapitalrentabilität hat sich im abgelaufenen Geschäftsjahr um 2 Prozentpunkte verschlechtert.
Auswertung	Trotz der Verschlechterung der Gesamtkapitalrentabilität liegt sie dennoch über dem landesüblichen Zinssatz. Es kann daher vom Vorstand darüber nachgedacht werden, ob zusätzliches Fremdkapital zur Verbesserung der Eigenkapitalrentabilität (Leverage-Effekt) aufgenommen werden sollte.

3) Umsatzrentabilität

Allgemeine Aussage	Prozentualer Anteil des Jahresüberschusses am Umsatzerlös. Sie drückt den Gewinnanteil je 100,00 EUR aus.
Beschreibung der Entwicklung der Tomer AG	Die Umsatzrentabilität hat sich im abgelaufenen Geschäftsjahr um 1 Prozentpunkt reduziert.
Auswertung	Die Reduktion ist auf den verschlechterten Jahresüberschuss zurückzuführen. Zur abschließenden Beurteilung der Situation bei der Tomer AG fehlen Branchenkennzahlen.

Finanzanalyse mithilfe des Cashflow

Allgemeine Aussage	Unter einem Cashflow (= Kassenfluss) versteht man den Überschuss, der über die Aufwandsdeckung hinausgeht. So verbleiben Aufwendungen zum Beispiel im Unternehmen und werden nicht ausgegeben, wie Abschreibungen oder die Erhöhung von Rückstellungen. Sie dienen dem Unternehmen dazu, Verbindlichkeiten zu tilgen oder Investitionsvorhaben zu tätigen. Diese Kennzahl zeigt damit den Spielraum für die Selbstfinanzierung eines Unternehmens auf.
Beschreibung der Entwicklung der Tomer AG	Der Cashflow hat sich im abgelaufenen Geschäftsjahr vermindert. Dies ist insbesondere auf die Verminderung des Jahresüberschusses zurückzuführen.
Auswertung	Die Selbstfinanzierungskraft des Unternehmens hat sich verschlechtert, aufgrund des geringeren Jahresüberschusses. Allerdings können die Abschreibungen und die Rücklagen für weitere Investitionsvorhaben bzw. zur Rückführung von Schulden genutzt werden.

Return on Investment (ROI)

Allgemeine Aussage	Da einzelne Kennzahlen nur einen begrenzten Aussagewert haben, versucht man Kennzahlen-Systeme (Kombination von Kennzahlen) zu entwickeln. Dadurch soll eine intensivere Betrachtung der Unternehmenssituation ermöglicht werden. Bei der ROI-Kennzahl betrachtet man den Rückfluss des investierten Kapitals mithilfe der Umsatzrentabilität und des Kapitalumschlags
Beschreibung der Entwicklung der Tomer AG	Der Return on Investment hat sich um 1,9 Prozentpunkte gegenüber dem Vorjahr verschlechtert.
Auswertung	Der Kapitalrückfluss war im Vorjahr schneller als im Berichtsjahr. Dies ist auf den geringeren Jahresüberschuss zurückzuführen. Hier muss der Vorstand im kommenden Geschäftsjahr durch Kostenreduzierung oder Gewinnsteigerungen gegensteuern.

EBIT/EBITDA

Allgemeine Aussage	EBIT (= earnings before interest and taxes) ist der Gewinn vor Zinsen und Steuern. Richtigerweise muss es heißen: Gewinn vor Steuern, Zinsen und außerordentlichem Ergebnis. Bei dieser Gewinnermittlung werden die Steuern und Zinsen nicht berücksichtigt. Das Herausrechnen dieser Größen hat zum Ziel, das Ergebnis zu ermitteln, welches aus der reinen betrieblichen Tätigkeit erzielt wurde. Es entspricht dem **Betriebsergebnis**. **EBITDA** (= earnings before interest and taxes, depreciation and amortisation): Dabei handelt es sich um das Betriebsergebnis vor Abschreibungen auf Sachanlagen und Vermögensgegenstände.
Beschreibung der Entwicklung der Tomer AG	Das EBIT und das EBITDA haben sich im vergangenen Geschäftsjahr verbessert.
Auswertung	Die Verbesserung der beiden Kennzahlen ist darauf zurückzuführen, dass ein wesentlich höherer Steueraufwand bestand als im Vorjahr (siehe auch Lagebericht). Der erhöhte Steueraufwand ist die Ursache für den geringeren Jahresüberschuss im vergangenen Jahr. Betrachtet man das um außerordentliche und betriebsfremde Sonderfaktoren bereinigte Betriebsergebnis, so kann ein Anstieg des Ergebnisses aus reiner betrieblicher Tätigkeit festgestellt werden.

4.2.3 Anforderungsbereich III

1. Lösungsskizze:
   a) Einleitung (Bezug zur Ausgangssituation)
      - Kreditbedarf der Tomer AG über 5 Mio. EUR zum Bau neuer Produktionshallen.
      - Evtl. kurze Vorstellung des Unternehmens gem. Ausgangssituation (nur ein Satz).

   b) Hauptteil (kurze Ausführung zur finanziellen Situation und evtl. der Markteinschätzung im Rahmen des Lageberichtes)
      Präsentation der wesentlichen Ergebnisse der Bilanz- und Erfolgsanalyse:
      - Vermögensstruktur ohne Auffälligkeiten
      - Kapitalstruktur sehr gut
      - Anlagendeckung optimal
      - Liquiditätssituation hinsichtlich Liquidität 1. Grades ein wenig riskant, die weiteren Kennzahlen waren jedoch sehr gut. Hier wäre der Vorstand zu informieren. Auf der anderen Seite: Es handelt sich um eine stichtagsbezogene Analyse, sodass sich die Liquidität 1. Grades bereits zum Zeitpunkt der Bilanzanalyse verbessert haben kann → Einfordern neuer Unterlagen und erneute Analyse dieser Kennzahl als Vorschlag.
      - Rentabilitätskennzahlen schwächer, dennoch über Marktzins. Fremdkapitalaufnahme zum Ausnutzen des Leverage-Effektes durchaus sinnvoll.
      - ROI hat sich verlangsamt.

Jahrgang 13.1

- Rückläufige Entwicklung des Jahresüberschusses, dennoch gestiegenes EBIT bzw. EBITDA als bereinigter Gewinn aus unternehmerischer Tätigkeit.
- Auswertung des Lageberichtes: Das Tochterunternehmen Bustna entwickelt sich sehr gut und trägt auch in Zukunft zum Ergebnis des Unternehmens mit bei. Die italienische Tochter Taiga erholt sich und es wird auch hier mit einer Gewinnsteigerung gerechnet.

c) Schluss
Abschließendes Urteil: Einer Finanzierung kann entsprochen werden.

2. **Hinweis:** Im Folgenden werden verschiedene Möglichkeiten zur Verbesserung der Kreditwürdigkeit aufgezählt. Welche man in einer Klausur entsprechend ausführlich behandelt, hängt vom jeweiligen Wissensstand des Einzelnen ab.

Möglichkeiten zur Verbesserung der Kreditwürdigkeit:
- Abbau der Fremdfinanzierung durch erneute Kapitalerhöhung, sofern der Kapitalmarkt aufnahmebereit ist.
- Forderungen aus Lieferungen und Leistungen könnten reduziert werden, indem das Mahnwesen des Unternehmens ausgebaut wird.
- Durch das Factoring können Forderungen an Factoringfirmen verkauft werden. Das verbessert die Liquidität und führt zum Schuldenabbau. Außerdem übernehmen die Factoringfirmen das Mahnwesen und das Eintreiben der Schulden. Der Gewinn erhöht sich, da weniger Zinsaufwendungen entstehen.
- Da viele Caravans und Wohnmobile den Kunden auf Kredit verkauft werden, besteht die Möglichkeit, entweder ein eigenes Unternehmen zu gründen, das sich ausschließlich mit der Finanzierung und dem Angebot entsprechender Produkte für die Kunden beschäftigt, oder so etwas durch eine bereits bestehende Firma übernehmen zu lassen. So könnte eine Kooperation mit der Daimler Bank, die entsprechende Produkte zur Finanzierung von Pkw von Daimler besitzt, denkbar sein.
- Der eigene Fuhrpark der Tomer AG könnte geleast werden. Dies gilt auch für den Maschinen- und Immobilienpark, allerdings nur dann, wenn es auch sinnvoll ist. Durch das freiwerdende Kapital könnte ebenfalls der Fremdkapitalanteil des Unternehmens reduziert werden.
- Ein Teil des Jahresüberschusses wird zur Tilgung langfristiger Schulden verwendet.

3. Lösungsvorschlag:
a) **Definition:**
Unter Shareholder Value versteht man den Wert eines Unternehmens, der gemessen wird am Marktwert der ausgegebenen Aktien (Aktienanzahl · Börsenkurs).
Das Shareholder Value als Unternehmensstrategie zielt darauf ab, nur diejenigen unternehmerischen Entscheidungen für ein Unternehmen zu treffen, die den Marktwert eines Unternehmens steigern. So ist es auch zu erklären, dass, wenn ein an der Börse notiertes Unternehmen die Entlassung von Mitarbeitern ankündigt, der Aktienkurs steigt. Weniger Mitarbeiter bedeuten weniger Kosten und somit tendenziell mehr Gewinn. Nutznießer einer solchen Politik sind somit die Aktionäre bzw. die Eigentümer, da sie das Eigenkapital zur Verfügung stellen.

b) **Pro-/Kontra-Argumente**

Pro	Kontra
Eine verbesserte Kapitalrendite führt dazu, dass ein Unternehmen leichter Kapitalgeber findet, die bereit sind, in das Unternehmen zu investieren. Es ist somit nicht auf staatliche Hilfen angewiesen. Dieses Geld kann an anderer Stelle besser eingesetzt werden.	Bei der Shareholder-Value-Strategie handelt es sich nur um eine kurzfristige Unternehmenspolitik, da es gilt, innerhalb einer kurzen Zeitspanne den Unternehmenswert zu erhöhen.
Ein Unternehmen investiert nur noch dort, wo ein Ertrag erwirtschaftet wird. Das führt dazu, dass das jeweilige Unternehmen langfristig gesund ist.	Diese Form der Unternehmensführung hat nur den Aktionär im Blick. Andere am Unternehmen Beteiligte, insbesondere die Mitarbeiter, werden benachteiligt.

Pro	Kontra
Nur ein gesundes Unternehmen sichert langfristig Arbeitsplätze. Also bedeutet die Ausrichtung der Unternehmenspolitik auch langfristig Arbeitsplatzsicherheit.	Es werden nur Geschäftsfelder in einem Unternehmen erhalten, die ein bestimmtes, vorgegebenes Renditeziel erwirtschaften. Andere Felder jedoch, die zwar eine Rendite erzielen, vielleicht jedoch die Vorgaben nicht erreichen, werden abgestoßen.
Durch die Erwirtschaftung einer verbesserten Kapitalrendite sind die Unternehmen immer bestrebt, sich zu verbessern. Das führt zu neuen, innovativen Produkten, verstärkten Ausgaben in Forschung und Entwicklung und Vereinfachung von Produktionsabläufen.	Es wird nur noch Kapital in Branchen und Länder investiert, die eine maximale Rendite ermöglichen, d. h., wo die Kosten niedrig sind. Dies hat wiederum gravierende Auswirkungen auf den Heimatmarkt. Dort fehlen Arbeits- und Ausbildungsplätze sowie Steuereinnahmen, mit den entsprechenden Folgen für eine Volkswirtschaft.
Bietet neue Formen der Mitarbeitervergütung. So werden im höheren Management die Gehälter an die vorgegebenen, zu erwirtschaftenden Eigenkapitalrenditen gekoppelt.	

c) **Abschluss:** Eigene Meinung mit Begründung

5 Übungsklausuren 13.1

Übungsklausur I
Situation I

1. Zu beschreibende, alternative Finanzierungsmöglichkeiten können sein:
   - Offene Selbstfinanzierung durch Auflösung von Rücklagen
   - Finanzierung aus Rückstellungsgegenwerten
   - Finanzierung aus dem laufenden Gewinn
     Mischfinanzierung unter Ausnutzung des Leverage-Effektes (Finanzierung durch Fremdkapitalaufnahme über Banken und Eigenkapital)
   - Andere Lösungen

2. a) Die Abschreibungsgegenwerte werden in die Verkaufspreise der Produkte einkalkuliert und fließen dem Unternehmen kontinuierlich über die Umsatzerlöse zu. Diese liquiden Mittel stehen dem Unternehmen zusätzlich zur Verfügung. Sie können für eine bestimmte Maschine über die Abschreibungsdauer angespart werden oder zum Zeitpunkt ihres Zugangs in die Neuanschaffung anderer Maschinen investiert werden. Als zusätzlichen Effekt hat man durch die Abschreibungen und deren gewinnmindernde Wirkung eine geringere Steuerlast. Die so erzielten Einsparungen können ebenfalls in Neuanschaffungen investiert werden.

   b) Abschreibungen der Maschinen und Wiederbeschaffung:

Maschine	2018	2019	2020	2021
M1	20 000,00 €	20 000,00 €	20 000,00 €	–
M2	20 000,00 €	20 000,00 €	20 000,00 €	–
M3	20 000,00 €	20 000,00 €	20 000,00 €	–
M4		20 000,00 €	20 000,00 €	20 000,00 €
M5			20 000,00 €	20 000,00 €
M6				20 000,00 €
M7				20 000,00 €
Abschreibung Investition	60 000,00 € 60 000,00 €	80 000,00 € 60 000,00 €	100 000,00 € 120 000,00 €	
Rest	0,00 €	20 000,00 €	0,00 €	

   c) Der Kapitalerweiterungseffekt besteht darin, dass die Anzahl der Maschinen (hier: drei Stück) sich um eine Maschine (2019) bzw. um eine weitere Maschine (2020) erhöht. Die Gesamtkapazität steigt von drei auf fünf Maschinen. Die Maschinen wurden, ohne Fremdkapital aufzunehmen, finanziert.
   Vorteile: Durch die Kapitalfreisetzung wird die Liquidität des Unternehmens geschont (es müssen keine Fremdkapitalzinsen und Tilgung bezahlt werden). Außerdem können sich dadurch die Bilanzkennzahlen, speziell sowohl die der Eigen- und Fremdkapitalquote als auch des Verschuldungsgrades verbessern. Bei konstanter Erlössituation kann ein höherer Jahresüberschuss erwirtschaftet werden, sodass sich die Rentabilitätskennzahlen ebenfalls verbessern. Als weiterer Vorteil ist die Unabhängigkeit der Unternehmensführung von fremden Kapitalgebern zu sehen.
   Nachteile: Diese Form der Finanzierung funktioniert, wenn durch die Erlöse tatsächlich auch die Höhe der Abschreibungsaufwendungen verdient werden können. Außerplanmäßige Abschreibungen durch zum Beispiel einen Totalschaden an einer der zuerst angeschafften Maschinen sind nicht einkalkuliert.

Situation II

1. Beschreibung: Innenfinanzierung + Selbstfinanzierung + durch Gewinnthesaurierung (offene Selbstfinanzierung)

   3 850 000,00 JÜ
   -    175 000,00 Verlustvortrag
   = 3 675 000,00
   -    183 750,00 gesetzliche Rücklagen
   = 3 491 250,00
   - 1 571 062,50 satzungsmäßige Rücklagen
   = 1 920 187,50

2. 1. Möglichkeit: Einbehaltung und Erhöhung der Rücklagen
   2. Möglichkeit: Ausschüttung in Form einer Dividende (0,38 € pro Aktie) und 20 187,50 € in den Gewinnvortrag

Situation III

1. Es handelt sich dabei um Rückstellungen, die zum Bilanzstichtag zu bewerten und zu passivieren sind (Passivierungspflicht gemäß § 249 Abs. 1 Satz 1 HGB).
   6160 Fremdinstandsetzung   an 3900 sonstige Rückstellungen   18 000,00 €

2. **Rücklagen** sind Bestandteile des Eigenkapitals und werden aus Teilen des Jahresüberschusses freiwillig oder erzwungenermaßen gebildet. Bis auf die gesetzlichen Rücklagen kann ein Unternehmen frei über die Gelder zu Investitionszwecken verfügen. **Rückstellungen** gelten als Verbindlichkeiten für Aufwendungen, deren Höhe und Fälligkeiten nicht bekannt sind. Sie gelten damit bilanztechnisch als Fremdkapital.

3.

3900 sonstige Rückstellungen		15 500,00 €
2600 Vorsteuer	an 2800 Bank	2 945,00 €
		18 445,00 €
3900 sonstige Rückstellungen	an 5490 periodenfremde Erträge	2 500,00 €

4. Rückstellungen haben dann einen Finanzierungseffekt, wenn sie einem Unternehmen langfristig zur Verfügung stehen. Insbesondere durch die Bildung von Pensionsrückstellungen werden Teile des Gewinns langfristig im Unternehmen belassen, um zukünftige Pensionsansprüche der Mitarbeiter damit zu begleichen. Mit diesem Geld kann das Unternehmen – bis zur Auszahlung der Pensionen – arbeiten. Es handelt sich damit um langfristiges Fremdkapital.
   Im vorliegenden Fall hat der Betrag in Höhe von 18 000,00 € keinen Finanzierungseffekt, da es sich hierbei nur um eine kurzfristige Rückstellung handelt. Dieser Betrag könnte höchstens zum Ausgleich sehr kurzfristiger Liquiditätsengpässe verwendet werden, da dieser Betrag bis zu seiner Verfügung bzw. Überweisung auf dem Bankkonto des Unternehmens liegt.

Jahrgang 13.2

1 Ursachen und Phänomene des Wandels (Globalisierung, Konzentrationsprozesse, technologischer Fortschritt)

1.1 Ausgangssituation

1.2 Lösungen

1.2.1 Anforderungsbereich I

1. Zwei technologische Voraussetzungen ebneten den Weg für die Globalisierung:
   a) Die **Weiterentwicklung der Informations- und Kommunikationstechnologie**. Dadurch wurde die Logistik beschleunigt und vereinfacht, da per Computer immer größere Datenmengen schneller erfasst und per Internet weltweit verarbeitet werden konnten.
   Per Handy konnten die Beteiligten noch flexibler eingesetzt werden und noch schneller reagieren.
   b) Die **Entwicklung des Containers**. Dies ermöglichte eine wesentlich schnellere Be- und Entladung, einen flexibleren Transport auf dem See-, Straßen- und Schienenweg sowie eine problemlosere Lagerung. Verbunden mit der Entwicklung von Containerschiffen, die schneller sind und größere Kapazitäten aufweisen, wurde der Transport über längere Strecken wirtschaftlicher. Dies trifft prinzipiell auch für den Luftverkehr zu – jedoch wegen der Kostensituation nicht im gleichen Umfang.

2. Zu Beginn der 90er-Jahre des letzten Jahrhunderts kam es zum Zusammenbruch der planwirtschaftlichen Systeme Osteuropas. Im Zuge der anschließenden marktwirtschaftlichen Neuorientierung öffneten sich die Märkte dieser Länder, was vor allem im Bereich der Beschaffung vielen westeuropäischen Unternehmen kostengünstige Produktionsmöglichkeiten bot, aber auch im Absatzbereich von Bedeutung ist. Mit der Öffnung Chinas entstand ein weiterer gigantischer Markt, der sowohl als Absatzmarkt der Zukunft – zusammen mit Indien – sehr bedeutsam ist als auch als kostengünstiger Produktionsstandort.

3. ▪ Günstigere Produktion in Ländern mit geringeren Arbeitskosten
   ▪ Erschließung neuer Märkte
   ▪ Größere Nähe zu Kunden auf den neuen Märkten
   ▪ Mögliche Importbeschränkungen werden umgangen durch Produktion vor Ort.
   ▪ Synergieeffekte durch Zusammenarbeit in Forschung, Entwicklung, Verwaltung u. a.
   ▪ Geringere Fixkosten durch erhöhte Produktionszahlen
   ▪ Risikominimierung durch Standbeine in verschiedenen Ländern mit unterschiedlicher wirtschaftlicher Lage

4. J. Pennekamp behauptet, dass der Prozess der Globalisierung sich verlangsamt und sich verändert. Dafür gibt es zahlreiche wirtschaftliche, politische und geostrategische Anzeichen:
   ▪ geringeres Wachstum des Welthandels nicht nur durch geringeres Wachstum von großen Wirtschaftsnationen und Schwellenländern sondern auch, weil immer mehr Vorleistungen im eigenen Land hergestellt und nicht importiert werden;
   ▪ Scheitern der Doha-Runde;
   ▪ Scheitern der Verhandlungen über ein Transatlantisches Freihandelsabkommen zwischen Europa und den USA;
   ▪ Zunahme nationalistischer Parteien und Strömungen; als Beispiel führt er Trump („America First") und den BREXIT an sowie Länder wie Polen und Ungarn;
   ▪ zunehmende Zahl von Flüchtlingen, die nicht nur wegen Krieg und politischer Verfolgung flüchten sondern auch auf der Suche nach Arbeit und einer besseren Zukunft sind, was wiederum den Wunsch nach Abschottung verstärkt;
   ▪ wachsende politische Unsicherheit aufgrund von Krisen, Kriegen, Terror und einer unübersichtlichen Weltordnung.

Fazit: Die Globalisierung verändert sich in den nächsten Jahren noch weiter.
Der Ökonom Th. Straubhaar beschreibt es so: Es geht weg vom klassischen Güterverkehr und hin zu Daten und Dienstleistungen.

1.2.2. Anforderungsbereich II

1. Die Wertschöpfung ist der Wert, den ein Unternehmen im Produktionsprozess einer Vorleistung hinzufügt. Da bei der Herstellung eines Produktes mehrere Unternehmen beteiligt sind, entsteht eine Wertschöpfungskette: vom Rohstoff über mehrere Schritte bis hin zum fertigen Produkt. Diese Wertschöpfungskette wurde global, weil die beteiligten Unternehmen nicht in einem Land, sondern oft in mehreren Ländern und Erdteilen beheimatet waren. Dabei wurde die Arbeitsteilung immer feingliedriger, weil die einzelnen Produktionsschritte immer weiter unterteilt wurden.

2. Die Wohlstandsgewinne waren enorm, weil die einzelnen Produktionsschritte jeweils in den Ländern durchgeführt wurden, wo die Produktion am kostengünstigsten war. Dadurch wurde die Produktion immer billiger. Das führte dazu, dass einerseits die Gewinne der Unternehmen stiegen und andererseits Verbraucher in der westlichen Welt in der Lage waren, bestimmte Produkte sehr preisgünstig zu kaufen.

1.2.3 Anforderungsbereich III

positive Auswirkungen:
- geringere Abhängigkeit von anderen Ländern;
- erhöhte Versorgungssicherheit in Krisenzeiten (Beispiel: in der Corona-Krise kam es zu einem Mangel an Schutzmasken und -anzügen, weil diese bis dahin fast ausschließlich im Ausland hergestellt wurden);
- weniger Arbeitsplatzverluste durch Verlagerung von Produktionsstätten ins Ausland;
- weniger Umweltverschmutzung aufgrund geringerer weltweiter Transporte per Schiff und Flugzeug.

negative Auswirkungen:
- Produkte werden unter Umständen teurer;
- weniger Arbeitsplätze in Entwicklungs- und Schwellenländern.

Jahrgang 13.2

2 Übungsklausur 13.2

1. Aufgrund des Kostendrucks bei den Autoherstellern liegt der entscheidende Vorteil in der Tatsache, dass die AUTOGLAS AG in Osteuropa kostengünstiger produzieren kann (s. Aufgabe 2), was direkt zur Konkurrenzfähigkeit des Unternehmens und indirekt auch zur Sicherung von Arbeitsplätzen in Deutschland (z. B. Entwicklung, Vertrieb, Verwaltung) beiträgt. Vorteilhaft könnte auch sein, dass die AUTOGLAS AG u. U. näher an Kunden ist, die ebenfalls in Osteuropa produzieren, wie z. B. Škoda.

   Nachteile entstehen zum einen an den deutschen Standorten, da zu erwarten ist, dass hier Arbeitsplätze in der Produktion abgebaut werden müssen. Am osteuropäischen Standort ist zunächst mit umfangreichen Investitionen zu rechnen, da die Produktion dort erst aufgebaut werden muss. Es muss dann genügend qualifiziertes Personal zur Verfügung stehen, um auch hinsichtlich der Arbeitsproduktivität und Qualität konkurrenzfähig zu sein. Außerdem muss sichergestellt sein, dass am neuen Standort die für die Glasherstellung notwendigen Rohstoffe vorhanden sind bzw. ohne große Probleme angeliefert werden können. Da die meisten Produkte nicht an Kunden in der Nähe ausgeliefert werden, ist davon auszugehen, dass erhöhte Transportkosten und -risiken anfallen.

2. In der Statistik werden die Produktivität und die Lohnstückkosten – also das Verhältnis von Arbeitskosten je Beschäftigtenstunde in Euro zur Produktivität in ausgewählten Ländern im Vergleich zu Deutschland (= 100) – gegenübergestellt. Rumänien ist unter reinen Kostengesichtspunkten ein interessanter Standort in Osteuropa, denn es hat die deutlich geringsten Lohnstückkosten. Bulgarien hat zwar geringere absolute Arbeitskosten, schneidet aber wegen der geringeren Produktivität bei den Lohnstückkosten sehr viel schlechter ab. Polen hat zwar eine ähnlich hohe Produktivität wie Rumänien, jedoch sind die Lohnstückkosten deutlich höher wegen der höheren absoluten Arbeitskosten.

3. Ein Kauf des südkoreanischen Herstellers Rondai ist aus folgenden Gründen vorteilhaft:
   - Mit Rondai ist AUTOGLAS im asiatischen Raum vertreten, also in direkter Nähe zur südkoreanischen Autoindustrie, zum derzeit größten Automarkt der Welt (China) und zu einem der größten Wachstumsmärkte der Zukunft (Indien). Damit ist die Nähe zu den Kunden gewährleistet, was erhebliche logistische Vorteile bietet.
   - Angesichts der starken Konzentrationsprozesse auf dem Weltmarkt vermindert der Kauf des südkoreanischen Herstellers das Risiko, selbst von einem Unternehmen übernommen zu werden und damit seine Eigenständigkeit zu verlieren. Denn je größer ein Unternehmen wird, desto geringer wird die Gefahr, von einem anderen Unternehmen „geschluckt" zu werden.

4. Die wesentlichen Herausforderungen, vor denen die Automobilbranche steht, sind:
   - Die Weiterentwicklung der Elektromobilität
   - Die Entwicklung selbstfahrender Autos
   - Die strengeren Anforderungen an den CO_2-Ausstoß in Europa

   Dies ist mit außerordentlich hohen Entwicklungskosten verbunden.

5. Ford und Volkswagen können gegenseitig ihr Know-how austauschen, vom technischen Vorsprung des anderen Unternehmens profitieren und somit erhebliche Kosten einsparen. VW wird in die Ford-Technologieplattform Argo AI investieren und Ford wird die von VW entwickelte Plattform MEB zum Bau von Elektroautos nutzen.

6. Corinna Schulz beurteilt die Zukunftsaussichten dieser Kooperation aus folgenden Gründen positiv:
   - Beide Unternehmen können erhebliche Kosten einsparen.
   - Das Verhältnis zwischen den Konzernen gilt als gut.
   - Beide haben bereits in der Vergangenheit erfolgreich kooperiert (in den 80er- und 90er-Jahren in Südamerika und Portugal).
   - Ford ist in den USA besser aufgestellt, was einen Vorteil für VW darstellt.
   - VW ist in Europa und China stark, was einen Vorteil für Ford darstellt.

Musterklausuren

1 Musterklausur I

Situation I: Arbeitsentgelt

1.
	Grundlohn	14,00 €
+	20 % Akkordzuschlag	2,80 €
=	Akkordrichtsatz	16,80 €

$$\frac{16,80 \text{ €/Stunde}}{60 \text{ Minuten/Stunde}} = 0,28 \text{ €/Minute (Minutenfaktor)}$$

$$\frac{60 \text{ Minuten/Stunde}}{75 \text{ Minuten/Stück}} = 0,80 \text{ Stück/Stunde (Normalleistung je Stunde)}$$

$$\frac{16,80 \text{ €/Stunde}}{0,80 \text{ Stück/Stunde}} = 21,00 \text{ €/Stück (Stückgeld)}$$

2. 21,00 €/Stück · 140 Stück = 2940,00 €, entspricht 17,50 €/Std.
oder
0,28 €/Minute · 75 Minuten · 140 Stück = 2940,00 €, entspricht 17,50 €/Std.

3. Produktivität (alt): 108 Stück/168 Stunden = 0,64 Stück/Stunde
Produktivität (neu): 140 Stück/168 Stunden = 0,83 Stück/Stunde
→ Steigerung um 29,69 % → Ziel knapp erreicht

Lohnstückkosten (alt): [168 Stunden · 14,00 €/Stunde]
→ 2352,00 €/108 Stück = 21,78 €/Stück
Lohnstückkosten (neu): 2940,00 €/140 Stück = 21,00 €/Stück
→ Rückgang um 3,58 % → Ziel knapp verfehlt.

4. Vorteile:
- Fixe Lohnkosten je Stück → Minderleistungen führen nicht zu erhöhten Stückkosten.
- Anreiz zur Leistungssteigerung/leistungsgerechte Entlohnung

Nachteile:
- Anreiz zu überhöhtem Arbeitstempo
    - → Erhöhter Verschleiß
    - → Verminderte Qualität
    - → Stärkere physische Belastung/höherer Krankenstand
- erhöhter Kontrollaufwand/komplexere Lohnabrechnung

Allgemein: Folgen einer Akkordentlohnung:
- Anreiz zur Leistungssteigerung
- Möglichkeit der Einkommensverbesserung
- Fixkostendegression durch höhere Arbeitsproduktivität
- Stärkere psychische Belastung der Arbeitnehmer durch erhöhten Leistungsdruck
- Stärkere physische Belastung der Arbeitnehmer
- Erhöhtes Arbeitstempo (Qualitätsminderungen, Maschinenverschleiß)

5.
- Unterschreitung von Vorgabezeiten (Quantitätsprämien)
- Unterschreitung von zulässigen Ausschussquoten (Qualitätsprämien)
- Senkung des Material- oder des Energieverbrauchs (Ersparnisprämien)
- Verkürzung von Wartungs- oder Reparaturzeiten durch verantwortungsvollen Umgang mit den zur Verfügung gestellten Betriebsmitteln (Nutzungsprämien)

Situation II: Produktionscontrolling

1.

Anzahl der Lose	Los-größe	Ø LB (Stück)	Ø LB (€)	Lagerhaltungs-kosten	Rüst-kosten	Gesamt-kosten
6	5000	2500	800000,00	120000,00	12000,00	132000,00
15	2000	1000	320000,00	48000,00	30000,00	78000,00
20	1500	750	240000,00	36000,00	40000,00	76000,00
30	1000	500	160000,00	24000,00	60000,00	84000,00

2. Für die Annahme des Auftrages sprechen:
   - Eine höhere Kapazitätsauslastung (97,05 % statt 88,24 %)
   - Niedrigere fixe Stückkosten durch die größere Produktionsmenge (Fixkostendegression)
   - Ein positiver Deckungsbeitrag (35,00 € je Stück, 105000,00 € insgesamt), der hilft, die ohnehin anfallenden fixen Kosten zu decken, und zu einer Verbesserung der Gewinnsituation der WFW AG und damit zu einer höheren Wirtschaftlichkeit führt

   Gegen die Annahme des Auftrags spricht:
   - Die Zweirad AG ist ein Mitbewerber (= Konkurrent), dem durch den Verkauf von Akkus der Einstieg in den wachsenden Markt für E-Bikes erleichtert wird. Langfristig könnte die WFW AG dort also Marktanteile verlieren.
   - Da der Bezugspreis für die Zweirad AG mit 245,00 € unter den Herstellkosten der Akkus liegt, hätte diese einen Wettbewerbsvorteil gegenüber der WFW AG. Sie könnte ihre E-Bikes möglicherweise kostengünstiger anbieten als die WFW AG.

   Entscheidung:
   Da die Zweirad AG bei Ablehnung des Auftrages die Akkus woanders kaufen würde und somit nicht von einem Markteintritt bei den E-Bikes abgehalten werden, überwiegen die Vorteile. Der Auftrag sollte angenommen werden.

Situation III

1.

	Vorjahr	**Berichtsjahr**
Liquidität		

Liquidität 1. Grades

$$\frac{586 \cdot 100}{19708} = 2,97\,\%$$

$$\frac{848 \cdot 100}{26994} = 3,14\,\%$$

Liquidität 2. Grades

$$\frac{12488 \cdot 100}{19708} = 63,37\,\%$$

$$\frac{18536 \cdot 100}{26994} = 68,67\,\%$$

Liquidität 3. Grades

$$\frac{33187 \cdot 100}{19708} = 168,4\,\%$$

$$\frac{41416 \cdot 100}{26994} = 153,43\,\%$$

Die Liquiditätslage der Zweirad AG ist als sehr angespannt zu beurteilen. Auch wenn diese Zahlen mit Vorsicht zu beurteilen sind (siehe Aufgabe 3), so fällt dennoch auf, dass die Liquidität 1. Grades nach wie vor unzureichend ist. Die Liquidität 2. Grades, die bei knapp 69 % liegt, drückt aus, dass selbst bei rechtzeitiger Begleichung der Forderungen keine 100 %ige Zahlungsfähigkeit gegeben ist. Die Liquidität 3. Grades, die rückläufig ist und sich damit weiter verschlechtert hat, bedingt, dass alle Werkstoffe Verwendung finden, die Erzeugnisvorräte fertiggestellt und verkauft werden und die Forderungen einwandfrei sind.

Rentabilität (bei durchschnittlich eingesetztem Kapital)

Eigenkapitalrentabilität $\quad \dfrac{-3189 \cdot 100}{11286,5} = -28,3\%$ $\qquad \dfrac{2329 \cdot 100}{10857,5} = 21,45\%$

Gesamtkapitalrentabilität $\quad \dfrac{-1672,5 \cdot 100}{49616} = -3,37\%$ $\qquad \dfrac{4089,5 \cdot 100}{52454} = 7,8\%$

Umsatzrentabilität $\quad \dfrac{-1672,5 \cdot 100}{67116,4} = -2,49\%$ $\qquad \dfrac{4089,5 \cdot 100}{85073,4} = 4,81\%$

Die angedeutete positive Entwicklung der Ertragslage wird durch die Rentabilitätskennziffern noch einmal bestätigt. Die Eigenkapitalrentabilität, die im Vorjahr noch negativ war, hat sich deutlich auf über 21 % verbessert. Die Verbesserung der Gesamtkapitalrentabilität fällt wesentlich geringer aus, was darauf zurückzuführen ist, dass die Fremdkapitalzinsen im Verhältnis zum eingesetzten Fremdkapital relativ niedrig sind.

Cashflow

	Jahresüberschuss	– 3 189,0	2 329,0
+	Abschreibungen	+ 2 876,3	+ 2 291,9
+	Erhöhung lgfr. Rückstellungen	+ 410,0	+ 705,0
=	**Cashflow**	**97,3**	**5 325,9**

Cashflow-Umsatzrate $\quad \dfrac{97,3 \cdot 100}{67116,4} = 0,15\%$ $\qquad \dfrac{5325,9 \cdot 100}{85073,4} = 6,26\%$

Die dynamische Liquiditätsanalyse geht über die bisherige zeitpunktbezogene Analyse hinaus und erlaubt auch Aussagen über die erwirtschafteten Finanzmittel und ihre Verwendung.

Die auffallende Verbesserung des Cashflows bestätigt die verbesserte Ertragslage der Zweirad AG und die damit verbundene erhöhte Selbstfinanzierungskraft. Diesen Eindruck bestätigt auch die Cashflow-Umsatzrate.

Weitere (zusätzliche) Auswertung:

Es fällt auf, dass die Umsatzerlöse der Zweirad AG im Berichtsjahr um 26,76 % auf über 85 000 000,00 € angestiegen sind. Die sonstigen betrieblichen Erträge sind ebenfalls stark gestiegen (67,8 %), sind jedoch in ihrer Gesamthöhe von untergeordneter Bedeutung. Es ist ein starker Anstieg der Bestandsmehrungen zu verzeichnen.

Im Bereich der betrieblichen Aufwendungen fällt auf, dass das Unternehmen sehr materialintensiv wirtschaftet. Die Materialaufwandsintensität betrug im Vorjahr 57,28 % und ist im Berichtsjahr auf 59,8 % gestiegen. Dagegen ist die Personalaufwandsintensität von 31,36 % auf 29,54 % gesunken. Die Abschreibungsintensität ist ebenfalls gesunken von 4 % auf 2,65 %.

Insgesamt hat sich das Betriebsergebnis nach einem Minus im Vorjahr von 1 632 200,00 € stark verbessert und ist mit über 4 000 000,00 € wieder im positiven Bereich. Dies liegt vor allem am starken Anstieg der Umsatzerlöse (26,76 %), während die betrieblichen Aufwendungen im selben Zeitraum nur um 20,5 % gestiegen sind.

Das Finanzergebnis ist wegen der Höhe der Zinsen und ähnlicher Aufwendungen weiterhin negativ und beeinträchtigt damit das Ergebnis nach Steuern und den Jahresüberschuss, der bei 2 329 000,00 € liegt, nach einem Fehlbetrag im Vorjahr von 3 189 000,00 €.

Es wird deutlich, dass die positive Entwicklung auf Verbesserungen im Betriebsergebnis zurückzuführen ist, insbesondere auf die hohe Umsatzsteigerung (26,76 %) und den relativ geringen Anstieg der Aufwendungen (20,51 %). Die Ursachen können in einer günstigeren Marktposition, einer besseren Marktstrategie und/oder besseren Einkaufsbedingungen liegen. Eine weitere Ursache ist auch die Rationalisierung im Personalbereich. Die rückläufige Abschreibungsintensität ist zunächst nicht erklärbar und hat bilanzpolitische Gründe.

Musterklausur

	Vorjahr	**Berichtsjahr**

Vermögensaufbau

Anlageintensität $\dfrac{16314 \cdot 100}{48501} = 31{,}58\,\%$ $\dfrac{14991 \cdot 100}{56407} = 26{,}58\,\%$

Umlaufintensität $\dfrac{33187 \cdot 100}{48501} = 68{,}42\,\%$ $\dfrac{41416 \cdot 100}{56407} = 73{,}42\,\%$

Die Abnahme der Anlageintensität beträgt 5 Prozentpunkte und sie liegt nunmehr bei knapp 27 %. Dies bedeutet tendenziell eine Verbesserung, da ein zu hohes Anlagevermögen, sofern es nicht branchentypisch ist, mit dem Risiko einer langfristigen Kapitalbindung und einer daraus entstehenden hohen Fixkostenbelastung verbunden ist sowie zu einer mangelnden Flexibilität führt. Die erhöhte Umlaufintensität unterstützt diesen ersten positiven Eindruck, da sie vor allem auf die gestiegenen Bestände an unfertigen Erzeugnissen und die starke Zunahme der Forderungen (Forderungsquote stieg von 24,5 % auf 31,4 %) zurückzuführen ist, was wiederum auf einen Anstieg der Umsatzes hindeutet.

Insgesamt liegt ein Abbau des Fixkostenblocks vor und die Investitionen sind ausschließlich im Umlaufvermögen, dem eigentlichen Gewinnträger, vorgenommen worden.

Finanzierung

Eigenkapitalquote $\dfrac{9693 \cdot 100}{48501} = 20\,\%$ $\dfrac{12\,022 \cdot 100}{56407} = 21{,}3\,\%$

Fremdkapitalquote $\dfrac{38\,808 \cdot 100}{48501} = 80\,\%$ $\dfrac{44\,385 \cdot 100}{56407} = 78{,}69\,\%$

Verschuldungskoeffizient $\dfrac{38\,808 \cdot 100}{9693} = 400{,}4\,\%$ $\dfrac{44\,385 \cdot 100}{12\,043} = 368{,}55\,\%$

Laut IWD Nr. 36/2001, S. 4f. liegt die Eigenkapitalquote der westdeutschen Unternehmen von der Größenordnung der Zweirad AG bei rund 30 %. Die Eigenkapitalquote der Zweirad AG ist daher trotz der leichten Steigerung um 1,3 Prozentpunkte vergleichsweise schlecht, was besonders auf die schlechte Ertragslage im Vorjahr (u. U. in den Vorjahren) zurückzuführen ist. Der Verschuldungskoeffizient ist – trotz leichter Verbesserung – immer noch sehr hoch. Diese Situation führt zu Problemen hinsichtlich Kreditwürdigkeit, Abhängigkeit von Kapitalgebern und Liquiditäts belastungen durch konstante Zins- und Tilgungszahlungen. Die Tatsache, dass keine Dividende ausgeschüttet wurde, zeigt, dass das Unternehmen eine Konsolidierung anstrebt.

Anlagendeckung

Anlagendeckung I $\dfrac{9693 \cdot 100}{15314} = 63{,}3\,\%$ $\dfrac{12\,022 \cdot 100}{14991} = 80{,}2\,\%$

Anlagendeckung II $\dfrac{26133 \cdot 100}{15314} = 170{,}65\,\%$ $\dfrac{27423 \cdot 100}{14991} = 182{,}93\,\%$

Die Situation im Bereich der Anlagendeckung hat sich grundsätzlich gebessert. Die Anlagendeckung II liegt mit rund 183 % und einer Steigerung um über 12 Prozentpunkte über dem Durchschnitt der deutschen Industriebetriebe; dabei sollte man jedoch berücksichtigen, dass ein erheblicher Teil des langfristigen Fremdkapitals zweckgebunden ist in Form der Pensionsrückstellungen, die aber z. T. Eigenkapitalcharakter besitzen. Aussagen hierüber bedingen jedoch einen näheren Einblick in diese Bilanzposition.

2. Die bisher beschriebene, überwiegend positive Entwicklung bestätigen auch die folgenden Kennzahlen:

EBIT/EBITDA

Betriebsergebnis	– 1 632,2 €	4 013,4 €
+ Erträge aus Finanzanlagen	+ 870,4 €	+ 1 145,1 €
oder		
Ergebnis nach Steuern	– 3 148,0 €	2 371,9 €
+ Steuern vom Einkommen und Ertrag	+ 869,7 €	+ 1 026,1 €
+ Zinsaufwand	+ 1 516,5 €	+ 1 760,5 €
= EBIT	**– 761,8 €**	**5 158,5 €**
+ Abschreibungen	+ 2 876,3 €	+ 2 291,9 €
= EBITDA	**2 114,5 €**	**7 450,4 €**

ROI

ROI (mit durchschnittlichem Eigenkapital)	– 14,82 % (– 2,49 % · 5,95 €)	37,66 % (4,81 % · 7,83 €)
ROI (mit durchschnittlichem Gesamtkapital)	– 3,36 % (– 2,49 % · 1,35 €)	7,79 % (4,81 % · 1,62 €)

3. Für eine umfassende Beurteilung sind z. B. folgende Informationen wichtig:
   - Die Entwicklung des Marktanteils einzelner Produkte ist nicht ersichtlich.
   - Die aktuelle Auftragslage ist nicht erkennbar.
   - Es sind nicht alle Zahlungsverpflichtungen (z. B. aufgrund unterschriftsreifer bzw. unterschriebener Verträge) zu erkennen, sondern nur diejenigen, die bereits Buchungen ausgelöst haben.
   - Stille Reserven durch Unterbewertung von Aktiva bzw. Überbewertung von Passiva sind nicht ohne Weiteres zu erkennen.
   - Es ist nicht genau zu erkennen, wann einzelne Forderungen und Verbindlichkeiten fällig sind und ob die Verlängerung eines Zahlungszieles im Einzelnen möglich ist.
   - Die Eigentumsverhältnisse im Bereich des Anlage- und Umlaufvermögens sind nicht bekannt (z. B. unter Eigentumsvorbehalt gelieferte Rohstoffe).
   - Die genaue Struktur der Pensionsrückstellungen ist nicht bekannt.
   - Die Preissteigerungsrate ist nicht bekannt (Preisbereinigung der Umsatzerlöse).

4. Aufgrund der hohen Verschuldung der Zweirad AG ist die Kreditwürdigkeit des Unternehmens infrage gestellt. Zudem ist die Liquiditätslage sehr angespannt. Allerdings zeichnet sich im Berichtsjahr eine deutliche Verbesserung der Marktsituation ab, was bei anhaltender Tendenz zu einer Verbesserung der Liquiditätslage führen wird.
   Im Einzelnen kann die derzeit angespannte Liquiditätslage verbessert werden, z. B. durch:
   - Finanzierung von Sachmitteln über Leasing, nachdem Investitionen in diesem Bereich offensichtlich aufgeschoben wurden
   - Abbau des hohen Forderungsbestandes, z. B. durch Factoring
   - Abbau des hohen Werkstoffvorratsbestandes, z. B. durch „just in time"
   - Abbau der hohen Bestände an fertigen und unfertigen Erzeugnissen durch bessere Abstimmung der Produktionsabläufe bzw. eine bessere Abstimmung zwischen Produktion und Absatz
   - Reduzierung der kurzfristigen Schulden, z. B. durch Verwendung von Überschüssen in den folgenden Jahren
   - Erhöhung des Eigenkapitals durch Ausgabe neuer Aktien angesichts der verbesserten Ertragslage
   - Es sollte versucht werden, den Materialaufwand weiter zu reduzieren, durch
       - günstigere Lieferanten,
       - kostengünstigere alternative Materialien,
       - geringere Lagerhaltung,
       - u. a.

2 Musterklausur II

Situation I

1. Das AktG schreibt zwingend so lange die Bildung von gesetzlichen Rücklagen vor, bis die Kapital-rücklage und die gesetzliche Rücklage zusammen 10 % des Grundkapitals betragen. Die Höhe der gesetzlichen Rücklage beträgt 5 % des um einen Verlustvortrag verringerten Jahresüberschusses. Für die Zweirad AG bedeutet das:

Höhe des Grundkapitals		60 000 000,00 €
10 % des Grundkapitals		6 000 000,00 €
gesetzliche Rücklage		1 000 000,00 €
+ Kapitalrücklage	+	3 000 000,00 €
= Zwischensumme	=	4 000 000,00 €

Die Summe aus gesetzlicher Rücklage und Kapitalrücklage (= 4 000 000,00 €) ist geringer als die gesetzlich vorgeschriebenen 10 % des Grundkapitals (= 6 000 000,00 €). Somit ist die Zweirad AG dazu verpflichtet, 5 % ihres Jahresüberschusses in die gesetzliche Rücklage einzustellen.

2. Rückstellungen sind Verbindlichkeiten für Aufwendungen, die dem Jahr der Bilanzierung zuzurechnen sind. Ihre Höhe und der Zeitpunkt ihrer Fälligkeit sind jedoch noch unbekannt. Die Rückstellungen sind Bestandteil des Fremdkapitals (Verpflichtungsreserven) und müssen gebildet werden bei ungewissen Verbindlichkeiten (z. B. Pensions-, Steuer- oder Prozesskostenrückstellungen), bei drohenden Verlusten aus schwebenden Geschäften, bei unterlassenen Aufwendungen für Instand-haltungen oder übernommenen Gewährleistungen.
Rücklagen sind Zuführungen zum Eigenkapital. Sie dienen als Haftungsgrundlage für ein Unterneh-men oder als Reserven zum Ausgleich von Verlusten. Man unterscheidet zwischen offenen (in der Bilanz offen ausgewiesene Rücklagen) und stillen Rücklagen (Rücklagen, die z. B. durch eine Unter-bewertung von Vermögensteilen aus einer Bilanz nicht ersichtlich sind). Weitere Formen sind die Kapital- und die Gewinnrücklagen.

3.

3 400 000,00 €		Jahresüberschuss nach Steuern
– 170 000,00 €	–	Gesetzliche Rücklage in Höhe von 5 %
3 230 000,00 €		**Zwischensumme**
– 484 500,00 €	–	Satzungsmäßige Rücklagen (15 %)
+ 75 000,00 €	+	Gewinnvortrag aus dem Vorjahr
= **2 820 500,00 €**	=	**Bilanzgewinn**

Aktiva	Bilanz	Passiva
	A. Eigenkapital	
	I. Grundkapital	60 000 000,00 €
	II. Kapitalrücklage	3 000 000,00 €
	III. Gewinnrücklage	
	1. Gesetzliche Rücklage	1 170 000,00 €
	2. Rücklage für eigene Anteile	2 000 000,00 €
	3. Satzungsmäßige Rücklage	3 484 500,00 €
	4. Andere Gewinnrücklagen	5 000 000,00 €
	V. Jahresüberschuss	2 820 500,00 €

4. Mögliche Antworten:

Auswirkungen auf	
Unternehmen	Die Zweirad AG ist in der Konsumgüterindustrie tätig und hat mit stark schwankender Nachfrage zu tun. Die Entwicklungskosten für neue Fernseher sind sehr hoch und bis sich ein Produkt durchgesetzt hat, kann es längere Zeit dauern. Die Produktion ist kapitalintensiv.
	Aufgrund der Schwankungen wären möglichst hohe Rücklagen sinnvoll. Das würde die Haftungsbasis verbreitern, die Bonität bei den Banken verbessern und Polster für absatzschwache Zeiten schaffen (Verbesserung der Selbstfinanzierungskraft).
Anleger	Die Dividende des Vorjahres betrug pro Aktie 1,20 €. Bei einer Vollausschüttung könnten pro Aktie 1,41 € (Bilanzgewinn : Anzahl der Aktien) ausgeschüttet werden. Das entspräche einer Dividendenerhöhung von 17,5 %. Der nicht ausgeschüttete Restbetrag in Höhe von 500,00 € (2 820 500,00 € Bilanzgewinn – 2 000 000 Aktien · 1,41 €) wird in den Gewinnvortrag für das nächste Jahr gestellt. Für die Kapitalgeber wäre dies eine optimale Rendite ihres Aktienengagements.
Arbeitnehmer	Wenn Arbeitnehmer Aktien ihres Unternehmens besitzen, können sie ebenfalls von der Dividendenerhöhung profitieren. Ansonsten bedeutet die Vollausschüttung des Bilanzgewinns tendenziell eine Schwächung des Unternehmens und somit auch eine potenzielle Gefährdung ihres Arbeitsplatzes.

Situation II

1.

a)
Gesamtkosten 2020:	6 500 000,00 €	Produktionsmenge 2020:	10 000 Stück
Gesamtkosten 2021:	6 175 000,00 €	Produktionsmenge 2021:	9 200 Stück
Differenz:	325 000,00 €	Differenz:	800 Stück

Da die Fixkosten bei unveränderten Produktionskapazitäten konstant (eben fix!) bleiben, muss der Gesamtkostenrückgang auf eine Veränderung der variablen Kosten zurückzuführen sein. Die variablen Kosten wiederum weisen einen proportionalen Verlauf auf, was bedeutet, dass die variablen Stückkosten konstant sind und somit in unveränderter Höhe anfielen. Die variablen Stückkosten lassen sich folglich durch eine einfache Subtraktion des Gesamtkostenrückgangs durch den Produktionsmengenrückgang ermitteln:

$$\frac{325\,000,00\ €}{800\ \text{Stück}} = \textbf{406,25 € (variable Stückkosten)}$$

Variable Kosten 2020:   10 000 Stück · 406,25 €/Stück = 4 062 500,00 €

Die Ermittlung der fixen Kosten stellt nunmehr kein größeres Problem mehr dar:

Gesamtkosten 2020:	6 500 000,00 €
– variable Kosten 2020:	– 4 062 500,00 €
= fixe Kosten:	**2 437 500,00 €**

Kontrollrechnung:

Variable Kosten 2021:   9 200 Stück · 406,25 € = 3 737 500,00 €

Gesamtkosten 2021:	6 175 000,00 €
– variable Kosten 2021	3 737 500,00 €
= fixe Kosten:	**2 437 500,00 €**

b) Verkaufspreis (alt): $\dfrac{6\,950\,000,00\ €}{10\,000\ \text{Stück}} = 695,00\ €/\text{Stück}$

oder

$\dfrac{6\,394\,000,00\ €}{9\,200\ \text{Stück}} = 695,00\ €/\text{Stück}$

Stückdeckungsbeitrag (db), alt: 695,00 € – 406,25 € = **288,75 €**

Da die variablen Stückkosten konstant sind, kann der neue Stückdeckungsbeitrag wie folgt ermittelt werden:

Stückdeckungsbeitrag (db), neu: 495,00 € – 406,25 € = **88,75 €**

c) **Break-even-Point (alt):**

$$2\,437\,500{,}00 + 406{,}25\,x = 695{,}00\,x$$
$$2\,437\,500{,}00 = 288{,}75\,x$$
$$x = 8\,441{,}56$$

Break-even-Point (neu):

$$2\,437\,500{,}00 + 406{,}25\,x = 495{,}00\,x$$
$$2\,437\,500{,}00 = 88{,}75\,x$$
$$x = 27\,464{,}79$$

2. Die Geschäftsleitung der Zweirad AG möchte durch eine kurzfristige Preissenkung um 200,00 € (= 28,78 %) den Konkurrenten Marktanteile abnehmen und so langfristig die eigene Marktposition verbessern.

Da die variablen Stückkosten für die Produktion des Touring Bikes Pro500 bei 406,25 € liegen, wird bei einem Verkaufspreis von 495,00 € zumindest noch ein positiver Deckungsbeitrag von 88,75 € erzielt. Die kurzfristige Preisuntergrenze (in Höhe der variablen Stückkosten) wird also nicht unterschritten.

Allerdings müsste die Zweirad AG nunmehr 27 465 Touring Bikes jährlich produzieren und verkaufen, um ein positives Betriebsergebnis zu erzielen. Dies würde eine Verdreifachung des gegenwärtigen Absatzes bedeuten und wäre bei den augenblicklichen Produktionskapazitäten (12 000 Stück/Jahr) nicht zu verwirklichen.

Wenn die Zweirad AG sich also zu dieser Preissenkung entschließen würde, müsste sie zumindest kurzfristig ein negatives Betriebsergebnis im Bereich der Touring Bikes akzeptieren. Aus betriebswirtschaftlicher Sicht wäre dies nur dann vertretbar, wenn es ihr tatsächlich gelingen würde, Mitbewerber aus dem Markt zu drängen, um dann später den Preis für den Pro500 wieder anzuheben. Allerdings muss man davon ausgehen, dass eine zu einem späteren Zeitpunkt erfolgende „Preiswiederanhebung" von den Nachfragern nur schwer akzeptiert werden würde.

Insgesamt wäre eine Preissenkung in diesem Ausmaß also mit sehr hohen Risiken für das Unternehmen verbunden. Der Vorschlag der Geschäftsleitung ist also kritisch zu beurteilen und abzulehnen. Es wäre zu prüfen, ob sich mit einer moderateren Preissenkung ein ähnlicher Effekt erzielen ließe.

Weiterführende (nicht geforderte) Zusatzlösung:

Bei der hier vorhandenen Produktionskapazität von 12 000 Stück würde ein Stückdeckungsbeitrag von zumindest 206,13 € dazu führen, dass kein negatives Betriebsergebnis entstehen würde, wenn sich die produzierte Menge auch absetzen ließe. Eine Preissenkung auf nur 609,38 € (= langfristige Preisuntergrenze bei einer Absatzmenge von 12 000 Stück) wäre demnach mit deutlich geringeren Risiken für die Zweirad AG verbunden.

Rechnerischer Beleg:

$$\frac{\text{Fixkosten:} \quad 2\,437\,500{,}00\,€}{\text{„Ziel-Break-even-Point":} \quad 12\,000 \text{ Stück}} = 203{,}125\,€ \rightarrow 203{,}13\,€ \text{ (erforderlicher db)}$$

Variable Stückkosten:	406,25 €
+ erforderlicher db:	203,13 €
= langfristige Preisuntergrenze	609,38 €

Umsatzerlöse: 12 000 Stück · 609,38 € =	7 312 560,00 €
Fixe Kosten (unverändert) =	2 437 500,00 €
Variable Kosten: 12 000 Stück · 406,25 € =	4 875 000,00 €
Betriebsergebnis:	60,00 € (leicht positiv durch Rundungsdifferenz)

Situation III

1.

	Alternative 1	Alternative 2
Afa (linear)	2 000 000,00 €	3 000 000,00 €
Sonstige fixe Kosten	425 000,00 €	635 000,00 €
Gesamte fixe Kosten	2 425 000,00 €	3 635 000,00 €
Variable Kosten	2 660 000,00 €	3 610 000,00 €
a) Gesamtkosten jährlich	5 085 000,00 €	7 245 000,00 €
--		
Gesamterlöse jährlich	5 225 000,00 €	7 505 000,00 €
b) Gesamtgewinn jährlich	140 000,00 €	260 000,00 €
c) Rentabilität	$\dfrac{140\ 000,00\ €}{6\ 000\ 000,00\ €}$ = 2,33 %	$\dfrac{260\ 000,00\ €}{9\ 000\ 000,00\ €}$ = 2,89 %
d) Amortisation	$\dfrac{12\ 000\ 000,00\ €}{2\ 140\ 000,00\ €}$ = 5,61 Jahre	$\dfrac{18\ 000\ 000,00\ €}{3\ 260\ 000,00\ €}$ = 5,52 Jahre

2. ■ Alternative 1 ist zwar kostengünstiger, weist aber schlechtere Werte beim Gewinnvergleich, der Rentabilität und der Amortisationszeit auf.
   → auf Grundlage der Investitionsrechnungen Entscheidung für Alternative 2
   ■ Bezogen auf die Kapazitäten ist allerdings festzustellen, dass Alternative 2 nur zu rund 2/3 ausge-lastet ist und etwas überdimensioniert scheint, bei weiterem Marktwachstum wäre dies jedoch positiv zu sehen.
   ■ Auch die Liquiditätsbelastung ist bei Alternative 2 deutlich höher.
   ■ Der Break-even-Point ist bei Alternative 2 wiederum geringer als bei Alternative 1 (887 Stück < 898 Stück)
   ■ Grundsätzlich sind aber **beide Alternativen kritisch** zu sehen. Begründung:
   1. Die Rentabilität beider Alternativen ist eher gering (2,33 % bzw. 2,83 %). Erläuterung: Auch wenn der Bankzinssatz für langfristige Kapitaleinlagen als Vergleichsmaßstab aktuell noch niedriger ist, stellt sich die Frage, ob eine Rentabilität von knapp über 2 % einen ausreichenden Risikozuschlag beinhaltet.
   2. Die Amortisationszeit beider Alternativen liegt nur knapp unter der betriebsüblichen Nutzungsdauer.
      → Es sollte nach weiteren Investitionsalternativen Ausschau gehalten werden. Wenn diese nicht zur Verfügung stehen, sollte entweder ganz auf die Investition verzichtet werden oder die Alter-native 2 vorgezogen werden. Hier wäre es aber wichtig, dass in den Folgejahren mit steigenden Absatzzahlen (vgl. Maximalkapazität) zu rechnen ist.
      → Problem der hier angewendeten statischen Investitionsrechenverfahren: Sie beziehen sich nur auf ein Jahr. Es müssten aber die Kosten- und Erlösentwicklungen sämtlicher Nutzungsjahre zur Entscheidungsfindung herangezogen werden (→ dynamische Investitionsrechenverfahren).

3. Eine qualitative Bewertung erfolgt dann, wenn man die Daten einer Investitionsentscheidung, die nicht messbar sind, berücksichtigen möchte. In einem solchen Fall ist es üblich, eine Nutzwertanalyse durchzuführen. Dabei werden zunächst Bewertungskriterien festgelegt und entsprechend ihrer Wichtigkeit für die Entscheidung gewichtet (Gesamtwert: 100 %). Im Anschluss werden die Alternativen „benotet" und mit gewichteten Punkten versehen. Die Alternative mit der höchsten gewichteten Gesamtpunktzahl ist als am besten geeignet anzusehen.

Auch beim hier vorliegenden qualitativen Vergleich schneidet Alternative 2 besser ab als Alternative 1. Die Nutzwertanalyse kann also als Bestätigung des Ergebnisses der Investitionsrechnungen gesehen werden.

Musterklausur

3 Musterklausur III

Situation I

Marketinginstrument	Maßnahme
Produktpolitik	■ neues Material: früher Aluminium, heute Kunststoff (Polycarbonat: fast unzerstörbar, extrem leicht, aber teuer) ■ hochwertige Qualität, modernes Design ■ Sondereditionen (s. u.) ■ Kofferserie farblich passend zu Porsche Panamera ■ kostenlose Mini-Rimowas mit Toilettenartikeln für First-Class-Passagiere von Lufthansa und Thai Airways ■ Sonderanfertigung für die deutsche Fußballnationalmannschaft
Preispolitik	Hochpreispolitik (klassische Koffergröße bis zu 400,00 €)
Kommunikationspolitik	■ viel Werbung ■ Product-Placement in „Wall Street 2", „Iron Man", „Das A-Team" ■ Sondereditionen z. B. für BAP, David Garrett ■ Flagshipstore Beverly Hills (s. o.) ■ Kofferserie Panamera (s. o.) ■ Mini-Rimowas (s. o.)

Situation II

1. $3\,000\,000,00 : 47 = 63\,829,79$ Stück
   Der Break-even-Point liegt bei 63 829,79 Stück. Ab 63 830 Stück gelangt die Goeke AG in die Gewinnzone. (Unterstellt wird eine lineare Kostenfunktion.)

2.
E	6 080 000,00 €
– Kv	2 320 000,00 €
DB	3 760 000,00 €
– Kf	3 000 000,00 €
	760 000,00 €

   Das Betriebsergebnis beträgt 760 000,00 €.

3. Langfristige Preisuntergrenze: $(3\,000\,000,00 + 2\,320\,000,00) : 80\,000 = 66,50$ €
   Kurzfristige Preisuntergrenze: 29,00 €
   Bei 66,50 € sind sowohl die variablen als auch die fixen Kosten gedeckt. Dieser Preis kann nur kurzfristig bis 29,00 € unterschritten werden, da dadurch auf eine Deckung der fixen Kosten ganz bzw. teilweise verzichtet wird. Dabei ist auf den kurzfristigen Liquiditätsbedarf zu achten (z. B. Gehälter, Mieten usw.). Das heißt, Goeke muss darauf achten, zu welchem Zeitpunkt bestimmte fixe Kosten ausgabewirksam werden. Der negative Deckungsbeitrag kann dann durch die positiven Deckungsbeiträge anderer Produkte ausgeglichen werden.

4. Zusatzauftrag Kaufhaus: $76,00 - 30\,\% = 53,20$ €
   $53,20 - 29,00 = 24,20 \cdot 15\,000,00 = 363\,000,00$ €

   Zusatzauftrag USA: $29,00 + 8\,\% = 31,32$ €
   $49,00 - 31,32 = 17,68 \cdot 17\,500 = 309\,400,00$ €

Folgende Gründe sprechen für die Annahme des Zusatzauftrages	
Kaufhaus	USA
■ Höherer Deckungsbeitrag ■ Kein Wechselkursrisiko ■ Marktdurchdringung	■ Erschließung neuer Märkte ■ Bessere Kapazitätsauslastung ■ Keine Probleme mit anderen inländischen Kunden wegen des 30 %igen Rabattes

Musterklausur

Situation III

1. Bei einem Verkaufspreis von 73,00 € entsteht ein fehlender Deckungsbeitrag von:
   6 · 28 000,00 = 168 000,00 € bei Nimbus
   1 · 50 000,00 = 50 000,00 € bei Blue
   Summe: 218 000,00 €

   Dies lässt sich auffangen durch
   - eine Preiserhöhung bei Sun von: 218 000,00 : 18 000 = 12,11 € oder
   - einen erhöhten Absatz von Nimbus und/oder Blue.

   Nimbus: der bisherige Deckungsbeitrag beträgt 1 428 000,00
   also: $73x - 28x = 1 428 000$ $x = 31 733,33$
   Der bisherige Deckungsbeitrag bei Nimbus wird erreicht, wenn der Absatz auf 31 733,33 Stück steigt. Sollen die gesamten 218 000,00 € über Nimbus aufgefangen werden, müsste der Absatz um 4 844,44 (218 000 : 45) auf 32 844,44 Stück steigen.

   Blue: der bisherige Deckungsbeitrag beträgt 2 500 000,00
   also: $73x - 24x = 2 500 000,00$ $x = 51 020,41$
   Der bisherige Deckungsbeitrag bei Blue wird erreicht, wenn der Absatz auf 51 020,41 Stück steigt. Sollen die gesamten 218 000,00 € über Blue aufgefangen werden, müsste der Absatz um 4 448,98 (218 000 : 49) auf 54 448,98 Stück steigen.

2. Relative Deckungsbeiträge (je Maschinenstunde):
   Sun: 65,00 · 30 = 1 950,00
   Nimbus: 51,00 · 20 = 1 020,00
   Blue: 50,00 · 25 = 1 250,00
   Optimales Produktionsprogramm: 1. Sun, 2. Blue, 3. Nimbus
   Kapazität: 3 400 Stunden = 204 000 Minuten
   Also kann bei Sun (36 000 Minuten) und Blue (120 000 Minuten) jeweils die gesamte Menge hergestellt werden. Von Nimbus können nur 16 000 Stück (= 48 000 Minuten) hergestellt werden. Für 12 000 Stück von Nimbus reicht die Kapazität nicht aus.

4 Musterklausur IV

Situation I

1., 2., 3.

Modell	Absoluter db	Relativer db je Stunde	Rangfolge
Alpha	450,00 €	360,00 €	5
Beta	630,00 €	378,00 €	3
Gamma	400,00 €	480,00 €	2
Delta	750,00 €	375,00 €	4
Epsilon	550,00 €	500,00 €	1

4., 5.

Modell/ Auftrag	Fertigungsmenge	Fertigungszeit	Restkapazität	db
Epsilon/Eilers	30 Stück	1 980 Minuten	10 020 Minuten	16 500,00 €
Gamma/Caspers	61 Stück	3 050 Minuten	6 970 Minuten	24 400,00 €
Beta/Berger	25 Stück	2 500 Minuten	4 470 Minuten	15 750,00 €
Delta	37 Stück	4 440 Minuten	30 Minuten	27 750,00 €
Alpha	–	–	–	–
Summe db				84 400,00 €
Fixkosten				49 500,00 €
Betriebsergebnis				34 900,00 €

6.
- Die Nieberg AG erzielt ein positives Betriebsergebnis in Höhe von 34 900,00 €.
- Die Aufträge der Kunden Berger, Caspers und Eilers können komplett gefertigt werden.
- 1. Problem: Der Auftrag des Kunden Dohm kann nur zum Teil (40 von 50 Stück) gefertigt werden.
- 2. Problem: Der Auftrag des Kunden Adams kann gar nicht gefertigt werden.
- Diese Kunden werden verärgert sein; sie müssen auf einen späteren Zeitpunkt „vertröstet" werden; möglicherweise fallen Konventionalstrafen an, wenn die vertraglichen Verpflichtungen in Bezug auf den Liefertermin nicht eingehalten werden können.
- Ein Verlust des Kunden Adams kann möglichicherweise verkraftet werden, da es sich um einen relativ neuen Kunden handelt, das bisherige Auftragsvolumen eher gering ist und die Zahlungsmoral als „schwach" eingestuft wird.
- Problematisch ist die Situation beim Kunden Dohm. Zu diesem besteht eine langjährige Geschäftsbeziehung. Außerdem ist er der mit Abstand wichtigste Kunde (höchstes Auftragsvolumen) mit einer „sehr guten" Zahlungsmoral.

7.
- Da die relativen Deckungsbeiträge von Beta und Delta nahezu identisch sind (378,00 € vs. 375,00 €), sollte unter absatzstrategischen Gesichtspunkten das Modell Delta (Kunde: Dohm) zulasten von Beta (Kunde: Berger) komplett gefertigt werden.
- Der Zeitbedarf für die Fertigung des kompletten Auftrages Dohm beträgt 6 000 Minuten (50 Stück zu 120 Minuten). Die Restkapazität würde dann 970 Minuten betragen. Es könnten also noch 9 Stück von Beta für den Kunden Berger gefertigt werden. Dem wichtigsten Kunde Dohm würde somit Priorität gegenüber dem weniger wichtigen Kunden Berger (niedriges Auftragsvolumen, lediglich „zufriedenstellende" Zahlungsmoral) eingeräumt werden.
- Das Betriebsergebnis würde dann 34 570,00 € betragen und läge nur 330,00 € (= 0,95 %) unter dem optimalen Betriebsergebnis.
- Zwar würden auch in diesem Fall ein Auftrag (Berger) nur zum Teil und ein Auftrag (Adams) gar nicht gefertigt werden können. Dieses würde aber die beiden Kunden betreffen, die für die Nieberg AG am wenigsten wichtig sind. Da ein Engpass vorliegt, ist es leider nicht möglich, alle Kunden zufriedenzustellen.

Situation II

1. a) Vergleich der Arbeitsproduktivität:

   Insel 1: 1 200 Stück : 7 Mitarbeiter = 171,43 Stück je Mitarbeiter
   Insel 2: 1 300 Stück : 7 Mitarbeiter = 185,71 Stück je Mitarbeiter
   Insel 3: 1 000 Stück : 5 Mitarbeiter = 200,00 Stück je Mitarbeiter
   Insel 4: 1 250 Stück : 8 Mitarbeiter = 156,25 Stück je Mitarbeiter

   b) Vergleich der Kapitalproduktivität:

   Insel 1: 1 200 Stück : 360 000,00 € = 0,0033 Stück je €
   Insel 2: 1 300 Stück : 380 000,00 € = 0,0034 Stück je €
   Insel 3: 1 000 Stück : 420 000,00 € = 0,0024 Stück je €
   Insel 4: 1 250 Stück : 900 000,00 € = 0,0028 Stück je €

   c) Vergleich der Wirtschaftlichkeit:

   Insel 1: Leistungen: 1 200 Stück · 799,00 € = 958 800,00 €
   Kosten: (250,00 + 190,00 + 86,00 €) · 1 200 Stück = 631 200,00 €
   $\qquad\qquad\qquad$ + 60 000,00 €
   $\qquad\qquad\qquad$ + 9 000,00 €
   $\qquad\qquad\qquad$ + 21 600,00 €
   $\qquad\qquad\qquad$ 721 800,00 €

   958 800,00 € : 721 800,00 € = 1,33

   Insel 2: Leistungen: 1 300 Stück · 849,00 € = 1 103 700,00 €
   Kosten: (245,00 + 195,00 + 88,00 €) · 1 300 Stück = 686 400,00 €
   $\qquad\qquad\qquad$ + 65 000,00 €
   $\qquad\qquad\qquad$ + 9 500,00 €
   $\qquad\qquad\qquad$ + 22 800,00 €
   $\qquad\qquad\qquad$ 783 700,00 €

   1 103 700,00 € : 783 700,00 € = 1,41

   Insel 3: Leistungen: 1 000 Stück · 899,00 € = 899 000,00 €
   Kosten: (285,00 + 185,00 + 89,00 €) · 1 000 Stück = 559 000,00 €
   $\qquad\qquad\qquad$ + 70 000,00 €
   $\qquad\qquad\qquad$ + 8 700,00 €
   $\qquad\qquad\qquad$ + 25 200,00 €
   $\qquad\qquad\qquad$ 662 900,00 €

   899 000,00 € : 662 900,00 € = 1,36

   Insel 4: Leistungen: 1 250 Stück · 749,00 € = 936 250,00 €
   Kosten: (290,00 + 320,00 + 91,00 €) · 1 250 Stück = 876 250,00 €
   $\qquad\qquad\qquad$ + 75 000,00 €
   $\qquad\qquad\qquad$ + 9 900,00 €
   $\qquad\qquad\qquad$ + 27 000,00 €
   $\qquad\qquad\qquad$ 988 150,00 €

   936 200,00 € : 988 150,00 € = 0,95

   d) Vergleich der Gesamtkapitalrentabilität:

   Insel 1: Gewinn: 958 800,00 € − 721 800,00 € = 237 000,00 €
   Gebundenes Kapital: 360 000,00 €
   → 237 000,00 € : 360 000,00 € · 100 = 65,83 %

Insel 2: Gewinn: 1 103 700,00 € − 783 700,00 € = 320 000,00 €
Gebundenes Kapital: 390 000,00 €
→ 320 000,00 € : 390 000,00 € · 100 = 82,05 %

Insel 3: Gewinn: 899 000,00 € − 662 900,00 € = 236 100,00 €
Gebundenes Kapital: 420 000,00 €
→ 236 100,00 € : 420 000,00 € · 100 = 56,21 %

Insel 4: Gewinn: 936 250,00 € − 988 150,00 € = −51 900,00 € (Verlust)
Gebundenes Kapital: 450 000,00 €
→ −51 900,00 € : 450 000,00 € · 100 = −11,53 % (negativ)

Der Vergleich der Kennzahlen für die vier Fertigungsinseln ergibt ein eindeutiges Ergebnis: Während die Inseln 1 bis 3 positive Betriebsergebnisse erzielen (abzulesen an der Wirtschaftlichkeit sowie der positiven Gesamtkapitalrentabilität), arbeitet die Insel 4 nicht kostendeckend (negative Wirtschaftlichkeit, negative Gesamtkapitalrentabilität). Die Ursache liegt vermutlich in der schwachen Arbeitsproduktivität, welche bei der Insel 4 deutlich niedriger liegt als bei den anderen drei Fertigungsinseln. Lediglich bei der Kapitalproduktivität erzielt die Insel 4 nicht den schwächsten Wert. In der Gesamtbetrachtung muss man jedoch zu dem Schluss kommen, dass die Insel 4 abgebaut werden sollte, da sie sowohl bei der Arbeitsproduktivität als auch bei der Wirtschaftlichkeit und der Gesamtkapitalrentabilität die schwächsten Ergebnisse erzielt und letztlich auch nicht kostendeckend arbeitet.

2. Zunächst könnte geprüft werden, ob die betroffenen Mitarbeiter/-innen an anderen Stellen im Unternehmen Arbeitsplätze besetzen können (Umsetzungen). Dies könnte z. B. erreicht werden, indem überprüft wird, ob in anderen Betriebsbereichen das Arbeitsaufkommen so hoch ist, dass dort regelmäßig Überstunden anfallen. Sollte dies der Fall sein, könnten die Stunden abgebaut werden, damit in diesen Bereichen zusätzliche Stellen geschaffen werden. Auch durch die Auflösung von Zeitarbeitsverträgen und die Versetzung der Mitarbeiter/-innen an die entsprechenden Stellen könnten Kündigungen vermieden werden, sofern die Qualifikationen für die dort erforderlichen Tätigkeiten vorhanden sind. Sollten einige der Mitarbeiter/-innen befristete Arbeitsverhältnisse abgeschlossen haben, so wäre es denkbar, diese nicht zu verlängern, um Kündigungen zu vermeiden. Auch Ruhestandsregelungen für ältere Mitarbeiter/-innen können ins Auge gefasst werden. Letztlich sollte geprüft werden, ob eine Umwandlung von Vollzeitstellen in Teilzeitstellen möglich ist oder ob sich Kündigungen nur durch den Abschluss von Aufhebungsverträgen vermeiden lassen.

3. Durch die Einführung einer Akkordentlohnung ist das Unternehmen in der Lage, mit konstanten Lohnkosten je Stück zu kalkulieren, da ausschließlich die mengenmäßige Leistung der Arbeitnehmer für die Höhe des Lohns ausschlaggebend ist. Das Risiko einer Minderleistung wird somit auf den Arbeitnehmer übertragen, wodurch ein Leistungsanreiz geschaffen wird, der letztlich zu einer höheren Produktivität führen dürfte. Der Akkordlohn sorgt für mehr Leistungsgerechtigkeit bei der Entlohnung. Problematisch ist allerdings, dass es sich um einen rein quantitativen Leistungsanreiz handelt, was zu verminderter Qualität, erhöhtem Ausschuss und einem stärkeren Verschleiß der Betriebsmittel führen kann, weil die Mitarbeiter letztlich nur an einer möglichst hohen Produktionsmenge interessiert sind, da ihnen dadurch ein höherer Verdienst ermöglicht wird. Dadurch sind die Mitarbeiter einem erhöhten Leistungsdruck ausgesetzt, was wiederum zu mehr Stress und einer größeren physischen und psychischen Belastung und in letzter Konsequenz zu einem erhöhten Krankenstand führen kann.

Situation III

1. Der Vorstand der Nieberg AG überlegt, Teile der Produktion ins fernöstliche Ausland zu verlegen, da die Lage auf dem Markt für Flurförderfahrzeuge gekennzeichnet ist durch
   - steigenden Konkurrenzdruck,
   - effizientere Produktionsmethoden,
   - einen in naher Zukunft erwarteten Preisverfall von 20 %,
   - stark steigende Produktionszahlen der Konkurrenz,
   - eine zunehmende Anzahl an Konkurrenten, vor allem aus dem asiatischen Raum.

   Die Verlagerung der Produktion nach Fernost hätte vor allem zwei Vorteile:
   - eine kostengünstigere Produktion, da die Arbeitskosten in zahlreichen fernöstlichen Ländern wesentlich geringer sind als in Westdeutschland
   - ein Standort in der Nähe der Wachstumsmärkte der Zukunft: Indien und China

   Durch die Verlagerung könnte der erwartete Preisverfall aufgefangen werden und die Investition sollte neben der Verlagerung auch die Inbetriebnahme neuester Produktionstechnik umfassen. Allerdings sind mit der Verlagerung auch Probleme verbunden:
   - Am Standort Siegburg könnten Arbeitsplätze gefährdet sein.
   - Am neuen Standort ist mit Anlaufschwierigkeiten zu rechnen.

   Die Errichtung eines neuen Standorts bedarf umfangreicher Investitionen, was mit einem finanziellen Risiko verbunden ist. Handelt es sich um eine Investition zur Kapazitätserweiterung, sind zunächst keine Arbeitsplätze direkt gefährdet. Wenn es jedoch um die Verlagerung bestehender Kapazitäten geht, sind sehr wohl Arbeitsplätze gefährdet.

   Das Unternehmen muss versuchen, einen möglichen Abbau sozialverträglich zu gestalten, z. B. durch Vorruhestandsregelungen oder durch Nichtbesetzung von Stellen, die durch Pensionierung entfallen. Grundsätzlich aber wird das Unternehmen dem erwarteten Preisverfall und der Konkurrenz, die z. B. in Korea und Taiwan produziert, nicht standhalten können, wenn es nicht nach einem kostengünstigeren Standort sucht. Darüber hinaus liegen die Wachstumsmärkte der Zukunft in Indien und China.
   Auf die Anforderungen dieser Märkte kann die Nieberg AG wesentlich besser reagieren, wenn sie vor Ort vertreten ist.

2. Bei der Beteiligung an bzw. der Übernahme eines No-Name-Anbieters handelt es sich um einen horizontalen Konzentrationsprozess, da es zwei Unternehmen sind, die auf demselben Markt agieren.

   Dieser Zusammenschluss bringt zahlreiche Vorteile für die Nieberg AG:
   - Die Zahl der Konkurrenten wird verringert.
   - Die Nieberg AG hätte einen größeren Marktanteil, könnte neue Märkte erschließen und ihre Marktposition stärken.
   - Es könnten Synergieeffekte genutzt werden, da man z. B. das bestehende Vertriebssystem des Konkurrenten nutzen kann.
   - Es könnte das technische Know-how des Konkurrenten genutzt werden.
   - Eine Verlagerung der Produktion wäre u. U. nicht nötig, da Kapazitäten des anderen Unternehmens, das wahrscheinlich im asiatischen Raum beheimatet ist, genutzt werden können.

   Würde sich die Nieberg AG dagegen mit einem Zulieferer, z. B. einem Motorenhersteller, zusammenschließen, ginge es um einen vertikalen Konzentrationsprozess, da sich beide auf unterschiedlichen Produktionsstufen befinden. Dadurch hätte die Nieberg AG vor allem die Vorteile, dass sie Bauteile kostengünstiger beziehen und ihre Abhängigkeit von fremden Zulieferunternehmen verringern könnte.

Sachwortverzeichnis

A

Abgrenzungsrechnung 35
Abschreibungen 33
Akkordlohn 21
Akkordrichtsatz 22
Akkordzuschlag 22
Anderskosten 32
Arbeitsentgelt 21
außerordentlicher Aufwand 34

B

Betriebsergebnis 38
betriebsfremder Aufwand 34
betriebsnotwendiges Kapital 34
betriebsnotwendiges Vermögen 34
Break-even-Analyse 41

D

Deckungsbeitragsrechnung 40
Der Prämienlohn 22
direkte Kosten 40

E

Einzelkosten 35, 36
Ersparnisprämien 22

F

Finanzbuchführung 30
Finanzbuchhaltung 31

G

Geldakkord 22
Gemeinkosten 35, 36
Gemeinkostenzuschlagssätze 39
Gewinnbeteiligung 23
Gewinn- und Verlustrechnung 30
Grundkosten 32

H

Herstellkosten 39
Hochpreispolitik 60

I

Ist-Kosten 38

K

kalkulatorische Kosten 32
kalkulatorische Zinsen 34
Kostenabweichungen 38
Kostenartenrechnung 32
Kostenträgerrechnung 37
Kostenträgerstückrechnung 37
Kostenträgerzeitrechnung 37
Kostenüberdeckung 38
Kosten- und Leistungsrechnung 30
Kostenunterdeckung 38

L

Leistungen 31

M

Marketinginstrumente 56
Marktabschöpfungspolitik 60
Marktdurchdringungspolitik 60
Minutenfaktor 22
Mischkalkulation 60
monopolistischer Preisspielraum 59

N

neutrale Erträge 32
neutraler Aufwand 32, 34
Niedrigpreispolitik 60
Normalkosten 38
Normalleistung 22
Nutzungsprämien 22

P

Personalcontrolling 27
Polypolistische Märkte 58
Preisdifferenzierung 60
Preispolitik 57
Preisstrategien 60
Produktdifferenzierung 65
Produktdiversifikation 65

Produktelimination 65
Produktinnovation 65
Produktlebenszyklus 65
Produktpolitik 65
Produktvariation (Produktmodifikation) 65
Provision 22
psychologische Preisfestsetzung 60

Q

Qualitätsprämien 22
Quantitätsprämien 22

S

Selbstkosten 39
Solartechnik 132
Sondereinzelkosten 35, 36
Soziallohn 21
Stückgeld 22

T

Teilkostenrechnung 41, 42

U

Umsatzergebnis 38

V

Vollkostenrechnung 41
Vorgabezeit 22

Z

Zeitakkord 22
Zeitlohn 21
Zusatzkosten 32
Zuschlagskalkulation 39
Zweckaufwand 34

Bildquellenverzeichnis